集人文社科之思　刊专业学术之声

集 刊 名：中山大学法律评论
主　　编：杜　金
襄助单位：中山大学法学院方圆学术基金
组编单位：中山大学法学理论与法律实践研究中心
　　　　　中山大学司法体制改革研究中心
　　　　　中山大学法学实验教学中心

SUN YAT-SEN UNIVERSITY LAW REVIEW Vol.19, No.1

邮　箱：sysulawreview@126.com；lawrev@mail.sysu.edu.cn
地　址：中国广州市新港西路 135 号

邮　编：510275

第19卷·第1辑

集刊序列号：PIJ-2021-441
中国集刊网：www.jikan.com.cn
集刊投约稿平台：www.iedol.cn

中文社会科学引文索引（CSSCI）来源集刊

中山大学法律评论

SUN YAT-SEN UNIVERSITY LAW REVIEW

第 19 卷 · 第 1 辑　Vol.19, No.1

社会转型与司法变革

杜　金　主编

社会科学文献出版社
SOCIAL SCIENCES ACADEMIC PRESS (CHINA)

目　录

阅读经典

法学教育评论

CONTENTS

主题研讨　社会转型与司法变革：从传统到当下

禁令·特例·惯例：宋代越诉之法新解[*]

陈　玺　尚　剑^{**}

摘　要： 北宋秉承禁止越诉传统，除《宋刑统·斗讼》"越诉"条继受《唐律疏议》旧制以外，曾多次以诏敕方式规范民间越诉行为。北宋中期逐步出现的与"越诉"禁令相对应的"越诉之法"，其目的并非在于变革逐级告诉传统，而是试图透过"越诉"管道，对以地方长吏为代表的官僚群体的各类施政履职行为进行有效监察。晚至神宗熙宁年间，即有"许民越诉"之明令。本文按照诉讼主体不同，将越诉划分为"控告型越诉"、"检举型越诉"和"告诉型越诉"。三类越诉又以"控告型越诉"最为复杂，广泛涉及租赋征纳、科率摊派、狱讼决断和救济优抚等领域。宋代狱讼案件形成由主司整饬、监司按劾、台谏弹奏、人户越诉、旁人告赏五项规则构成的受案体系，以期保障越诉法令的有效实施。越诉案件处置规则涉及出榜晓示、法令援引和罪名罚则等具体问题。激增的特许越诉法令，对宋人的诉讼观念产生剧烈冲击，高宗末期开始整饬越诉之法，明确越诉条款性质、打击恶意越诉行为、建构越诉保障条款，狱讼裁断中，除具有诏敕明确规定以外，滥行蓦越诉事行为均严惩不贷。总之，宋代越诉之法的形成、适用和发展，经历了禁止—特许—滥行—整饬等不同阶段，尤其是特许越诉事由方面，体现了传统诉讼规则形成历程中事例—先例—惯例—成法之间的演进关系。特例形成之后，仍存在修订、废止、创新的可能，并在司法实践中呈现复旧、立新、破例、折中等样态。

关键词： 宋代；越诉；健讼；监察；基层治理

---

* 本文系 2016 年国家社科基金项目"宋代诉讼惯例研究"（16XFX002）和陕西省"三秦学者"创新团队支持计划"西北政法大学基层社会法律治理研究团队"的研究成果。
** 陈玺，西北政法大学法治学院院长、教授、博士生导师，陕西师范大学历史学博士，研究领域为中国法制史；尚剑，西北政法大学博士研究生。

越诉禁令与越诉特例长期并存、并行不悖的矛盾现象，是中国传统诉讼法制中值得特别关注的特殊图景。一方面，戴建国（1987，2014）、郭东旭（1988）、陈景良（1998，2015）、青木敦（1999，2014）、春杨（2001）、范忠信（2010）、赵旭（2005）、陈志英（2008）、刘昕（2012）、姬亚平（2013）等多位学者从越诉类型、权益救济、私权维护等不同角度，已对宋代越诉的发展脉络、生成动因、主要类型、社会效果等问题进行了深入讨论。① 另一方面，由于宋代越诉问题资料宏富、类目繁杂，关于越诉的渊源属性、特许事由、受案规则、处置程序等重要领域，目前仍有待进行深入开掘。有鉴于此，本文拟对宋代越诉之法进行全景式剖析，以期证明宋代诉讼规则在近世法律文化转型历程中的关键地位。

一 法令属性与越诉事由

禁止越诉是中国传统诉讼的基本原则之一，唐代已经形成基于当事人告诉申冤的纵向逐级申诉制度。诉讼审级分为县、州府、尚书省（左右

---

① 代表性研究成果有：戴建国：《宋代的狱政制度》，《上海师范大学学报》（哲学社会科学版）1987 年第 3 期，第 89~96 页；戴建国：《南宋基层社会的法律人——以私名贴书、讼师为中心的考察》，《史学月刊》2014 年第 2 期，第 5~20 页；郭东旭：《南宋的越诉之法》，《河北大学学报》（哲学社会科学版）1988 年第 3 期，第 27~35 页；陈景良：《试论宋代士大夫的法律观念》，《法学研究》1998 年第 4 期，第 148~159 页；〔日〕青木敦：《北宋末~南宋の法令に附された越诉规定について》，《東洋史研究》第五十八卷，第二號，平成 11 年（1999 年）9 月；春杨：《宋代对司法的监督制度和惯例研究》，载中南财经政法大学法律文化研究院编《中西法律传统》（第 1 卷），中国政法大学出版社，2001，第 233~268 页；范忠信：《古代中国人民权益损害的国家救济途径及其精神》，《现代法学》2010 年第 4 期，第 3~17 页；范忠信：《古代中国人民权益救济体制的廉政监督旨趣》，《中外法学》2010 年第 6 期，第 853~870 页；赵旭：《论宋代民间诉讼的保障与局限》，《史学月刊》2005 年第 5 期，第 36~42 页；陈志英：《论宋代对私权的法律调整》，《河北大学学报》（哲学社会科学版）2008 年第 4 期，第 14~17 页；刘昕：《宋代政府对讼师教唆诬告行为的法律规制》，《湖南社会科学》2012 年第 3 期，第 101~104 页；姬亚平：《中国古代行政诉讼初探》，《陕西师范大学学报》（哲学社会科学版）2013 年第 1 期，第 132~136 页；〔日〕青木敦：《宋代民事法の世界》，東京：慶應義塾大学出版株式会社，2014，第 27~52 页；陈景良、吴欢：《宋代司法公正的制度性保障及其近世化趋向》，《河南大学学报》（社会科学版）2015 年第 1 期，第 103~111 页。

丞)、三司（受事）、上表五级，并另设挝登闻鼓、立肺石等直诉方式。① 《唐律疏议·斗讼》规定："诸越诉及受者，各笞四十。若应合为受推抑而不受者，笞五十，三条加一等，十条杖九十。"疏议进一步解释："凡诸辞诉，皆从下始，从下至上，令有明文，谓应经县而越向州府省之类。"② 其中，"令有明文"者见于《公式令》：

> 诸词诉皆从下始，先由本司本贯，或路远而踬碍者，随近官司断决之；即不伏，当请给不理状，至尚书省，左右丞为申详之；又不伏，复给不理状，经三司陈诉。又不伏者，上表；受表者又不达，听挝登闻鼓。若茕独老幼不能自申者，乃立肺石之下。（若身在禁系者，亲识代立焉。立于石者，左监门卫奏闻；挝于鼓者，右监门卫奏闻。）③

上述由县至州，由州至尚书省，再至三司、上表，直至挝登闻鼓、立肺石、邀车驾、投函匦等直诉途径的逐级申诉程式，在开元年间曾被多次强调，如开元二年（714 年）四月五日敕规定：在京诉冤者，"如未经尚书省，不得辄入于三司越诉"。④ 开元十年（722 年）闰五月《诉事人先经州县敕》要求诉事人等，"先经县及州并尚书省披理"。⑤ 最终在开元二十七年（739 年）《唐六典》中得到肯定与重申，⑥ 遂与《唐律疏议》"越诉"条互为表里、迭相为用，构成唐代越诉禁令的完整规则架构，并成为中唐、五代直至北宋越诉禁令厘革损益的基本参照。

---

① 陈玺：《唐代诉讼制度研究》，商务印书馆，2012，第 130~140 页。
② （唐）长孙无忌等撰，刘俊文点校《唐律疏议》卷 24《斗讼》"越诉"，中华书局，1983，第 448 页。
③ 〔日〕仁井田陞原著，栗劲等编译《唐令拾遗·公式令第二十一》"词诉皆从下始"，长春出版社，1989，第 532 页。
④ （宋）王溥：《唐会要》卷 57《尚书省诸司上·尚书省》，上海古籍出版社，2006，第 1155 页。
⑤ （宋）王钦若编纂，周勋初等校订《册府元龟》卷 63《帝王部·发号令第二》，凤凰出版社，2006，第 675 页。
⑥ 按：《唐六典》规定："凡有冤滞不申欲诉理者，先由本司、本贯；或路远而踬碍者，随近官司断决之。即不伏，当请给不理状，至尚书省，左、右丞为申详之。又不伏，复给不理状，经三司陈诉。又不伏者，上表。受表者又不达，听挝登闻鼓。若茕、独、老、幼不能自申者，乃立肺石之下。"（唐）李林甫等撰，陈仲夫点校《唐六典》卷 6《尚书刑部》"刑部郎中员外郎"，中华书局，1992，第 192 页。

中唐以后，越诉禁令体系得到不断完善。太和八年（834 年）二月，中书门下援引贞元二十一年（805 年）六月六日敕："诉事人不得越州县、台府，便经中书门下陈状。"同时规定，对不待州府推勘，诣阙诉事者，"先科越诉罪，然后推勘"。① 五代之际，法司针对各类具体越诉情形的判定与罚则更趋明晰。后唐天成二年（927 年）二月十五日，御史台、刑部、大理寺援引天成元年（926 年）十二月一十日敕："越诉之条，本防虚妄，须行惩断，以绝效尤。如或实抱深冤，无门上诉，其越诉律内，不载杖数，仍令大理寺别具奏闻者。"② 寺司结合《名例律》"断罪无正条"和《杂律》"不应得为而为"，细化《唐律疏议》越诉罚则，规定抱冤越诉情轻者，笞四十；理重者，杖八十。受唐代"诣台诉事"惯例长期运行之影响，至五代时，御史台已经发展成为合法的上诉机构之一，地方词讼投状论事者不在少数。后唐长兴三年（932 年）三月敕规定，御史台有权羁押蓦越论讼人，"如实未经本处诉论，便可具事由，勒本道进奏官，差人赍牒监送本处，就关连人勘断后申奏，仍不得虚有禁系"。③ 后周广顺二年（952 年）十月二十五日敕节文则将越诉禁令的适用范围，从民间词讼扩张至灾情申报："起今后，诸色词讼及诉灾沴，并须先经本县，次诣本州、本府，仍是逐处不与申理及断遣不平，方得次第陈状及诣台、省，经甄进状。其有蓦越词讼者，所由司不得与理，本犯人准律文科罪。"④ 此敕为《宋刑统》准用，在宋代具有直接适用的法律效力。

北宋秉承禁止越诉传统，除《宋刑统·斗讼》"越诉"条继受《唐律疏

---

① （宋）王钦若编纂，周勋初等校订《册府元龟》卷 613《刑法部·定律令第五》，凤凰出版社，2006，第 7077 页。

② （宋）王溥：《五代会要》卷 9《议刑轻重》，上海古籍出版社，1978，第 150 页。

③ （宋）王钦若编纂，周勋初等校订《册府元龟》卷 517《宪官部·振举第二》，凤凰出版社，2006，第 5868 页。

④ （宋）窦仪详定，岳纯之校证《宋刑统校证》卷 24《斗讼律》"越诉"，北京大学出版社，2015，第 325 页。

议》旧制以外，曾多次以诏敕方式规范民间越诉问题。① 太祖乾德二年（964 年）正月二十八日诏在强调州县论理民间词讼基础地位的同时，责令地方长吏榜示晓知："自今应有论诉人等，所在晓谕，不得蓦越陈状。违者先科越诉之罪，却送本属州县依理区分。如已经州县论理，不为施行，及情涉阿曲，当职官吏并当深罪。仍令于要路粉壁揭诏书示人。"② 至道元年（995 年）五月二十八日诏："应诸路禁民不得越诉，杖罪以下县长吏决遣，有冤枉者即许诉于州。"③ 至道二年（996 年）七月诏要求：诸吏民诣鼓司登闻院诉事者，"须经本属州、县、转运司不为理，有司乃受"。④ 伴随诉讼法律体系的发展完善，宋代立法者尝试有效解决越诉与直诉两个相互纠缠的诉讼难题，"越诉"禁令的适用规则更趋细致。宋初沿袭前朝旧制，设置鼓司，"以内臣掌之，鼓在宣德门南街北廊"。⑤ 景德四年（1007 年）五月，改登闻鼓院，掌受文武官员及士民章奏表疏。凡言朝政得失、公私利害、军情机密、陈乞恩赏、理雪冤滥等诉请，先经鼓院进状，"或为所抑，则诣检院。并置局于阙门之前"。⑥ 端拱元年（988 年）七月，虞部郎中张佖针对民间滥诉现象，奏请严格限制鼓院受案范围，"除官典犯赃、袄讹劫杀、灼然抑屈，州县不治者，方许诣登闻院……自余越诉，并准旧条施行。从之"。⑦ 原则上，未经登闻鼓院、登闻检院审理，不得伏阙诉事。然而，民间越级陈诉甚至伏阙越诉现象并未禁绝，反而有愈演

① 按：赵旭指出："北宋初期，尽管在诉讼程序上规定了越诉的内容，尤其是有大冤抑，也可以越过转运使，由州向登闻检、鼓院直接诉讼而不构成越诉之罪，但同时也规定了'蓦越陈状'之类的越诉行为也是违法的。"赵旭：《唐宋法律制度研究》，辽宁大学出版社，2006，第 219~220 页。
② （清）徐松辑，刘琳、刁忠民、舒大刚、尹波等校点《宋会要辑稿》刑法 3 之 10，第 14 册，上海古籍出版社，2014，第 8397 页。
③ （清）徐松辑，刘琳、刁忠民、舒大刚、尹波等校点《宋会要辑稿》刑法 3 之 11，第 14 册，上海古籍出版社，2014，第 8398 页。
④ （宋）杨仲良撰《皇宋通鉴长编纪事本末》卷 14《太宗皇帝》"听断"，江苏古籍出版社，1988（宛委别藏本），第 333 页。
⑤ （宋）马端临著，上海师范大学古籍整理研究所、华东师范大学古籍研究所点校《文献通考》卷 60《职官考十四》，中华书局，2011，第 1813 页。
⑥ （元）脱脱等：《宋史》卷 161《职官一》，中华书局，1977，第 3782 页。
⑦ （清）徐松辑，刘琳、刁忠民、舒大刚、尹波等校点《宋会要辑稿》职官 3 之 62，第 5 册，上海古籍出版社，2014，第 3079 页。

愈烈之势。针对遇赦之人诣阙诉枉问题，大中祥符五年（1012 年）四月二十四日诏规定，公事勘断如事涉滥枉，案犯有权在狱具之后依次向转运、提刑陈诉，"即不得诣阙越诉"。① 天禧四年（1020 年）八月，因诸路劝农使检视帐籍时，"虑其因缘取索，受越诉以扰民"，责令民间论诉公事，并依旧次第陈状。"如已经州县、转运司不行者，并即时尽公处理。"②

造成越诉领域乱象丛生的根本原因在于，禁止越诉与允许直诉两项原则之悖论。越诉以逐级陈诉为前提，邀车驾、挝鼓诉事不实等直诉行为却可以"无视审级，理论上与禁止越诉抵触"。③ 宋代鼓司、检院设立之初衷，自然在于厘革传统直诉体系，纾缓君主因伏阙诉事行为所承受的裁判压力。但因诣阙诉请的事由无法控制和拣择，由此造成实质具有越诉性质的直诉行为屡禁不止。君主作为行政组织与司法系统共有之终极陈诉机构，实质上无法在维护常态司法秩序与行使终极监督权力之间寻得平衡。可见，北宋中期逐步出现的与"越诉"禁令相对应的"越诉之法"，其目的并非在于变革逐级告诉传统，而是试图透过"越诉"管道，对以地方长吏为代表的官僚群体的各类施政履职行为进行有效监察。因此，越诉本质上并非简单的司法诉讼命题，而应统摄于宋代日益强化的逐级监察机制。宫崎市定曾言："宋代的政治机构，是基于认定军人会闹革命、文官会渎职这样的基本认识上而建立的，其重点在于防止弊害。"④ 越诉可能产生惩戒官吏的行政处分后果，而非行政诉讼抑或行政复议程序，并在一定程度上使百姓的核心权益，尤其是经济和司法权益获得救济。⑤ 可见，经由"越诉"彰显的宋代监察体系发展完善之历史缩影，久已尘封于司法规则急剧变化的表象

---

① （清）徐松辑，刘琳、刁忠民、舒大刚、尹波等校点《宋会要辑稿》刑法 3 之 15，第 14 册，上海古籍出版社，2014，第 8400 页。

② （宋）李焘撰，上海师范大学古籍整理研究所、华东师范大学古籍研究所点校《续资治通鉴长编》卷 96 "真宗天禧四年八月"，中华书局，1995，第 2214 页。

③ 戴炎辉：《唐律各论》，台北成文书局，1988，第 567 页。

④ 〔日〕宫崎市定：《中国史》，邱添生译，华世出版社，1980，第 300 页。

⑤ 按：关于越诉与民众权利救济问题，可参阅范忠信《古代中国人民权益损害的国家救济途径及其精神》，《现代法学》2010 年第 4 期；范忠信《古代中国人民权益救济体制的廉政监督旨趣》，《中外法学》2010 年第 6 期；陈志英《论宋代对私权的法律调整》，《河北大学学报》（哲学社会科学版）2008 年第 4 期。

之下。

那么，宋代越诉行为是否具有行政诉讼意涵？答案仍然是否定的。① 个人违法、个体应诉与责任自负，构成宋代"越诉之法"的三项基本要素。首先，就事由性质而言，无论行政违法、婚田争讼抑或揭举赃吏等，越诉所指向的事由并非官府具体公务行为，而是各级官吏的个人履职行为。其次，就被告身份而言，宋代越诉之法大多以各级违法官吏为告诉对象（个别情况下以豪民、宗强等为被告），即"民告官吏"而非"民告官府"，此与行政诉讼以行政机关或授权组织为被告的法律性质迥异，此亦为认定"越诉之法"性质的核心要义。最后，就法律责任而言，越诉之法引发的法律后果往往为官吏个人罚俸、降职、罢黜等行政处分方式甚至配流等刑事制裁，而非各级官府承担返还权益、履行职务乃至行政赔偿等行政法律责任。

关于宋代"越诉之法"的初创时间，郭东旭将其确定于徽宗政和年间，"北宋对越诉的限制到宋徽宗政和以后发生了变化，在某些问题上开始准许人们越诉"。② 该观点得到学界广泛认同。事实上，至少在神宗熙宁年间，即有"许民越诉"之明确记载。据《续资治通鉴长编》，熙宁六年（1073

---

① 按：姬亚平认为："如果用行政诉讼的基本特征'民告官'来衡量，中国古代不仅存在行政诉讼，而且源远流长，丰富多彩，只不过没有抽象出'行政诉讼'这一概念罢了。行政诉讼的'民告官'特征有以下几方面含义：第一，原告是普通百姓；第二，被告是行使公权力的政府及其官员；第三，'民告官'的目的是维护自身利益，监督国家权力的行使；第四，官民之间的纠纷是通过诉讼方式来解决的。"[姬亚平：《中国古代行政诉讼初探》，《陕西师范大学学报》（哲学社会科学版）2013 年第 1 期，第 132 页] 值得注意的是，中国古代"民告官"的含义，往往指百姓向官府作出的报告或申请行为，并非以官府为被告的诉讼行为。简言之，古代"民告官"是状告官员，而非状告官府。行政诉讼意义上常见的官府违法行为，一般仍表述为官吏违法。如"先募民告官吏隐欺额外课利者赏以钱，而告者或恐喝求财，或因报私怨，诉讼纷然，益为烦扰"。[（宋）李焘撰，上海师范大学古籍整理研究所、华东师范大学古籍研究所点校《续资治通鉴长编》卷 16 "太祖开宝八年七月"，中华书局，1995，第 342 页] 姬亚平"被告是行使公权力的政府及其官员"的论断，大幅扩张了行政诉讼被告主体的恒定范围，可能引发行政诉讼与监察行为的混淆。

② 郭东旭：《南宋的越诉之法》，《河北大学学报》1988 年第 3 期，第 27 页。按：郭东旭等进一步指出："至北宋徽宗朝政和之后，由于政治腐败达到极点，不仅朝廷荒淫无度，内自公卿大臣，外自监司守令，无不'托公徇私，诛求百姓，公然窃取，略无畏惮'；而胥吏更是'托法自便'，聚敛无厌。因此，在全国各地相继出现了新的反抗浪潮。在这种形势下，宋徽宗为了标榜'革弊恤民之意'，制约官吏的横征暴敛，始开越诉之门。"郭东旭、高楠、王晓薇、张利：《宋代民间法律生活研究》，人民出版社，2012，第 164 页。

年）六月壬辰，因畿县令佐非时追集，导致开封酸枣、阳武、封邱县民千余人为免保甲教阅，赴司农寺告诉的群体性事件。神宗指令提点司劾问违法官吏，同时规定，"自今仍毋得禁民越诉"。① 此敕发布时间显然早于政和年间，当为宋代许民越诉之始。

"越过县一级直接向州提出词状或越过州一级直接从县向路提出上诉的情况经常发生。这种越诉在宋代屡见不鲜，宋史研究者早已指出了这一点。"② 宋代越诉事由纷繁复杂，几乎涉及官府与百姓交涉事务的方方面面，诸如在税赋征纳、灾异蠲免、科率摊派、财物征收、官民交易、狱讼决断、救济优抚等领域出现的违法行为，无一不在越诉之列。学界关于越诉事由类型的研究，以郭东旭"七分法"、陈景良"四分法"、范忠信"八分法"最具代表性。然而，宋代越诉事由、越诉类型、越诉性质相当复杂，且样本素材分布失衡。合理的分类标准应当至少满足以下两个条件：其一，归类准确，详略适当；其二，相互独立，平行并列。本文按照诉讼主体不同，将越诉划分为"控告型越诉"、"检举型越诉"和"告诉型越诉"。其中，"控告型越诉"是指百姓因自身合法权益直接受到官员侵害，以控告方式越级告诉，此类越诉占据宋代越诉的绝对多数。"检举型越诉"是指越诉人非因自身权益受到官员侵害，以检举方式越级告诉，其中尤以检举官吏贪赃者为多。"告诉型越诉"是指越诉人因自身合法权益直接受到田主、房主、豪强等非法侵害，向监司等机关越级告诉。三类越诉以"控告型越诉"最为复杂，此处先对内涵单一的"检举型越诉"和"告诉型越诉"进行讨论。

基层官吏贪渎是"检举型越诉"的基本事由。建炎四年（1130 年）九月甲寅，臣僚以州县之吏，赃贪颇众，"欲望应官员犯入己赃，许人越诉。其监司、守令不即按治，并行黜责，庶使举刺之官不敢坐视"。③ 绍兴元年（1131 年）十一月乙巳，通直郎、知琼州虞沇言："'近岁州县之吏多贿败

---

① （宋）李焘撰，上海师范大学古籍整理研究所、华东师范大学古籍研究所点校《续资治通鉴长编》卷 245 "神宗熙宁六年六月壬辰"，中华书局，1995，第 5970 页。

② 〔日〕夫马进编《中国诉讼社会史研究》，范愉、赵晶等译，浙江大学出版社，2019（廿一世纪中国法律文化史论丛），第 46 页。

③ （宋）李心传撰，辛更儒点校《建炎以来系年要录》卷 37 "建炎四年九月"，上海古籍出版社，2018，第 727 页。

者，望自今命官犯入己赃，许人越诉。其监司不即按治者，重行黜责'，从之"。① 绍兴三十二年（1162 年）八月二十三日诏突破以往"不干己之诉"禁令，规定州县受纳秋苗奸欺贪渎，"许诸色人不以有无干己越诉。如根治得实，命官流窜，人吏决配，永不放还，仍籍家赀"。② 禁止"不干己"之诉是宋代司法基本原则，而"检举型越诉"却不以利益干己为前提。此类越诉类型的出现，对宋代诉讼规则构成一定冲击，其监察地方长吏为非之目的昭然若揭。在"检举型越诉"之中，官员侵害的直接客体为公务行为廉洁性和公共财产所有权，而非诉事人私人利益，故与"控告型越诉"存在本质差异。

地方官吏以外其他人侵权是"告诉型越诉"的基本事由。绍兴二年（1132 年）闰四月三日，右朝奉郎姚沇进言："曾被烧劫去处失契书业人，许经所属州县陈状。本县行下本保邻人依实供证，即出户帖付之，以为永远照验。如本保邻人作情弊故意邀阻，不为依实勘会，及本县人吏不实时给户帖，并许人越诉，其合干人重置典宪。"③ 此敕与吏人并举的邻、保之人，显然不具备公职身份。绍兴三年（1133 年）七月二十二日诏：江北流寓之人因业主、豪右添搭房租，坐致穷困，"令临安府禁止，仍许被抑勒之人诣府陈告。根究得实，恃业主重行断遣，其物没纳入官。本府不为受理，许诣朝省越诉"。④ 隆兴元年（1163 年）九月二十五日诏：遇灾伤之处蠲免苗税，"所有私租，亦合依例放免。若田主依前催理，许租户越诉"。⑤ 淳熙十六年（1189 年）五月十六日，户部郎中丰谊言：禁止巨室指占沿江并海深水取鱼之处，勒取租钱，"豪强尚敢违戾，州县倪或纵容，即许人户越

① （宋）佚名撰，孔学辑校《皇宋中兴两朝圣政辑校》卷 10《高宗皇帝十》"绍兴元年十有一月乙巳"，中华书局，2019（中国史学基本典籍丛刊），第 317 页。
② （清）徐松辑，刘琳、刁忠民、舒大刚、尹波等校点《宋会要辑稿》食货 9 之 10，第 10册，上海古籍出版社，2014，第 6180 页。
③ （清）徐松辑，刘琳、刁忠民、舒大刚、尹波等校点《宋会要辑稿》食货 11 之 16，第 11册，上海古籍出版社，2014，第 6219 页。
④ （清）徐松辑，刘琳、刁忠民、舒大刚、尹波等校点《宋会要辑稿》刑法 2 之 147，第 14册，上海古籍出版社，2014，第 8375 页。
⑤ （清）徐松辑，刘琳、刁忠民、舒大刚、尹波等校点《宋会要辑稿》食货 63 之 21，第 13册，上海古籍出版社，2014，第 7616 页。

诉，择其首倡，重作惩戒。从之"。① 嘉泰三年（1203 年）十一月十一日南郊赦文：针对诸路州县乡村豪横之人强占邻人田产等事，诏"今后有似此去处，仰监司常切觉察，及行下所属州县重立赏榜，许被扰人越诉"。② 上述作为越诉对象的业主、田主、土豪、富民等，就社会阶层而言，仍属民户性质。《庆元条法事类》明确规定，若地方豪强私自拘禁他人，即可列为越诉被告："诸形势之家，（豪民同）辄置狱具而关留人者，徒二年，情理重者，奏裁，许彼关留人越诉。"③ 显然，百姓越诉控告的田主、豪民与形势之家等，均不具备公职身份。朝廷开越诉之门，意在禁止地方长吏勾结豪民，并促使其有效管控地方事务，调处基层社会纠纷。需要特别指出的是，宋代官学属于政府机构一部分，案件须依照行政层级行文直属衙门协助处理或审判，因此越诉限制不适用于学产诉讼。绍兴府"小学田案"、平江府"陈焕案"、嘉兴府"六和塔院僧人案"等，原告均未向学产所在县司提出告诉，而是向府学直属府司提告。④ 总之，"检举型越诉"直接指向基层官吏的贪赃犯罪，"告诉型越诉"则针对可能受到长吏庇护的豪强富户的侵权行为，两类越诉遂在主、客体层面具备各自特点，却始终与朝廷监控地方的制度设计初衷协调一致。

---

① （清）徐松辑，刘琳、刁忠民、舒大刚、尹波等校点《宋会要辑稿》刑法 2 之 124，第 14 册，上海古籍出版社，2014，第 8352 页。

② （清）徐松辑，刘琳、刁忠民、舒大刚、尹波等校点《宋会要辑稿》食货 63 之 225，第 13 册，上海古籍出版社，2014，第 7732 页。

③ （宋）谢深甫等撰，戴建国点校《庆元条法事类》卷 75《刑狱门五·刑狱杂事》，黑龙江人民出版社，2002（中国珍稀法律典籍续编），第 805 页。按：尹敬坊指出："宋代文献上，形势户又称'形势之家'、'势官富姓'或'豪民'。而'形势之家'和'形势户'这两个称呼又都出现在宋代法令中……《赋役令》所载宋代形势户应包括的三部分人户（一）品官之家，（二）州县及按察官司吏人，（三）书手、保正、耆户长等乡役户。"（尹敬坊：《关于宋代的形势户问题》，《北京师范大学学报》1980 年第 6 期，第 26、27 页）大泽正昭认为，士人、寄居官、胥吏、地主、地方权势者、豪民等，是介于皇帝、高级官僚和基层社会中间位置的中间阶层［〔日〕大泽正昭：《南宋判语所见的地方权势者、豪民》，吴承翰译，载中国政法大学法律整理研究所编《中国古代法律文献研究》（第 9 辑），社会科学文献出版社，2015，第 302 页］。

④ 参阅李如钧《学校、法律、地方社会——宋元的学产纠纷与争讼》，台湾大学出版中心，2016，第 78 页。其中，关于"陈焕案"的审理过程，可参阅李雪梅《公文中的动态司法：南宋〈给复学田公牒〉和〈给复学田省札〉碑文考释》，载中国政法大学法律古籍整理研究所编《中国古代法律文献研究》（第 10 辑），社会科学文献出版社，2016，第 286～290 页。

以维护遭受官吏侵害的合法私权为特征的"控告型越诉"，是宋代越诉之绝对主流。其事由烦琐，类型多样，基本涉及地方官吏施政的方方面面，且绝大多数与百姓人身或财产利益直接相关。[①] 学界现有关于越诉的分类，亦主要针对此类情形展开。值得注意的是，诏敕、奏议、法令是研究宋代越诉问题的基本依据，相关资料主要分布于《宋史》《宋会要辑稿》《庆元条法事类》等典籍之中，关于百姓控告官吏违法且许可越诉事由的隶属与分类，宋人亦有自己的理解。如《宋会要辑稿》中越诉史料，分隶于《后妃》《礼》《仪制》《职官》《选举》《食货》《刑法》《兵》《方域》《道释》十个类目。除个别条目重出以外，归类隶属问题也较为明显。现存《庆元条法事类》残卷作为南宋成法，涉及越诉条款三十六项，以法律关系性质为分类依据，条件相近者以类相从，分隶《职制》《文书》《权禁》《财用》《库务》《赋役》《刑狱》七门，显然较《宋会要辑稿》类目确切明晰。然而，《庆元条法事类》并非完帙，越诉所涉门类当不止此。其他如《宋史》《三朝北盟会编》《建炎以来系年要录》《皇宋中兴两朝圣政》《宋大诏令集》以及宋人文集等所见越诉资料，对于越诉事由的科学分类意义相对有限。关于"控告型越诉"事由的分类标准，应当与宋代地方官吏日常职能相互照应。就越诉之法涉及的法律关系而言，主要涉及税收、权禁、司法、库务、赈恤、文书、水利、货币等，绝大多数事例均与经济相关。在各类越诉事由之中，涉及税赋征纳和蠲免的又占据相对多数。

二　越诉行为的受案规则

对于各色越诉事由，宋代诏敕设计了规范缜密的处置规则，对越诉行为的受理渠道、政令宣教、罪名认定和法律适用等问题作出系统规定。实践中，形成了由主司整饬、监司按劾、台谏弹奏、人户越诉、旁人告赏五项规则构成的受案体系，以期保障越诉法令的有效实施。其中，主司整饬往往作为越诉行为的前置程序，而监司按劾、台谏弹奏、旁人告赏三项，

---

① 按："北宋后来鼓励和完善越诉之法的动因，已经不止于洗雪民冤了，而是民间频繁的经济活动所致，也是政府增加财政所需的必然要求。"赵旭：《唐宋法律制度研究》，辽宁大学出版社，2006，第223页。

则是与人户越诉并行的法律程序，且应在上级主司敷衍塞责或整饬无效的情况下予以适用。因此，对于宋代越诉的讨论，必须注意与越诉平行的其他各类法律监督途径。

（一）主司整饬

与各类越诉事由相互照应，诏敕、奏议中往往针对特定非违情状，责令责任官吏限期整改，或要求上级主管机关监督整饬。大观三年（1109 年）十一月二十八日，针对侵占、改建京畿及诸路州军宫观寺院问题，朝廷要求侵权机关和个人停止侵害并限期改正，"除经过暂居不得过十日外，其余见任或寄居官并军兵及官物居占，并限一季起移，或尚敢留，并以违制论。仍许寺观越诉"。① 由提举司、提刑司、转运司、茶马司等机关负责督查整改，则是宋代处置地方官吏违法行为之常态。如绍兴十九年（1149 年）十一月十四日南郊敕：州县系省酒务"往往减少米曲造酒，科配乡村，抑令保正长认纳价钱。种种搔扰，重困民力"，② 责令诸路转运司目下禁止，仍令提刑司常切觉察，并许人户越诉。绍兴三十一年（1161 年）九月二日，因四川下等园户未曾减损茶额，"可令茶马司取见诣实，将虚额与中、下等园户裁减。如违，许园户越诉"。③ 绍熙元年（1190 年）十一月三十日诏："今后铺户合税物货，照自来则例回税，不得巧作名色欺诳骚扰。令临安府禁止。如于例外多收头子钱，许民户越诉，将犯人重作施行。"④

（二）监司按劾

监司按劾是在监察体制框架内，对地方官违法行为的制裁措施，是与台谏弹奏、人户越诉等并行的行政督查方式。宋代在中央与府、州、军、监之间，设立"路"级监察区，包含转运司（漕司）、提点刑狱司（宪司）、提举常平司（仓司）等，由于诸司兼具监察本路所辖地方官吏之责，统称

---

① （清）徐松辑，刘琳、刁忠民、舒大刚、尹波等校点《宋会要辑稿》刑法 2 之 51，第 14 册，上海古籍出版社，2014，第 8311 页。

② （清）徐松辑，刘琳、刁忠民、舒大刚、尹波等校点《宋会要辑稿》食货 20 之 20，第 11 册，上海古籍出版社，2014，第 6437 页。

③ （清）徐松辑，刘琳、刁忠民、舒大刚、尹波等校点《宋会要辑稿》食货 31 之 15，第 11 册，上海古籍出版社，2014，第 6686 页。

④ （清）徐松辑，刘琳、刁忠民、舒大刚、尹波等校点《宋会要辑稿》食货 18 之 19，第 11 册，上海古籍出版社，2014，第 6382~6383 页。

"监司"。宋代监司时称"外台"，"为天子耳目之官，但择州县官不奉法为民者去之，则百姓自然安迹。"① 如监司、守令履职不力、勾结影庇者，于法有罚。宣和七年（1125 年）十月二十一日，臣僚奏请：如遇和籴官吏不即支价、强行抑配、非法折变、暗增数目等现象，"许人户越诉，严立法禁，监司重行贬责。仍委逐路提刑司觉察，密行闻奏。从之"。② 靖康元年（1126 年）五月十二日手诏："已诏三省，自靖康元年正月已来，抛给诸路籴本并用实钱。仰今后州县并须置场，不得复行科配，监司互察，违者许人越诉"。③ 监司按劾地方令长非违的监察传统，在南宋得以继承和发展。绍兴三年（1133 年）九月十五日明堂赦：针对税赋征纳中郡守侵渔、贪吏受纳问题，"仰帅臣监司常切觉察，如敢循习故态，按劾以闻，当议重置典宪。仍许人户越诉"。④ 隆兴元年（1163 年）八月二十日，臣僚言：州县未能有效落实检放灾伤政策，请求展限一月，出榜晓示，许人户从实经县陈理，官吏依条检放。"仍委知州专一觉察诸县，监司觉察诸州，如有奉行违戾，并委监司、郡守将所委官按劾，人吏编配施行。如监司、郡守不行觉察，并许人户越诉，御史台弹劾以闻。从之。"⑤ 庆元六年（1200 年）九月十九日，总护使韩侂胄言：将来光宗梓宫发引，为避免州县以排办为名，妄有追呼科扰，"乞出给黄榜晓谕。仍乞札下诸使、诸司并经由监司、州郡县镇，体认恤民之意。如或违戾，许令被扰之人指实越诉，具名奏劾，重置典宪。从之"。⑥ 晚至理宗绍定年间，与人户越诉并行之监司劾察仍为朝廷所重。绍定二年（1229 年）八月丙申，诏户部遍下诸路州军，"不得增收

---

① （宋）黄震：《黄氏日抄》卷 79《公移二·词诉约束》，载张伟、何忠礼主编《黄震全集》（第 7 册），浙江大学出版社，2013，第 2235 页。

② （清）徐松辑，刘琳、刁忠民、舒大刚、尹波等校点《宋会要辑稿》食货 9 之 18，第 10 册，上海古籍出版社，2014，第 6184 页。

③ （宋）汪藻原著，王智勇笺注《靖康要录笺注》卷 7"靖康元年五月十二日"，四川大学出版社，2008，第 773 页。

④ （清）徐松辑，刘琳、刁忠民、舒大刚、尹波等校点《宋会要辑稿》食货 9 之 2，第 10 册，上海古籍出版社，2014，第 6175 页。

⑤ （清）徐松辑，刘琳、刁忠民、舒大刚、尹波等校点《宋会要辑稿》食货 1 之 11，第 10 册，上海古籍出版社，2014，第 5943 页。

⑥ （清）徐松辑，刘琳、刁忠民、舒大刚、尹波等校点《宋会要辑稿》礼 30 之 62，第 3 册，上海古籍出版社，2014，第 1400 页。

苗米，多量斛面，许越诉。仍令漕司觉察，从臣寮请也"。① 此外，宋代廉访使者与宣抚使、安抚使等也时常参与越诉案件的监察和受理事宜。

（三）台谏弹奏

为有效纠正和惩戒基层官吏违法行为，宋代建立了与监司按劾相互配合的台谏弹奏规则，如遇监司按劾不当，御史、谏官可以弹奏，由此构成对监司监察行为的二次监察。恰如绍兴年间綦崇礼所言，若"监司按察官私相盖庇，失于按劾，委御史台觉察"。② 绍兴二十四年（1154 年）四月庚子，宰执进呈大理寺主簿郭淑面对札子，论"州县受纳物帛，吹毛求疵，稍不及格，即以柿油墨烟连用退印。望严戒饬"。③ 高宗谕"令监司觉察按劾；如失觉察，令御史台弹奏，仍许民越诉"，明确了御史台弹奏监司失察之权。绍兴二十六年（1156 年）七月甲子，御史中丞汤鹏举言：福建路州县以盐纲扰民，每岁增添，不知纪极，"乞令本路宪臣巡历一路州县，并不许过绍兴元年般运盐纲之数，立为定制。仍仰监司按劾，台谏弹奏，人户越诉。在州当职官，在县令佐，并以自盗论，庶几杜绝一路之害"。④ 高宗诏付户部，委提点刑狱吴逵巡按核实。淳熙十四年（1187 年）八月十三日，淮西总领赵汝谊奏请：因客人兴贩米斛，赴江浙旱伤州郡时，若沿途州县"以收力胜、喝花税为名，时刻留滞"，许客人赴监司、台部直诉，官吏重置典宪。"若监司奉行弗虔，许台谏弹劾。"⑤ 庆元元年（1195 年）十月二十一日，从吏部郎中兼权右司张涛所请，诏"如州县辄敢遏籴，许人户越诉。监司不为受理及失觉察，仰御史台弹劾施行"。⑥ 以上诏敕、奏对明确

① （宋）佚名撰，汪圣铎点校《宋史全文》卷 31《宋理宗一》"绍定二年八月丙申"，中华书局，2016（中国史学基本典籍丛刊），第 2649 页。
② （明）黄淮、杨士奇编《历代名臣奏议》卷 213《法令》，上海古籍出版社，1989，第 2800 页上。
③ （宋）李心传撰，辛更儒点校《建炎以来系年要录》卷 166"绍兴二十四年四月"，上海古籍出版社，2018，第 2874 页。
④ （宋）李心传撰，辛更儒点校《建炎以来系年要录》卷 173"绍兴二十六年七月"，上海古籍出版社，2018，第 3033 页。
⑤ （清）徐松辑，刘琳、刁忠民、舒大刚、尹波等校点《宋会要辑稿》食货 18 之 15，第 11 册，上海古籍出版社，2014，第 6381 页。
⑥ （清）徐松辑，刘琳、刁忠民、舒大刚、尹波等校点《宋会要辑稿》食货 41 之 26，第 12 册，上海古籍出版社，2014，第 6922 页。

展示了御史台监察监司的法定职责，与此同时，在越诉之法适用领域，御史台和监司按照所辖地域不同，还存在分察内外的权限分割。如淳熙十一年（1184 年）十月庚午，中书门下省勘会州县官司增收课息，以资妄用。"诏户部遍牒诸路州军，将应管税务合趁课息如实及租额之数，即不得抑令增收。敢有违戾，在内委御史台弹奏，在外委监司觉察。仍许被扰人户越诉。"① 庆元元年（1195 年）八月十七日，令现任官收买饮食服用之物，"并随市直，各用见钱，不得于价之外更立官价。违，许人户越诉。在外令监司按劾，在内令御史台觉察"。②

（四）人户越诉

人户越诉是宋代越诉之法的核心所在，并与监司按劾、台谏弹奏相互配合，从不同角度构成对州县令长的实质监督。如言监司与御史台基于公权履职角度行使监察权力，百姓则是利害关系人，从私权维护角度，在诏敕、法令许可的范围内，以越级陈诉的方式举报该管官吏。与允许越诉的各类事由相适应，州县所涉之诏令颁布、法禁奉行、民户科率、刑狱逮系、官物出入、酒税榷征、租赋催放、仓库受纳、婚田诉讼、乡保差役、公使收簇、行户供应等，涉及地方官府外部行政管理行为之一切事务，凡与百姓利益攸关者，往往设有越诉专条；凡是诏敕、法令等许可越诉者，即不再受法定审级、审判时限、结决与否等要素影响，本质上是鼓励百姓就特定事项向监司、御史台、尚书省等机关揭举州县长官不法行为。

在宋代诏敕、奏议中，"许越诉""许百姓越诉""许人户越诉"等表述比比皆是，部分史料甚至明确规定了越诉请求的受理机关。隆兴二年（1164 年）正月五日三省言："人户讼诉，在法：先经所属，次本州，次转运司，次提点刑狱司，次尚书本部，次御史台，次尚书省。"③ 该奏议在阐明当时逐级申诉的同时，也为查明地方和中央越诉受案诸司地位提供了参

---

① （宋）佚名撰，汪圣铎点校《宋史全文》卷 27 上《宋孝宗七》"淳熙十一年十月庚午"，中华书局，2016（中国史学基本典籍丛刊），第 2298 页。

② （清）徐松辑，刘琳、刁忠民、舒大刚、尹波等校点《宋会要辑稿》刑法 2 之 126，第 14 册，上海古籍出版社，2014，第 8354～8355 页。

③ （清）徐松辑，刘琳、刁忠民、舒大刚、尹波等校点《宋会要辑稿》刑法 3 之 31，第 14 册，上海古籍出版社，2014，第 8408～8409 页。

照。监司在越诉受案诸司中居于中枢地位。如绍熙二年（1191 年）十一月二十七日南郊赦：因州县先期预借、重叠催纳、阻节作弊，"仰监司严加觉察，如有违戾，按劾闻奏，仍许输纳民户赴监司陈诉"。① 嘉定五年（1212 年）十一月二十日南郊赦文："今仰州县自今官户税物，官司自行就坊郭管揽门户干人名下催理，不许一例具入保长甲帖内抑令催纳，使之陪备。如违，许保长经监司越诉。"② 由于监司是路级转运司、经略安抚司、提刑司、提举常平司等机构之统称，实践中诸监司均有受理相关越诉事务之责。首先，经略安抚司。宋代经略安抚使掌一路兵民之事，"听其狱讼，颁其禁令，定其赏罚，稽其钱谷、甲械出纳之名籍而行以法。"③ 绍兴四年（1134 年）五月二十七日臣僚言：巡尉、弓兵缉捕知非本犯，辄殴缚以取财物者，"依诈称官遣追捕殴缚人取财法，以不持杖强盗论罪，止流三千里，流罪皆配千里。乞坐条行下。及违法之人，许人户于本路帅司越诉。从之"。④ 绍兴七年（1137 年）七月二十八日尚书省言：已经蠲免之绍兴五年（1135 年）以前合放税租、欠负钱物，"如州县敢有违戾，或因缘追呼搔扰，许人户径诣本路帅臣、监司或朝廷台部越诉"。⑤ 其次，转运司。宋代转运使掌经度一路军储、租税、计度"及刺举官吏之事，分巡所部"。⑥ 绍熙二年（1191 年）十一月二十七日赦，两淮州县人户输纳应干官钱，官司逼勒人户，倍有陪费，"仰两淮转运司行下诸州军及出榜晓示，应干人户输纳官钱，并以三分为率，二分见钱，一分官会，如违，许人户越诉"。⑦ 嘉泰三年（1203 年）十一月十一日南郊赦文："访闻州县场务过有邀求，绸绢则先

① （清）徐松辑，刘琳、刁忠民、舒大刚、尹波等校点《宋会要辑稿》食货 68 之 15，第 13 册，上海古籍出版社，2014，第 7950 页。
② （清）徐松辑，刘琳、刁忠民、舒大刚、尹波等校点《宋会要辑稿》食货 6 之 31，第 13 册，上海古籍出版社，2014，第 7879 页。
③ （元）脱脱等：《宋史》卷 167《职官七》，中华书局，1977，第 3960 页。
④ （清）徐松辑，刘琳、刁忠民、舒大刚、尹波等校点《宋会要辑稿》兵 13 之 16，第 14 册，上海古籍出版社，2014，第 8859 页。
⑤ （清）徐松辑，刘琳、刁忠民、舒大刚、尹波等校点《宋会要辑稿》食货 63 之 8，第 13 册，上海古籍出版社，2014，第 7601 页。
⑥ （清）徐松辑，刘琳、刁忠民、舒大刚、尹波等校点《宋会要辑稿》食货 49 之 1，第 12 册，上海古籍出版社，2014，第 7093 页。
⑦ （清）徐松辑，刘琳、刁忠民、舒大刚、尹波等校点《宋会要辑稿》食货 70 之 82，第 13 册，上海古籍出版社，2014，第 8149 页。

收税钱，斛斗先收力胜钱，循习成例，重为民害。仰转运司严行禁截，仍许人户越诉。"① 以上敕令要求转运司承担稽查税赋差役，同时承担受理百姓越诉职责。再次，提刑司。宋代提点刑狱公事按察所部之狱讼，兼理"举刺官吏之事"。② 除监察辖区刑狱勘鞫以外，受理经济、财政领域越诉事务也成为提刑司的日常职能之一。乾道元年（1165年）正月一日改元敕：官员职田常年拘占及折变租课、过数折纳等，"仰诸路提刑司体访，日下改正除放。如尚违戾，按劾闻奏，计赃断罪。许被科抑人越诉"。③ 淳熙九年（1182年）九月十三日明堂敕：诸路人户年老之人和未及丁年者输纳丁钱，州县不即除落，"令提刑司常切觉察，及许人户越诉"。④ 最后，提举常平司。提举常平司掌常平、义仓、免役、市易、坊场、河渡、水利之法，"仍专举刺官吏之事"。⑤ 绍兴二十二年（1152年）五月八日，前知池州陈汤求建议今后州县不得将牛船、水车应干农具增为家力，卖买交易许免收税。"如官司辄敢巧作名目，暗排家力及抑纳税钱者，许人户越诉。专委提举常平司纠察，官吏重置以法。从之。"⑥ 绍熙二年（1191年）十一月二十七日南郊敕：因诸路盐场不依时支散，及减克盐场本钱，"仰诸〔路〕提举司遵守累降指挥，约束所部，须管依时支给，不得减克。如有违戾，将当职官吏按劾以闻，许亭户越诉"。⑦ 此外，宋代又设计了监司联察、诸司互察体制，保障百姓顺利实现越诉权利。宣和元年（1119年）八月十一日诏：以常平法令弛废，令诸路提举常平官点检按劾以闻，"一切违法，当职官及主管官不检察，提举官不按劾，仰漕宪并廉访使者互察闻奏，当议重行黜责。

① （清）徐松辑，刘琳、刁忠民、舒大刚、尹波等校点《宋会要辑稿》食货18之23，第11册，上海古籍出版社，2014，第6385页。
② （元）脱脱等：《宋史》卷167《职官七》，中华书局，1977，第3967页。
③ （清）徐松辑，刘琳、刁忠民、舒大刚、尹波等校点《宋会要辑稿》职官58之27，第8册，上海古籍出版社，2014，第4628页。
④ （清）徐松辑，刘琳、刁忠民、舒大刚、尹波等校点《宋会要辑稿》食货66之15，第13册，上海古籍出版社，2014，第7867页。
⑤ （元）脱脱等：《宋史》卷167《职官七》，中华书局，1977，第3968页。
⑥ （清）徐松辑，刘琳、刁忠民、舒大刚、尹波等校点《宋会要辑稿》食货11之19，第11册，上海古籍出版社，2014，第6221页。
⑦ （清）徐松辑，刘琳、刁忠民、舒大刚、尹波等校点《宋会要辑稿》食货28之35，第11册，上海古籍出版社，2014，第6622页。

仍许人户越诉"。① 绍兴五年（1135 年）七月十九日诏，淮北归附人民，所至州县实计口数支钱赐田，宽免税役。"归（付）〔附〕人仰州县严行约束，如敢搔扰，许人户经本路宣抚、安抚、提刑司越诉。"② 绍兴二十八年（1158 年）十一月二十三日南郊赦：诸路监司州县抛买应用物色，多不以时支给价钱，"仰漕臣常切约束，觉察按治。监司违戾，令诸司互察，御史台弹劾，仍许人户越诉"。③

诸路监司以上，受理越诉的中央官署系统由尚书省（部）、御史台、枢密院等机关组成。宋代尚书省总决天下之务，掌管"听内外辞诉"④ 等重要职责，下辖吏、户、礼、兵、刑、工六部。各类越诉案件由于诉因各异，所隶尚书本部亦有所不同。如宣和六年（1124 年）三月二十四日诏：诸路州县检放灾伤税额，"今后人户经所属诉灾伤，而检放不实，州郡、监司不为伸理，许赴本路廉访所及尚书省、御史台越诉"。⑤ 建炎二年（1128 年）六月二十一日诏：荆湖、江浙路客贩米斛赴行在，而经由税务辄于例外增收税钱，"罪轻者徒一年，许诣尚书省越诉"。⑥ 绍兴二年（1132 年）四月十八日，诏浙西转运司依实值和雇搬运钱粮船户，"即不得辄便差科，如违，许人户径赴尚书省越诉"。⑦ 此类越诉实质上仍应向隶属之户、刑等部陈诉。如绍兴五年（1135 年）十一月二十五日，权户部侍郎张志远等言：诸州县起发行在斛斗纲运，和雇舟船装载，所属官司不即支还脚钱，"即许

① （清）徐松辑，刘琳、刁忠民、舒大刚、尹波等校点《宋会要辑稿》食货 53 之 17，第 12 册，上海古籍出版社，2014，第 7211 页。

② （清）徐松辑，刘琳、刁忠民、舒大刚、尹波等校点《宋会要辑稿》兵 15 之 5，第 15 册，上海古籍出版社，2014，第 8911 页。

③ （清）徐松辑，刘琳、刁忠民、舒大刚、尹波等校点《宋会要辑稿》食货 37 之 35-36，第 11 册，上海古籍出版社，2014，第 6825 页。

④ （元）脱脱等：《宋史》卷 161《职官一》，中华书局，1977，第 3787 页。

⑤ （清）徐松辑，刘琳、刁忠民、舒大刚、尹波等校点《宋会要辑稿》食货 1 之 6，第 10 册，上海古籍出版社，2014，第 5940 页。

⑥ （清）徐松辑，刘琳、刁忠民、舒大刚、尹波等校点《宋会要辑稿》食货 17 之 34，第 11 册，上海古籍出版社，2014，第 6364 页。

⑦ （清）徐松辑，刘琳、刁忠民、舒大刚、尹波等校点《宋会要辑稿》食货 50 之 12，第 12 册，上海古籍出版社，2014，第 7127 页。

押人并船户、梢工经省部越诉。从之"。① 此处"省部"，当指尚书户部。淳熙元年（1174 年），因浙中州县不许百姓以会子交纳税物，朝廷明确指出"许民户经户部、御史台越诉，不遵依去处重行赏罚"。② 宋代越诉诏敕奏议中，时常出现台、省、部并称的情形，其中越诉省部者，必依据申诉事由性质归属投状。如淳熙二年（1175 年）八月二十六日，中书门下省言州县因公事科罚百姓钱物，"近来尚有人户经台省陈诉不绝。诏：自今有经台省陈状，事实干己者，仰户〔部〕开具科罚官职位、姓名申尚书省。"③ 此奏议说明淳熙初年赴尚书省越诉者络绎不绝，故要求越诉者与案件存在直接利害关系，并明具涉案官员身份信息。淳熙十一年（1184 年）八月戊辰，给舍看详赵汝谊奏请：守臣遇客贩米，不得阻遏。"如有违戾及以喝花为名，故作留滞者，许客人赴监司、台部越诉。重置典宪。从之。"④ 此处实质上包含监司、御史台和户部三个越诉机关。嘉泰元年（1201 年）正月七日，臣僚奏请诸路提刑司检视禁囚羁押情况，"提刑躬亲检察行下，内有不应禁而收禁者，提刑按劾守令以闻。仍许不应禁人或家属经提刑司越诉，如提刑不为受理，仰经刑部、御史台越诉，乞从本台觉察弹奏"。此处参与受理越诉者，则为尚书刑部和御史。嘉定十五年（1222 年）二月十九日，则有允许诉事人向礼部越诉之例。针对科场冒贯之弊，右正言龚盖卿乞下诸郡，应东南有本贯可归之人，不得妄引"烟火七年"之说陈请冒试，"戒约诸县不得受私，纵容结保。仍专委漕臣觉察，如得其实，参考《贡举条制》，重置于罚。仍许本贯士人赴礼部越诉，行下别司追究"。⑤ 此外，按照事由性质分类投状越诉的原则，枢密院成为军事领域越诉案件主管机关之一。隆兴元年（1163 年）二月十三日，札下三衙并驻扎诸军，如将校军兵

① （清）徐松辑，刘琳、刁忠民、舒大刚、尹波等校点《宋会要辑稿》食货 43 之 21，第 12 册，上海古籍出版社，2014，第 6984 页。
② （宋）章如愚：《群书考索后集》卷 62《财用门·楮币类》，广陵书社，2008，第 814 页。
③ （清）徐松辑，刘琳、刁忠民、舒大刚、尹波等校点《宋会要辑稿》刑法 2 之 119，第 14 册，上海古籍出版社，2014，第 8346～8347 页。
④ （宋）佚名撰，孔学辑校《皇宋中兴两朝圣政辑校》卷 61《孝宗皇帝二十一》"淳熙十一年八月戊辰"，中华书局，2019（中国史学基本典籍丛刊），第 1407 页。
⑤ （清）徐松辑，刘琳、刁忠民、舒大刚、尹波等校点《宋会要辑稿》选举 16 之 35，第 9 册，上海古籍出版社，2014，第 5581 页。

等有重叠功赏付身，本军合干人不得乱有阻节，乞觅钱物，"如有违犯，在外许经都督府，在内经枢密院越诉，当重作施行"。① 同年三月十三日，中书门下言：诸军不得令军人回易及科敷买物，克剥士卒请给。"诏三衙诸军遵依已降指挥，如敢再有违戾，许军人径赴三省、枢密院越诉。"② 与诸路监司不同，中央尚书省、御史台、枢密院等机构受理越诉，更加强调权限范围和事类归属，此亦为越诉案件的后续处置提供了保障。

（五）旁人告赏

与前述监司按劾、台谏弹奏、人户越诉有别，旁人告赏属于选择性、辅助性举告方式，与越诉程序之间并不存在必然联系。与越诉并存的诸色旁人告赏诏敕，可溯至政和二年（1112 年）十一月十一日臣僚奏议。"'诸在外见任官如私置机轴，公然织造匹帛者，并科徒二年。仍乞下有司，立为永法。'诏依奏，许人告，立赏钱二百贯，及许越诉"。③ 政和、宣和之际，与事主越诉并行的旁人告赏规则已经时常见于诏敕、奏议之中。宣和二年（1120 年）七月二十七日，因州县奉行茶法违慢及沮抑客贩，或不为理索欠负等事，在允许民户越诉的同时，规定"扇摇茶法者，除依见行条法补官给赏外，更增立赏钱二千贯，许诸色人告"。④ 宣和三年（1121 年）六月十四日，京西南路提举常平司奏：近岁诸路州军公吏人违条顾觅私身，发放文字及勾追百姓，令诸路提举常平官躬亲巡按点检觉察，"许人告，赏钱一百贯。仍许民户诣监司越诉"。⑤ 南渡以后，越诉敕令、奏议中仍时常可见对榷盐舞弊、预借税租、和买预买、诡名寄产、印造违慢等行为设置旁人告赏条款。如建炎四年（1130 年）七月十五日诏：要求稽查淮、浙盐场买纳、度量事宜，在允许亭户越诉的同时，规定"即将大秤到盐妄作亭

---

① （清）徐松辑，刘琳、刁忠民、舒大刚、尹波等校点《宋会要辑稿》兵 19 之 7-8，第 15 册，上海古籍出版社，2014，第 9004 页。

② （清）徐松辑，刘琳、刁忠民、舒大刚、尹波等校点《宋会要辑稿》刑法 2 之 156，第 14 册，上海古籍出版社，2014，第 8384 页。

③ （清）徐松辑，刘琳、刁忠民、舒大刚、尹波等校点《宋会要辑稿》刑法 2 之 59，第 14 册，上海古籍出版社，2014，第 8315 页。

④ （清）徐松辑，刘琳、刁忠民、舒大刚、尹波等校点《宋会要辑稿》食货 32 之 10，第 11 册，上海古籍出版社，2014，第 6702 页。

⑤ （清）徐松辑，刘琳、刁忠民、舒大刚、尹波等校点《宋会要辑稿》刑法 2 之 82，第 14 册，上海古籍出版社，2014，第 8327 页。

户支请官盐钱入己，计赃，以自盗论。并许人告捕，赏钱二百贯文"。① 绍兴二十八年（1158 年）六月八日诏：行在受纳米斛、钱帛，"今后须管两平交纳，不得大量升合，非理退剥，阻节骚扰。如违，许纳人经尚书省越诉，其合干官吏并科二年之罪。及许人告捉，每名支赏钱二百贯。仍令尚书省出榜晓示"。②

三 越诉案件的处置规则

（一）出榜晓示

对于宋代越诉史料的分析，必须从全局观念和动态角度深入考察。围绕各类越诉事由形成的诏敕、奏议、榜文等，其行文大致包含描述违法行为、规定督察检举主体、设定罪名罚则、责令出榜晓示等内容。司法实践中，百姓越诉是与监司按劾、台谏弹奏并列的三大监督渠道之一。出榜晓示之目的，在于告知乡间民众通过法定越诉路径维护自身权益。与此同时，出榜晓谕也是地方官吏传达政令、沟通信息、诫勉长吏、督察群僚的基本路径。

早在太祖乾德二年（964 年）正月二十八日《禁越诉诏》中，即有责令诸州府将禁止蓦越陈状诏敕，"于要路粉壁揭诏书示之"的规定，然而，此敕的宗旨恰是禁止民间越诉行为。与越诉条款伴生的榜示条款时常被界定为中央、地方官署落实宋廷政令的基本义务。"镂版大字榜示""镂板晓示""镂版申严行下""镂榜诸州县""大字镂榜""出榜晓示""散出榜晓谕""诸路揭榜""分明出榜晓谕""多出文榜晓谕""大书文榜通知"等类似表述，时常见诸诏敕、奏议、法令之中。就榜示责任主体而言，中央包含尚书省、省部等机构。淳熙六年（1179 年）十二月二十八日诏：自淳熙七年（1180 年）正月一日始，临安府城内外并属县应干百货，并免收税一年。"如官司辄敢违戾收税，许被收税人径赴御史台越诉，许本台具奏取旨

---

① （清）徐松辑，刘琳、刁忠民、舒大刚、尹波等校点《宋会要辑稿》食货 25 之 38，第 11 册，上海古籍出版社，2014，第 6555 页。

② （清）徐松辑，刘琳、刁忠民、舒大刚、尹波等校点《宋会要辑稿》刑法 2 之 105，第 14 册，上海古籍出版社，2014，第 8339 页。

施行。仍令尚书省出黄榜降付本府并属县晓谕。"① 绍兴二年（1132 年）三月二十二日，据殿中侍御史江跻奏请，规定官吏、军下使臣等"指占舟船，及州县因作非泛使名经过差人捉船，并从徒一年科罪。许船户越诉。仰州县常切遵守，散出榜晓谕。如奉行不虔，许监司觉察闻奏，重行黜责。仍令工部遍牒行下"。② 绍兴二十九年（1159 年）八月二十六日，中书门下省言："'州县义仓米，系合随苗送纳，往往抑令别钞，又行收耗。'诏令户部申严约束，仍多出文榜晓示。如违，许民户越诉，州县委监司、漕司委户部按劾，取旨重作施行。"③ 以上为尚书省、工部、户部等榜示之例。诸路监司既是朝廷政令的传达机关，又是地方事务的监察机关，因此，监司时常承担榜示义务。绍兴二十六年（1156 年）七月十一日诏，因虑州县将人户已纳身丁绵绢之数不予折除，填还别项，"令诸路监司给榜下所属州县，仍各多出文榜晓谕，务令人户通知。如有违戾，依已降指挥，许人户越诉。专委监司觉察，台谏弹劾以闻，当重置典宪"。④ 绍熙五年（1194 年）九月十四日赦文：人户夏税及和买绸绢，本色、折帛钱各有定数，"州县却侵本色分数，多敷折帛价钱，又不许人户依已降指挥，以钱、会中半输纳，间有折纳银两，重困民力。委转运司多出文榜晓示，如有违戾，即行按劾，仍许人户越诉"。⑤ 州县衙署承担政令下达、民情上报的枢纽职责，同时也是百姓越诉揭举的主要对象。绍兴二十九年（1159 年）正月二十五日，因诸路不遵指挥，淹留贩米舟船收税，"许民户经监司、御史台越诉，当议重作施行。州县出榜晓谕，常切点检，月具有无违戾申尚书省"。⑥ 绍兴三十

① （清）徐松辑，刘琳、刁忠民、舒大刚、尹波等校点《宋会要辑稿》食货 18 之 10-11，第 11 册，上海古籍出版社，2014，第 6378 页。
② （清）徐松辑，刘琳、刁忠民、舒大刚、尹波等校点《宋会要辑稿》职官 50 之 12，第 12 册，上海古籍出版社，2014，第 7127 页。
③ （清）徐松辑，刘琳、刁忠民、舒大刚、尹波等校点《宋会要辑稿》食货 53 之 28，第 12 册，上海古籍出版社，2014，第 7224 页。
④ （清）徐松辑，刘琳、刁忠民、舒大刚、尹波等校点《宋会要辑稿》食货 12 之 11，第 11 册，上海古籍出版社，2014，第 6235 页。
⑤ （清）徐松辑，刘琳、刁忠民、舒大刚、尹波等校点《宋会要辑稿》食货 70 之 85，第 13 册，上海古籍出版社，2014，第 8151 页。
⑥ （清）徐松辑，刘琳、刁忠民、舒大刚、尹波等校点《宋会要辑稿》食货 17 之 46，第 11 册，上海古籍出版社，2014，第 6371 页。

二年（1162 年）六月十三日孝宗登极赦规定：人户典卖田产，依法合推割税赋，不得使出产人户虚有抱纳，而官司不为减落等第。"可立限两月，许经官陈首，画时推割。如违限不首，令元出产人户越诉依法施行，仍令州县多出榜晓谕。"① 伴随宋代雕版印刷技术的不断改良，镂版榜示成为文告宣示的重要路径。绍兴三年（1133 年）九月八日，户部奏请若官司占据民户田产不还，许业主越诉。"乞委守、令备坐上件指挥，镂板遍出榜文，晓谕民间通知。"② 庆元五年（1199 年）二月二十一日，右谏议大夫、兼侍讲张奎言州县差役弊病，重申保正户长职责，"乞明诏户部，备坐条令及今来所陈，遍牒诸路提举常平司，令大字镂榜，发下所属州县，严行禁戢……如敢违戾，许被扰役人直经本路监司及台部越诉，将守、令按劾，重置于罚，人吏断勒，永不收叙。从之"。③ 嘉泰元年（1201 年）正月七日，臣僚乞令诸路提刑司检坐应禁不应禁条法，要求"出给版榜，大字书写，行下逐州县，委自通判、县丞各于狱门钉挂晓示"。④ 南宋魏了翁《榜被兵诸郡蠲免科役》是南宋包含越诉条款榜文的代表，为了解出榜晓示规则提供了直接证据。

勘会襄阳、江陵、德安府光、黄、随、均、房、郢、峡州，光化、信阳、枣阳军管下，应曾经敌人惊扰县镇乡村，民户逃移，虽目前间有复业，去处终是不易，合议优恤。今除军前搬运粮草差使及以物力差充保甲隅官外，其余官司诸色不时差科非泛杂役，并与蠲免壹年。如州县不遵，今来约束，故为科抑。察访得实，官员按劾，吏人决配，

① （清）徐松辑，刘琳、刁忠民、舒大刚、尹波等校点《宋会要辑稿》食货 61 之 66，第 12 册，上海古籍出版社，2014，第 7473 页。
② （清）徐松辑，刘琳、刁忠民、舒大刚、尹波等校点《宋会要辑稿》食货 69 之 52，第 13 册，上海古籍出版社，2014，第 8074 页。
③ （清）徐松辑，刘琳、刁忠民、舒大刚、尹波等校点《宋会要辑稿》食货 66 之 28，第 13 册，上海古籍出版社，2014，第 7877 页。
④ （清）徐松辑，刘琳、刁忠民、舒大刚、尹波等校点《宋会要辑稿》刑法 6 之 73，第 14 册，上海古籍出版社，2014，第 8570 页。

务在必行。决无轻恕，仍听人户越诉。①

那么，各类旨在体恤民瘼、约束令长、澄明吏治的诏敕榜文的实施效果如何呢？绍兴二十六年（1156 年）八月四日，权知桂阳军程昌时言州县科配之弊，高宗的回应直接说明了州县榜示的实际状况。"出榜之说，朝廷累有指挥，唯是官吏为奸，恐民间尽知数目，不得而欺隐，所以不肯出榜尔。"② 可见，张榜周知、激励越诉与地方长吏切身利益之间存在激烈冲突，因此，各类敷衍、拖延、搁置、抵触朝廷政令的行为时有发生。绍兴名臣廖刚《转对言州县废格德音奏状》对州县官吏废格诏敕情况作了如下记载："大抵赦书，多只略行张挂，随即收藏，盖奸贪之吏，尚欲取之于民，故不乐使之通知。虽赦书有许越诉文，彼凋瘵远民，讵能自达于朝廷。"③ 受地理阻隔、人为遮蔽、传导不畅等因素干扰，诏敕内容的传达与落实效果颇可怀疑。对于朝廷行下的各类诏敕，地方长吏甚至可能依据自身利益进行信息过滤并作出是否榜示的选择，"一有上司催科之榜，则宣之扬之，以揭通衢之墙壁，惟恐其不张皇。一有圣恩宽民之旨，则秘之密之，以涂时人之耳目，惟恐其有见闻。"④ 众多含有越诉条款的恤民诏敕，时常遭遇地方官吏阳奉阴违、敷衍塞责。地方长吏对诏敕内容"奉行灭裂""奉承不虔""奉行违戾""违慢沮抑""循习旧弊"的消极态度，引发了朝廷的严重忧虑。绍兴二十六年（1156 年）九月己未，右正言凌哲言：人户畸零税租，依旧过数科催问题，虽有申严州县、监司觉察、人户越诉之明文，《要录》

① （宋）魏了翁：《重校鹤山先生大全文集》卷 29《督府奏陈·榜被兵诸郡蠲免科役》，载四川大学古籍研究所编《宋集珍本丛刊》影印明嘉靖铜活字印本，第 77 册，线装书局，2004，第 52 页上。
② （清）徐松辑，刘琳、刁忠民、舒大刚、尹波等校点《宋会要辑稿》食货 10 之 5，第 10 册，上海古籍出版社，2014，第 6195 页。
③ （宋）廖刚：《高峰文集》卷 5《奏状·转对言州县废格德音奏状》，《景印文渊阁四库全书》（第 1142 册），台湾商务印书馆股份有限公司，1986，第 359 页下。
④ （宋）方逢辰撰，（明）方中续辑《蛟峰外集》卷 2《淳民以横敛上蛟峰先生书》，载四川大学古籍研究所编《宋集珍本丛刊》影印明弘治重修本，第 86 册，线装书局，2004，第 739 页下。

却亦明言"沿袭已久，终不能革也"。① 嘉定五年（1212 年）十一月二十日南郊赦：除放嘉定三年（1210 年）前诸路起发金银物帛，规定"所有今赦未放年分及日后应干估剥之数，并仰州县止于元买纳场分合干公人名下追理，不得均摊民户。如违，许越诉，重置典宪。仍仰转运司常切觉察，多出文榜晓谕"。② 其后嘉定八年（1215 年）、嘉定十一年（1218 年）、嘉定十四年（1221 年）明堂赦照此例行除放前二年积欠，但实际状况可能不甚理想，"下情郁于上达，上泽壅于下流，积习相沿，非一日矣"。③ 年深日久，积弊难除，以致诏赦发布与传达可能沦为司空见惯的政治表态，诏赦与榜示本身也可能因此成为例行公事的官样文章。即使有效传达的诏赦榜文，也未必皆能得到施行。宁宗时卫泾上《论围田札子》论江浙围田之弊，援引乾道五年（1169 年）九月、淳熙三年（1176 年）六月、淳熙八年（1181 年）七月、淳熙十年（1183 年）四月指挥四则，且言"是皆匾榜大书，人所共睹，其他藏于案牍者，当不止此。奈何条画虽备，奉行不虔。或易名而请佃，或已开而复围，或谓既成之业，难于破坏。或谓垂熟之时，不可毁撤"。④ 总之，巧立名目、推诿搪塞已经成为地方官吏、豪强联手抵制宋廷诏赦的惯常伎俩，包含越诉条款的诏赦榜文，几成具文矣。

（二）法令援引

自神宗元丰改制时起，宋朝编赦的修纂体例发生了重大变化，编赦也随之改称"赦令格式"。⑤ 元丰编赦起，至南宋末年编赦中的"赦"均是有刑名的赦，实质上就是新的刑律。⑥ 徽宗以后，包含越诉条款的诏赦、奏议所引用的各类宋代成法，显然受到两宋之交法律编纂体例变化的直接影响。

---

① （宋）李心传撰，辛更儒点校《建炎以来系年要录》卷 174 "绍兴二十六年九月"，上海古籍出版社，2018，第 3048 页。

② （清）徐松辑，刘琳、刁忠民、舒大刚、尹波等校点《宋会要辑稿》食货 44 之 16，第 12 册，上海古籍出版社，2014，第 7002 页。

③ （宋）真德秀：《西山先生真文忠公文集》卷 2《对越甲藁·奏札·辛未十二月上殿奏札三》，载四川大学古籍研究所编《宋集珍本丛刊》影印明正德刻本，第 75 册，线装书局，2004，第 662 页下。

④ （宋）卫泾：《后乐集》卷 13《奏议·论围田札子》，《景印文渊阁四库全书》（第 1169 册），台湾商务印书馆股份有限公司，1986，第 653 页上。

⑤ 戴建国：《宋代编赦初探》，载《宋代法制初探》，黑龙江人民出版社，2000，第 8 页。

⑥ 参见孔学《〈庆元条法事类〉研究》，《史学月刊》2000 年第 2 期，第 44 页。

包含越诉条款的宋代诏敕、奏议中，时常援引编敕、指挥、令文、则例等现行法律，部分法律条款与诏敕、奏议、榜示之间形成前后相继的厘革损益关系。

就法令援引方式而言，主要包括原文引用和节录引用两类。其中，对于包含越诉条款诏敕的原文引用，可溯至宣和四年（1122 年）十二月二十四日诏中的擅自移囚禁令："应在禁罪人，官司避免检察官点检，辄私〔移〕他所者，以违制论，许被禁之家越诉。仍委监司、廉访使者觉察。"①此条诏敕后来成为《庆元条法事类》卷 73《刑狱门三·移囚》相关条款的直接法律渊源。②此类单行诏敕日积月累，数量庞大，至绍兴二十七年（1157 年）七月，已经出现"比年以来，一时越诉指挥，亡虑百余件，顽民反恃此以扰官司，狱讼滋长"③ 的尴尬景象。因此，对于越诉诏敕的拣择、删削和编纂成为宋代法令创制的重要内容。如绍兴十九年（1149 年）四月十一日刑部所引《绍兴重修职制敕》："诸处巡辖使臣以支取粪土钱为名，于铺兵名下减克请给、率敛财物者，以乞取监临财物论，仍许被减克、率敛铺兵越诉。通判、令、佐失察，杖六十"，④ 即含有越诉条款的敕令编修后之例证。绍兴二十六年（1156 年）闰十月十五日，刑部奏请："见任官如敢于所部私役工匠，营造己物，依律计庸准盗论。如缘公兴造，即具事因送所属量事差拨"，"如有违犯，并许人户越诉。监司不行觉察，依条科罪施行"。高宗从之，"仍令敕令所编入成法"，⑤ 此为臣僚奏议经法定程序最终纂入编敕之例。在越诉条款中原文引用现行法律者亦不乏其例，如绍兴

---

① （清）徐松辑，刘琳、刁忠民、舒大刚、尹波等校点《宋会要辑稿》刑法 6 之 61，第 14 册，上海古籍出版社，2014，第 8564 页。

② 按：《断狱敕》规定："诸违法移囚，流以上，以违制论……诸以在禁罪人避免按察官点检而移往他所者，徒二年，许被禁之家越诉。"（宋）谢深甫等撰，戴建国点校《庆元条法事类》卷 73《刑狱门三·移囚》，黑龙江人民出版社，2002（中国珍稀法律典籍续编），第 760 页。

③ （清）徐松辑，刘琳、刁忠民、舒大刚、尹波等校点《宋会要辑稿》刑法 3 之 29，第 14 册，上海古籍出版社，2014，第 8408 页。

④ （清）徐松辑，刘琳、刁忠民、舒大刚、尹波等校点《宋会要辑稿》方域 11 之 11，第 16 册，上海古籍出版社，2014，第 9495 页。

⑤ （清）徐松辑，刘琳、刁忠民、舒大刚、尹波等校点《宋会要辑稿》刑法 2 之 154，第 14 册，上海古籍出版社，2014，第 8383 页。

十二年（1142年）五月六日诏援引《绍兴令》①："诸州诉县理断事不当者，州委官定夺；若诣监司诉本州者，送邻州委官。诸受诉讼应取会与夺而辄送所讼官司者，听越诉。受诉之司取见诣实，具事因及官吏职位、姓名，虚妄者具诉人，申尚书省。"②两款令文涉及管辖原则、越诉条件、申报事项等，其中，第一款令文后来收入《庆元条法事类》卷8《职制门五·定夺体量》项下《辞讼令》。③又如朱熹《移文江西通放客米及本军籴米船事》论州县遏籴事，"检准《淳熙令》，诸米谷遇灾伤，官司不得禁止搬贩。及近降指挥，州县不许闭籴。如有遏籴州军，许邻州越诉。"④此为地方榜文援引《淳熙令》之例证。

节录引用往往概言"在法"，即"依据法令规定"之意。如宣和七年（1125年）四月二十四日讲议司奏："契勘诸路州县供官之物，不许擅行科配。其依法应科配之物，在法当职官躬亲品量，依等第均定……仍以人户等第、家业合著之数单名降榜付县，晓谕人户通知。如有不均，或数外增添催科，许人户越诉，监司觉察按劾。"⑤此处言"在法"云云的相关规定，当为宣和七年（1125年）以前旧规。又据《庆元条法事类》卷48《赋役门

① 按：据《宋会要辑稿·刑法一》：绍兴元年"八月四日，参知政事、同提举重修敕令张守等上《绍兴新敕》一十二卷，《令》五十卷，《格》三十卷，《式》三十卷，《目录》一十六卷，《申明刑统》及《随敕申明》三卷，《政和二年以后敕书德音》一十五卷，及《看详》六百四卷。诏自绍兴二年正月一日颁行，仍以《绍兴重修敕令格式》为名"。（清）徐松辑，刘琳、刁忠民、舒大刚、尹波等校点《宋会要辑稿》刑法1之35，第14册，上海古籍出版社，2014，第8248页。
② （清）徐松辑，刘琳、刁忠民、舒大刚、尹波等校点《宋会要辑稿》刑法3之26，第14册，上海古籍出版社，2014，第8406页。
③ 按：《辞讼令》规定："诸诉县理断事不当者，州委官定夺。若诣监司诉本州者，送邻州委官。"（宋）谢深甫等撰，戴建国点校《庆元条法事类》卷8《职制门五·定夺体量》，黑龙江人民出版社，2002（中国珍稀法律典籍续编），第144页。
④ 刘永翔、朱幼文校点《晦庵先生朱文公续集》卷10《公移·移文江西通放客米及本军籴米船事》，载（宋）朱熹撰，朱杰人、严佐之、刘永翔主编《朱子全书》（第25册），上海古籍出版社、安徽教育出版社，2002，第5054页。按：另据《宋会要辑稿·刑法一》：淳熙四年"十一月十一日，参知政事李彦颖等上参考乾道法，诏以《淳熙重修敕令格式》为名"。（清）徐松辑，刘琳、刁忠民、舒大刚、尹波等校点《宋会要辑稿》刑法1之51，第14册，上海古籍出版社，2014，第8263页。
⑤ （清）徐松辑，刘琳、刁忠民、舒大刚、尹波等校点《宋会要辑稿》食货38之10-11，第11册，上海古籍出版社，2014，第6832页。

二》"科敷"条引《赋役令》："诸人户应科配，当职官躬亲品量，依等第均定。"① 则宣和七年（1125 年）四月二十四日敕所据者，应为此前《赋役令》之规定。又如，绍兴三十年（1160 年）六月十八日户部言人户输纳匹帛时，州县官吏作弊事：

> 本部勘会，在法：诸非法擅赋敛者，以违制论；过为掊刻者，徒二年。监司以人户合纳谷帛丝绵之类纽折增加价钱，或籴买粮草抑令远处输纳，若巧作名目，额外诛求者，亦并以违制论。守、令奉行及监司不互察者，与同罪，并许被科抑人户越诉。合纳官物不正行收支者，杖八十；收支官物不即书历及别置私历者，徒二年。欲下诸路转运司行下所部州县，遵守前项见行条法。从之。②

显然，非法擅赋敛与人户合纳谷帛丝绵作弊的相关规定，当为此前之旧法，且应为"科敷"领域长期行用的基本法则。此条经顺序调整和文字修饰后，纂入《庆元条法事类》卷 48《赋役门二·科敷》项下《户婚敕》，③ 成为南宋赋役领域的长行之法。又如淳熙元年（1174 年）十一月二十九日中书门下省言："人户合纳租税，在法：本户布帛不成端匹，米谷不成升，丝绵不成匹两，柴蒿不成束者，听依条时价纳钱。其钱不及百，愿与别户合钞纳本色者，听。"对于州县官吏违法催纳、重叠追理者，"诏逐路监司常切约束，如有违戾，许民户越诉"。④ 此条规定也应为淳熙元年

---

① （宋）谢深甫等撰，戴建国点校《庆元条法事类》卷 48《赋役门二·科敷》，黑龙江人民出版社，2002（中国珍稀法律典籍续编），第 667 页。

② （清）徐松辑，刘琳、刁忠民、舒大刚、尹波等校点《宋会要辑稿》食货 64 之 33-34，第 13 册，上海古籍出版社，2014，第 7750 页。

③ 按：《户婚敕》规定："诸监司以人户合纳谷帛丝绵之类纽折增加价钱，或籴买粮草抑令远处输纳，若巧作名目额外诛求者，并以违制论。守令奉行及监司不互察者，与同罪，科买、折纳而反复纽折，（如以绢折麦，以苗折糯，其所敷麦、糯而过苗、绢时直之数，及已折麦、糯，却再纽纳价钱者皆是。）或别纳钱物过为掊克者，徒二年，并许被科抑人户越诉。"（宋）谢深甫等撰，戴建国点校《庆元条法事类》卷 48《赋役门二·科敷》，黑龙江人民出版社，2002（中国珍稀法律典籍续编），第 663 页。

④ （清）徐松辑，刘琳、刁忠民、舒大刚、尹波等校点《宋会要辑稿》食货 70 之 68，第 13 册，上海古籍出版社，2014，第 8141 页。

（1174 年）十一月二十九日之前旧法，后亦修改编入《庆元条法事类》卷47《赋役门一》"受纳租税"条项下《赋役令》："诸租税，本户布帛不成端匹，米谷不成升，丝绵不成匹两，柴蒿不成束，听依纳月实直上价纳钱。愿与别户合钞纳本色者，听。钱不及百亦听合钞送纳。当官销簿，各给已纳凭由。如违，许经监司陈诉。"① 与此同时，涉及越诉的诏敕、奏议，又时常援引"则例"② 作为法律依据，且多为节录引用。宋人周敦颐言："则，谓物之可视为法者，犹俗言'则例'、则样也。"③ 在宋代税收、赋役、租课等财政收入领域，"自来则例""见行则例""名件则例"等特定称谓时常见诸诏敕、奏议、榜文之中。淳熙七年（1180 年）三月二十三日，右正言葛邲奏请州郡"将旧来合收税钱则例大书，刻于板榜，揭置通衢，令民旅通知，不得例外收取。其邻郡亦毋得以临安府更不收税为由，抑勒重税。诏下诸州戒约，如违戾，许人户越诉"。④ 绍熙五年（1194 年）十一月一日中书门下省言：两浙路荒歉去处出粜，"客人附带物货，许所经过场务量与优润，从逐处则例，以十分为率，与减饶二分……如奉行〔灭〕裂，许客人越诉。仍仰所委官多出文榜晓谕。"⑤ 可见，"则例"确是经济领域的重要法律依据之一，违例者许人越诉。此外，大量冠以"在法"节录引用的其他法律规定，虽无法查明其历史渊源和类目归属，却与越诉条款依附并存且不可分割。

（三）罪名罚则

对于许可越诉的各类行为，宋代建构了监察、告诉与检举并行的规则

① （宋）谢深甫等撰，戴建国点校《庆元条法事类》卷 47《赋役门一·受纳租税》，黑龙江人民出版社，2002（中国珍稀法律典籍续编），第 620 页。

② 按：杨一凡、刘笃才指出："'则'是标准、等差或法则、准则、规则之意，'例'是指先例成例或定例。"杨一凡、刘笃才：《历代例考》，社会科学文献出版社，2012，第 9 页。李云龙认为："（宋代）则例主要适用于经济领域，特别是规范财政支出，以确定官吏俸禄、节庆赏赐、机构开销、税务征收等的数额。"李云龙：《宋例研究》，花木兰文化出版社，2016，第 124 页。

③ （宋）周敦颐撰，（清）周沈珂编《周元公集》卷 4《家人睽复无妄第三十二》，《景印文渊阁四库全书》（第 1101 册），台湾商务印书馆股份有限公司，1986，第 434 页上。

④ （清）徐松辑，刘琳、刁忠民、舒大刚、尹波等校点《宋会要辑稿》食货 18 之 11，第 11 册，上海古籍出版社，2014，第 6378~6379 页。

⑤ （清）徐松辑，刘琳、刁忠民、舒大刚、尹波等校点《宋会要辑稿》食货 58 之 20-21，第 12 册，上海古籍出版社，2014，第 7368 页。

体系，在诏敕、奏议、榜文之中，越诉条款往往与罪名条款、罚则条款勾连贯通、相互为用。就罪名类型而言，违背越诉之法，有司官吏可能比照"大不恭""违制""赃罪"三类犯罪，包括"以大不恭论""以违制论""以违诏论""违御笔论""以自盗论""依律计庸准盗论""计赃科罪""以不持杖强盗论""以枉法论""以乞取监临财论""坐赃论罪"等具体形态。首先，"以大不恭论"。宋代"大不恭"源自前代"大不敬"，属"十恶"之一。所谓"责其所犯既大，皆无肃恭之心，故曰大不恭"。① 宣和七年（1125 年）五月二十七日诏：客人运载买钞钱物，所在各以纲运占压邀阻取觅，"仰检坐逐件已降指挥申明施行，如有违犯，并许客人等越诉。仍令提举茶盐公事官常切往来觉察催促，无致沮害客人算请。如违，以大不恭论"。② 此为涉及越诉条款以"大不恭"论罪之例。其次，"以违制论"。越诉本为律所禁，许可越诉诸条起初多以诏敕方式下达，所谓"凡问制书有违，须是制命之辞出自宸衷者，方是"。③ 因此，违反包括"许人户越诉"在内的诏敕，大多以违制论。《宋刑统》"被制书施行有违"条规定："诸被制书有所施行而违者，徒二年；失错者，杖一百。"④ 违制律在宋代得到广泛应用，涉及官吏整饬、经济规范、社会治理、司法秩序维护等。⑤ 若官员不落实包含越诉条款在内的诏敕内容，即可构成违制犯罪。在敕令体系中，"'以违制论'的不断发布，就是让朝廷用简便概括性的立法方式，迅速补充既有成文法典"。⑥ 宣和元年（1119 年）六月五日诏："诸县官吏违法以职田令第三等以上人户及见充役人，或用诡名，或令委保租佃，许人户越

---

① （宋）窦仪详定，岳纯之校证《宋刑统校证》卷 1《名例律》"十恶"，北京大学出版社，2015，第 10 页。

② （清）徐松辑，刘琳、刁忠民、舒大刚、尹波等校点《宋会要辑稿》食货 25 之 28，第 11 册，上海古籍出版社，2014，第 6550 页。

③ （明）雷梦麟撰，怀效锋、李俊点校《读律琐言》卷 3《吏律》"制书有违"，法律出版社，2000，第 96 页。

④ （宋）窦仪详定，岳纯之校证《宋刑统校证》卷 9《职制律》"制书稽缓错误"，北京大学出版社，2015，第 137 页。

⑤ 参见杨立民《清代违制律研究》，法律出版社，2017，第 30 页。

⑥ 李如钧：《简便之罚：宋代的违制罪与"以违制论"》，《史学汇刊》第 36 期，2017 年 12月，第 86 页。

诉，以违诏论。"① 崇宁四年（1105 年）起，徽宗开始以御笔指挥政务，"违御笔，则以违制坐之。"由此，"违御笔论"成为"以违制（诏）论"在徽宗朝之变种。再次，由于越诉条款时常涉及经济问题，在归罪层面直接指向"六赃"。《宋刑统》继受了《唐律》"六赃"规则，即"《贼盗律》内强盗、窃盗，《职制律》内枉法、不枉法、受所监临，《杂律》内坐赃，此谓'六赃'也"。② 官员"入己赃"本身可以成为越诉内容，宣和六年（1124 年）四月四日诏规定外任官私自织造匹帛者"以自盗论"，绍兴二十六年（1156 年）十月十五日规定见任官私役工匠营造己物，"依律计庸准盗论"。这两类行为均指向《宋刑统·贼盗律》"监临主守自盗及盗所监临财物"犯罪。越诉条款相关史料中所涉之"坐赃论罪""以不持杖强盗论""计赃科罪""以枉法论""以乞取监临财论"等，则与"强盗""枉法赃""坐赃"对应，"自外诸条，皆约此六赃为罪"。③ 如绍兴三年（1133 年）七月二十日诏："遇灾伤已经检放，或不堪耕种、无人租佃而抑勒乡保邻人陪纳租课，并计所纳数坐赃论罪，轻者徒二年。非县令而他官辄干预催佃自己职田者杖一百。并许人越诉"。④ 绍兴五年（1135 年）十二月二十三日诏：州县"差人下乡根括，勾呼搔扰，并当重行停降。因而容纵公吏乞取，除公吏以枉法论坐罪外，官比公吏减一等。仍仰提刑司常切觉察，及许人户诣本司越诉"。⑤

地方官吏若不遵守包含越诉条款在内的诏敕，可能面临降职、贬黜、罚俸等行政处罚，且"命官流窜，人吏决配"往往成为此类处罚的惯常配置。建炎三年（1129 年）二月二十三日诏：江浙等州军，经由官司非理骚

---

① （清）徐松辑，刘琳、刁忠民、舒大刚、尹波等校点《宋会要辑稿》职官 58 之 19，第 8 册，上海古籍出版社，2014，第 4624 页。

② （宋）傅霖撰，（元）郄□韵释，（元）王亮增注《刑统赋解》卷上"累赃而不倍者三"，载《续修四库全书》编委会编《续修四库全书》（第 972 册），上海古籍出版社，2002，第 192~193 页。

③ （宋）窦仪详定，岳纯之校证《宋刑统校证》卷 4《名例律》"赃物没官及征还官主并勿征"，北京大学出版社，2015，第 62 页。

④ （清）徐松辑，刘琳、刁忠民、舒大刚、尹波等校点《宋会要辑稿》职官 58 之 24，第 8 册，上海古籍出版社，2014，第 4627 页。

⑤ （清）徐松辑，刘琳、刁忠民、舒大刚、尹波等校点《宋会要辑稿》食货 11 之 17，第 11 册，上海古籍出版社，2014，第 6219~6220 页。

扰阻节般贩米斛，"许客人经尚书省越诉，官员停替，人吏决配。仰提刑司觉察"。① 建炎三年（1129 年）十月十二日诏规定：诸路转运、提刑司非理阻节填写、给付度牒，"并许越诉，者官当窜逐岭南，人吏并配海岛"。② 乾道七年（1171 年）三月三日诏，战士功赏推恩事，"在内令三衙、在外委逐军主帅，限半月躬亲根刷本军所授付身重叠之人，画一类聚，不得漏落，保明申朝廷改正。如限内不行申发，仰被赏之人赴朝廷越诉，将当职官取旨施行，合干人吏重行决配"。③ 理宗宝庆三年（1227 年），监察御史汪纲中言："凡两浙、江东西、湖南北州县有米处，并听贩鬻流通；违，许被害者越诉，官按劾，吏决配，庶几令出惟行，不致文具。"④ 此外，如官吏本人非法越诉，也将面临贬降处罚，这可以从两则贬降敕旨中获得证明。《钱夷等降官制敕》云："尔等专务饰诈，期免逋负，仍复越诉，辄从省台，此皆法之所不容"，⑤ 故镌官一等，盖以示惩。《王褒降官制》曰："具官某礼辨等威，律严诬告。尔饰词以伪，越诉于朝，镌秩两阶，以惩诞率。"⑥ 钱夷、王褒因非法越诉于朝，乃有贬降削阶之责。

四　越诉现象的时代评判

从司法传统与规则通例角度来说，越诉是宋代诉讼之特例，除诏敕、法令明确许可情形，其余诉讼仍应逐级申告，不得蓦越。自北宋崇宁、大观以降，事关越诉者情由多端，敕条渐繁，以致禁止越诉的司法传统受到严峻挑战。上述诉讼理念与司法实践之间的严重冲突，促使宋代在法律创

---

① （清）徐松辑，刘琳、刁忠民、舒大刚、尹波等校点《宋会要辑稿》刑法 2 之 102，第 14 册，上海古籍出版社，2014，第 8337 页。

② （清）徐松辑，刘琳、刁忠民、舒大刚、尹波等校点《宋会要辑稿》职官 13 之 30，第 6 册，上海古籍出版社，2014，第 3385 页。按：【校勘记】〔三〕"者官"："者"字疑误，或其上下有脱文。

③ （清）徐松辑，刘琳、刁忠民、舒大刚、尹波等校点《宋会要辑稿》兵 19 之 21-22，第 15 册，上海古籍出版社，2014，第 9012 页。

④ （元）脱脱等：《宋史》卷 178《食货上六》，中华书局，1977，第 4343 页。

⑤ （宋）刘才邵：《槜溪居士集》卷 5《制·钱夷等降官制敕》，《景印文渊阁四库全书》（第 1130 册），台湾商务印书馆股份有限公司，1986，第 477 页上。

⑥ （宋）王洋：《东牟集》卷 8《制诰下·王褒降官制》，《景印文渊阁四库全书》（第 1132 册），台湾商务印书馆股份有限公司，1986，第 428 页下。

制、法律观念和司法裁判等领域产生了一系列急剧而深刻的变化。

（一）规则厘定

首先，明确越诉条款性质。从传统与现实两个维度考察，越诉应当是逐级诉事原则项下的特殊条款，越诉法令之事由、时效、地域、程序及罚则等，均应受到严格限制。允许越诉的事由既可以敕条创设，亦可因诏令废止。绍兴元年（1131年）十一月二日诏，令尚书省出榜都门晓示："应有劳绩功赏、整会叠转授之人，今后并仰经所辖官司陈诉，从本处勘会诣实，关申所属施行，即不得依前越诉。如违，重行典宪。"① 南宋高宗晚期，朝廷已经注意到越诉泛滥的现实危害。绍兴二十七年（1157年）七月二十二日，应侍御史周方崇奏请，首次整顿越诉敕令，非编敕所载的越诉条款，一律删除，"望行下刑部，将一时许越诉指挥，非编敕所载，并令敕令所重加删除，以省讼牒。从之"。② 隆兴二年（1164年）正月五日，又在重申诉讼审级的基础上，特别强调越诉条款的特例属性："诏除许越诉事外，余并依条次第经由，仍令刑部遍牒行下"，③ 禁止正在审理的案件于其他官司另行告诉。乾道二年（1166年）正月五日诏重申逐级诉事的原则，规定"今后人户除许越诉事外，余并依条次第经由，各仰本处分明与夺，合行备坐所断因依告示"。④ 对于未审结者蓦越告诉、已审结者重复告诉及同一诉请多处陈诉等情形依法科罪，试图矫正南渡以来日益加剧的越诉乱象。乾道四年（1168年）七月十六日三省言：对于"限外未有结绝，或官司理断不当"两类型，方许经朝廷陈诉，并将允许越诉情形严格限制于"军期急速、事干人命"两款，"余敢于宰执马前投陈白纸及自毁伤者，并不得受理"。⑤ 乾道五年（1169年）七月一日，大理寺丞魏钦绪主张禁止讼由至微、冒辜

---

① （清）徐松辑，刘琳、刁忠民、舒大刚、尹波等校点《宋会要辑稿》兵18之32，第15册，上海古籍出版社，2014，第8993页。

② （清）徐松辑，刘琳、刁忠民、舒大刚、尹波等校点《宋会要辑稿》刑法3之29，第14册，上海古籍出版社，2014，第8408页。

③ （清）徐松辑，刘琳、刁忠民、舒大刚、尹波等校点《宋会要辑稿》刑法3之31，第14册，上海古籍出版社，2014，第8409页。

④ （清）徐松辑，刘琳、刁忠民、舒大刚、尹波等校点《宋会要辑稿》职官15之22，第6册，上海古籍出版社，2014，第3419页。

⑤ （清）徐松辑，刘琳、刁忠民、舒大刚、尹波等校点《宋会要辑稿》刑法3之33，第14册，上海古籍出版社，2014，第8410页。

伏阙等极端越诉行为，^① 孝宗诏送刑部看详。晚至理宗淳祐八年（1248 年）八月庚子，仍可见宋廷"如有非辜越诉，究证得实，必论如律"^② 的明确表态。

其次，打击恶意越诉行为。越诉之法设立之初衷，原本在于约束地方官吏为非。宋代是传统诉讼观念变化的重要历史阶段，从 10、11 世纪前后开始，健讼、好讼等用语在史料中出现的频率越来越高。^③ 实践中大量存在的恶意越诉，往往成为地方豪强顽民和健讼之徒挟制官府、侵渔乡里、搅扰司法的常见手法。越诉行为滋生的健讼之风，直接导致纲纪紊乱、民俗衰败，并在相当程度上无端增加了基层社会治理的成本支出。因此，整饬越诉乱象、严格审查裁断成为孝宗以后司法领域的重要议题。乾道六年（1170 年）八月二日，宗正少卿、兼权户部侍郎王佐建议，"乞自今有论诉冒役者，必须指陈所犯，及收叙不当因依。如敢挟私妄诉，与重作行遣。从之"。^④ 嘉定十年（1217 年）十一月四日，臣僚对越诉之弊的描摹可谓入木三分。"近年强宗大姓武断尤甚，以小利而渔夺细民，以强词而妄兴狱讼，持厚赂以变事理之曲直，持越诉以格州县之追呼。大率把持官吏，欺压善良。"请求戒饬监司守臣严格审查申诉案件，已经地方结绝案件，则取索断由，重加审定；尚未结绝案件，则立限催断，具由情节；对于原判确有情弊，予夺不公者，应追究初审官吏责任。"若乃凭恃凶狡，饰词越诉，意在挟持，即将犯人严与根究，必罚无赦。从之。"^⑤

最后，建构越诉保障条款。在规范不法越诉的同时，对于敕条特许的越诉事宜，宋代又以专条立法保障施行。宋代越诉之法主要针对地方官吏各类违法行为，监司等地方监察机关往往又是越诉案件的直接受案机关。

① （清）徐松辑，刘琳、刁忠民、舒大刚、尹波等校点《宋会要辑稿》刑法 3 之 33，第 14 册，上海古籍出版社，2014，第 8410 页。

② （宋）佚名撰，汪圣铎点校《宋史全文》卷 34《宋理宗四》"淳祐八年八月庚子"，中华书局，2016（中国史学基本典籍丛刊），第 2795 页。

③ 参见〔日〕夫马进编《中国诉讼社会史研究》，范愉、赵晶等译，浙江大学出版社，2019（廿一世纪中国法律文化史论丛），第 5 页。

④ （清）徐松辑，刘琳、刁忠民、舒大刚、尹波等校点《宋会要辑稿》刑法 3 之 33，第 14 册，上海古籍出版社，2014，第 8410 页。

⑤ （清）徐松辑，刘琳、刁忠民、舒大刚、尹波等校点《宋会要辑稿》刑法 3 之 42，第 14 册，上海古籍出版社，2014，第 8414 页。

因此，监司本身也成为越诉领域的监督对象之一，所谓"监司察州郡，州郡察县镇，监司不能觉察，御史台弹奏"。① 大观四年（1110 年）三月二十一日，针对诸路监司州县营利诛求、慢法害民等事，要求"仰逐路人户，许实封投状越诉，受词状官司如辄敢稽违，其当职官吏并以违制条科罪"。② 政和七年（1117 年）五月辛丑，祭地于方泽，降德音于诸路。以监司州县共为奸赃，令廉访使者察奏的同时，"仍许民径赴尚书省陈诉"。③ 尤其值得关注的是，南宋初期正式构建了越诉权利保障条款。绍兴四年（1134 年）十二月十一日，刑部看详立法，"诸人户依条许越诉事而被诉官司辄以他事捃摭追呼赴官者（家属同），杖八十；若枷禁棰拷者，加三等。欲乞遍牒施行。从之"。④ 此敕旨在惩治地方官吏对百姓越诉的报复陷害行为，遂使诸多越诉条款的顺利施行成为可能。

（二）观念冲突

与北宋末期以来越诉之风相悖，兼具传统道德捍卫者与地方司法执行者双重身份的士大夫阶层，对于越诉多持批评意见，对于大肆将越诉引入基层社会治理系统的做法颇有微词。首先，越诉背违礼教名分。"贱不得干贵，下不得凌上，教化之本既正，悖乱之渐不生。"⑤ 尊卑、贵贱、男女、士民、良贱等身份因素是理解传统中国社会的技术密码，也是传统司法中必须考量的重要因素。以上诸端，皆可由"名分"一词统而摄之。郡县之间，"过客游士得以短长钳制，嚣讼奸豪得以越诉动摇"。⑥ 就法律后果而言，滥行越诉往往直接导致官员降黜，吏人流配，从而对以"名分"为核

---

① （清）徐松辑，刘琳、刁忠民、舒大刚、尹波等校点《宋会要辑稿》职官 47 之 38，第 7 册，上海古籍出版社，2014，第 4286 页。

② （清）徐松辑，刘琳、刁忠民、舒大刚、尹波等校点《宋会要辑稿》食货 17 之 20，第 13 册，上海古籍出版社，2014，第 8111 页。

③ （元）脱脱等：《宋史》卷 21《徽宗纪三》，中华书局，1977，第 398 页。

④ （清）徐松辑，刘琳、刁忠民、舒大刚、尹波等校点《宋会要辑稿》刑法 3 之 24，第 14 册，上海古籍出版社，2014，第 8406 页。

⑤ （宋）王溥：《唐会要》卷 51《识量上》，上海古籍出版社，2006，第 1046 页。

⑥ （宋）周南：《山房集》卷 2《札子·代人上殿论州郡事札子》，载四川大学古籍研究所编《宋集珍本丛刊》影印清钞本，第 69 册，线装书局，2004，第 590 页上。

心的纲常名教体系构成威胁。"自古善为治者，必禁越诉。"① 因此，宋人曾从社会结构与治理体系角度，指陈越诉之弊，其中，尤以胡安国、胡寅父子的论断最为典型。胡安国认为，百姓、县、州、监司、朝廷之间存在隶属管辖关系，"犹指之顺臂，叶之从根，不可逆施之也"，并列举徽宗朝以来荆门、荆南等地造私酝户、酗酒学生、鬻茶猾吏、贾客豪民越诉导致地方长吏罢黜实例，认为"使民习见犯上之可为，而贵贱无等，此乱之所由作也"，② 主张精选监司守令，重禁越诉，苟有故犯，以违制论罪。胡安国之子胡寅继承并发展了其父禁止越诉的主张，深刻揭露了越诉群体之社会危害，"夫越诉者，敢于陵乱，不顾阶级，非豪宗强姓，则舞文狡吏，相为表里，奸言乱政，欺惑朝政者也。其力能自远于朝廷，使变移是非，颠倒狱讼，必如其志，而非善良贫丁，敬畏三尺者之所能也"。③ 奸猾之民利用越诉，以恐胁官府、勾结小吏，甚至面临"士大夫堕其计中，为其所困，殊不自觉"④ 的尴尬境遇。原本旨在揭举不法官吏的越诉之法，竟沦为愚顽之辈践踏礼法名教的帮凶。黄震批评江西监司专以听讼为务，遂使"豪右哗健之徒纷然竞集，隔千里辽邈不接之地，信一时张皇无实之说，牌匣络绎，专卒旁午，驱迫州县，骚动闾里"。⑤ 主张每日五鼓出厅，缩短办案时间，词诉"但择其关系之大者方受，且分次第先后耳"。

其次，越诉冲击司法体制。越诉禁令是唐宋相继的基本诉讼原则之一。在北宋晚期大量创制越诉特例之前，该原则在规则、观念和文化等层面，得到社会各阶层普遍认同。结合宋代行政架构演进，最终形成了县、州、监司、尚书省（御史台）等逐级上诉格局。宋代诏敕、律令、奏议、榜文反复教谕百姓次第陈诉，不可蓦越。然而，司法的实际情况往往与此大相径庭。民间罔顾典制、越级告诉的混乱局面时有发生。"顽民健讼，视官府

① （宋）胡寅：《致堂读史管见》卷 30《太祖·后周纪》，江苏古籍出版社，1988（宛委别藏本），第 2012 页。
② （宋）胡寅撰，容肇祖点校《斐然集》卷 25《先公行状》，中华书局，1993，第 531 页。
③ （宋）谢维新：《古今合璧事类备要外集》卷 26《法令门·词讼》，《景印文渊阁四库全书》（第 941 册），台湾商务印书馆股份有限公司，1986，第 584 页下至 585 页上。
④ （宋）王栐：《燕翼诒谋录》卷 4 "禁越诉"，中华书局，1981（唐宋史料笔记丛刊），第 33 页。
⑤ （宋）黄震：《黄氏日抄》卷 79《公移·词诉约束》，载张伟、何忠礼主编《黄震全集》（第 7 册），浙江大学出版社，2013，第 2235 页。

如儿戏，自县而之监司，自州而之台部，此犹其小者耳。今州县未毕，越去监司台部，径诉都省，以至拦马叫号，无所不有。"① 袁说友认为百姓上诉，必须持有原审断由，"未经台部结绝而诉于都省者，并不受理"。陈耆卿亦主张以结决断由为判定上诉案件的基本依据，严厉打击无理妄诉，"凡民讼小大，其已经剖断得实，而辄枝蔓诬诉者，各以其罪罪之"，② 即建议从程序规则层面限制越诉行为的泛滥。

最后，越诉滋长健讼之风。"夫风俗者，人主之所自出，士大夫之枢，而政事之影也。"③ 与传统社会崇尚"无讼"的司法理念多相扞格，自宋代始，民风健讼的记载屡屡见诸文人笔端。如仁宗嘉祐年间（1056～1063年），洪州新建县"俗健讼，好持吏短长"。④ 洋州以"健讼少文艺"⑤ 著称一时。南宋健讼之风更趋蔓延，江西"素号健讼，有珥笔之风，鑱吭贯足者，无日无之"。⑥ 绍兴三十一年（1161年）《户部郎中彭合行状》言："赣之民俗健于争讼，轻为盗贼，信丰其甚者。"⑦ 福州因"跨疆接境，户口星散，最号多事。听览贵审，而决遣未竟，辄越诉矣。其好讼如此"。⑧ 因此，

---

① （宋）袁说友：《东塘集》卷10《札子·体权札子》，载四川大学古籍研究所编《宋集珍本丛刊》影印清钞本，第64册，线装书局，2004，第336页下。

② （宋）陈耆卿：《筼窗集》卷4《疏·奏请罪健讼疏》，《景印文渊阁四库全书》（第1178册），台湾商务印书馆股份有限公司，1986，第36页上。按：屈超立（2003）、刘馨珺（2007）、陈景良（2008、2020）、戴建国（2011）等专家均曾对宋代"断由"有所涉及，专门研究成果之中，则以张本顺的观点最具代表性。"南宋民事审判中所出现的'断由'制度就是南宋政府因应民间好讼风尚以及补充无审级限制上诉制度而做出的理性选择。'断由'制度在一定程度上维护了司法秩序、促进了司法公正，彰显了宋代司法确定性、理性化的面相，是宋代司法传统近世化转型的重要因素。"张本顺：《变革与转型：南宋民事审判"断由"制度生成的历史成因、价值功能及意义论析》，《首都师范大学学报》（社会科学版）2015年第3期，第22~23页。

③ （宋）胡宏：《五峰胡先生文集》卷3《中兴业·易俗》，载四川大学古籍研究所编《宋集珍本丛刊》影印清钞本，第43册，线装书局，2004，第343页下。

④ （宋）范成大纂修，（宋）汪泰亨等增订《吴郡志》卷26《人物》，载中华书局编辑部编《宋元方志丛刊》，中华书局，1990，第891页下。

⑤ （宋）祝穆撰，（宋）祝洙增订，施和金点校《方舆胜览》卷68《利州东路·洋州》，中华书局，2003，第1193页。

⑥ （宋）蔡戡：《定斋集》卷15《墓志铭·朝奉郎提点江南东路刑狱赵公墓志铭》，上海书店出版社，1994（丛书集成续编，第105册），第87~88页。

⑦ 陈柏泉编著《江西出土墓志选编》，江西教育出版社，1991，第128页。

⑧ （宋）张元幹：《芦川归来集》卷8《书·代洪仲本上徐漕书》，上海古籍出版社，1978，第154页。

越诉往往与顽民、奸民、豪民等特定人群相互勾连，反映出士大夫阶层对于越诉者极端厌恶、反感的情绪。"良民以讼为耻，顽民以讼为喜。"① 对于诉讼价值评判的不同认识，成为判断诉事者品性高下的标准之一。《州县提纲》则告诫地方官吏详细区分"健讼之民"与"良善之民"，"凡听讼之际，察其愚朴，平昔未尝至官府者，须引近案，和颜而问，仍禁走吏无得诃遏，庶几其情可通"，② 并指出越诉滥行实质上是用人不当、懒政怠政的必然结果。若能官得其人，必能做到法令易守，去民疾苦。

（三）狱讼裁断

除规则厘定和观念冲突以外，经由司法裁判一隅，也可窥知宋人对于越诉行为的基本立场：除有诏敕明确规定以外，滥行蓦越诉事行为均应严惩不贷。度宗咸淳八年（1272 年）八月十一日交割《词诉约束》记载了江西提举司案件受理规程：非本司管辖事务，已经州县而所断不平者，不予受理；虽属本司管辖，未经州县，或不经本司而越经朝省台部，脱状送下者，"并具状缴申，不敢施行。仍先申照会，备榜司前，使众通知。其余条画，自有法在"。③ 明确表达了地方监司非奉诏敕，不理越诉的基本立场。朱熹《约束榜》在肯定次第诉事原则的基础上，为防止越诉，明确了县司审结各类案件的时限："应诸县有人户已诉，未获盗贼限一月，斗殴折伤、连保辜通五十日，婚田之类限两月，须管结绝。"如县道"违期不行结绝，方许人户赴州陈诉"。④ 民户经由书铺依式书状（包含诉事人基本情况，诉请事由、代名虚妄、无理越诉或隐匿前状情形之排除，字数限制等），如实明具向县司告诉的具体日期，以便州司审核受案。与此同时，宋代部分案例也清晰验证了地方长吏严格限制越诉的司法立场。据《宋会要辑稿》记

---

① （宋）陈耆卿：《篔窗集》卷 4《疏·奏请罪健讼疏》，《景印文渊阁四库全书》（第 1178 册），台湾商务印书馆股份有限公司，1986，第 35 页下。

② （宋）佚名撰，张亦冰点校《州县提纲》卷 2"通愚民之情"，载（宋）李元弼等撰，闫建飞等点校《宋代官箴书五种》，中华书局，2019，第 114 页。

③ （宋）黄震：《黄氏日抄》卷 79《公移·词诉约束》，载张伟、何忠礼主编《黄震全集》（第 7 册），浙江大学出版社，2013，第 2228 页。

④ 刘永翔、朱幼文校点《晦庵先生朱文公文集》卷 100《公移·约束榜》，载（宋）朱熹撰，朱杰人、严佐之、刘永翔主编《朱子全书》（第 25 册），上海古籍出版社、安徽教育出版社，2002，第 4630 页。

载，高宗时，知潭州刘昉言修武郎向子韶强买民田，"本州方行勾追，其兄子忞辄经提刑司越诉"。① 据《宋史·地理四》，绍兴年间潭州为荆湖南路治所。本案中，因向子忞将尚未断结的案件蓦越代诉，绍兴十五年（1145年）正月二十九日，兄弟二人各降三官。又据《知富顺监致仕家侯炎墓志铭》：家炎〔绍定六年（1233年）卒〕知彭州时，"县告豪民匿税版，民未就逮，冯气力越诉于监司，以屈郡县，侯辩折其奸"。② 可见，在缺乏诏敕、法令等明确依据的情况下，越诉行为将会受到严厉制裁。作为记录南宋司法实况的案例汇编，《名公书判清明集》中的裁判事例为我们考察地方长吏对越诉的态度提供了重要依据。③ 如哗徒张梦高"承吏奸之故习，专以哗讦欺诈为生"，常年教唆词讼，撰造公事，行赂官吏，为害乡里，"少不如意，即唆使无赖，上经台部，威成势立，莫敢谁何。乘时邀求，吞并产业，无辜破家，不可胜数"，更兼抱养冒姓、收受贿赂等事，蔡杭（字仲节，号久轩，建阳人）断张梦高"决脊杖十五，刺配台州牢城，免监赃，即日押遣。仍申提刑司。推吏法司，徇情卖弄，从轻杖一百"。④ 又如胡颖（字叔献，号石璧，潭州人）《以劫夺财物诬执平人不应末减》记载：羊六、杨应龙等因醉争道，羊六"谓应龙等白昼行劫，夺去财物凡十余项，正经陈于本县，又越诉于宪台，牵连追呼，不一而足"。后经御史台查明所诉虚妄，交由所属府司结绝。经追捕对质，羊六"既欺罔县道，又欺罔监司，既贻累于平

---

① （清）徐松辑，刘琳、刁忠民、舒大刚、尹波等校点《宋会要辑稿》职官70之29，第8册，上海古籍出版社，2014，第4931页。

② （宋）魏了翁：《重校鹤山先生大全文集》卷84《墓志铭·知富顺监致仕家侯炎墓志铭》，载四川大学古籍研究所编《宋集珍本丛刊》影印明嘉靖铜活字印本，第77册，线装书局，2004，第511页上。

③ 按：需要指出的是，《名公书判清明集》并非宋代司法之全貌，而是编纂者依据自身认识与判断，汇集的各类判决。小岛毅认为："这本书收录的不是一般的公判资料，原则上都是'名公'书判。也就是说，这只不过是一本这位不明身份的编者心中理想的判决文集而已，其内容绝没有、也不可能完整反映宋代社会。"（〔日〕小岛毅：《中国思想与宗教的奔流：宋朝》，何晓毅译，广西师范大学出版社，2014，第215页）与此同时，柳立言还指出以《清明集》研究为代表的"研究者将众多法官共一炉而冶之，得出的结论，难免是一位科学怪人。"（柳立言主编《中国史新论（法律史分册）》，联经出版事业股份有限公司，2008，第237页）由此，对于宋代司法个案研究和司法者个体研究，显得尤为必要。

④ 中国社会科学院历史研究所宋辽金元史研究室点校《名公书判清明集》卷13《惩恶门·哗徒》"撰造公事"，中华书局，1987，第482~483页。

人，又贻累于乃父。首尾三载，始肯伏辜"，① 勘杖一百，编管五百里。无理越诉对常规地方司法程序构成严重干扰，还可能对官吏名誉政绩和地方社会风气构成负面影响，无端增加基层社会管理难度与管理成本。因此，州县长官对越诉基本秉持否定态度。另外，如遇诏敕许可之越诉情形，自当依法受理。如张文更诉请检校卑幼财产案中，叶岩峰援引"检校"条款，准用敕条"州县不应检校辄检校者，许越诉"之规定，认为张文更"年已三十，尽堪家事，纵弟妹未及十岁，自有亲兄可以抚养，正合不应检校之条"，② 判定张文更主掌其父遗产，抚养弟妹，他人不得干预。此外，如遇公吏取受，若"因县官好恶之偏，所以经府"，③ 则不得追究诉事人越诉之责。州府长吏试图透过越诉渠道实现监督县官履职的目的，可由上述狱讼裁判事例加以证明。

结　语

游离于弛禁之间的越诉规则，生动阐释了古代诉讼规则体系中，诏敕与编敕、指挥、则例、律令等成法之间相辅相成的微妙关系。禁止越诉原本是传统诉讼基本原则之一。北宋熙宁年间创设许民越诉先例，大观以后，其事渐繁，越诉迅速从个例向惯例转型。但凡朝廷诏敕所允许，即可专设越诉之条。南宋高宗至理宗诸朝，百姓越诉与监司按劾、台谏弹奏等并驾齐驱，成为朝廷监察地方长吏的重要途径。值得注意的是，两宋时期包含越诉条款的诏敕，受到特定时间、地域、主体、事项等因素限制，并不具有普遍效力，亦不可反复适用。与宋代编敕大盛的时代背景相适应，宋廷持续推进既有诏敕中越诉条款的删修、归类和编纂。对照南宋《庆元条法事类》条目不难发现，《宋刑统》中的越诉禁令已为大量越诉条款所取代，更可窥知部分越诉条目因革嬗变之梗概。

---

① 中国社会科学院历史研究所宋辽金元史研究室点校《名公书判清明集》卷13《惩恶门·妄诉》"以劫夺财物诬执平人不应末减"，中华书局，1987，第497~498页。

② 中国社会科学院历史研究所宋辽金元史研究室点校《名公书判清明集》卷7《户婚门·检校》"不当检校而求检校"，中华书局，1987，第228页。

③ 中国社会科学院历史研究所宋辽金元史研究室点校《名公书判清明集》卷11《人品门·公吏》"越诉"，中华书局，1987，第436页。

至此，越诉已不再以个案、特例形式存在，甚至无须再行援引旧时指挥或敕条，此时，收入法典的越诉条款已经成为法司裁断直接引据的现行律法。就时代评判角度而言，受司法传统影响与现实利益考量，宋代士大夫阶层多数主张维护各级法司的司法权威，恪守次第告诉原则，故多将越诉视为特定司法情形。作为司法特例现象，我们在关注越诉的法律属性的同时，应更多关注宋代越诉的监察特质。

Prohibition, Exceptions and Conventions: A New Analysis of the Law of Leapfrog Appeal in the Song Dynasty

(*Chen Xi/Shang Jian*)

Abstract: The Northern Song Dynasty adheres to the tradition of prohibiting leapfrog appeal. Apart from the fact that the "leapfrog appeal" clause in "Criminal Justice in Song Dynasty" was inherited from the old system of "Tang Code", it has standardized the civil leapfrog appeal behavior by imperial edict for many times. The "leapfrog appeal method" corresponding to the ban of "leapfrog appeal" gradually appeared in the mid-Northern Song Dynasty, and its purpose was not to change the tradition of appeal step by step, but to try to effectively supervise various administrative performance behaviors of bureaucratic groups represented by local officials through the "leapfrog appeal" channel. At the latest, in Xining period of Song-Shen-zong, there was a clear confirmation that people were allowed to appeal beyond their ranks. According to the different subjects of litigation, this paper divides the leapfrog appeal into "accusation-type leapfrog appeal", "accusation-type leapfrog appeal" and "tell-type leapfrog appeal". Among the three types of leapfrog appeal, "accusation-type leapfrog appeal" is the most complex, which involves the fields of tax collection, division rate apportionment, prison litigation decision and relief and special care. Prison litigation cases in the Song Dynasty formed a system of accepting cases, which consisted of five rules, namely, business rectification by the competent authorities, supervision and management by the supervision department, impeachment by the censors and admonishers, appeals by the people, and reporting by outsiders, in order to ensure the effective implementation of the leapfrog appeal law. Rules for handling leapfrog cases involve specific issues such as issuing notices, invoking laws and regulations, and penalties for crimes. The surge in the decree of granting permission to leapfrog appeals has had a severe impact on the litigation concept of the Song Dynasty people. At the end of period of Song-Gao-zong, it began to rectify the law of leapfrog appeal, clarify the nature of leapfrog telling clauses, crack down on malicious leapfrog telling behaviors, and construct the safeguard clauses of leapfrog telling. In case adjudication, except for the explicit provisions of the imperial edict, the abuse of leapfrog would be punished. In a word, the formation, application and development of the Song Dynasty's leapfrog laws have gone through different stages, such as prohibition, franchising, abuse and rectification, especially in terms of the reasons for franchising leapfrog laws, which embodies the evolutionary relationship among cases, precedents, conventions and laws in the formation process of traditional litigation rules. After the formation of special cases, there is still the possibility of revision, abolishment and innovation, and in judicial practice, there are some forms, such as reinstatement, establishment, exception and compromise.

Keywords: Song Dynasty; Leapfrog Appeal; Enthusiastic in Litigation; Supervision; Grassroots Governance

通过改革推进转型的尝试

——南京国民政府后期（1943-1949）的司法改革争论史

姚尚贤[*]

摘　要：南京国民政府后期兴起的司法改革运动是国民政府时期的第三次司法改革运动。这次司法改革运动与当时社会环境密切相关，引起了社会各界的广泛关注与争论，按照讨论的内容等因素可划分为"重建中国法系"中的司法改革争论、制宪前后的顶层司法制度改革争论和司法行政检讨会议内外的改革争论三个阶段。相对于前两次司法改革运动，这次司法改革运动呈现出参与主体更广泛多元、讨论内容更专业聚焦和改革追求赓续的特点，并指向通过司法的专业化改革支持国家转型的目标和努力。这次司法改革运动的最终结果值得注意与反思。

关键词：南京国民政府；司法改革；法律议论；专业性

引　言

继 20 世纪初期的西化式司法改革、1930 年代前后的党化式司法改革后，在 1943~1949 年期间出现了新一轮的司法改革运动（下文简称第三次司法改革运动）。此次司法改革是在 1943 年领事裁判权废除、南京国民政府治理危机集中爆发、国内宪政运动复起、世界反法西斯战争形势变化等重大事件背景下兴起的，具有明显的时局性色彩。

与对前两次司法改革运动的研究相比，对第三次司法改革运动的专门系统性研究成果较少，已有研究成果多为附带性提及，[①] 并未对该运动进行

---

*　姚尚贤，广州市人力资源和社会保障局工作人员，上海交通大学法学博士，研究领域为法学理论、法律史。

①　参见江照信《法律民族化运动：关于民国司法改革的一个整体观点》，载《师大法学》（2019 年第 1 辑·总第 5 辑），法律出版社，2020；姚尚贤《司法改革的组织竞争与利益博弈——国家转型中的 1947 年司法行政检讨会议》，《上海交通大学学报》（哲学社会科学版）2018 年第 4 期。

深入的史料挖掘与研究。近代以来每一次司法改革运动的发轫都离不开以法学期刊为核心的公共传媒的宣传和鼓吹，① 因此本文对当时重要期刊媒体中司法改革的相关观点进行梳理，厘清各阶段中参与者的具体观点及相应社会思潮状况，展现社会各界参与司法改革的思想与行动轨迹，为理解第三次司法改革运动的整体情况、思路方向和内容特点提供线索，同时也为当下司法改革提供反思素材。

一 第三次司法改革运动争论的阶段划分

第三次司法改革运动自发轫之始即因深受国内外诸多重大事件影响而具有明显时局性和阶段性，这些特点直接影响了该次运动的阶段目标设定、改革措施制定和执行等多方面内容，并在参与改革的各方主体对司法改革中相关问题的争论变化中表现得尤为典型。因此，以运动中参与各方在公共媒介上所发表的言论集中程度为基础，以争论时所围绕的主题内容的演变为标准，结合国内外环境等因素考量，第三次司法改革运动过程中相关争论可以划分为以下三个阶段。

第一阶段为"重建中国法系"中的司法改革争论，该阶段从 1942 年末至 1944 年末，是司法改革争论的复起期。领事裁判权废除、与外国签订平等新约是第三次司法改革运动兴起的直接原因，而重获大国地位所带来的民族主义思潮高涨激发了重建中国法系②和塑造适应本土环境的新式司法制度③的雄心。在由国民党发起、民主党派等在野政治力量推动的第二次宪政

---

① 参见张仁善《近代法学期刊：司法改革的"推手"》，《政法论坛》2012 年第 1 期。
② 居正：《中国法系之重新建立》，《中华法学杂志（新编）》1944 年第 3 卷第 1 期。目前对于近代以来的"中国（中华）法系"的概念的使用存在"中国法系"与"中华法系"两种类型，为了统一行文的需要并且考虑到贴近历史原型，本文在正文表述中统一使用当时较为广泛流行的"中国法系"称谓。另外，关于"中国（中华）法系"的概念演变史的详细梳理与介绍，可以参见赖骏楠《民族主义视野下的近代"中华法系"学说（1900～1949）》，载马小红、刘婷婷主编《法律文化研究第七辑：中华法系专题》，社会科学文献出版社，2014，第 244～279 页；赖骏楠《建构中华法系——学说、民族主义与话语实践（1900-1949）》，载《北大法律评论》（第 9 卷·第 2 辑），北京大学出版社，2008，第 416～455 页；等等。
③ 参见〔美〕周锡瑞、李皓天主编《1943：中国在十字路口》，陈骁译，社会科学文献出版社，2016，第 148～149 页。

运动主题从最初的官方希望局限于修改宪草和筹备自治到被民主党派和中国共产党扩展到落实法治、保障人权等问题①的推波助澜下，掀起了第一阶段的讨论，并出现了以《中国法系之重新建立》②《改良司法各论》③等为代表的文章与评论。

第二阶段为制宪前后的顶层司法制度改革争论，该阶段从 1945 年初至 1946 年末，是司法改革争论的发展期。从 1945 年出现建立"联合政府"的呼吁到制宪会议因各种原因和随后旧政协会议的召开而延迟至 1946 年 11 月，此时段中，制宪与宪政话题成为社会性议题。作为宪法问题讨论中的重要内容的司法制度问题相应也成了大众传媒关注的重点，并涌现出了以《现代中国的法治制度》④《宪法中之司法制度》⑤等为代表的讨论司法制度如何设计和改革的文章与评论，此阶段的文章评论展现了当时官方和社会精英群体对于司法改革问题的认知视角和讨论关注点与前一阶段的差别。

第三阶段为司法行政检讨会议内外的改革争论，该阶段从 1947 年至 1949 年，是司法改革争论的高潮期。《中华民国宪法》（下文简称 1947 年宪法）于 1947 年末正式施行后，如何对原有司法制度进行改革以适应宪法施行的需要成为当时社会精英群体诸多关注点中的重要内容，而 1947 年 11 月由官方召开的全国司法行政检讨会议讨论了未来司法改革的目标方向、经验选择和具体实施措施等内容，引发了社会各界的关注并涌现了一批集中讨论基层司法制度改革、司法独立和司法腐败治理等问题的评论和文章，其中《行宪与司法独立》⑥《司法院法规委员会关于解除县司法处县长兼职问题研究报告书》⑦《论加强检察制度》⑧等则是这一时期的典型。

上述三个阶段中，体制内的法律精英和以社会精英群体为代表的社会

---

① 参见王建朗、曾景忠《抗日战争（1937-1945）》，载张海鹏主编《中国近代通史》（第 9 卷），江苏人民出版社，2007，第 482~493 页。

② 居正：《中国法系之重新建立》，《中华法学杂志（新编）》1944 年第 3 卷第 1 期。

③ 陈霆锐：《改良司法各论》，《中华法学杂志（新编）》1944 年第 3 卷第 2 期。

④ 吴绂征：《现代中国的法治制度》，《中华法学杂志（新编）》1945 年第 4 卷第 3 期。

⑤ 张知本：《宪法中之司法制度》，《民治周刊》1947 年第 2 卷第 1 期。

⑥ 孙晓楼：《行宪与司法独立》，《新法学》1948 年第 1 卷第 2 期。

⑦ 《司法院法规委员会关于解除县司法处县长兼职问题研究报告书》，《中华法学杂志（新编）》1947 年第 6 卷第 6 期。

⑧ 翁敬棠：《论加强检察制度》，《中华法学杂志（新编）》1948 年第 7 卷第 2、3 期合刊。

力量（尤其是自由主义知识分子）均参与了对司法改革各方面问题的议论和争辩，无疑促进了朝野双方在关于司法改革的方向选择、经验借鉴和具体政策制定等问题上的相互理解并形成了一定程度的共识，为第三次司法改革运动能够在战后中国的复杂局势中展开提供了一定的动力与支持。

二　复起："重建中国法系"与司法改革

由于近代中国法律改革以废除领事裁判权、恢复司法主权为目标追求，司法改革一直作为最早突破口。[①] 受 1942 年底领事裁判权将被废除的消息影响，以"中华民族复兴"为表现的民族主义思潮为社会各界普遍接受，继承发扬传统优秀文化也成了社会共识。[②] 这种思潮的影响首先体现在官方法律精英群体的表述中，如时任司法院院长居正在 1943 年 7 月中华法学会第二次年会上对过去司法改革与建设状况进行总结时指出：

> 进步不进步，那是我说不上来，不过我不自度量，有二个志愿：一是倡导"党化司法"，二是"重建中国法系"。党化司法，曾于民国二十二年发表一篇文章（载商务印书馆东方杂志）颇引起不少注意或非议。嗣办法官训练所，洪所长以此为实施训练之一。若夫"中国法系"，在五大法系中，古而且老，经过治乱兴亡，时明时晦。近以舶来新颖，大都数典而亡，重新建立，谈何容易。古语说得好，"求木之长者，必固其根本；欲流之远者，必浚其渊源"。用是硁硁锲而不舍，提出"中国法系之重新建立"一问题，冀以此为发凡，引起学者法家，共同研究的兴趣，并乞不吝批评。[③]

这种"重建中国法系"实质上就是要建立"三民主义的中华新法

---

① 参见张仁善《近代法学期刊：司法改革的"推手"》，《政法论坛》2012 年第 1 期。
② 参见黄兴涛、王峰《民国时期"中华民族复兴"观念之历史考察》，《中国人民大学学报》2006 年第 3 期。
③ 居正：《中国法系之重新建立》，《中华法学杂志（新编）》1944 年第 3 卷第 1 期。

系"，① 而将此作为今后中华法学会及法律共同体努力方向和目标的呼吁，不仅是当时民族复兴思潮在法律领域的延伸，也是作为世界"四强"之一的中国的"当务之急"，并成为当时重庆国民政府在意识形态和司法实践中必须实践并达成的事情。② 为实现该目标，必须从"不能数祖忘典"和"学人家的好处"两个原则方面着手。

> 本会今后努力之方向，一面固要如上所述对国际方面大问题加以检讨研究，一面对于当前司法上一切小问题，也要悉心研讨。③

具体而言，前者要求对国内法和国际法作综合的研究同时做好准备应对第二次世界大战后国际条约协议签订中的法律问题，后者则要求对司法组织体制、诉讼程序等司法具体制度进行讨论和改进，以"重建中国法系"来"建设三民主义之法治国家"④ 和养成"中国法治精神"，⑤ 而此种重建并非复古而是"要以革命的顺应本义，进取创造，为中国法系争取一个新生命，开辟一个新纪元"，⑥ 实际上将法律民族化界定为并非完全复古的法律现代化的"求新"过程。⑦

这种对于法律现代化和法治的强调与当时的第二次宪政运动中强调落实法治、保障人权的主流要求密切相关，因为"完成司法独立制度并改善其实质，以保护人民自由权利，于宪政，建国，实为根本大计"。⑧ 这种相互呼应使得"重建中国法系"超越法政领域成为社会性话题，通过从"制

---

① 居正：《（1943 年 7 月 24 日中华法学会）主席致开会词》，《中华法学杂志（新编）》1944 年第 3 卷第 1 期。

② 参见江照信《中国法律"看不见中国"——居正司法时期（1932—1948）研究》，清华大学出版社，2010，第 159 页。

③ 居正：《（1943 年 7 月 24 日中华法学会）主席致开会词》，《中华法学杂志（新编）》1944 年第 3 卷第 1 期。

④ 居正：《法治与法律教育》，《中华法学杂志（新编）》1944 年第 3 卷第 2 期。

⑤ 居正：《（1943 年 7 月 24 日中华法学会）主席致开会词》，《中华法学杂志（新编）》1944 年第 3 卷第 1 期。

⑥ 居正：《中国法系之重新建立》，《中华法学杂志（新编）》1944 年第 3 卷第 1 期。

⑦ 孙晓楼：《法律民族化的检讨》，《东方杂志》1937 年第 34 卷第 7 号。

⑧ 《论今后的司法》，《大公报》1944 年 10 月 3 日，第 1 版。

度"与"人才"两个方面入手进行改革来实现"重建中国法系"目标的评论大量出现，并首先由对改革拥有直接影响力的体制内法政精英群体发表，如时任行政法院院长张知本①就指出司法改革应注意的问题：

> 议论尚未一致，备就一得之愚，贡献于注意司法建设者。（一）厘正现行法律……；（二）减少特别刑法……；（三）改善司法机构：（甲）变更审级（作者按：恢复四级三审制度），（乙）废除院长兼职的制度，（丙）增强检察制度的效果，（丁）调整司法院直辖机关……；（四）培养法学人才……；（五）详密考核司法人员……；（六）严厉约束员丁及法警……至于司法经费应如何充实，监狱设施应如何周备，刑事政策应如何运用，法律知识应如何普及，法治精神应如何培养，以及其他有关司法建设之种种问题，谅为海内法学家所注意，宁惟法学家，凡研究政治，经济，教育，社会，诸科学之人士，亦与有责焉。②

针对官方将司法改革所应讨论关注的问题进行罗列以吸引社会各界建言献策的努力，社会各界纷纷加入讨论，如杨嘉麟就认为：

> 我们在司法方面，希望下列几点的改进：第一、法规要统一；第二、机构要单纯；第三、程序要敏捷；第四、监所要改善。上面四点，本来是法治国家所必备的基本要件，现在我们要加速的实现。③

著名记者包文甫则强调通过充实法院、改善司法人员待遇、处理司法机构重叠、训练司法人才四个方面来推进司法改革，④ 秦孝思则指出应通过增设推事员额、确定书记官身份、扩大自诉范围、禁止滥为押解等方面来

---

① 1943 年年初，在与时任行政法院院长的茅祖权进行职位对换后，张知本从司法院秘书长职位转而就任行政法院院长。参见刘寿林等编《民国职官年表》，中华书局，1995，第 639～641 页。
② 张知本：《谈司法建设问题》，《政治知识》1943 年第 3 卷第 1 期。
③ 杨嘉麟：《收回法权时我国司法上应有之改进》，《政治知识》1943 年第 3 卷第 2 期。
④ 包文甫：《改进司法之刍议》，《东方杂志》1944 年第 40 卷第 16 期。

完善司法制度以"为法治立下确实的基础"。① 刑法学家赵琛特别指出应同时注意"训练通译、法医及其他佐理司法之人员"、"编译各国司法资料"、"划定军法审判与普通司法审判范围"和"训练外事警察",② 而著名社会法学家陆季蕃则认为除了上述相应的改革措施外,最重要的是增加司法经费。③

除宏观全面地讨论司法制度改革问题外,针对具体司法问题的评论也大量出现。由于"制度可以随时改善,至善良的司法官,及司法界公平正直的风气,则非一时所能养成",④ 所以司法人才建设也是本次司法改革的重要内容。

> 我国年来收回法权,推行宪政,在在足以表示正向法治之途迈进,至堪庆慰。惟欲奠立法治基础,必先加强司法机构,欲加强司法机构,必先有充实健全之干部。⑤

而要加强司法人才建设,就首先需要对当时司法人才状况进行回顾检讨,时任行政院副院长的孔祥熙在中华法学会第二届年会致辞时就曾经指出:

> 即现有之司法人才,亦显然不敷甚钜,且尚有待于充实与培养。司法人员,职掌人民之生命财产,责任綦重,而待遇则素称清苦,今后关于提高司法人员之待遇,自属吾人之职责。⑥

这种司法"需求与供应问题尖锐化"⑦ 状况可以"国内司法干部数量与

---

① 秦孝思:《改进司法之我见》,《东方杂志》1944 年第 40 卷第 23 期。
② 赵琛:《新约声中我国司法上应整建之工作》,《组织旬刊》1943 年第 1 卷第 13 期。
③ 陆季蕃:《撤废领事裁判权与改进司法》,《建设研究》1943 年第 8 卷第 6 期。
④ 《论今后的司法》,《大公报》1944 年 10 月 3 日,第 1 版。
⑤ 徐福基:《如何为司法界储才与留才》,《法令周报(重庆)》1945 年第 3 卷第 21 期。
⑥ 《孔庸之先生演说词》,《中华法学杂志(新编)》1944 年第 3 卷第 1 期。
⑦ 桂裕:《司法官之素质与数量——司法问题之二》,《东方杂志》1945 年第 41 卷第 20 期。另外,桂裕对这种司法状况的形成原因进行了解释:"法院中案如山积,需要更多之人员处理。如此局面之造成,其原因不难推究。资深之司法官在日寇占领区内者,颇多参加伪组织,以自断其前程。若干人已因战事而牺牲生命。又有若干人则脱离法院,理由不一,无从细述。新进者训练尚未成熟,虽尽量缩短其受训期间,亦难立时任用。"

质量均异常缺乏"和"将来失土收复需才更多"两点来概括，应对方法则可从数量和质量两方面着手。在数量方面，主要围绕"储才"与"留才"两项展开，相应举措建议有分以简任待遇奖励成绩优异的推检、提高补助俸禄与一般公务员持平、发布褒扬令激励①或落实司法人员的福利事业、提供特殊身份保障②等。

　　相比于通过制度保证司法人才数量，对该群体素质的关注则是讨论的热点，提升司法人员（包括审判与检察人员）与律师的职业专业能力和道德水平等以提高该群体专业化水平作为改革的必要工作③成了共识。在具体操作中，则可通过提供给司法人员进修机会、设置研究所等组织使学术与实务不致脱节、整理传统中国法系的相关要素和经验来加强战后法学人才的训练。④ 尤其是在提供司法人员进修机会的问题上，或是要求加强现存法官训练所的培训功能，⑤ 或是要求在各大学附设法律训练班或讲习所，⑥ 或是要求建立专门的"中央法官学校"⑦ 等专门司法培训机构的方式来对司法人员进行专业化培训。

　　此外，针对其他具体制度的改革讨论也已出现。因当时普遍存在的人权被军警特务随意侵犯问题，著名律师陈霆锐则强调必须通过修改刑事诉讼法律来为人民身体自由等基本权利提供有效司法保护，如此"才可以谈法治，才可以谈宪政"。⑧ 面对法权收回后的中外诉讼问题，著名法学家芮沐从司法技术角度指出必须注意到立法供给不足和司法规则缺乏的情况，并从发布最高法院判例保证司法裁判统一、修订原有《法律适用法》以适应时势、成立国际私法学和比较法学会提供讨论平台这三个方面着手来

---

① 参见徐福基《如何为司法界储才与留才》，《法令周报（重庆）》1945 年第 3 卷第 21 期；尹斯如《关于司法方面的两个建议》，《精忠导报》1943 年第 7 卷第 6 期；等等。

② 参见郭卫《司法效率问题（二）》，《法令周刊》1945 年第 4 期。

③ 参见《孔庸之先生演词》，《中华法学杂志（新编）》1944 年第 3 卷第 1 期。

④ 参见陈文藻《战后法学人材的训练问题》，《中华法学杂志（新编）》1944 年第 3 卷第 4 期。

⑤ 参见孟长泳《吾国司法之检讨》，《东方杂志》1943 年第 39 卷第 8 期；赵铢《论今后之司法建设》，《法令周报（重庆）》1945 年第 3 卷第 12 期；等等。

⑥ 参见张知本《谈司法建设问题》，《政治知识》1943 年第 3 卷第 1 期。

⑦ 赵琛：《新约声中我国司法上应整建之工作》，《组织旬刊》1943 年第 1 卷第 13 期。

⑧ 陈霆锐：《改良司法刍议》，《大公报》1943 年 11 月 8 日，第 2 版。

"以谋革新"。①

　　从当时大量讨论司法改革的文章可以发现，这一阶段社会各界对司法改革的认知深受民族主义思潮影响，如何构建新的中国法律体系成了法政领域的重要话题。这种影响一方面体现在当时流行的"明日中国的一切是从所谓'固有的'和'外来的'二者批评中建设出来的"②此类观念强势延伸至司法领域，强化了对晚清以来法律改革努力与成果的自我肯定及对固有法律的正面性评价与继承必要性的认可，具体表现为社会精英群体纷纷强调司法改革中的本土特性。③另一方面，则是对司法改革自主性的要求，"至于改进司法亦然，完全为我国司法行政问题，应由我国自动改善，不容他国置喙"，④这种要求由对司法改革中国性的强调与对过往司法主权被侵夺带来屈辱的反思⑤所共同形塑而成。与此同时，由于第二次宪政运动实践中的困境和挫折，民间社会精英群体逐渐意识到"要实施宪政，就要先保障人权"，⑥从而让运动的关注点逐渐向法治和保障自由人权等具体实践层面转化。⑦这种情况使得司法改革中的法律民族化思潮借助"重建中国法系"的话语口号实现了对宪政运动中法治和司法保障人权诉求的包纳，在方向路径及操作方式上表现为以司法相应领域的专业化程度提升为具体切入点，并直接影响着下一轮司法改革的相关争论。

---

① 芮沐：《法权收回后几个司法立法上的技术问题》，《当代评论》1943年第3卷第9期。
② 蔡枢衡：《中国法律之批判·写在前面》，山西人民出版社，2014，第2页。
③ 这种思想和态度在此阶段关于司法改革的文章和评论中均直接或间接表达出来，参见居正《中国法系之重新建立》，《中华法学杂志（新编）》1944年第3卷第1期；张知本《谈司法建设问题》，《政治知识》1943年第3卷第1期；包文甫《改进司法之刍议》，《东方杂志》1944年第40卷第16期；等等。
④ 陆季蕃：《撤废领事裁判权与改进司法》，《建设研究》1943年第8卷第6期。
⑤ 参见守仁《法权完整后之涉外司法》，《杂说》1943年第6期；秦孝思《改进司法之我见》，《东方杂志》1944年第40卷第23期；等等。
⑥ 李贵忠：《张君劢年谱长编》，中国社会科学出版社，2016，第158页。
⑦ 参见萧公权《宪政易行》，《四川青年》1944年第1卷第3、4期；张志让《训政、宪政与现阶段建国工作》，《宪政月刊》1944年第3期；黄炎培《关于宪政实施文件两种》，《宪政月刊》1944年第3期；余家菊《宪政的机能》，《宪政月刊》1944年第3期；罗常培《言论自由在宪政中的保障》，《自由论坛》1944年第2卷第3期；《本刊第八次座谈》，《宪政月刊》1944年第9期（讨论人身自由保障）；黄炎培《因八十律师发表关于保障人权意见为进一步之建议》，《宪政月刊》1944年第9期；等等。

三 发展：顶层司法制度改革设计中的争论

抗日战争胜利洗刷了中华民族近百年耻辱，"加强和平团结"与"实行民主政治"成为社会各界的强烈诉求，① 战后中国未来走向引起各界的关注、争议与分歧。② 虽然抗战末期中国共产党及民主党派等所主张的"联合政府"话语口号对国民政府的战后规划形成了挑战，③ 但仍与召开国大制宪等政治事件密切相关，④ 因此后者仍然是当时国统区的主要政治活动内容。1945 年开始的制宪活动受战后世界民主和平运动思潮及其新发展⑤等因素影响，形成了以孙中山五权宪法理论所起草的"五五宪草"为蓝本进行修改制宪的共识，未来宪法中的司法制度则在对原有司法体制的修正上形成以"负起五权宪法中应有之使命"。⑥ 基于此，对原有司法体制的讨论成为参与制宪的各方的重要活动。⑦

受国共政争影响，此阶段的讨论主体构成发生了变化（部分法政精英在制宪中后期退出讨论），但直接或间接参与司法制度讨论仍然是当时不少法政精英群体参与政治活动的重要内容。这种参与首先体现在体制内法政精英就未来司法制度应该具备何种特性、具体制度如何安排所发表的言论中，如司法元老张知本就认为应对原有司法制度进行"不仅是要调整各级法院的组织；而司法院直辖各部院会，也有调整的必要"的全面修正，还提出了将三级三审制度变更为四级三审制、废止各级院长兼任推事制度、重设独立的检察机构和调整司法院直辖机关等改革建议，尤其是在调整司法院直辖机关问题上，其阐述道：

---

① 参见〔美〕费正清、费维恺编《剑桥中华民国史（1912-1949）》（下卷），中国社会科学出版社，1994，第 826 页。

② 参见〔美〕胡素珊《中国的内战——1945-1949 年的政治斗争》，启蒙编译所译，当代中国出版社，2014，第 158~170 页。

③ 参见王建朗、曾景忠《抗日战争（1937-1945）》，载张海鹏主编《中国近代通史》（第 9 卷），江苏人民出版社，2007，第 494~508 页。

④ 参见卫春回《试论抗战胜利后中间党派关注的三大政治问题》，《甘肃社会科学》2008 年第 1 期等。

⑤ 参见张晋藩《中国宪法史》，吉林人民出版社，2004，第 258 页。

⑥ 《居院长谈战后司法复员计划》，《中华法学杂志（新编）》1945 年第 4 卷第 2 期。

⑦ 参见《中央通告全体党员研讨宪法草案》，《中华法学杂志（新编）》1945 年第 4 卷第 3 期。

在五权宪法下的五院之一的司法院，本是要一面职司审判事务，一面兼司司法行政事务的，并不必于司法院之下，再设独立的最高审判机关和最高司法行政机关，这在总理关于政治建设的许多遗教中，都可看得出来。且司法院为一国家最高司法机关，……如果司法院未曾直接处理审判事务和司法行政事务，必将常因情事隔阂，而发生一种交涉上的困难。至于因直辖机关的复杂，致使办事效率较低，经费需要较巨，那更是显而易见的事。①

因此其提出要把独立的司法行政部、最高法院、行政法院等直属院部机构一律裁撤，以扩大司法院的内部组织实现将相关事务都归司法院来直接处理。② 虽然张知本裁并司法院所有下辖机构的观点并非学界主流观点，但其强调司法权应统一的观点则被当时学界广泛接受和倡议，③ 此类观点无疑回应了中华法学会第三届年会宣言中提出的实现司法权统一的呼吁。④ 如时任最高法院院长夏勤在对政协宪草修改原则进行评论时认为，行宪后隶属于行政院的司法行政权将会为多党政治所影响，容易导致司法监督混乱等情况，因此必须合理配置。

将来司法院既改为国家最高法院，其权限亦不过有民刑事的审判权耳，即令宪法解释权由若干大法官行使之，但司法行政权，行政审判权，既非司法院之所有，对于"五五宪草"所规定的司法权统一的完整性，实已造成分崩离析之势，其中尤以司法行政权不隶属于司法院，对于司

---

① 张知本：《五权宪法中的司法建设问题》，《三民主义半月刊》1945年第6卷第4期。
② 当时不少学者亦认同此种通过对司法院内部直辖院部进行裁并重置以强化司法院权力的建议，参见陈明《论人治、法治与现行司法制度之检讨》，《中华法学杂志（新编）》1946年第5卷第5期。
③ 参见夏勤《司法权的统一与独立》，《报报》1946年第1卷第13期；陈长蘅《评政治协商会议所拟定之修改原则（一）》，《革新周刊（南京）》1946年第1卷第16期；林纪东《当前司法之一主要问题》，《中华法学杂志（新编）》1946年第5卷第1期；陈明《论人治、法治与现行司法制度之检讨》，《中华法学杂志（新编）》1946年第5卷第5期；张知本《司法制度之商榷》，《中华法学杂志（新编）》1946年第5卷第2、3期合刊；吴传颐《计划司法导论》，《中华法学杂志（新编）》1945年第4卷第5期等。
④ 参见《中华民国法学会第三届年会纪实》，《中华法学杂志（新编）》1946年第4卷第4期。

法权的独立行使，最有妨害与危险。①

夏勤在对司法行政部隶属行政院的决策表达批判后进而要求在未来宪法中应明确规定司法行政部隶属于司法院以求实现司法权的统一，对当时政协宪草修改原则中有关司法院定位与权限内容加以批评。这种观点为张九如②、林纪东等不少法政精英所支持，后者还指出司法行政隶属于行政院将会导致：

> 于理既不可通，于事务推进，亦多未便，盖司法行政由司法院分离而去，则号称国民政府最高司法机关之司法院，有名不符实之感，且法官选拔之权，多操诸行政院及其隶属机关，不特违反司法独立之精神，且于五权分立之原则，亦有背戾，此于理不可通者也。③

在讨论司法行政权问题时还产生了进一步批判政协宪草修改原则中其他司法制度设计内容的观点。如夏勤认为政协宪草修改原则第四条④存在严重问题：首先是此种设计让司法院对监察院负责而有违治权机关向政权机关负责的原则；其次是此种仿照美国经验的制度设计忽视了监察院并非专门民意机构的制度属性；再次是司法院最高法院化的设计会导致司法最高层级的案件压力暴增等问题；最后是此种设计将司法行政权排除会影响司法权的有效运行和统一。⑤ 此外，对司法权统一的诉求还包括司法审判权的调整配置问题，如对涉及司法权和军事（行政）权关系的普通司法审判和特种刑事审判关系，就有观点认为：

---

① 夏勤：《司法权的统一与独立》，《报报》1946 年第 1 卷第 13 期。
② 张九如：《致宪草审议委员会书：商榷宪草修改原则》，《中华法学杂志（新编）》1946 年第 5 卷第 2、3 期合刊。
③ 林纪东：《当前司法之一主要问题》，《中华法学杂志（新编）》1946 年第 5 卷第 1 期。
④ 《政治协商会议宪草修改原则十二项》第四项："司法院即为国家最高法院，不兼管司法行政，由大法官若干人组织之。大法官由总统提名，经监察院同意任命之。各级法官须超出于党派以外。"
⑤ 参见敬民《宪法中的司法制度》，《革新周刊（南京）》1946 年第 1 卷第 17 期。

> 司法权脱离行政权而独立，其目的原在防止行政权的滥用。系由专制政治进入民主政治所产生的制度。吾们现在如将刑事案件仍交兼理军法审判的行政长官来行使，显然违反时代的精神，并且就过去实际情形来观察，承办军法审判的人员，有由法院书记官或大学初毕业的法科学生来担任的，其资历较之普通法院的推检不无差等。但是军法审判的特种刑事案件都是罪刑较重的犯罪，以资历较浅的人员审判重犯，而资历较深的法院推检，反使之受理轻微案件，轻重倒置，亦显非国家用人之道。①

相应而得出的压缩军法审判范围、扩大普通司法审判程序适用范围来实现司法权的独立和保障人权的主张为当时不少法政精英所认可。② 这种旨在实现人权保障的司法制度设计又与同样重要的行政诉讼和公务员惩戒关系问题密切相关，如周兆熊就在梳理国内外历史经验后指出，目前的行政诉讼制度因为只在中央设立行政法院而增加了诉讼困难，且行政诉讼和公务员惩戒制度间"几无配合"导致两个制度的功能均发挥不良，因此必须从根本上进行制度调整。

> 我们应该仿照刑事与民事法院联合设置的先例，将行政诉讼权与公务员惩戒权共同划归一个属于司法院的统一的行政裁判机关管辖。这个统一的行政裁判机关，无论我们定名为平政法院也好，或是称为吏治法院也好，他的受辖权应该对事对人同样的可以审判。一方面把中央的行政审判权与公务员惩戒权统一起来，一方面再把各地方的公务员惩戒机关充实健全，俾使能兼及初级行政诉讼的审判。③

---

① 朱志奋：《论复员后司法之改善》，《法令周刊》1946 年第 9 卷第 11 期。
② 参见张知本《五权宪法中的司法建设问题》，《三民主义半月刊》1945 年第 6 卷第 4 期；朱志奋《论复员后司法之改善》，《法令周刊》1946 年第 9 卷第 11 期；杜作民《司法的复员工作》，《政治前线》1946 年第 1 卷第 2 期；林彬《如何尊重司法》，《中华法学杂志（新编）》1946 年第 5 卷第 1 期；张知本《司法制度之商榷》，《中华法学杂志（新编）》1946 年第 5 卷第 2、3 期合刊等。
③ 周兆熊：《行政诉讼与公务员惩戒》，《中华法学杂志（新编）》1945 年第 4 卷第 9 期。

而为实现"中国政治制度的进化"必须对行政诉讼与公务员惩戒权进行制度统一化，类似要求调整公务员惩戒制度和行政诉讼制度关系的观点亦出现在当时的其他评论文章中。① 另外，针对过去司法实践中存在司法院下辖机关间的司法管辖权争议的情况，有学者提出未来应设置专门的管辖权管理机关，"在一案互相推诿不受理时，人民得请该机关指定机关审判"以厉行法治。②

除了对司法系统中司法审判和司法行政制度关系进行讨论外，对司法人员相关制度的关注，尤其是对法官审判独立和身份保障的讨论相当热烈。按照现代民主法治理论和国外实践经验，独立司法系统和法官审判独立是实现司法公正的必然要求和重要保证，③ 亦是实现宪政和民主法治的关键点之一。不少社会精英群体呼吁改变过去司法系统的"司法党化"现象、实现司法系统及法官独立于各政治势力和不受其他权力干扰，并以宪法制定为契机建立一套独立的司法系统并为法官独立提供职务和身份保障，④ 如林彬指出要加强对司法权的保障则应：

> 一、法官依法律独立审判，不受任何外力之干涉。二、法官非受刑事处分或惩戒处分，不得免职，非依法律，不得停职转任或减俸。⑤

而要实现上述保障，一方面要对司法官进行养廉以提高其操守；⑥ 另一方面要明确法官的审判责任，具体通过诸如发动负责精神、厉行监督责任、考覆办案结果、实施巡回视察、确定结案件数和期限等措施，⑦ 在保障法官

---

① 参见陈安明《论各国行政争诉制度》，《中华法学杂志（新编）》1945 年第 4 卷第 9 期；张知本《司法制度之商榷》，《中华法学杂志（新编）》1946 年第 5 卷第 2、3 期合刊等。
② 徐象枢：《厉行法治的两个重要前提》，《中华法学杂志（新编）》1946 年第 5 卷第 1 期。
③ 当时不少学者撰文介绍欧美国家民主宪政经验的时候都直接或间接指出了独立的司法的重要性，参见王登第《民主法治论》，《中华法学杂志（新编）》1945 年第 4 卷第 1 期；杨幼炯《民主宪政之法律的传统》，《中华法学杂志（新编）》1945 年第 4 卷第 2 期；吴绂征《现代中国的法治制度》，《中华法学杂志（新编）》1945 年第 4 卷第 3 期等。
④ 参见吴绂征《现代中国的法治制度》，《中华法学杂志（新编）》1945 年第 4 卷第 3 期。
⑤ 林彬：《如何尊重司法》，《中华法学杂志（新编）》1946 年第 5 卷第 1 期。
⑥ 张企泰：《反省与努力》，《中华法学杂志（新编）》1946 年第 5 卷第 1 期。
⑦ 参见王龄希《法官审判责任论》，《中华法学杂志（新编）》1945 年第 4 卷第 1 期。

审判和身份独立的同时又对法官形成监督避免法官滥用司法自由裁量权以实现司法公正的目标。这类强调司法系统及司法官（包括法官、审判官和检察官等）独立的观点在宪法制定过程中被多次提及讨论①并被1947年宪法文本采纳。

此阶段围绕司法改革进行的法律议论，一方面受当时政治协商和制宪等政治事件影响，社会各界对于宪政法治的价值认知与诉求大幅度提高，②使得讨论制宪过程中司法制度应如何设计的文章评论大量涌现。③这类文章评论与前一阶段兴起的"重建中国法系"法律民族化思想密切相关，具体表现为讨论聚焦于如何设计合理的司法制度以适应当时中国的政治环境并为日后民主法治实践提供空间。在这个过程中，强调依靠司法专业化的社会精英群体进行了一系列努力，尝试通过对顶层司法制度的专业化设计来对相应的政治因素进行控制乃至剔除。另一方面，在"重建中国法系"口号的影响与战后复员建设要求④下，社会精英群体对司法制度的相关具体问题⑤保持了继续关注。以居正为代表的司法精英所倡导的"重建中国法系"运动是一场尝试结合传统与现代的司法革新运动。

> 既非复古，亦非违时，是要为我中华民国立国于此一世界，本国父遗嘱所说，其目的在求中国之自由平等，以蕲完成己立立人、己达

---

① 参见《最近各方关于宪法草案的讨论：十、宪草审议委员会初步讨论纪要》，《中华法学杂志（新编）》1946年第5卷第2、3期合刊。

② 参见杨幼炯《中国民主宪政之前途》，《中华法学杂志（新编）》1946年第5卷第2、3期合刊等。

③ 居正在中华民国法学会第三届年会献言时候就指出"此次年会应特别注意之工作，第一件即为对于宪政实施之准备……其次，本会当前有一特殊任务，年会宜予注意者，为关于我国战后法律之问题……"，同时基于中华法学会为"国内惟一之法学团体"，因此"除与一般国民相同，欢欣鼓舞之外，尚有特殊之任务"即参与宪法草案的研究和讨论，因此"鼓励全体会员，其过去已从事此项工作者，务期百尺竿头更进一步，其过去未曾从事者，务期迎头赶上，加以研讨"，而具体到司法方面则应"于研究重建司法机关，解决敌伪司法裁判之外，并放大眼光而注意于此战后所应有之新的法律秩序之问题"。受此影响，此时期法学家讨论宪政和司法制度改革问题的文章大量出现在中华法学会主办的刊物《中华法学杂志》上亦是理所当然。参见居正《中华民国法学会第三届年会献言》，《中华法学杂志（新编）》1945年第4卷第3期。

④ 参见杜作民《司法的复员工作》，《政治前线》1946年第1卷第2期。

⑤ 如胡择从《检察制度浅论》，《中华法学杂志（新编）》1945年第4卷第9期等。

达人斯已矣。[1]

受这种对借鉴外国有益经验持开放态度[2]的思想的影响，对于外国司法制度的关注研究和经验引介增多，其中又以对美国为代表的英美法系国家的宪政司法制度与其中对于司法专业化的强调的介绍为最，[3] 究其原因在于战后美国对于中国社会各方面的介入与影响程度加深。这种影响最终体现在了 1947 年宪法的司法制度设计上，并为下一阶段的司法改革争论方向和主题划定了范围。

四 高潮：司法行政检讨会议内外的改革争论

随着 1947 年宪法在缺乏合法性的情况下制定颁布，调整国家各具体制度以适应"宪政"实施成为当时国民政府的重要任务，因为"行宪以后，司法制度之能否推行尽利，视司法制度之是否完满确立以为断"，[4] 所以对司法体制进行改革以符合宪法框架、配合"宪政"施行成为行宪准备中的重要工作。在此情况下，以 1947 年 11 月全国司法行政检讨会议召开为契机，法政精英群体在会场内外就如何改革具体司法体制以适应宪政需要进行了大量的讨论。

在 1947 年宪法中虽然载入了司法独立原则，但如何在具体制度设计和运行中有效实现直接决定着制宪者意图和民主宪政能否实现，此问题在司

---

① 居正：《为什么要重建中国法系》，载范忠信、尤陈俊、龚先砦选编《为什么要重建中国法系——居正法政文选》，中国政法大学出版社，2009，第 45 页。

② 参见洪兰友《中华民国法学会纲领释义》，《中华法学杂志（新编）》1945 年第 4 卷第 1 期；居正《（1943 年 7 月 24 日中华法学会）主席致开会词》，《中华法学杂志（新编）》1944 年第 3 卷第 1 期。

③ 如《三权分立怎样运用？：美国国会和行政司法机关的关系》，《贵州民意》1946 年第 1 卷第 6 期；王登第《民主法治论》，《中华法学杂志（新编）》1945 年第 4 卷第 1 期；杨幼炯《民主宪政之法律的传统》，《中华法学杂志（新编）》1945 年第 4 卷第 2 期；杨幼炯《美国民主宪政之特征及其动向》，《中华法学杂志（新编）》1945 年第 4 卷第 4 期；吴绂征《毕雅德著：北美共和国宪法》，《中华法学杂志（新编）》1946 年第 5 卷第 5 期；盛振为《介绍"英美法绪论"》，《中华法学杂志（新编）》1944 年第 3 卷第 4 期等。

④ 李翼民：《论行宪以后之司法制度》，《法学月刊》1947 年第 3、4 期合刊。

法体制多年党化而外界干涉明显、效能低下、腐败严重①的情况下更具迫切性，因此如何将司法独立从文本落实到实践成为当时的讨论热点，并首先聚焦于直接影响司法系统统一和独立性的司法行政权归属问题。② 最早就此问题发表意见的当属与此问题具有利益相关性的司法体制内群体，如最高法院全体推事就以机构整体署名的方式发表了其倾向性意见③并认为：

> 关于审判部分之司法行政在宪法之解释，应全部由司法院掌理，绝无将其关于下级法院之部分划归行政院掌理之理由。倘行政司法两院组织法草案关于此点之规定竟获通过，则与宪法不无抵触，立法院制定法律，向系审慎从事，当不致轻易通过也。④

　　随后司法院下辖审判机构亦联名发表相似意见，要求立法院"为中国法治前途计""为中国建立一良好之独立统一司法制度，庶不负全国

---

① 参见秋云《粮袋案与司法：警备司令部有权侦查，审判则于法无据》，《海光》1946年第31期；白鸦《历史教训·足资警惕·请勿摧残司法独立精神：为选举诉讼案作》，《吉普》1946年第31期；大弓《司法界的开明?》，《一四七画报》1947年第17卷第2期；刘季伯《彻底改革司法人事与行政——写在全国司法行政会议开会之前》，《问世》1947年第13期；周吉《严惩贪污与司法问题》，《自由天地》1947年第2卷第7、8期合刊；隋兆新《胜利后的青岛司法》，《青声》1948年第2卷第1期；郭卫《法治庸言（八十八）：司法独立之危机》，《法令周刊》1948年第11卷第16期；明镜《司法尊严》，《国风杂志》1948年第1卷第3期等。

② 司法行政部自1943年划归行政院后在实际运作引发的糜费低效等问题及1947年宪法并未明确司法行政权归属的状况使其成为社会各界（尤其是法政精英群体）的争论热点。参见王惺伯《宪法中的司法权问题》，《中华法学杂志（新编）》1947年第6卷第3期；李学灯《贵州司法行政》，《贵州民意》1949年第7卷第1—2期等。

③ 其观点首先指出在孙中山主政广东国民政府时期司法行政权就由最高司法机构大理院负责；其次是司法行政部归属行政院会导致政令难免抵触、审判系统（最高法院与高等及以下法院）内部事务联系不易、同一司法事务由两机构主管易造成冲突低效、对法官的监督奖惩考核与审判不能联系等问题；再次是在宪法文本中其他政权机关的行政事务管理权默认归属各该机关，因此按体例一致则司法行政应归属司法院，且设置司法院正副院长旨在负责全部司法行政工作，而由司法行政部管理监督的高等及以下法院组织将属行政系统而与诉讼事务归属司法院的宪法条文冲突；最后是政协十二原则不能约束制宪国大决定，且1947年宪法并未接受政协宪草中排除司法行政作为司法院职权事务的规定是默认该权归司法院。参见最高法院全体推事《五院制度下司法行政之掌理机关》，《中华法学杂志（新编）》1947年第6卷第2期。

④ 最高法院全体推事：《五院制度下司法行政之掌理机关》，《中华法学杂志（新编）》1947年第6卷第2期。

人民之重托"① 以求影响立法。由于涉及司法独立乃至宪政能否实现的问题，因此支持司法院获得全部司法行政权等类似观点的评论文章亦较多,② 如刘康德就认为司法行政权应全部归属司法院并且不设专部而由司法院直接掌理。③ 相对于上述认为司法行政权应归属司法院的观点，亦有人认为司法行政权应归属于行政院且此种制度设计并不影响司法独立,④ 如余和顺就认为司法行政权划归行政院有利于实现普设法院、改良监所和养成司法人才等司法改革重要事项，且法官任免升迁等有宪法和法院组织法等的保障不会影响司法的独立性。⑤

实际上关于司法行政权归属问题受 1947 年宪法中司法院组织架构规定如何解释此问题所决定，后者在 1946 年的多次宪草起草和修改讨论中均已引发争议。⑥。按照当时对于司法组织架构的宪法规定解释争论可以分成司法院维持原来组织架构和司法院最高法院化两种观点，前者为司法体制内部司法官员提出并为不少社会法政精英所支持，而此群体基本主张司法行政权应该归属司法院;⑦ 后者主要为参与制宪的精英群体及部分社会法政精

---

① 最高法院、行政法院、中央公务员惩戒委员会全体同人：《对于司法院应兼掌司法行政之意见》，《中华法学杂志（新编）》1947 年第 6 卷第 3 期。

② 参见最高法院全体推事《关于司法行政掌理机关及大法官任用资格之意见》，《中华法学杂志（新编）》1947 年第 6 卷第 2 期；王惺伯《宪法中的司法权问题》，《中华法学杂志（新编）》1947 年第 6 卷第 3 期；章泽渊《改革司法之我见》，《中华法学杂志（新编）》1947 年第 6 卷第 4 期；张知本《宪法中之司法制度》，《民治周刊》1947 年第 2 卷第 1 期；胡一天《当前司法问题之检讨》，《胜流》1947 年第 6 卷第 11 期；李翼民《论行宪以后之司法制度》，《法学月刊》1947 年第 3、4 期合刊；刘泽民《宪法实施后人民之自由保障及司法官之职权保障》，《法学月刊》1947 年第 3、4 期合刊；《法学会沪分会年会建议三事：实行犯罪预防政策，司法行政应仍划归司法院掌理》，《法律知识》1948 年第 2 卷第 3、4 期合刊等。

③ 参见刘康德《宪法施行后之司法制度》，《中华法学杂志（新编）》1948 年第 7 卷第 2、3 期合刊。

④ 参见龙显铭《改革中国司法组织刍议》，《青年中国》1947 年第 15 期；余和顺《宪法施行后之司法制度》，《中华法学杂志（新编）》1948 年第 7 卷第 2、3 期合刊；王建今《论司法、司法权与司法院》，《政衡（新编）》1948 年第 3、4 期合刊；魏道国《我国现行司法制度》，《赣南兵役》1948 年第 2 卷第 6 期等。

⑤ 参见余和顺《宪法施行后之司法制度》，《中华法学杂志（新编）》1948 年第 7 卷第 2、3 期合刊。

⑥ 参见聂鑫《民国司法院：近代最高司法机关的新范式》，《中国社会科学》2007 年第 6 期。

⑦ 参见最高法院全体推事《五院制度下司法行政之掌理机关》，《中华法学杂志（新编）》1947 年第 6 卷第 2 期；最高法院、行政法院、中央公务员惩戒委员会全体同人《对于司法院应兼掌司法行政之意见》，《中华法学杂志（新编）》1947 年第 6 卷第 3 期；章泽渊《改革司法之我见》，《中华法学杂志（新编）》1947 年第 6 卷第 4 期；王锡三《行宪后司法制度研议》，《法律评论（北京）》1947 年第 15 卷第 10 期等。

英所支持，其大多认为可以由行政院掌管司法行政权。① 受当时复杂的政治社会环境的影响，上述争论最终在 1947 年《司法院组织法》中戛然而止，即维持了过去司法院下辖院会的组织结构，但司法行政权则配置于行政院。②

除了围绕宪法实施后司法行政权归属、司法院组织架构的落实等此类涉及 1947 年宪法中司法条款解释的法律议论外，1947 年全国司法行政检讨会议会场内外对具体某一司法制度的废立改释的关注和讨论最为热烈。③ 因为"审判得失，上系国家治乱，下关人民生命财产之保障，故法官职责綦重，允宜慎选于先，而免贻祸于将来"，④ 所以围绕司法官员的选任资格、素质、待遇等问题产生了大量评论文章，此类评论均认为需要通过按照高标准选任大法官和各级法官、整顿司法腐败、提高司法官员素质和待遇等措施以求实现司法资源合理分布和司法审判独立公正。⑤ 而长期备受争论的检察制度问题亦再次成为会议中的热门议题，不仅在全国司法行政检讨会议上有持不同观点的提案及相应的辩论，⑥ 在会议外亦有大量评论文章通过

---

① 参见孙科《关于五五宪草修正案说明》，载国民大会秘书处编《（制宪）国民大会实录》，国民大会秘书处，1946，第 392~397 页；《王宠惠博士谈宪法要点》，《外交部周报》1947 年第 11 期；雷震《制宪述要》，友联出版社，1957，第 40~41 页；阮毅成《制宪日记》，台湾商务印书馆股份有限公司，1970，第 55~56 页；《司法制度一元化，提高法院尊严，京高院赵院长谈话》，《法声》1947 年第 120 期；龙显铭《改革中国司法组织刍议》，《青年中国》1947 年第 15 期；王建今《论司法、司法权与司法院》，《政衡（新编）》1948 年第 3、4 期合刊；余和顺《宪法施行后之司法制度》，《中华法学杂志（新编）》1948 年第 7 卷第 2、3 期合刊；陈说《宪法之疏漏：司法行政权问题：现行宪法评议之二》，《创进》1948 年第 1 卷第 5 期等。

② 参见李学灯《释宪纪要》，载台湾地区"司法院"大法官书记处编《"司法院"大法官释宪五十周年纪念文集》，台湾地区"司法院"，1998，第 713 页。

③ 参见姚尚贤《司法改革的组织竞争与利益博弈——国家转型中的 1947 年司法行政检讨会议》，《上海交通大学学报》（哲学社会科学版）2018 年第 4 期。

④ 倪征燠《司法问题研究》，《中华法学杂志（新编）》1947 年第 5 卷第 8 期。

⑤ 参见最高法院全体推事《关于司法行政掌理机关及大法官任用资格之意见》，《中华法学杂志（新编）》1947 年第 6 卷第 2 期；邓哲熙《民主政治下的司法官》，《法律评论（北京）》1947 年第 15 卷第 3 期；赵怿荣《今日之法官与今日之司法警察》，《浙赣路讯》1947 年第 97 期；朱焕彪《司法漫谈：边省司法改进意见》，《法声》1947 年第 8 期；刘季伯《澈底改革中国司法人事与行政》，《天文台》1947 年第 1 卷第 4 期；文人豪《行宪后改进司法之我见》，《法令周刊》1948 年第 11 卷第 32、33 期；余和顺《对司法人才缺乏的一个建议》，《法律评论（北京）》1948 年第 16 卷第 1 期；毛珪如《关于司法官审判官学习规定之商榷》，《法令周刊》1948 年第 11 卷第 31 期；张才尧《论司法的审级制度》，《法声新闻》1948 年第 503 期；云中伧父《蒙旗司法地改进》，《新蒙半月刊》1948 年第 4 卷第 1 期等。

⑥ 参见司法行政部编《全国司法行政检讨会议汇编》，司法行政部，1947，第 6~24、49~73、218~225 页。

公共媒体发表，其中或主张全面废除检察制度代以国家律师，① 或主张检察机关扩大组织和职权实现不同程度的独立，② 或在维持原制加强检察制度的同时扩大自诉范围缩小检察职权，③ 等等。此外，对于基层司法制度组织改革④、冤狱赔偿制度建立与实施⑤、司法警察制度的完善⑥、司法腐败的惩治⑦等具体问题也引发了广泛讨论。

受 1947 年宪法中司法制度相关条款规定模糊性的影响，对于宪法条文的解释争论成为此阶段讨论的重要线索，而宪政的实施使得社会各界（尤其是法政精英们）必须直面某一具体司法制度应如何创设、改革和优化的问题。基于此，这一阶段的法律议论呈现对司法制度进行全方位改革讨论的倾向，而对于司法专业化的关注与强调已经成为当时大部分社会精英群体解决司法制度现存问题的共识。

---

① 参见陈霆锐《改良司法各论（续）》，《法令周刊》1946 年第 9 卷第 5 期等。

② 参见《司法院法规委员会关于检察制度报告书》，《中华法学杂志（新编）》1947 年第 6 卷第 3 期；翁敬棠《论加强检察制度》，《中华法学杂志（新编）》1948 年第 7 卷第 2、3 期合刊；张知本《宪法中之司法制度》，《民治周刊》1947 年第 2 卷第 1 期；郭卫《法治庸言：参加全国司法行政检讨会议之感想（三）》，《法令周刊》1947 年第 10 卷第 48 期；罗忠新《论县长兼县司法处检察职务》，《社会评论（长沙）》1948 年第 80 期；文人豪《行宪后改进司法之我见》，《法令周刊》1948 年第 11 卷第 32、33 期等。

③ 参见刘康德《宪法施行后之司法制度》，《中华法学杂志（新编）》1948 年第 7 卷第 2、3 期合刊；胡一天《当前司法问题之检讨》，《胜流》1947 年第 6 卷第 11 期等。

④ 参见《司法院法规委员会关于解除县司法处县长兼职问题研究报告书》，《中华法学杂志（新编）》1947 年第 6 卷第 6 期；《请重视司法初审》，《法声新闻》1948 年第 494 期；文人豪《行宪后改进司法之我见》，《法令周刊》1948 年第 11 卷第 32、33 期；罗忠新《论县长兼县司法处检察职务》，《社会评论（长沙）》1948 年第 80 期等。

⑤ 参见《冤狱赔偿制度明年元旦实施，全国司法会将提讨论》，《法声》1947 年第 171 期；《谢冠生部长畅谈当前司法情形》，《法声》1947 年第 172 期；章泽渊《改革司法之我见》，《中华法学杂志（新编）》1947 年第 6 卷第 4 期；赵怿荣《今日之法官与今日之司法警察》，《浙赣路讯》1947 年第 97 期等。

⑥ 参见谢冠生《警察与司法的关系》，《宁波警察》1947 年第 2 卷第 3 期；陈仲协《论刑诉法赋予司法警察的权限》，《警政导报》1947 年第 1 期；冉超元《司法警察之研究（续）》，《青岛警察月刊》1947 年第 7 期；赵怿荣《今日之法官与今日之司法警察》，《浙赣路讯》1947 年第 97 期等。

⑦ 参见周吉《严惩贪污与司法问题》，《自由天地》1947 年第 2 卷第 7、8 期合刊；明镜《司法尊严》，《国风杂志》1948 年第 1 卷第 3 期；《肃清贪风整饬吏治：司法行政部提示七项》，《法律知识》1948 年第 2 卷第 1、2 期合刊；上海高等法院郭院长《论执法应先寡欲》，《震旦法律经济杂志》1947 年第 3 卷第 7 期等。

五 司法改革运动争论的特点与追求

(一) 主体的广泛：参与讨论的社会化

虽然第三次司法改革运动与前两次司法改革运动均由国民政府内部法政精英群体发起，但在当时国内外复杂环境下，本次司法改革运动更加鲜明突出了以加强政权能力和合法性为首要目标。在这种背景下，相对于全面推翻国民党政权及其司法制度的思想与诉求而言，"接续民国法统，通过抗战建国而实施宪政，或许才是当时法学的核心话题"。①

受此影响，大量社会（尤其是法政）精英、政党代表等社会力量基于"现代中国建设者"②的自我定位和利益追求积极参与其中，与官方集团共同成为第三次司法改革运动的重要推动和实践者。一方面，社会精英群体基于作为"实现总理民有民治民享之新中国"目标重要力量③的自我定位，普遍追求在"救亡图存"的同时改善民生、推进国家转型以实现民主法治的现代化强国构建。这种定位使得其在抗战和战后关注国内社会各方面危机时加深了对国民党政权国家治理失败的不满，这种不满与抗战胜利高涨的国内民族主义思潮相结合，使其纷纷参与宪政运动及第三次司法改革运动。由于公共报刊在 1940 年代后期大量出版繁荣一时④为知识传播和政治批评等行为⑤带来的更大"立言空间"，⑥ 体制内的精英群体借助其传达官方改革意向和观点并在参与改革讨论中尝试引导和掌控讨论的方向，而体制外的社会精英群体等社会力量也利用其对司法改革运动表达意见、相互

---

① 杨昂：《学风、世变与民国法学：以朝阳大学为中心的研究（1912-1946）》，中国人民大学博士学位论文，2005，第 114 页。

② 〔美〕费正清、〔美〕费维恺主编《剑桥中华民国史（1912-1949）》（下卷），中国社会科学出版社，1994，第 473 页。

③ 张善良：《壁报摘录：研究法学者应有之使命和责任》，《中华法学杂志（新编）》1945 年第 4 卷第 9 期。

④ 据相关研究资料统计，到 1946 年时在国民党政权统治区正式登记注册的报纸杂志有 984 家，实际数量可能达到 1832 家，而报纸杂志的总发行量达到 200 万份，远远超过全面抗战爆发前和抗战时期。参见北京广播学院新闻系编《中国报刊广播文集》（第 1 辑），北京广播学院新闻系，1980，第 58~59 页。

⑤ 参见李欧梵《现代性的追求》，生活·读书·新知三联书店，2000，第 3~4 页。

⑥ 陈媛媛：《中国近代知识分子与传媒的历史渊源》，《湖北社会科学》2008 年第 12 期。

议论乃至尝试影响司法改革政策制定与实施。这个过程中，不仅体制内外法政精英群体借助专业术语进行激烈讨论，而且其他非法政知识背景的公共知识分子和社会精英群体也纷纷从落实民主自由、实现宪政、保护人权等外在政治性视角参与讨论，力图在这场与宪政运动等政治性事件密切相关的争论和实践运动中表达诉求并尝试影响其进程。

另一方面，体制内的法政精英群体出于稳固统治等需要，面对体制外社会精英群体广泛而强烈的司法现代化诉求，也希望通过广泛讨论来凝聚共识、实现政治动员，为本阶段的司法改革推进提供足够的社会性资源，进而促使包含司法现代化改革目标的"重建中国法系"运动可以覆盖至社会的各个方面。

> 至于论起重建中国法系的伟业，却不仅是从事立法或司法工作的一部分人的任务，而是全国学者，公教人员，甚至全国国民，都应共同不断努力的。①

因此，第三次司法改革运动相较前两次司法改革运动而言，在参与主体上更加广泛多元。正是参与主体的广泛性，使得围绕司法改革的讨论更加全面和社会化，进而共同将第三次司法改革运动塑造成为继宪政运动、政治协商、制宪行宪和国共政争之外的重要社会舆论热点，以服务于"纠正过去错误观念、养成法治精神、建立民主国家和创立中国法系统"目标的实现。

（二）内容的共性：问题的专业化聚焦

本次司法改革运动争论所涉及的问题涵盖了司法制度的各个方面，所关注的问题和讨论的内容也呈现出明显的现实性和阶段性。虽然三个阶段的司法改革争论在所涉及的相关问题上存在一定差别，但从这些繁杂的问题中可以发现对某些问题的关注与解决方式的讨论一直贯穿其中。

第一，对司法权统一与独立问题的关注。这种关注是近代中国法律现代化的重要目标和动力，在 1943 年前主要表现为废除领事裁判权实现司法权的对外统一和独立，在 1943 年之后则以司法权对内统一和独立于外界影

---

① 居正：《为什么要重建中国法系》，大东书局，1946，第 57 页。

响为主要表现。从 1943 年起，伴随国内外形势的变化及实现民主法治诉求的加强，公共报纸杂志等大众媒体中涉及上述问题的评论文章不断增加，对该问题的关注呈现上升趋势，即从第一阶段的零星出现到第二阶段的开始讨论再到第三阶段达到高峰，实际上反映了抗战后期开始的国家转型争论延伸至司法领域以及当时社会各界对于战后中国未来的多元表达。

第二，对检察制度问题的关注。对于检察制度的改革存废问题在北洋政府时期就已有讨论，① 并成为国民党执政时期司法界长期争论的重要议题。这种关注在本次运动的第一、第二阶段讨论中就有所涉及，并随着 1947 年全国司法行政检讨会议的召开进入高潮，相关的评论文章不仅有法政精英群体从检警关系、检察自由裁量权等从法政角度出发所进行的讨论，还有众多非法政知识背景的社会精英从保障人权、恢复社会秩序等角度发表见解与呼吁，② 反映了社会各界对于检察制度功能的期待，即通过检察制度惩治犯罪、保障人权和维持社会秩序。

第三，对司法人才问题的关注。由于"改进司法之道维何？或曰'人'与'财'而已"，③ 司法人才问题一直是近代中国法律改革的重要内容。在此种司法人才需求和供给严重不平衡的现实影响和追求司法现代化的目标导向下，如何养成司法人才和防止流失成为当时众多社会精英讨论的议题。如在第一阶段中徐福基、陈文藻、吴学义④等人就上述问题进行了深入讨论，这种关注在第二和第三阶段逐渐达到高峰。⑤ 值得指出的是，不少法政

---

① 如陈则民《去检察制之建议》，《上海律师公会报告书》1921 年第 2 期；薛遗生《论我国检察制度之可废》，《法律周刊》1924 年第 32—33 期；黄右昌《裁并检察议》，《国立北京大学社会科学季刊》1925 年第 3 卷第 3 期；饶重庆《对于改革检察制度之我见》，《法律评论》1924 年第 65 期；朱鸿达《检察制度论》，《法学季刊》1925 年第 2 卷第 3 期；温子明《检察官与律师》，《政法月刊》1924 年第 3 卷第 7 期等。

② 如胡一天的《当前司法问题之检讨》和罗忠新的《论县长兼县司法处检察职务》等评论报道。

③ 倪征燠：《司法问题研究》，《中华法学杂志（新编）》1947 年第 5 卷第 8 期。

④ 吴学义：《论法学院司法组之设置及课程》，《高等教育季刊》1943 年第 3 卷第 1 期。

⑤ 参见朱志奋《论复员后司法之改善》，《法令周刊》1946 年第 9 卷第 11 期；赵宝卿《改进司法之建议》，《法令周刊》1946 年第 9 卷第 42、43 期；倪征燠《司法问题研究》，《中华法学杂志（新编）》1947 年第 5 卷第 8 期；刘季伯《澈底改革中国司法人事与行政》，《天文台》1947 年第 1 卷第 4 期；王龄希《法官审判责任论》，《中华法学杂志（新编）》1945 年第 4 卷第 1 期；毛珪如《关于司法官审判官学习规定之商榷》，《法令周刊》1948 年第 11 卷第 31 期；云中伧父《蒙旗司法地改进》，《新蒙半月刊》1948 年第 4 卷第 1 期；等等。

精英在三个阶段的司法改革讨论中均通过各种方式对司法人才养成和防止流失等相关问题进行研究并表达看法,[①] 反映出当时国内部分社会精英群体对于中国司法关键问题的认识以及谋求实现司法现代化和"重建中国法系"目标的努力与尝试。

第四，对基层司法组织问题的关注。自清末法律改革以来，基层司法一直是司法改革中最为困扰的问题，也是司法现代化进程发展抑或停滞倒退的风向标。受 1943 年司法主权恢复等事件刺激再次成为司法改革的中心议题，此种关注虽然在 1946 年前后由于法政精英群体对宪法制定的高度关注而退居其次，但是依然有不少关于司法改革的论述涉及基层司法组织问题。到 1947 年全国司法行政检讨会议召开之时，受"谋司法之兴革"以求"法治之推行始可期其迅速普遍"[②] 的目标的号召，针对基层司法组织改革问题出现了大量提案并在会场内外引起广泛讨论，最终形成了众多推进基层司法组织改革（如普设基层法院）的建议，以实现人权保障和适应宪政对于司法的基本制度要求。

上述四类问题成为贯穿第三次司法改革运动各个阶段的主要议题，除了由于该类问题涉及司法制度的重要构成内容、解决难度较大、历史悠久等因素外，根本上还在于其与司法的政治化与专业化关系调整密切相关，即上述问题的解决直接影响司法专业化目标的实现程度。社会精英（尤其是法政精英）群体对于这些问题的关注，受该群体对于实现司法专业化所需要处理的内容及司法专业化与政治化关系的认知所驱动，并都不同程度地认可问题的有效解决方式是通过加强司法专业化来确保司法系统的独立运行。这种选择反映了南京国民政府后期以社会精英为代表的社会各界对于司法制度及其功能的重视与期许。

（三）追求的赓续：以专业化改革支持转型

围绕第三次司法改革而产生的争论，除了具备参与主体的广泛性与议论内容的共性外，还在改革追求上呈现明显的赓续特点。

---

① 如张知本分别在《谈司法建设问题》（1943 年）、《五权宪法中的司法建设问题》（1945 年）、《宪法中之司法制度》（1947 年）中提及司法人才问题并提出了解决建议。

② 司法行政部编《全国司法行政检讨会议汇编》，司法行政部，1947，第 10~11 页。

　　首先，"'法治'与'民主'已为我国家今后惟一之政治路线"，① 所以三个阶段的司法改革争论均与民主法治及宪政问题密切相关，而在具体讨论的问题上又多以对个人权利和自由的有效司法保障（主要是审判）为根本出发点，并以提高司法的专业化程度为实现上述目标的重要方式。尤其是在第二和第三阶段，司法改革争论实际上成为社会各界在民主法治与宪政问题上的分歧与争议在司法领域的延伸反映。即使在第一阶段中，司法改革与宪政运动亦存在关联，即作为主流法政话语的"重建中国法系"中亦包含了第二次宪政运动对于人权等内容因素的诉求。因此在南京国民政府后期，社会各界对于民主法治和宪政追求所形成的历次运动及政治诉求实际上为司法改革运动提供了政治上的动力支持，而后者反过来又成为实现前者目标的重要工具。在此过程中，呈现出对改革中的政治化与专业化关系的调适尝试与相应努力。

　　其次，由于渐次受领事裁判权收回、新约签订、抗日战争胜利和中国成为联合国创始国等事件的刺激，民族主义和民主主义思潮的高涨成为抗战后期到国民政府大陆统治结束此段时期的社会思想背景，而"明日中国的一切是从所谓'固有的'和'外来的'二者批评中建设出来的"② 等强调民族性与开放性结合的类似观点广泛传播并直接影响战后的国家重建实践。这种观念延伸至法政领域则表现为如何构建一套新的中国法律体系等问题成为主流议题，不仅强化了法政精英对"重建中国法系"等法律改革运动及其努力成果的认可，③ 而且还促使其对过去历次改革进行全面反思，尤其是民国以来西方法制经验导入带来的法律制度"与社会现实、与民众正义感公平感之间发生的一定冲突"，④ 引发了该群体对司法改革本土性的强调，如时任司法行政部长的谢冠生就指出：

---

① 洪兰友：《中华民国法学会纲领释义》，《中华法学杂志（新编）》1945 年第 4 卷第 1 期。
② 蔡枢衡：《中国法律之批判·写在前面》，正中书局，1943，第 1 页。
③ 参见苏基朗《现代法学诠释中的"中华法系"——以产权与合约为中心》，《法学》2006 年第 12 期。
④ 季卫东：《中国司法改革的背景：历史脉络与基本形态》，载季卫东等《中国的司法改革：制度变迁的路径依赖与顶层设计》，法律出版社，2016，第 2 页。

　　中外人士关心中国司法者，颇有以我国新法制，过分因袭西洋成法，未能完全适合国情者为讥者。此种看法，固不无理由。但一考当日变法动机，与条约上所作对外诺言，专心致志，以收回法权为念，其他暂非所计，其苦心孤诣，亦有未可厚非。惟欲法制之推行尽利，必须适应国民之要求，然后始能博取大众之信仰，原属不易之理。①

　　这种强调不仅表现在对传统中国固有法律研究的复兴上，②而且还表现为更多法政精英投身对司法领域存在的现实问题的深入揭示和研究活动中，以求为司法改革运动提供现实经验材料与理论指导。当然，此时期司法改革对于中国性的强调并非"提倡复古"而是要"为中国法系争取一个新生命，开辟一个新纪元"，③并且在国民党政权的法政精英主导下，要达到此目标则"不仅以贯彻三民主义为要旨，且必须以三民主义为最高指导原则"。④但是，国民党政权这种以三民主义为"重建中国法系"的最高指导原则，在具体实践中则以"以党治国"的训政思想为指导原则的操作，使得"重建中国法系"运动实际上包含了国民党一党统治的意识形态与政治利益考虑。这种状况以学术自由问题的方式呈现，但根本上牵涉到了对于民主法治与党治、训政与宪政的等关系命题的认知态度。⑤这种本质上以改革目标的政治化来对司法改革进行政治化的方式，成为改革过程中体制内外社会精英群体的分歧与争论的根源。

　　最后，由于"建设我中国为法治国家……以与世界上独立自由各国，

---

① 谢冠生：《籀笙堂文稿》，台湾商务印书馆股份有限公司，1973，第 17 页。
② 如居正《中国法系之重新建立》，《中华法学杂志（新编）》1944 年第 3 卷第 1 期；王龄希《法官审判责任论》，《中华法学杂志（新编）》1945 年第 4 卷第 1 期；陈行健《礼治与法治》，《中华法学杂志（新编）》1946 年第 5 卷第 4 期；刘陆民《中国司法制度史序》，《法学月刊》1947 年第 3、4 期合刊；史延程《圣道与法治之关系》，《中华法学杂志（新编）》1948 年第 7 卷第 8 期等。
③ 居正：《为什么要重建中国法系》，大东书局，1946，第 58 页。
④ 居正：《为什么要重建中国法系》，大东书局，1946，第 97 页。
⑤ 参见郭世佑、李在全《"中华法系"话语在近代中国的建构》，《江苏社会科学》2008 年第 6 期。

共负起世界和平人类解放之大责重任"① 的大国意识及中国新法系建立过程中对外国司法优秀经验应保持开放态度观念②的共同作用，对于国外司法制度及其经验的研究再次增多。这些研究或是直接介绍外国法律制度的具体情况，③ 或是在讨论本国司法制度问题时援引外国经验进行比较法讨论，④ 其中以对英美法系相关制度经验的引介和讨论为最多，国民政府也通过官方顾问的方式聘请美国法学大家庞德为改革提供美国法经验上的建议与指导。⑤ 与过往不同的是，这种对于外国司法经验的学习和借鉴是建立在司法改革本土性与自主独立选择的基础上的——"至于改进司法亦然，完全为我国司法行政问题，应由我国自动改善，不容他国置喙"。⑥ 因此，即使是作为改革顾问的美国法学巨擘庞德亦必须在其相应的改革建议与论述中对这种法律民族主义思潮作出妥善回应。⑦

这种在司法改革争论中所呈现出来的既强调民族性及本土性同时又强调保持开放态度及防范意识的矛盾状况有深厚的历史与心理根源。晚清以

① 蒋介石：《（1943 年 7 月 24 日中华法学会）总裁训词》，《中华法学杂志（新编）》1944 年第 3 卷第 1 期。

② 参见居正《中华民国法学会上海分会举行年会祝词》，《法令周刊》1947 年第 10 卷第 16 期；居正《中国法系之重新建立》，《中华法学杂志（新编）》1944 年第 3 卷第 1 期；《孔庸之先生演说词》，《中华法学杂志（新编）》1944 年第 3 卷第 1 期等。

③ 如陈安明《行政法在英美系中之地位》，《中华法学杂志（新编）》1944 年第 3 卷第 8 期；杨幼炯《美国民主宪政之特征及其动向》，《中华法学杂志（新编）》1945 年第 4 卷第 4 期；杨幼炯《苏联宪法的演进及其特征》，《中华法学杂志（新编）》1945 年第 4 卷第 5 期；倪征燠《美英两国司法考察记》，《法律评论（北京）》1947 年第 15 卷第 4 期；新安《苏联的司法组织》，《震旦法律经济杂志》1949 年第 5 卷第 2 期等。

④ 如梅仲协《关于涉外事件应如何适用外国法》，《中华法学杂志（新编）》1944 年第 3 卷第 1 期；《上诉之限制及其扩张》，《中华法学杂志（新编）》1944 年第 3 卷第 3 期；芮沐《法权收回后几个司法立法上的技术问题》，《当代评论》1943 年第 3 卷第 9 期；周兆熊《行政诉讼与公务员惩戒》，《中华法学杂志（新编）》1945 年第 4 卷第 9 期；吴绂征《现代中国的法治制度》，《中华法学杂志（新编）》1945 年第 4 卷第 3 期；龙显铭《改革中国司法组织刍议》，《青年中国》1947 年第 15 期；《美国法院有权威》，《新闻资料》1947 年第 151 期等。

⑤ 参见刘正中《庞德与中国之法制——1943 年至 1948 年之中国法制历史》，《法学》2000 年第 12 期等。

⑥ 陆季蕃：《撤废领事裁判权与改进司法》，《建设研究》1943 年第 8 卷第 6 期。

⑦ 庞德在以顾问身份来华的活动中，均提出了改革需要建立在当时中国的现实法律状况与对传统中国固有法律文化的批判继承的基础上。参见庞德《改进中国法律的初步意见》《近代司法的问题》《关于中国法律教育问题的初步报告》，载王健编《西法东渐——外国人与中国法的近代变革》，中国政法大学出版社，2001，第 72～75、461～483、531～534 页。

来近代中国的坎坷遭遇，使得在面对通过洋顾问等方式传入的技术与制度经验时，"中国方面总是怕隐藏在西方先进的技术专业背后，这些顾问总会夹带意识形态的要求胁迫他们的中国主人"。① 因此，上述矛盾状况实际上反映出 1940 年代中国社会各界在中国重新走向世界中心时的复杂心情，这种心情由当时以法政精英为代表的社会精英群体（包括体制内外）对国内外环境的关注与忧心以及对战后中国发展走向的思考期待此两种思绪的相互交织而产生。

结　语

南京国民政府后期出现的第三次司法改革运动与当时争取民主法治、实现宪政的各项政治社会运动密切相关，从根本上反映了南京国民政府后期司法改革运动一以贯之的核心主题与追求——如何通过司法改革来推进民主法治的建设与国家转型的实现。这种改革的努力指向建立一个不仅"社会养成法治之习惯，人人以崇法为义务以守法为道德"，② 而且能够"负起世界和平人类解放之大责重任""实现'世界大同'"③ 的"独立的、自由的、民主的、统一的、富强的"④ 现代新中国。具体到实现方式上，则是以改革方向与逻辑的专业化选择、司法的专业化与政治化关系的重新调整与平衡为主线而展开的。因此，围绕着这个核心主题及其实现方式——司法的专业化与政治化关系调整而展开的三个阶段司法改革讨论所呈现出来的并非"一致而单调的声音"，而是充满"交互穿插的、矛盾的、含混的声音，彼此之间相互对抗、相互肯定和讨价还价"⑤ 的现象。这种现象所展示的状况也增加了南京国民政府后期司法改革的复杂性，并预示着改革的实践困境与最后成效。毫无疑问，第三次司法改革运动受时局影响成效欠佳

---

① 〔美〕史景迁：《改变中国：在中国的西方顾问》，温洽溢译，广西师范大学出版社，2014，第 320 页。
② 司法行政部编《全国司法行政检讨会议汇编》，司法行政部，1947，第 4 页。
③ 吴绂征：《国际法治与世界和平》，《中华法学杂志（新编）》1945 年第 4 卷第 6、7 期合刊。
④ 毛泽东：《两个中国之命运》，载《毛泽东选集》（第 3 卷），人民出版社，1991，第 1025～1026 页。
⑤ 〔美〕杜赞奇：《从民族国家拯救历史——民族主义话语与中国现代史研究》，王宪明等译，江苏人民出版社，2009，第 8 页。

并最终戛然而止，但当时社会精英群体在争论过程中对司法改革的讨论和观点可以作为当下司法改革的反思素材，而该群体对司法改革的热情和对法治的追求值得肯定。

The Attempt to Advance Transformation Through Reform

—The Content and Characteristics of the Judicial Reform Controversy in the Later Period of Nanjing National Government (1943-1949)

(Yao Shangxian)

Abstract: The judicial reform movement that emerged in the later period of Nanjing National Government was the third judicial reform movement in the period of the Nationalist Government. This judicial reform movement is closely related to the social environment and has aroused widespread concern and controversy from all walks of life. According to the content of the discussion and other factors, it can be divided into three stages: the judicial reform controversy in the "reconstruction of the Chinese legal system", the top-level judicial system reform controversy during the constitution establishment, and the reform controversy during the 1947 judicial administration review conference. Compared with the previous two judicial reform movements, this judicial reform movement presents the characteristics of wider and diversified participants, more professional focus and continuous reform pursuit, and points to the goal and effort to support national transformation through judicial professional reforms. The final result of this judicial reform movement deserves attention and reflection.

Keywords: Nanjing National Government; Judicial Reform; Legal Controversy; Profession

论司法价值判断的法律论证
——以"权衡—融贯"证成模式为视角[*]

金彦宇^{**}

摘　要：裁判推理中的价值判断存在于三个向度：案件事实的建构、法律规范的明确和裁判结果的获取。它的正当性源于正反理由的"理性支持"。司法价值判断的法律论证，应在二阶构造的论证框架内开展，形成权衡论证与融贯论证相贯通的论证理路。在权衡论证中，以辩证合法的价值判断论题为起点，在尽可能的理想言谈情境中，通过对话式的权衡程序完成正反理由的动态博弈，并接受权衡规则的全程约束；在融贯论证中，经由强支持性理由的加持，在强支持定义下溶成高度融贯的正反理由集，并承受基于听众理论的理性可接受性的原则性调整。当然，法律论证表征的司法理性也只是一种不完美的工具理性。

关键词：司法价值判断；权衡论证；融贯论证；理性可接受性

一　引言

在价值与规范和事实缠结的法学研究新时代，概念法学和法律形式主义申张的司法裁判无涉价值判断之命题，早已被埋进法学的故纸堆，无人问津；与之形成鲜明对比的是，从法律规范和案件事实前提集中推出的裁判结论必然包含法官的价值判断陈述，^①已成为中国司法理论界和实务界的高度共识，且历久弥新。而司法裁判过程中的价值判断问题，即如何合理

---

　*　本文系国家社科基金重大专项项目"核心价值观融入法治建设研究：以公正司法为中心的考察"（17VHJ007）、国家社科基金重大项目"全面推进依法治国重大现实问题研究"（2015MZD042）的研究成果之一。

　**　金彦宇，吉林大学司法文明协同创新中心博士研究生，研究领域为法律方法、法律逻辑、司法制度。

　①　参见王利明《法学方法论》，中国人民大学出版社，2011，第505页。

确立司法价值判断的论证路径并充分证成它的正当性，一直是法学/法律方法论中的"阿喀琉斯的脚踵"，①并因法官自由裁量权的自发运用与依法裁判原则互生间隙。为此，目前主流的社科法学和法教义学，都努力在各自的方法论框架内作出积极回应。②但基于"概念—体系"的法教义学论证和法外制度性事实的后果主义论证，并没有为司法价值判断的正当性证成带来可资镜鉴的方法论定论。此外，法学方法论意义上的"确定性""客观性""融贯论"等理论亦面临相同尴尬境。③因此，就司法价值判断的正当性证成而言，尚有进一步探讨的学理空间。围绕此问题，本文首先分析司法价值判断论证的缘起和方法选择，然后在权衡和融贯相贯通的二阶论证框架内展开价值判断的正当性证成，并利用听众理论的理性可接受性对融贯论证进行原则性调整。

二　司法价值判断证成的缘起和方法选择

据词源学的考察，价值（value）一词源自拉丁词 valere，意为"值得的""有力量的"，现多用来指称事物对主体需求的满足程度（工具价值），或作为一种人们追求的目的善（内在价值）。④而所谓价值判断，是以一定的标准衡量人、事件、行为及状态等，据此作出心理或行动上的抉择；如果具体到司法裁判活动，"则是根据一定的价值取向判断争议所涉及的法律利益和目的，进而实现法律欲求的特定理念"。⑤

（一）司法价值判断证成的缘起

司法价值判断绝非主观臆想的思维产物，而是客观存在于裁判推理的

---

① 雷磊：《司法裁判中的价值判断与后果考量》，《浙江社会科学》2021年第2期，第43页。
② 根据法教义学的新近观点，法教义学并不排斥价值导向的思考方式，只是主张其应在"概念—体系"的相对权威下开展工作，并最终诉诸法律原则作为价值优劣性的评判标准。参见〔德〕卡尔·拉伦茨《法学方法论》，陈爱娥译，商务印书馆股份有限公司，2003，第105页。社科法学认为，应将价值判断化约为伦理、经济效率、公共政策、惯例等单一或复态后果的寻找与瞄定，并且基于后果主义的论证能够赋予价值判断欲求的客观性。参见孙海波《通过裁判后果证立裁判——法律推理新论》，《法律科学（西北政法大学学报）》2015年第3期，第85~87页。
③ 参见高一飞《论司法价值判断的客观性》，《浙江社会科学》2021年第2期，第63页。
④ 参见〔英〕尼古拉斯·布宁、余纪元编著《西方哲学英汉对照辞典》，人民出版社，2001，第1050~1051页。
⑤ 王利明：《法学方法论》，中国人民大学出版社，2011，第490页。

内容展开之中，根据司法三段论的内在构造，它具体表现于三个方面。第一，事实前提的建构。在客观还原案件事实的证明过程中，对证据三性的把握、对证据证明力的衡量、对相互冲突的解释作出选择以及采用推定的方法认定事实等构成评议之精神活动的行为，均会受到立场态度的干预和引导。[①] 此外，某一待证事实是否符合法定证明标准，并无特定的概率阈值进行精准界定，而是与裁判者的内心确信密切相关，由此导致确证事实印有裁判者的信念痕迹。因此，"司法意义上的'证明'……其实大多是依赖个体信念的暗示与自我说服的努力"，[②] 经司法证明形成的案件事实是夹杂法官价值判断的建构事实。第二，法律规范的明确。构成法条的法律概念通常简洁抽象，多经由典型案例的解释获取意义内容，并且，如"严重""不当""善良风俗"等评价性概念，往往具有多义性、模糊性和价值开放性等语词特性，如何作出准确解释，需要解释者根据具体语境作出一定的价值评价。[③] 但即使法律规范的整体语义清晰，若出现法规竞合、冲突和缺位等情形，裁判者依然要根据"事物本质指向的法理"，在规范间作出价值抉择，进而明确与案件事实匹配的裁判规则。第三，法律后果的获取。法律规范蕴含的法律后果抽象概括，只有经过如事实内容、行为性质、当事人状况、法律精神等法定情势的人性化后，才能具体施行于案件当事人。例如，刑法对故意伤害罪规定了从管制到死刑的刑罚方式，某行为人可能因手段残忍致人重伤被判处 9 年有期徒刑。

以上论述表明，取自裁判主体的价值判断是裁判推理不可或缺的评价性环节，总会自觉或不自觉地参与某一推论步骤的操作平台，并与分析性环节合力推出最终的司法结论。然而，无论价值判断中的价值取向于何种理念或实在，在挑选、权衡和评价的思维过程中，总会受到价值主体道德因素的侵入与干扰，而这必然会引发关于它的正当性的诘问："对价值的选

---

① 参见〔新加坡〕何福来《证据法哲学——在探究真相的过程中实现正义》，樊传明、曹佳、张保生等译，中国人民大学出版社，2021，第 47 页。

② 栗峥：《印证的证明原理与理论塑造》，《中国法学》2019 年第 1 期，第 265 页。

③ 参见舒国滢、王夏昊、雷磊《法学方法论前沿问题研究》，中国政法大学出版社，2020，第 82~94 页。

择是一种个人道德主义的选择吗？"①

毋庸置疑，内生于思维活动的价值判断属于道德实践推理的范畴，无法摆脱附随于道德的个体性、随意性和主观性标签，很显然这有超越依法裁判原则的嫌疑，并且也与裁判结论的可接受性、可普遍化原则格格不入，由此造成价值判断的正当性面临信任危机。② 同时，裁判推理内部的"分析—评价"型构造相互制约，如果价值判断的正当性没有得到合法合理性的满足，势必减弱整个裁判推论链条的融贯性，造成应说的事理、法理和情理等裁判之理无法阐释清晰，甚至会因多元价值的竞争导致"唯一正解"难以获得压倒性优势。此外，目前我国的司法公信力尚在树立之中，公众对裁判说理的认同感仍在提升，一审即终审的诉讼理想还在实现，凡是有利于改善司法裁判信心的努力都不应因事小而不为，证成价值判断的正当性即属此例。因此，生成于司法场域的价值判断，应当受制于逻辑一致、程序正当、说理充分、论辩合理等各种法律论证规则的内在约束，③ 实现法律论证技术上的最大理性，由此消除关于价值判断的正当性、裁判结论的可接受性以及司法公平性的质疑与不信任。

（二）司法价值判断证成的方法选择

德国法学家阿列克西指出，"法律论证的核心是举出决定结论的理由，任何打算在论辩过程作为理由的合理陈述都可以予以采纳"。④ 由此，证成价值判断的关键就在于提出尽可能多的决定正当性的耦合性理由。但这种"决定"绝不是通过查文献、观察、实践等感知方法产生的，因为价值判断明显不等同于一些"面临开放问题论证诘难"的非真即假的理论命题；也不是通过心理活动的直觉获取的，因为它不仅表达了态度、情感等因素，并且情感不需要理由支持。

---

① 陈绍松：《司法裁判中法官价值选择的证成》，《南京社会科学》2019 年第 2 期，第 120～121 页。

② 参见江必新《司法审判中的价值考量》，《法律适用》2020 年第 19 期，第 49 页。

③ 参见〔荷〕伊芙琳·T. 菲特丽丝《法律论辩导论——司法裁决辩护理论之概览》，武宏志、武晓蓓译，中国政法大学出版社，2018，第 220～221 页。

④ 参见 Robert Alexy，"A Discourse-Theoretical Conception of Practical Reason"，*Ratio Juris*，Vol. 5，1992，pp. 231-252。转引自 Giovanni Sartor，"A Formal Model of Legal Argumentation"，*Ratio Juris*，Vol. 7，1994，p. 179。

按照主流的法律论证观点，价值判断并无真假可言，它的实践意义来自支持性理由赋予的合理性，因此，"决定"并不传输"真值"和"直觉"，只是一种好理由生产的似真性。当新的理由加入，具有初显合理性的价值判断可能遭到质疑，为此，论辩者必须再次提出分量足够的支持性理由予以反驳，如此一来，正反理由在"支持—反驳"中动态博弈，论证在反思平衡中螺旋行进，最终实现价值判断的全虑合理性。由此看出，价值判断的证成并不是蕴含式的演绎证成，更不是总结多个样本共性的归纳证成，而是具有可废止性、非单调性和可反驳性等特征的权衡证成。① 然而，什么可以算作一个价值判断的好的、强有力的、支持性的理由？如何保证前后相接的推论链条具有结构上的逻辑一致性？此外，正反理由的存在势必形成一个复杂的理由集合（aggregation of arguments），它在整体上是合理的吗？等等。以上批判性问题要求我们寻找论证的标准，以此说明达到论证的标准，这些问题就可以得到相应的解决，就能产生一个合理的、正当的价值判断论证。②

在瑞典法学家佩策尼克看来，论证标准的实现方式就是融贯，融贯是道德和法律推理的终极证成。如何理解融贯以及融贯与价值判断的证成关系？他认为，虽然融贯这一概念较为模糊，但它的主要思想可以表述为："某个给定理论有越多陈述接近完美支持结构，该理论就越融贯；当价值判断的理由集越接近完美支持结构，价值判断得到的支持强度就越高。"③ 从本质上讲，佩策尼克的融贯论是认识性融贯论，因肯定一般法律陈述的特权地位而体现出基础融贯论的理论倾向，由此避免了融贯论的"信念之间相互支持"的论证真空。④ 针对应用于法律论证的融贯论可能产生的种种质疑，佩策尼克作出的理论回应也是站得住脚的，并运用理性可接受性作为

---

① 参见陈金钊、熊明辉主编《法律逻辑学》，中国人民大学出版社，2015，第 170~175 页。
② 参见侯学勇《佩策尼克的融贯性理论研究》，载陈金钊、谢晖主编《法律方法》（第 7 卷），中国法制出版社，2008，第 178 页。
③ A. Peczenik, *On Law and Reason*, Berlin: Springer Netherlands, 2008, p.132.
④ 参见陈曦《佩策尼克的法律论证理论》，载陈金钊、谢晖主编《法律方法》（第 26 卷），研究出版社，2019，第 114 页。

实现理想融贯的调整性原则。① 因此，本文采用佩策尼克关于融贯论的合理论述，与权衡一起作为证成价值判断正当性的论证方法。

三　司法价值判断论证 I：权衡证成

根据法律逻辑学的一般观点，涵摄、类比和权衡是法律论证的基本模式,② 其中，权衡是法律原则的典型适用方式。而所谓权衡论证，一般是指在论证某一观点时，我们会给出支持该观点成立的正面理由（positive reasons），也会提及影响该观点成立的反面理由（counter-considerations）。事实上，权衡在法律论证实践中普遍存在。对于一般案件，利用涵摄模式就能获致恰当的裁判结论，而疑难案件通常存在支持和反对任何决议的合理理由，在大多数情况下必须运用权衡模式解决理由之间的碰撞冲突。③ 裁判推理中的价值判断就是如此。但阿列克西试图将权衡论证化约为纯粹的数学计算，显然这不适用于规范、事实和价值三者统辖下的司法裁判领域。因为在司法论证场域内，权衡的前提是不可计算的，权衡的标准是领域依存的，权衡的结果是似真的，因此它是辩证的而不是演绎的，直观的数字计算无法展现司法论证的实践之维。

（一）证成司法价值判断的权衡前提

然而，在法律论证实践中，相比完成一个结论合法性与正当性的"证立的过程"，在特定时空下"影响结论作出的因素"和"作出结论"构成的"发现的过程"，往往处于被轻视的状态。④ 殊不知，诠释学中的"前理解"、言语行动中的"语用"、实践商谈中的"理想情境"，等等，皆在不同程度上言说论证的发现过程对论证开展的先在影响。毫不夸张地说，如果缺乏完善的储存论题、论据和事例的发现过程，以及良好的允许论证说理的论辩环境，即使论证结果取得听众的认可，也极有可能只是一种经过论

---

① 怀疑论提出的质疑，以及佩策尼克对此作出的一一回应，详见 A. Peczenik, *On Law and Reason*, Berlin: Springer Netherlands, 2008, pp. 145–147。

② 雷磊：《法律逻辑研究什么》，《清华法学》2017 年第 4 期，第 199~201 页。

③ Robert Alexy, "On Balancing and Subsumption. A Structural Comparison", *Ratio Juris*, Vol. 16, 2003, p. 436.

④ 参见颜厥安《法与实践理性》，允晨文化实业有限公司，1998，第 152~153 页。

证技术修辞的诡辩，经不起内行人的推敲和追问，因为一个好的论证要在论证数据充分、论辩环境友好的前提下才能产生。因此，证成价值判断首先需要具备适宜权衡的发现过程。

一是确立辩证的价值判断论题。诚如亚里士多德所言，"一个辩证的论题就是一个值得探讨的题目，所有的论证都是围绕着辩证的论题展开的"。[①]因此，所有值得权衡的价值判断论题，都应在法律上具有论辩的空间，引发论辩者关于争议如何解决的价值思索。具言之，论辩者面对的未决案件，或因案件事实的残缺不全，或因法律概念的意义模糊，或因裁判规则的竞合缺位，在法律上出现复数解释的可能性，此时论辩者需要衡量现行环境及各种利益之变化，来探求法律的客观目的，进而获致合理的法律结论。[②]比如"北雁云依"姓名权案。在当时《婚姻法》和《民法通则》关于姓名权的规定并不详尽的情况下，公民能否在父母姓氏之外取名，法官无法依循以往的案例觅到答案，最后根据"公民选取或创设姓氏应当符合中华传统文化和伦理观念"这一价值取向判结此案。

二是爬梳合理的价值判断理由。"与纯粹的道德论证相比，司法价值判断的可预测性更强，因为它有更多的合理前提集支持。"[③]根据《最高人民法院关于加强和规范裁判文书释法说理的指导意见》（以下简称《指导意见》）第 13 条规定，作为前提的支持包括但不限于制定法、司法解释、指导性案例、非司法解释类审判业务规范性文件、立法资料、法理学说等众多的法律渊源。这些丰富的支持性理由几乎囊括了所有的裁判理据，极大扩展了法官选择的广度和深度，由此，法官应以开放的心境，根据价值判断论题应适应现有公共理性的恒定性，在论题周遭选择尽可能多的启发性论据，形成彼此关联、互相支持的论据目录，以资法官在论辩时加以选择。然而，正如德国法学家菲韦格所认为的，总有为数不多的主导性论据控制论证的方向，在论据关联结构中它们并未被清楚地确定，需要论辩者在持

---

① 苗力田主编《亚里士多德全集》，中国人民大学出版社，1990，第 353~354 页。
② 参见杨仁寿《法学方法论》，中国政法大学出版社，2013，第 221~222 页。
③ A. Peczenik, *On Law and Reason*, Berlin: Springer Netherlands, 2008, p.111.

续推进的论证中具体深入地把握。① 比如上文"北雁云依"姓名权案所依据的价值观念。

三是营造理想的价值判断情境。理想的言谈情境有利于论辩活动充分地实施，而不真实的、强迫性的生活世界可能对论辩带来负面的影响，因此，阿列克西主张，任何言谈者均不得在论辩之内或论辩之外受到统治强迫的阻碍。② 事实上，近年来司法系统大力推行的庭审中心主义、法官员额制、司法责任制和司法去政治化等改革，皆可看作法院为了实现理想言谈情境而作的自我努力：通过优化内外部司法环境，为法官创造相对独立的裁判空间。具体到司法价值判断的证成，法官要尽量使自己处于身心愉悦的裁判环境之中，免于外界权威、舆情民意的不当干扰，拥有普遍的公平机会表达自身关于案件争议的说明、解释和证立。此外，法官的性情、前理解、言语习惯、交往行为等个体要素，均会以不同的比例作用于法官对争议的认知、价值的甄选和理由的搜索等，因此，法官应克制主观化的情感立场并向客观中立的方向迈进。

（二） 证成司法价值判断的权衡程序

"发现的过程是心理学上的、抑或社会学上的、也可能是气质性的因素综合作用的结果"，③ 它的好与坏，直接决定了论证功能的发挥及欲求的论证效果能否实现。因此，确立一个值得讨论的价值判断论题、寻找合理的前提性理由以及保障一个良好的论辩环境，对于法官公开地在法庭和判决书上论证价值判断的正当性至关重要。而司法实践中的价值判断论证，正如上文述及的，是一种在给出的支持性理由（正面理由）和（可能）出现的反对性理由（反面理由）之间动态博弈的权衡证成，最终在正反理由的不对称关系中结束论证。其中，引述正面理由无疑是为了说明价值判断是合理且正当的，提及反面理由则是试图表明该价值判断的成立还经得起考

---

① 参见〔德〕特奥多尔·菲韦格《论题学与法学——论法学的基础研究》，舒国滢译，法律出版社，2012，第31~40页。

② 参见〔德〕罗伯特·阿列克西《法律论证理论——作为法律证立理论的理性论辩理论》，舒国滢译，商务印书馆，2020，第243~248页。

③ 陈金钊、熊明辉主编《法律逻辑学》，中国人民大学出版社，2015，第188页。

验和质疑。① 这种正反理由构成的权衡论证，以对话式的论辩完成价值判断正当性的理性分析和评价，在直觉和经验上符合人们关于规范性命题证立的思维模式，与法律人惯用的"N 个前提+如上所述+结论"的论辩方式明显不同。根据非形式逻辑学家布莱尔的观点，它的一般模型可以表示为：

前提 1：理由 a，b，c，…支持结论 p

前提 2：理由 w，x，y，…反对结论 p

前提 3：理由 a，b，c，…强于理由 w，x，y，…

所以，结论：p②

该图式反映了权衡论证中正反理由的两分对立，却没有呈现出它们之间的动态对抗特征，因为正反理由接续出现且意在削弱彼此的证明力；同时，按照先发现后证立的二阶论证构造，理论上应首先陈述欲证立的价值判断，然后围绕价值判断的正当性展开论证分析，但上文图式恰好与之相反；此外，前提 3 陈述的权衡法则自身仍需进一步证立。因此，本文不采用布莱尔的观点。事实上，从上文反复述及的权衡特性可知，这一程序结构与论辩的对话模型十分吻合，两者都将论证理由分为不合作的两组，在理由的动态博弈中开展论证工作。故本文采用此模型进行分析。

在对话模型中，论辩者就证据、事实、概念或规范争议确立的价值判断，构成了实践商谈的逻辑起点和欲证立的论证对象，即 A。而与 A 竞争的价值判断则为¬A。由于 A 不是不证自明的公理或定理，也不是具有特权地位的权威性命题，因此论辩者需要举出支持性理由（记为 s）说明 A 的初显性；而且，他也要努力去消除（可能）存在的反对性理由（记为 o）。如果从¬A 的视角审视 o，两者形成了支持与被支持的论证关系。因此，"在商谈中就会存在两组对立关系（A 与¬A，s 与 o）同时进行的持续'竞争'"。③ 根据对话的一般规律，支持性理由与反对性理由成对出现，在支

---

① 参见谢耘《权衡论证的逻辑重构及其理论困境》，《湖北大学学报》（哲学社会科学版）2019 年第 3 期，第 75 页。

② Blair, J. Anthony, "A Defense of Conduction: A Reply to Adler", *Argumentation*, Vol. 30, 2016, p. 124.

③ Aulis Aarnio, *The Rational as Reasonable: A Treatise on Legal Justification*, Berlin: Springer Netherlands, 1986, pp. 115-116.

持性理由之后紧接着一个反对性理由，随后因某种原因导致下一个支持性理由的产生。在瑞典法学家阿尔尼奥看来，这些原因包括三个方面：一是支持性理由的语义是不确定的或含混的，需要得到澄清（记为 $S_n{'}$）；二是支持性理由的合法性受到挑战，需要得到支持（记为 $s_n s_{n+1}$）；三是价值判断的合理性有被削弱的风险，需要得到加强（记为 s_{n+1}）。[1] 而这些原因无疑是由反对性理由引起的。那么，何者优先显现？根据生活经验，陈述理由的日常用语甚至法律用语的意义大多是不明确的，一般应从一般的语言用法获取它的通常意义，这构成交往和沟通的出发点。[2] 如果按此理解的话，论辩者必须首先阐明这些理由的意义内容，然后进行下一步的论证作业。此外，"支持性理由—反对性理由—支持性理由—反对性理由"的话论次序表明，上下支持性理由处于不同的层级，如果下一个支持性理由还需要进一步的支持，或者价值判断的合理性还有待加强，那么论辩话论可以有节制地依次进行下去。由此，价值判断的权衡程序可以被刻画成图1[3]：

A		(¬A)
s_1		Ø
$s_1{'}$		o_1
s_2		o_2
$s_2 s_3$		o_3
s_4		o_4
⋮		

图 1　价值判断论证的权衡程序

在图1中，论辩者欲证成的价值判断是 A 而非 ¬ A，因此用圆括号标记¬ A 表示它的潜在。对于图中首尾两端内的支持性理由应如何排序，并无固定的对话规则对其设置，实际上它取决于论辩者随机提出的反对性理由，

---

①　参见 Aulis Aarnio, *The Rational as Reasonable: A Treatise on Legal Justification*, Berlin: Springer Netherlands, 1986, pp. 116-117。

②　参见〔德〕卡尔·拉伦茨《法学方法论》，陈爱娥译，商务印书馆，2003，第219~220页。

③　基于论证说理的司法义务，支持性理由最先出现，因此它位于图式的左半部分。针对上一个支持性理由，反对者提出质疑，论辩者需再次提出支持性理由回应质疑，所以它们位于同行。而这导致了与 s_1 对应的是空集。

而这决定了权衡价值判断的对话模型可能呈现合理的复数形态。但如上文所述，在理由语义不清的情况下应首先考虑释清理由意义的分析性陈述 $S_n{}'$。图 1 中的省略号表明，论辩可以在多个阶层下循序开展，但必须在某一论辩话论处终结。而这导致一些由"虚线"引发的开放性思考：何时截断一个论证链条？在哪个阶段，支持性理由足以使得当前价值判断的正当性是充分的？以及在更为一般的认识论层次上，这样的一个界限是否存在？[①] 事实上，这些开放性思考与上文述及的三个批判性问题紧密联系，对它们实质上的解决不但依赖于约束权衡的内在标准，最重要的是，还在于判断理由好坏及是否逻辑一致的融贯论证，后文再予详述。

此外，由上图 1 可知，每一个支持性理由皆有某种独特的意义，导致它的类型呈现多样化态势：有的旨在表达对价值判断正当性的辩护，有的意在阐释其他支持性理由的意义，有的重在加强其他支持性理由的证明力，但它们彼此相关，均在为价值判断的正当性提供支持，只不过在支持力度上存在差异。若将它们联合在一起，可以为价值判断提供相较任何单个支持性理由所能提供的更多的支持。[②] 由此，支持性理由之间的关系及它们对价值判断的支持关系可以被简化成下面的图 2。[③]

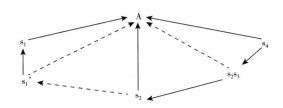

图 2　支持性理由之间的内在关系及其对价值判断的支持性关系

综上，以上思辨阐释了论证价值判断的权衡程序，现通过上诉人沈某

---

① 参见 Aulis Aarnio, *The Rational as Reasonable: A Treatise on Legal Justification*, Berlin: Springer Netherlands, 1986, p. 118。

② D. Hitchcock, *Critical Thinking: A Guide to Evaluate Information*, Agincourt: Methuen Publications, 1983, pp. 51–52.

③ 在图式中，实线表示直接性支持，虚线表示间接性支持，箭头指向的是被支持方，箭头反向的是支持方。每下一个支持性理由都可以为上一个支持性理由提供直接或间接的支持，为了简化图式，本图只选择最亲近的前后支持性理由。

某、邵某某与被上诉人刘某某、胡某某、原审第三人南京某某医院监管权和处置权纠纷案展开具体分析。在该案二审判决中，根据上诉人和被上诉人的诉讼请求，涉案胚胎的监管权和处置权的行使主体如何确定成为争议焦点。而二审法院认为，上诉人和被上诉人对涉案胚胎共同享有监管权和处置权（针对法律后果的价值判断 A）。二审法院主张，在我国现行法律对胚胎的法律属性没有明确规定的情况下，应结合本案实际确定涉案胚胎的相关权利归属（可看作支持性理由 s_1）。然而，如何结合不禁令人生疑（o_1）。在此，二审法院基于伦理（s_{2-1}）、情感（s_{2-2}）和特殊利益保护（s_{2-3}）三项因素（合为 s_1s_2）提供了支持性理由。[①] 其中，何为特殊利益？二审法院分析道："胚胎是介于人与物之间的过渡存在，具有孕育成生命的潜质，比非生命体具有更高的道德地位"（s_{2-3}'），由此诠释了特殊利益于本案情境下的具体意蕴。实际上，正是由于案涉胚胎具有的客观道德性，二审法院从伦理和情感向度进行的论证说理，才能共情于人们的内在同理心。此外，对于南京某某医院以"知情同意书"和"卫生部的相关规定"为由分别提出的反对意见（o_2 和 o_3），二审法院从"不可抗力导致的合同法定解除"（s_3，s_3 对应 o_2）说明案涉胚胎已不受合同的约束，并从"上位法优于下位法的法律适用原则"（s_4，s_4 对应 o_3）反驳"权利人不能对胚胎享有相关权利"的观点。同时，图 2 刻画的分析支持性理由对论点的支持关系，及支持性理由之间的内在关系同样适用上述论证，限于篇幅，不再详述。

（三）证成司法价值判断的权衡规则

权衡将裁判中的司法价值判断置于可操作的实践对话程序之中，不但与价值判断主体内心真实的正反理由博弈过程相吻合，还能透过程序的规范化化解价值判断的主观性危机，进而将法官内心的司法正义展现出来，所以权衡和价值判断之间具有高度的论证粘合力。然而，如何规制权衡程序来落实它的预设前提，及凸显它的内在合理性并进而实现价值判断的客观性，根据论证标准有场域依赖和场域不变之区分的图尔敏观点，[②] 显然需

[①] 具体参见江苏省无锡市中级人民法院（2014）锡民终第 01235 号民事判决书。

[②] 场域依赖是指论证标准受论证适用场域的特性制约，场域不变是指论证标准由论证方法自身的特性决定。具体参见〔英〕斯蒂芬·图尔敏《论证的使用》，谢小庆、王丽译，北京语言大学出版社，2016，第 183~184 页。

要在综合考量权衡论证特性和司法裁判原则的基础上，制定权衡规则进行有效约束。

毋庸置疑，权衡论证价值判断的正当性是为了实现依法裁判原则要求的正当性。对此，张骐教授主张，司法推理中的价值判断，必须服从法律系统的要求，以法律为根据应用法律价值，同时原则上受自己裁判的约束。[①] 如果进一步展开分析的话，价值判断必须是司法裁判生成的合法性论题，杜绝各种不真实的自身假象，比如法官的主观臆造、错误判断、徇私判断和道德判断等。事实上，自身存在的合法性构成了它的正当性的必要条件，在此基础上才有启动权衡论证的可能性。此外，依法裁判原则的效力还覆及论证场域内的正反性理由。特定的法律制度内容为论证理由的选择施加了明显的限制。"这些选择只能在一个有效的法律制度所许可的范围内做出，不得逾越它"，[②] 不得与法律、司法解释等规范性文件以及先前的裁判相冲突，进而才能满足依法裁判的硬性约束。实际上，只有理由的合法品性才能为权衡论证营造合法性的论证环境，进而在正反理由间的反思平衡中生成价值判断的正当性。由此生成权衡规则一：在权衡论证中，价值判断是属于裁判推理领域的合法性论题，论证它的正反理由要经过合法性原则的检验。

由上可知，权衡价值判断的特性表现为，既要求充分的支持性理由足够支撑论点的正当性，又要求对所有反对性理由的相关性和合理性加以批判性讨论。[③] 那么，如果正反理由不充分、不相关或不正确，势必造成权衡自身的方法理性无法有效释放，价值判断的正当性难以合理获取。因此，裁判者必须在理由相关和正确的前提下，一方面不遗漏诉讼请求和答辩意见可能包含的反对性理由，为点对点式的论证说理树立客观全面的反驳对象；另一方面要在价值判断的正面指引下，全面组织规范性命题、事实性命题和分析性命题等所有允许的恰当命题，在动态博弈中有力地消除反对

---

① 参见张骐《司法推理价值判断的观念与体制分析》，《浙江社会科学》2021 年第 2 期，第 36 页。
② 〔英〕尼尔·麦考密克：《法律推理与法律理论》，姜峰译，法律出版社，2018，第 120 页。
③ 参见谢耘《权衡论证的逻辑重构及其理论困境》，《湖北大学学报》（哲学社会科学版）2019 年第 3 期，第 78 页。

性理由的抑制因素，使得作出的价值判断与整个法律体系具有充分的协调性和一致性。当然，这一正反理由的动态博弈是在如图 2 所示的紧张有序、逻辑一致的对话程序中开展，最终在回应所有反对性理由后且支持性理由的合力占优的情形下结束的。由此生成权衡规则二：权衡证成价值判断要在充分、相关、正确的正反理由的对话博弈中开展，最终在完成价值判断的正当性证成后终结。

此外，经验的司法裁判表明，"一项裁决总会或多或少地受到法官偏好、法治环境、政党政治、司法制度等因素的影响"，[①] 而这无疑不利于理想裁判情境的形成，进而可能导致权衡论证的技术理性无法完全显现。但这并不意味着法官可以放弃无限接近它的自我努力。在司法运行过程中，"由审理者裁判、让裁判者负责"的司法精神预设了，法官必须审慎对待每一项潜在影响判断的因素，否则可能承担危及自身职业安全的司法责任。由此，如果免于主观的影响因素以支持性理由或反对性理由的形式出现，法官必须承担说理的论证负担，充分阐明它们对论证的影响即使存在却是合理的，并不削弱权衡证成价值判断的整体理性。由此生成权衡规则三：在权衡论证中，如果有可能影响理想裁判情境的因素出现，那么论证者就负有责任，对影响因素的合理性进行证立。

作为权衡论证之构成性要素的权衡规则，贯通了价值判断与裁判主体、正反理由、论证框架以及其他影响性因素的内在关联，大致勾勒了论证者在权衡论证价值判断的论证世界里需要恪守的应然规则，套用阿列克西的话来说，虽然它不能使当下讨论的规范性命题是绝对符合理性的，但能让其在现行有效法秩序的框架内朝着理性证立的轨道上行进。[②]

四　司法价值判断论证Ⅱ：融贯证成

按照权衡规则的约束，证成价值判断的单个论据不但要经过裁判论据体系的合法性检验，而且要满足真实、相关的证明资格要求。此外，好的

---

① 李晓波：《司法裁决构成因素的"影响度"分析——基于三种不同制度的视角》，《法制与社会发展》2021 年第 2 期，第 93 页。

② 参见〔德〕罗伯特·阿列克西《法律论证理论——作为法律证立理论的理性论辩理论》，舒国滢译，商务印书馆，2020，第 359 页。

论据还应彼此关联，有能力生产出符合逻辑一致性的论据集合，[①] 进而在一个合法的法律论辩环境中合力证成价值判断的正当性。事实上，无论是论据与论点之间类似因果联系的相关性，还是论据集合的逻辑一致性，以及论辩过程的一致性和协调性，[②] 旨在动态描述价值判断过程的权衡程序很难深入地从整体上加以精细化判断，反而以逻辑一致性为核心属性的融贯，能够利用融贯编织的支持结构贯通彼此之间的内在联系，透过融贯的程度变化反映它们之间微妙的亲疏远近，并且认识论层面的融贯能将价值判断引向生活世界的可接受性论域，由此将价值判断的论证由权衡转向融贯。而这也正如佩策尼克所说的，"能使法律证成内嵌于一个相当融贯的体系之中的融贯论证是关于价值判断的终极证成"。[③]

（一）融贯要求司法价值判断获取理由集的强支持

"根据融贯的基本思想，一个信念之被证成，当且仅当它属于一个融贯的信念集合。"[④] 换言之，当一个信念得到信念集合的融贯支持时，它就得以证成。支持关系越融贯，信念的证成强度也就越高，即越合理，二者成正相关的关系。根据融贯的程度不同，支持关系呈现三种形态：弱支持、合理支持和强支持。在低度融贯的弱支持中，集合中的各元素处于离散状态，显然不能很好地刻画信念之间的逻辑关系；在融贯适中的合理支持中，虽能逻辑合理地推出结论，却不能揭示出信念之间的实质相关性；而在高度融贯的强支持中，一个信念从逻辑一致性的信念集合中合理推出，并且包括反对性理由在内的任一信念都扮演着不可或缺的证成角色。因此，一个好的价值判断理应获得融贯度高的正反理由集的强支持。在佩策尼克看来，高度融贯表征的强支持可以如下定义：

陈述 s 强支持陈述 A，当且仅当 s 所属的前提集 C 具有下述特征："1.

① 参见 A. Peczenik，"Moral and Ontological Justification of Legal Reasoning"，*Law and Philosophy*，Vol. 4，1985，p. 292。
② 参见〔英〕尼尔·麦考密克《法律推理与法律理论》，姜峰译，法律出版社，2018，第 154 页。
③ Robert Alexy and A. Peczenik，"The Concept of Coherence and Its Significance for Discursive Rationality"，*Ratio Juris*，Vol. 3，1990，pp. 143-144。
④ 〔英〕苏珊·哈克：《证据与探究：对认识论的实用主义重构》，刘叶涛、张力锋译，中国人民大学出版社，2018，第 24 页。

所有前提都是合理的；2. 至少存在一个 C 的子集是（a）A 可从中逻辑推出，且（b）该子集的所有成员是 A 从中推出之必要（如果属于该子集的任一前提从子集中移除，那么 A 无法从中推出）；3. C 中的所有成员至少属于这样的一个子集；4. 那么 s 在如下强意义上是必要的，即 A 不能从不包含 s 的任一 C 的子集中推出。"①

由上述定义具体到一个好的价值判断证成。条件 1 重述了权衡规则对所有作为论据的正反理由的禀性要求：既要与裁判论据秩序相吻合，又要与价值判断论题真实相关。条件 2 表明，权衡程序中的理由无论是支持的还是反对的，都具有论证上的逻辑合理性，都是推出价值判断 A 的必要条件，它们缺一不可。因为一旦不包含反驳性理由而仅包含支持性理由，价值判断针对的由反驳性理由引发的司法争议就将不再是争议，根据产生价值判断的商谈思维而采用的权衡论证就将不再是权衡论证。② 事实上，条件 2 从论证功能的向度贯通了正反理由，并通过表示每一理由的不可或缺性而展露出论证结构超高的融贯度，进而实现论辩的整体流畅度和前后和谐性。条件 3 中的"至少"强调，证成价值判断的融贯理由集是客观存在的，同时也可引申出价值判断能够获致客观的法律证成。如果说强支持有形式和实质之分，那么条件 4 意在说明它的实质要件，即能决定"强支持"产生的主导性正面理由 s，无 s，则无正当性的价值判断 A。此外，透过条件 4 发现，支持性理由有强弱的区别；反驳性理由与支持性理由相比，由于反驳性理由在客观上起着修饰权衡的作用，并抑制价值判断的证成，所以它的论证地位低于次要的弱支持性理由。由此，强支持性理由、弱支持性理由和反驳性理由的论证功能依次降低，它们对价值判断 A 的证成关系可以用图 3 表示。

由图 3 可知，由里及外，理由的权衡比重逐渐减弱，但正如条件 2 阐释的，每一个论证理由都有自身独特的论证价值，正是由于它们的共同存在，理由集合才能显得如此融贯。同时，强支持性理由处于论证的核心区域，发挥着基础性的强支持作用，由此避免了传统融贯论中信念自我证成的循

---

① A. Peczenik, *On Law and Reason*, Berlin: Springer Netherlands, 2008, p.134.

② 参见晋荣东《权衡论证的结构与图解》，《逻辑学研究》2016 年第 3 期，第 8 页。

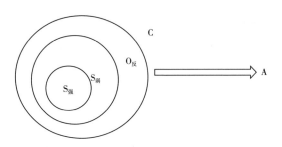

图 3　各论据对价值判断 A 的证成关系

环论证弊端。事实上，对强支持性理由概念的承认和接纳，已将融贯论的理论旨趣滑向英国哲学家苏珊·哈克的基础融贯论中去。"在基础融贯论中，一方面，证成并不只是单方向的，而是包含着普遍存在的相互支持关系；另一方面，存在一些具有特殊地位的经验性信念，它们只能通过经验的支持得到证成。"[1] 很显然，基础融贯论思想契合融贯的强支持定义，即支持性理由相互支持且一些发挥着特殊作用。

　　强支持性理由广泛散布于特定的价值判断所需的裁判论据体系之中，在裁判者的裁判理性搜索下，最终以 s_n、s_n'、$s_n s_{n+1}$ 或 s_{n+1} 的理由形态在裁判文书或法律论辩中公开展现。那么，裁判者如何在特定的个案情境中，发现和确立强支持性理由的所指或外延？根据菲韦格的法律论题学思想，在权衡论证发现过程中形成的观点目录，提供了一种值得期待的支撑点，通过论辩法庭的检验，论辩者所需的前提在其中得以显现。[2] 但这仅是一种朦胧的理由寻找程序，并未指明储存强支持性理由的场所位于何方。而佩策尼克则直截了当地指出："论据集合中的规范性命题（制定法条款）充当了这种论证角色，论辩者使用其他论据无法依然获得同样结论。"[3] 不可置否，规范性命题具有无可撼动的法源地位，在其效力的普遍性作用下，相同相似的案件产生同质的裁判效果，进而实现法律正义的形式要求。事实上，

---

① 〔英〕苏珊·哈克：《证据与探究：对认识论的实用主义重构》，刘叶涛、张力锋译，中国人民大学出版社，2018，第 26 页。

② 参见〔德〕特奥多尔·菲韦格《论题学与法学——论法学的基础研究》，舒国滢译，法律出版社，2012，第 39~40 页。

③ 参见 A. Peczenik, *On Law and Reason*, Berlin: Springer Netherlands, 2008, p.100。

"形式正义也要求法官裁判当下案件的理由与实质上与之相同的其他案件保持高度的一致性"，[①] 而这正需要论辩理由具有普遍适用的规范效力。此外，根据学界的共识性观点，"每一规则都是在特定事实构成条件下权衡不同原则分量的结果"，[②] 从而使其自创立的那一刻起，就浸润在法律价值的意蕴之中，承载着法伦理、法律精神和社会共识等普适性价值的丰富内涵。因此，在司法个案的价值判断论证平台上，论辩者应根据代表法律共同体之法感，不断后顾价值判断指向的事物本质，进而获取担任强支持性理由的规范性命题。如果它的语义不清或需要背后的原则公开支持，那么就应利用一定的法律解释技术，说出权衡程序所示的 $s_n{'}$ 或 $s_n s_{n+1}$ 理由，以此巩固规范性命题的强支持性地位。

有规范性命题可寻是一种理想常见的论证情形，而在诸如案件事实推定、法律漏洞填补[③]等涉及的一些价值判断论证，并不存在潜在的制定法条款以供选择，由此造成论辩者只能在现行法秩序允许的论据框架内另觅其他。针对此状况，无论是实践操作还是学理阐释，基本抱持选择相对论的立场，来确立类似规范性命题的强支持性理由。在缺乏法律规定的一些民事案件中，比如石某昌诉石某雪顶盆过继案[④]以"顶盆过继"习惯为主要论据，而前述的沈某某、邵某某诉刘某某、胡某某监管权和处置权纠纷案则以表征人格利益的法伦理为主要论据，等等。然而，这并不意味着，除规范性命题外，作为强支持性理由的论据只需满足权衡规则的约束即可。"根据融贯的一般性思想，理由越确定、稳定和普遍，支持力就越强，融贯度也就越高。"[⑤] 一般而言，那些流行于法律共同体，经由大量个案丰满的习惯、法理和学说等论据，具有以上一般性特征，且被以往司法案例频繁采

---

① 〔英〕尼尔·麦考密克：《法律推理与法律理论》，姜峰译，法律出版社，2018，第90页。
② 雷磊：《规范、逻辑与法律论证》，中国政法大学出版社，2016，第265～266页。
③ 以立法者原本的计划、目的范围为界限，一般将法律漏洞分为法律内的漏洞和法律外的漏洞，相应的法律漏洞填补分别为法律内的法的续造和超越法律的法的续造。关于法律内的法的续造，其通过法律解释方法，最终指向的依据仍是某一特定的实在法规范，而超越法律的法的续造指向的则是非规范性依据。参见〔德〕卡尔·拉伦茨《法学方法论》，陈爱娥译，商务印书馆，2003，第247、287～297页。
④ 具体参见青岛市李沧区人民法院（2005）李民初字3460号民事判决书。
⑤ P. W. Brouwer, "Coherence in Legal Reasoning", *Rechtsfilosofie en Rechtstheorie*, Vol. 24, 1995, pp. 186-187.

用，因此论辩者应优先选择这样的论据作为仅次于规范性命题的强支持性理由。当然，这些论据所追求的价值必须表明一种合理的融贯性，即一个特定判决的后果应当与相关的法律原则的目的协调一致，经得起"常识"、"个人的正义观念"以及"公共政策"的时空性考察和检验。①

（二）融贯要求司法价值判断具有理性可接受性

无疑，一个内嵌实质性法律理由且极为融贯的理由集合，能使价值判断得到更优的证成，更有利于价值判断陈述的规范性内容获取法律的正当性，进而帮助价值判断论证实现承载法律正确性的目的。所以，在论证意义上，融贯是一个充分发展的关于证成、支持和正当性的核心要素，为法律论证的理性品格提供强有力担保。然而，融贯绝非被真理"背书"的论证方法，它也存在一定的不足，具体表现为：一是无法摆脱融贯程度的制约；二是难以触及论证的实质效果；三是源于理由集合的必然不完备性。为此，佩策尼克主张，通过理性论辩弥补融贯的缺陷，而前者又终归于理性的共识。② 这表明，价值判断的正当性取决于融贯和共识。具言之，论辩者用一个高度融贯的正反理由集支持价值判断，并且价值判断得到了听众的理性接受，那么它就是正当的。事实上，听众既是目标受众，又是标准主体，听众是否理性接受，直接决定个案裁判能否实现法律效果和社会效果相统一。因此，理性可接受性巧妙化解了融贯面临的技术困境及实践难题，解决了融贯论证的后顾之忧，同时也迫使融贯要求价值判断具有理性可接受性。

理性可接受性不是一项空洞的论证检验原则，而是具有客观的社会生产机制。首先，正如英国哲学家维特根斯坦所认为的，"我们生活的社会家族是一张由彼此交叠和交叉的相似性钩织的复杂的网络"，③ 在此基础上，尽管人们的价值、信念、行为等体系存在一定的个体差异，但通常都处于因果相互依存和相当类似的关系之中，由此形塑了人们的共同的生活形式，

---

① 参见〔英〕尼尔·麦考密克《法律推理与法律理论》，姜峰译，法律出版社，2018，第 180~181 页。

② 参见 A. Peczenik, *On Law and Reason*, Berlin：Springer Netherlands, 2008, pp. 152-153。

③ 〔英〕维特根斯坦：《哲学研究》，载韩林合主编《维特根斯坦文集》（第 4 卷），商务印书馆，2019，第 59 页。

而这为"社会契约""重叠共识""民主结果"等理性共识的产生创造了可能。更重要的是，这种共同的生活形式表明，价值和评价不再属于个体的私人事务，而成为属于个人之群体的社会事项，需要在多主体间的理性接受中加以解决。其次，根据斯密的旁观者理论，"无论当事人对对象产生的激情是什么，每一个留意的旁观者一想到他的处境，就会在心中产生类似的激情"。① 所以，即使待决案件没有触及旁观者的切身利益，但出于对权力的畏惧和对生命、自由、财产的潜在担忧，他们便会借助各种可及的方式表达类似的观点和评价，而理性可接受性便寓于其间。最后，"'法律规范共识'具有限定性作用"。② 在法律系统的统一规则下，人们共享相同的权利/义务行为模式，活跃在规范框定的可能世界之中，从而可能产生趋同性的法律思维。近年来，社会大众对"许霆案""天津大妈持枪案""郑州电梯吸烟劝阻案"等热点案件所表达的判决意见，几乎都倾向于某一特定的法律观点，就是明证。综上，社会生活和社会本身创造了理性可接受性，而经过融贯论证的司法价值判断是否具有此性，需要表达它的听众主体予以揭晓。

按照比利时法学家佩雷尔曼的说法，论证面向的听众一般分为自我听众、特殊听众和普泛听众，而生产理性可接受性的理性论证指向的则是那些由开明人士构成的普泛听众，当论辩者运用经得起历史和实践检验的可靠论据使他们信服后，他们才会接受论辩者的价值立场，理性可接受性由此而生，价值判断也获得了客观的本质。③ 然而，佩雷尔曼的普泛听众概念是充满歧义的。因为他一方面主张普泛听众是理想化的，另一方面又认为它依赖于历史、文化和社会的偶然性因素，很显然在某一时刻既普遍又偶然是十分令人费解的。④ 鉴于此，我们需要对佩雷尔曼发明的听众概念予以修正。

---

① 〔英〕亚当·斯密：《道德情操论》，蒋自强等译，商务印书馆，1997，第 7 页。
② 高一飞：《论司法价值判断的客观性》，《浙江社会科学》2021 年第 2 期，第 69 页。
③ 参见 C. Perelman, Olbrechts-Tyteca, *The New Rhetoric：A Treaties on Argumentation*, Notre Dame：University of Notre Dame Press, 1971, pp. 17-32。
④ 参见〔荷〕伊芙琳·T. 菲特丽丝《法律论辩导论——司法裁决辩护理论之概览》，武宏志、武晓蓓译，中国政法大学出版社，2018，第 88 页。

正如上文所述及的，一个好的论证总是发生在理想的言谈情境之中，这意味着，论证听众是和特定的论辩环境联系在一起的，它的成员要使自身接受理想商谈规则的约束，从这个意义上讲，听众是特殊的；然而，它的成员满足了理想的条件又是被假设的，就社会现实而言，这种预设通常并不是充分的，所以听众又是理想的。概括之，"检验司法价值判断论证的听众是特殊且理想的"。[①] 实际上，这种特殊的理想听众理论，正是超越论辩者之个人主义的后果。它表征的理性可接受性，说明了论辩者的价值判断具有最大的社会关联性，能够与大多数人的生活形式相融合；同时，它亦表明了，论辩者所采用的论证方法是合理可信的，能够有效地理性证成符合社会价值体系预期的价值判断。需要提及的是，生成于听众理论的理性可接受性，或许只是一种理想的应然，人们无法笃信它能在现实的司法世界中真实显现，但它作为一项调整性原则，为论辩者指明了完成一个好的论证的努力方向，同时也引导着论证的批判者，如何就类似价值判断陈述的论证进行科学民主的批判。

五　结语

"法学的现代化系于法律方法的认识、接受和运用"，[②] 而司法价值判断的正当化则源于法律方法的理性论证。在琳琅满目的法律方法论市场，每一种论证方法都有相对的有效性和不足，这决定了对于复杂的司法价值判断，需要一种综合主义的论证方法论。由此，本文创造性地提出了司法价值判断的"权衡—融贯"证成模式。具体而言，它的正当性证成，应在二阶构造的法律论证框架内，形成权衡论证和融贯论证相贯通的论证理路：在权衡论证中，以辩证合法的价值判断论题为起点，在尽可能的理想言谈情境中，通过对话式的权衡程序完成正反理由的动态博弈；在融贯论证中，经由强支持性理由的加持，在强支持定义下溶成高度融贯的正反理由集，并承受基于听众理论的理性可接受性的原则性调整。进言之，优化组合权

① Aulis Aarnio, *The Rational as Reasonable: A Treatise on Legal Justification*, Berlin: Springer Netherlands, 1986, pp. 115-116.
② 黄茂荣：《法学方法与现代民法》，法律出版社，2017，序，第 1 页。

衡和融贯而生成一体的论证方式，既能完全反映价值判断的对话本质，又能在融贯理性的担保下发挥正反理由的论证功能，因此，在司法改革要求的裁判说理中，它是法律人展现自我的一种方法论尝试。当然，法律论证表征的司法理性也只是一种不完美的工具理性，任何对它的拜物教式崇拜，都应为现代司法文明培育的法律人所不屑。事实上，除受法律方法的制约外，体现司法公共理性的正当性价值判断，还"受制于社会的民主程度、公民的公共精神和法律的公共理性"，[①] 而这正是本文极力强调理想言谈情境的重要缘由，因此，实现司法价值判断的正当性，是一项没有终点只有进行时的社会性司法事业，需要新时代每一个理性人的持久参与和不懈努力。

On the Legal Argumentation of the Judicial Value Judgment

—Take the "Balance-Coherence" Argument Pattern as the Perspective

(*Jin Yanyu*)

Abstract：The value judgment in adjudicative reasoning is represented in three aspects：the construction of case fact, the clarification of legal provision and the acquisition of adjudicative result. Its legitimacy stems from the positive and negative reasons of "rational support". The legal argumentation of the judicial value judgment should be carried out within the framework of the argumentation of the two-orders structure, and form the argumentative method which consists with the balancing argumentation and the coherent argumentation. In the balancing argumentation, taking the objective and legal value judgment topic as the starting point, in the ideal speech situation as far as possible, completes the dynamic game of positive and negative reasons through the dialogic balancing procedure, and always accepts the constraint of the balancing rules. In the coherent argumentation, a very coherent set of positive and negative arguments is formed with the support of strong supporting reasons, and is subject to the principled

---

① 吴英姿：《司法的公共理性：超越政治理性与技艺理性》，《中国法学》2013 年第 3 期，第 73 页。

adjustment of rational acceptability based on the audience theory. Of course, the judicial rationality represented by legal argumentation is only a limited instrumental rationality.

Keywords：Judicial Value Judgment；Balancing Argumentation；Coherent Argumentation；Rational Acceptability

侦查不公开原则的基本问题与适用界限[*]

李文军[**]

摘　要： 侦查不公开原则是指关于侦查程序、侦查内容及获得的心证，办案人员不得向诉讼当事人和诉讼关系人以外的人公开，依法律规定或为维护公共利益或保护合法权益有必要者除外。而经办案人员告知负有保密义务的当事人、诉讼关系人以及其他被告知负有保密义务的人，也不得公开、揭露与案件相关的侦查信息。该原则的功能在于维护侦查程序顺利进行，避免犯罪嫌疑人逃匿、串证或毁灭证据，确保被告人获得公平审判，以及保护当事人、诉讼关系人及其亲属的人格权与人身安全。媒体及其从业人员采访和报道犯罪事件，本属其行使表达自由的方式和满足民众知的权利的保障，并非刑事诉讼法中依法执行职务的人员，因而其不是侦查不公开原则的规范对象。但媒体在获得采访权利、特殊权利、一般权利的同时，仍需要承担相应的义务，包括真实报道义务、权益衡量义务及其他与其工作相关的义务。当媒体的报道与国家及他人利益发生冲突时，媒体在传播新闻报道前应尽到权益衡量义务，审酌何种法益需要优先保护。侦查不公开原则也有例外情形，侦查阶段案件信息可否公开取决于公开后对侦查活动和公平司法的妨害程度，以及是否有重大社会公共利益或其他利益的考量。

关键词： 侦查不公开；新闻自由；法定禁止公开；酌定可公开

一　问题的提出

犯罪的可疑情形一旦出现，国家为实现刑罚权首先必须确认与判别犯罪行为是否确实存在，在其存在的事实被确认后即应查明特定犯罪人为何

---

[*]　本文系重庆市新型犯罪研究中心 2021 年度研究项目 "'互联网+警务'背景下失踪儿童救助联动机制研究"（21XXFZ08）的阶段性成果。

[**]　李文军，西南政法大学人权研究院讲师，四川大学法学博士，研究领域为刑事法学、人权法学、司法制度。

人。因此为判别犯罪存在与否和特定犯人的必要，侦查机关所为的各种执法活动即侦查。① 侦查有两大目标：一是收集、保全证据资料。因犯罪事实需要依证据进行认定，无证据不得推定被追诉人的犯罪事实，唯有证据方能使其受到法院的有罪认定，并被科以刑罚，所以以收集证据及保全证据是侦查活动的重要目的。二是确保被告人到庭受审。保证被告人到庭接受审判是诉讼顺利进行的第一要务，因为被告人不仅为侦查的客体，且在言词辩论原则的审判制度下，审判期日需要被告人到场才能开庭进行审理。为确保被告人能在审判期日到场，限制被告人的自由实属必要，尤其是对无一定居所或有逃亡可能的被告人，在侦查时即应限制其人身自由，实有利于之后起诉审查、审判程序的进行。② 以上两大目标是各国刑事诉讼侦查所追求的基本目标，且二者相辅相成、密不可分。没有充分证据极有可能使真正的犯罪分子逃脱法网；不能及时将犯罪分子缉拿归案，即使费尽心力收集到足够证据亦属无用之功。③ 所以，侦查是侦查机关认为有犯罪而开始调查犯罪的情形，确定犯罪嫌疑人并收集证据证明犯罪事实的刑事程序。④ 侦查机关获知犯罪嫌疑即应展开侦查程序，以此来发现犯罪嫌疑人与搜集犯罪证据资料，是为将来的审查起诉与法庭审判程序做好准备。但为避免犯罪嫌疑人逃匿、串证或毁灭证据，以及保护被害人、犯罪嫌疑人和相关人士的名誉、隐私等人格权和人身安全，乃有侦查不公开之规定。⑤ 侦查不公开原则有助于无罪推定原则的落实和公平审判理念的实现，防止未经正式审查起诉和审判程序而认定被追诉人有罪。更何况，与侦查程序和侦查内容有关的信息若被不当公开，则对被追诉人、证人、被害人、告诉人、告发人及相关人员的名誉、隐私、肖像及其他合法权利有造成侵害的可能，法律对此需要予以严格限制。不过，在刑事案件的侦办过程中，侦查信息如果完全被封锁，则对于澄清视听、安定民心、维护社会秩序等社会公共

---

① 参见黄朝义《刑事诉讼法》，新学林出版股份有限公司，2017，第 136 页。
② 参见张丽卿《刑事诉讼法理论与运用》，五南图书出版股份有限公司，2013，第 472 页。
③ 参见易延友《刑事诉讼法：规则、原理、应用》，法律出版社，2019，第 294 页。
④ 参见〔日〕田口守一《刑事诉讼法》，张凌、于秀峰译，法律出版社，2019，第 47 页。
⑤ 参见吴巡龙《侦查不公开与得公开之界限——兼评高雄高分院九十五年抗字第一五四号裁定》，《月旦法学杂志》2007 年第 11 期，第 245 页。

利益，可能反而有不利影响。

　　虽然我国《刑事诉讼法》在举证责任、证明标准、正当法律程序等方面体现了无罪推定原则的精神，但没有明确规定侦查不公开这一重要原则。仅在《公安机关执法公开规定》第 6 条、第 10 条、第 13 条、第 15 条等，以及《保守国家秘密法》第 9 条中有少许与侦查不公开原则相关的规定。[①]刑诉法没有明确禁止控方在案件侦查与审查起诉阶段向媒体披露案情，因此被追诉人应由不偏无倚的法庭来审判的权利，尚未引起学术界和实务界的足够关注。实务层面，一些普通案件或受到较大关注的案件，一旦得以侦破并被侦查机关或调查机关定性，这些执法机关就会主动向媒体披露案件信息。媒体的报道会对案情进行大肆渲染；案件嫌疑人痛哭流涕认罪的视频会被制作成廉政警示教育片，在案件尚未审判时就向官员或公众播放；案件侦办机关甚至会让电视台到看守所或办案场所拍摄被告人认罪的视频，并在电视节目中播放，给人以犯罪嫌疑人已经被定罪的认知。[②]对涉嫌严重职务违法和职务犯罪被立案调查的信息应如何向社会公开发布，权威的解读认为"鉴于公布的时间要求和保密需要，在内容上，要注意采取稳重、审慎的态度，比如不公布具体案情，不公布案件定性、量纪幅度以及涉嫌罪名。一般的表述为：某某某涉嫌严重违纪违法，目前正接受纪律审查和监察调查"。[③]然而，近年来媒体上频繁出现对正处于调查阶段的职务犯罪案件，在未经检察院审查起诉和法院审判的情况下，案件经纪检监察机关

---

① 例如，《公安机关执法公开规定》第 6 条规定："公安机关不得公开涉及国家秘密或者警务工作秘密，以及可能影响国家安全、公共安全、经济安全和社会稳定或者妨害执法活动的执法信息。公安机关不得向权利人以外的公民、法人或者其他组织公开涉及商业秘密、个人隐私的执法信息。但是，权利人同意公开，或者公安机关认为不公开可能对公共利益造成重大影响的，可以公开。"《保守国家秘密法》第 9 条第 1 款规定："下列涉及国家安全和利益的事项，泄露后可能损害国家在政治、经济、国防、外交等领域的安全和利益的，应当确定为国家秘密：（一）国家事务重大决策中的秘密事项；（二）国防建设和武装力量活动中的秘密事项；（三）外交和外事活动中的秘密事项以及对外承担保密义务的秘密事项；（四）国民经济和社会发展中的秘密事项；（五）科学技术中的秘密事项；（六）维护国家安全活动和追查刑事犯罪中的秘密事项；（七）经国家保密行政管理部门确定的其他秘密事项。"

② 参见易延友《刑事诉讼法：规则、原理、应用》，法律出版社，2019，第 463~464 页。

③ 赵林涛：《立案调查决定向社会公开发布应注意哪些问题——准确把握公开发布立案调查决定的要件》，《中国纪检监察》2018 年第 14 期，第 50 页。

立案调查后，相关案件信息随即被披露给媒体，大量报道被调查人存在作风严重腐化、生活奢侈糜烂、贪污巨额公款、收受大量贿赂等问题。[①] 侦查机关和调查机关就刑事案件信息经媒体向社会的公开，主要取决于调查案件和侦查案件的需要，是一种在严密控制下的选择性公开。即公开对办理案件或自身有利的信息，而没有顾及或有意忽略了对被追诉人或诉讼关系人权利的保障，特别是犯罪嫌疑人、被告人享有的正当程序权利。办案机关掌控着案件信息，加之受其职业利益的影响，所以经媒体报道的案件信息，往往是以犯罪控制为导向的公开，而非兼顾打击犯罪和保障被追诉人权利为导向的公开。

相较祖国大陆，台湾地区对媒体报道进行中（特别是侦查阶段）刑事案件信息这一问题较为关注。在"刑诉法"第 245 条明确规定有侦查不公开原则，随后制定的"侦查不公开作业办法"（以下简称"作业办法"）对侦查不公开原则的目的、内涵、可以公开的情形、禁止公开的情形、发言人制度与媒体采访禁制区、适用对象、适用条件、适用主体、配套措施等事项作了详细规定。"作业办法"最初于 2012 年 12 月 5 日公布（并于 2013 年 8 月 1 日修正一次），是根据当时"刑诉法"第 245 条的修订要求，即 2012 年 5 月 25 日增订的第五项（第一项侦查不公开作业办法，由"司法院"会同"行政院"定之）而来。[②] 之后，台湾地区由"行政院"与"司法院"会衔公布的"新侦查不公开作业办法"，于 2019 年 6 月中旬正式施行。事实上，侦查不公开规定早在 1993 年 9 月 29 日就出现于公布实施的"检察、警察暨调查机关侦办刑事案件新闻处理注意要点"（简称"注意要

[①] 《监察法》第 39 条规定："经过初步核实，对监察对象涉嫌职务违法犯罪，需要追究法律责任的，监察机关应当按照规定的权限和程序办理立案手续。监察机关主要负责人依法批准立案后，应当主持召开专题会议，研究确定调查方案，决定需要采取的调查措施。立案调查决定应当向被调查人宣布，并通报相关组织。涉嫌严重职务违法或者职务犯罪的，应当通知被调查人家属，并向社会公开发布。"对于贪污受贿案件，立案后一般会先报道被调查人是否存在作风腐化、滥用职权以及贪污受贿情节轻重等问题，然后再对其进行调查、起诉、审判。这其中涉及调查机关能否在此阶段公布相关案情，媒体能否对被调查人进行有罪推定报道，以及法治国家如何平衡公正执法、媒体自由与公民权利之间的关系。

[②] 台湾地区"刑诉法"在 2012 年修订时，在第 245 条另增订第 5 项，授权订定"侦查不公开作业办法"，以资明确，且符合法律保留原则。参见林钰雄主编《新学林分科六法：刑事诉讼法》，新学林出版股份有限公司，2011，第 A~566 页。

点"），后来改名为"检察、警察、调查暨廉政机关侦办刑事案件新闻处理注意要点"。"注意要点"是用来规范侦查中案件的新闻发布相关事项。由于"作业办法"与"注意要点"的具体规定多有重叠条文，检警等执法单位在适用时难免有困扰之处，二者在并行多年后，终于后者在 2019 年 3 月 22 日被废止。此外，台湾地区"内政部"警政署于 2008 年制定了"警察机关侦办刑案新闻处理应注意要点"，并于 2012 年 7 月 5 日进行了修订。同时，"内政部"警政署于 2000 年 8 月 10 日发布了"警察机关新闻发布暨传播媒体协调联系作业规定"。台湾地区针对新闻媒体、侦查机关对侦查阶段案件信息的不规范报道或公开揭露制定的相关规则，理论界与实务界对此进行了较为激烈的探讨。这有助于厘清侦查不公开原则的基本问题与适用界限，从而对祖国大陆在《刑事诉讼法》中确立该重要原则有所助益。

二 侦查不公开原则的内涵与功能

侦查不公开原则的内涵主要包括适用对象和适用主体两个方面的内容。在侦查阶段要求执法人员不公开案件信息，在于发现真实、保全罪犯、保全证据，防止因侦查程序、侦查内容、所得心证的外泄，增加调查、缉捕、搜证的困难，保护当事人、被害人、告诉人或证人及其亲属的人格权和人身安全。

（一）侦查不公开原则的内涵

侦查不公开原则是指关于侦查程序、侦查内容及获得的心证，办案人员不得向当事人与诉讼关系人以外的人公开，但依法律规定或为维护公共利益或保护合法权益有必要的情况存在例外；经办案人员告知负有保密义务的当事人、诉讼关系人以及其他被告知负有保密义务的人，也不得公开、揭露与案件相关的侦查信息。[①] 侦查不公开原则包含三个方面的内涵：侦查程序不公开、侦查内容不公开和所得心证不公开。第一，侦查程序是指侦查机关或侦查辅助机关因告诉、告发、自首或其他情形，知道有犯罪嫌疑开始侦查起至侦查终结止，对被告人、犯罪嫌疑人、被害人或其他诉讼关

---

① 参见林恒志《新闻报导自由与侦查不公开原则冲突之研究》（下），《军法专刊》2002 年第 7 期，第 31 页。

系人所为的侦查过程和侦查行为或侦查活动和侦查计划。第二，侦查内容是指因侦查活动而搜集、获得被告人、犯罪嫌疑人、被害人或其他诉讼关系人的个人资料或相关证据资料。第三，所得心证是指经侦查程序所获得的证据资料而对案件事实进行判断所形成的内心确信。侦查不公开原则的对象，应泛指所有与侦查有关的信息，不限于写成文书形式的内容；侦查活动中的所见所闻，只要可能传达某一事实，包含侦查程序、侦查内容、所得心证都属于侦查信息的范畴。但在整体侦查过程中，侦查不公开原则所要保护的内容，并非所有侦查信息，而是具有保护重要性的侦查秘密。将侦查信息列为秘密，除具备秘密性外，尚须具备刑事诉讼法上的重要性，也就是相关信息一旦公开，将危害侦查不公开原则所保护的利益。也就是防止证据灭失，以利发现案件真实和贯彻无罪推定原则。侦查不公开原则有极为广泛的适用范围，相关内容具有高度不确定性，需要与保障犯罪嫌疑人诉讼权利有直接联系才有保护的必要。[①]

根据现相关规定和解释，侦查不公开原则适用的主体可划分为两类：一是依法执行职务的人员和在侦查程序中为诉讼行为或从事辅助工作的相关人员。台湾地区"侦查不公开作业办法"第 5 条规定："应遵循侦查不公开原则之人员，指检察官、检察事务官、司法警察官、司法警察、辩护人、告诉代理人或其他于侦查程序依法执行职务之人员。前项所称其他于侦查程序依法执行职务之人员，指检察官、检察事务官、司法警察官、司法警察、辩护人及告诉代理人以外，依其法定职务于侦查程序为诉讼行为或从事辅助工作之人员。"根据"侦查不公开作业办法"最新修改说明的解释，其他于侦查程序依法执行职务的人员是指除上述人员外，于侦查程序讯问或询问被告人、犯罪嫌疑人、被害人或其他利害关系人，或实施搜索或扣押、勘验、相验，命为鉴定或通译时，依法执行职务的书记官、庭务员、法医师、检验员、鉴定人、通译、法警、司机、工友等于侦查程序为诉讼行为或从事辅助工作的相关人员。另外，法院于侦查程序办理羁押、延长羁押、停止或撤销羁押，核发搜索票、通讯监察书、限制书、鉴定留置票

① 参见张明伟《新闻及言论自由管制之检讨——从侦查不公开的观点出发》，《月旦刑事法评论》2018 年第 9 期，第 21 页。

等令状声请案件，或因审理案件有必要调阅检察官侦查中的案件卷宗，而接触侦查程序及内容时，依法执行职务的法官、书记官、通译、庭务员、法警及相关辅助工作人员也属于应遵循侦查不公开原则的人员。二是办案人员告知应履行侦查不公开义务的人员。台湾地区"侦查不公开作业办法"第6条规定："检察官、检察事务官、司法警察官、司法警察得告知被告、犯罪嫌疑人、被害人或其他诉讼关系人关于侦查不公开之规定，并得晓示如公开或揭露侦查中所知悉程序或内容对案件之可能影响。"根据"侦查不公开作业办法"最新修改说明的解释，被告人、犯罪嫌疑人、被害人或其他诉讼关系人固非应遵循侦查不公开原则的人员，惟为落实侦查不公开原则，检察官、检察事务官、司法警察官、司法警察于讯问或询问时，可以告知受讯（询）问人关于侦查不公开的规定，也可以告知如公开或揭露所知悉的侦查程序或内容可能对案件侦办的负面影响，因此需要相关人员对此进行配合。

需要提及的是，辩护人、告诉代理人，乃至按照"侦查不公开作业办法"第6条规定的办案人员告知应履行侦查不公开义务的人员如被追诉人、被害人。① 这类人员并非于侦查程序依法执行职务的人员，其公开揭露所知悉的侦查资讯，是否需要遵守侦查不公开原则值得商榷。特别是辩护人、告诉代理人、犯罪嫌疑人、被告人因自卫、自辩或保护合法权利而发表的善意或正当言论。就辩护人而言，为维护被追诉人诉讼上的防御权利或合法权利，在不涉及串证或毁灭、伪造或造假证据资料的界限范围内，可以适度公开揭露相关侦查信息，这属于辩护人业务上的正当行为。辩护人为维护被告人的诉讼防御权或其他合法权利的主要类型有：一是指摘或公布实施侦查方法违反法定程序的违法或不当行为；二是有利于被告人的证据，经请求侦查机关调查未果，为协助被告人行使防御权的必要，需要公开揭露一定侦查信息，以搜集保全对被告人有利的证据；三是因侦查机关先行公开揭露侦查信息，致被追诉人有受不公平审理的可能，为平衡报道、恢

---

① 王兆鹏教授认为，侦查不公开规范的对象应限于国家公务人员，而非任何参与侦查程序的人。参见王兆鹏《侦查不公开之界限与制约》，《台湾法学杂志》2011年第186期，第31页。

复犯罪嫌疑人或被告人合法权利所为的自辩。[①] 辩护人为维护被追诉人权利而公开披露案件相关信息，属于犯罪嫌疑人、被告人辩护权的自然延伸。如果被追诉人的合法权利确实受到侵害，或需要搜集保全对其有利的证据，则辩护人公开揭露这些侦查信息属于被追诉人的自然权利。这种自然权利是辩护权的内在组成部分，也是宪法法律规定辩护权的组成部分。[②] 至于非辩护人的其他人，"侦查不公开作业办法"第 6 条的规定把原未负担不公开义务的人也纳入其中，只要经侦查机关告知后，原未负有此项义务的人也需要承担不公开的义务。在某种程度上，该规定似将侦查不公开的适用范围扩张至非因职务知悉侦查事项的被告人、犯罪嫌疑人、被害人或其他诉讼关系人，然而此扩张适用是否必然会导出承担相应的刑事责任、行政责任或惩戒责任在法理上存在疑问。[③] 在对侦查不公开原则适用的主体进行划分，或对"其他于侦查程序依法执行职务之人员"进行解释时，应注意不能无限制扩大适用于与依法履行侦查职务无关的人，特别是为诉讼行为或从事辅助工作的人员和办案人员告知应履行侦查不公开义务人员的范围。

（二）侦查不公开原则的功能

侦查程序不公开原则又称侦查密行原则，[④] 与审判阶段的公开审理原则形成对应。侦查不公开原则中的公开是指一切足以使不特定或多数人得以见闻、知悉的行为；揭露是指公开以外，揭示、提供或其他足以使特定人或不特定人得以见闻、知悉的行为。台湾地区"侦查不公开作业办法"第 2 条规定："为维护侦查程序之顺利进行及真实发现，与保障被告、犯罪嫌疑人、被害人或其他诉讼关系人之名誉、隐私、安全，并确保被告受公平审判之权利，以落实无罪推定原则，侦查不公开之。"以下拟结合本条的规定探讨侦查不公开原则的三项重要功能。

---

① 参见陈运财《侦查与人权》，元照出版有限公司，2014，第 82~83 页。

② 参见易延友《刑事诉讼法：规则、原理、应用》，法律出版社，2019，第 471 页。

③ 参见王正嘉《进行中刑事案件之新闻报导的应然与界限》，《台大法学论丛》2018 年第 3 期，第 1248 页。

④ 侦查不公开/侦查密行与秘密侦查在概念上有较大区别。在我国，所谓秘密侦查是一种特殊侦查措施，指公安机关基于侦查的必要性，经县级以上公安机关负责人决定，指派有关人员隐瞒身份进行的侦查活动，主要有卧底侦查、化装侦查和诱惑侦查等形式。参见陈光中主编《刑事诉讼法》，北京大学出版社，2013，第 302 页。

第一，维护侦查程序顺利进行。侦查对象的案件类型以及发现案件的形态有很多差异，相应的侦查的方式也是千差万别。为及早在犯罪后不久就侦破案件，要尽快展开侦查活动，也就是要重视迅速展开侦查。[①] 侦查不公开原则要求侦查中案件的侦查程序、侦查内容和所得心证不能向公众或个人公开。其中，侦查程序包括侦查过程与侦查行为，禁止公开侦查程序在于维护侦查程序的顺利进行，防止因侦查程序的过程与行为的外泄，导致证据灭失或证人勾串、作伪证等，影响侦查程序进行的不利情况发生。侦查阶段国家的信息优势是侦破案件的关键。倘若因案件信息被不当走漏失去信息方面的优势，可能就会造成侦查机关保全证据和确保被告人受审的困难，不利于发现案件真实。侦查程序所包含的信息是所有与案件侦查相关的信息，不限于侦查程序中发生或获取的信息，在对案件立案侦查前所掌握的信息也应遵循侦查不公开的规定。为避免泄密妨害侦查、对犯罪追诉困难，侦查机关应该保有并充分利用信息优势。

第二，确保被告人获得公平审判。侦查不公开原则中的侦查内容和所得心证不公开，源自无罪推定原则，避免未经正式审查起诉和审判程序公布被追诉人的相关信息，造成媒体审判或舆论审判，形成调查中心主义或侦查中心主义现象。[②] 因为犯罪嫌疑人、被告人在没有经法院依证据资料，认定有罪之前应受无罪推定原则的保护，这是刑事诉讼制度的重要基本原则。况且，侦查活动尚属于调查犯罪嫌疑、搜集证据资料的侦查阶段，办案人员倘若将侦查内容和所得心证公开，势必对被追诉人构成有罪推定。刑诉程序要求办案人员对案件侦查内容和所得心证保密，可避免过早泄露不利于被追诉人的信息造成舆论审判、公众审判，从而确保无罪推定理念

---

① 参见〔日〕松尾浩也《日本刑事诉讼法》（上），丁相顺译，中国人民大学出版社，2005，第 52 页。

② 调查中心主义是指随着国家监察体制改革的继续推进，以调查权取代侦查权意味着职务犯罪案件的办理将会呈现一种全新的"调查—公诉"模式，与以往的"侦查—公诉"模式相比，主要特征是检察院以监察机关的调查结论为审查对象。"调查—公诉"模式形成的调查中心主义问题，在于检察机关无法对调查机关进行法律监督，而审查批捕和审查起诉阶段的事后审查机制对调查机关的行为也难以进行制衡，从而使得以审判为中心的诉讼制度改革难有成效。参见李奋飞《"调查—公诉"模式研究》，《法学杂志》2018 年第 6 期，第 18 页。

与公平审判理念的实现。侦查机关发动侦查程序仅是刑事程序的开端，犯罪嫌疑人涉嫌的犯罪事实和证据资料尚未经过起诉审查程序和审判程序的检验，在此时如果侦查机关任意公开侦查内容，容易对案件的审理结果造成不利影响。侦查人员预先通过媒体公布侦查后获取的案件信息，司法人员在随后的起诉审查和审判阶段易受到舆论压力和不当外力的干涉，以至于事实上可能减损被告人获得无罪推定和公平审判的正当程序保障，尽管最终被告人被判决无罪，也极易造成审判人员与普通民众的对立，进而引发对法官公平审判的信任危机。

第三，保护当事人、诉讼关系人及其亲属的人格权与人身安全。侦查不公开原则也可称为人格权保护原则和人身安全保护原则，旨在保障被追诉人、被害人、诉讼关系人及其亲属的名誉、隐私及安全，尽管有的诉讼关系人及其亲属与诉讼案件并无任何实质性利害关系。诉讼关系人包括犯罪嫌疑人、被告人、被害人、证人、鉴定人、辅佐人等参与诉讼程序的人。针对相关人士权利的保护，诉讼关系人向侦查机关透露的本案资讯，或者涉及自身，或者涉及被告人的隐私、名誉乃至身家、性命，在案件正式起诉之前，应有免于资讯外流的信赖利益。[①] 如果媒体过度报道当事人、诉讼关系人及其亲属的家庭背景、个人情况和其他信息，则可能会使其受到社会责难，不仅影响其正常生活，也会使其名誉受损。台湾地区"刑诉法"虽然要求侦查不公开，但实务中办案机关仍有频繁召开记者会说明案件情况的惯例，或者检察官动辄在案件现场面对媒体的询问毫无隐瞒地叙述案情。再加上媒体经常现场实况转播犯罪现场模拟，造成媒体审判的情形相当严重，使犯罪嫌疑人遭受相当大的社会压力。纵使最终未被起诉或被判决无罪，但被追诉人的隐私权、名誉权、肖像权、姓名权等人格权利已受到严重侵害。[②] 而如果被调查的对象属于公司或其他企业，则侦查信息一旦公开其荣誉和名誉权利必然受损，严重的会造成产品滞销、经营困难、资金链断裂等危机，甚至导致该公司、企业倒闭的严重后果。

值得注意的是，侦查活动并非绝对限于侦查机关与犯罪嫌疑人之间秘

---

① 参见林钰雄《刑事诉讼法》（下册），元照出版有限公司，2010，第 14 页。
② 参见黄朝义《刑事诉讼法》，新学林出版股份有限公司，2017，第 145 页。

密进行为必要，对于诉讼法上可以合法参与侦查程序的辩护人或关系人，并不在禁止公开的范围；为了避免侦查处分措施的滥用，执法机关的侦查程序和侦查内容应该受到法院（司法审查）或其上级侦查机关（行政上的指挥监督）的检视及规范。[①] 因而被告人有获得辩护人帮助的权利，侦查阶段被告人可以随时选任辩护人，侦查人员在讯问被告人时应告知其此项权利。为保障犯罪嫌疑人的防御权，辩护人于侦查中应享有在场权，讯问机关在侦查中讯问被告人时应通知辩护人，同时侦查机关应在一定范围内向辩护人展示必要的卷证资料。也有事实表明，辩护人在场有时可能会妨害国家机密，或有毁灭、伪造、变造证据，或勾串共犯或证人，或妨害他人名誉，或其行为不当足以影响侦查秩序的情形，针对这些情况可以限制或禁止辩护人在讯问犯罪嫌疑人时在场。当然，辩护人也需要遵循不得泄露侦查信息的法律规定。如果负有保密义务的人任意公开案件的侦查信息，则容易形成媒体审判或舆论审判，尤其是被告人受无罪推定原则的保护将破坏殆尽。侦查不公开作为刑事诉讼程序的一项基本原则，是为使国家正确有效行使刑罚权，并保护犯罪嫌疑人、被告人、被害人及诉讼关系人宪法法律权利的重要制度。被告人根据正当法律程序受到公平审判，获得及时有效的救济机会，是诉讼权保障的核心，属于被告人的重要宪法权利。总之，确保被告人获得公平审判、不受舆论干扰，维护侦查程序顺利进行、发现案件真实，以及保障当事人、诉讼关系人的名誉、隐私、肖像等人格权和人身安全的权利，是刑事诉讼法中侦查不公开原则的三项重要功能，而各项功能同等重要，没有高低轻重之分。

三 侦查不公开原则与新闻自由的调适

新闻自由是公民的宪法基本权利自由之一，是自然人、法人、非法人团体通过传播媒介表现出来的言论自由和出版自由，是指公民和新闻传播媒体在法律规定或认可的情况下，搜集、采访、写作、传递、发表、印制、发行、获知新闻或其他作品的自主性状态。新闻自由既是信息自由和知情

---

① 参见陈运财《侦查与人权》，元照出版有限公司，2014，第79页。

权利的基础，又是信息自由和知情权利的保障。① 新闻自由作为备受各国认可的一项基本宪法权利，在现代民主法治建设过程中发挥着日益重要的作用，这项权利的理论根据是民众对抗公权力不当介入干扰发表言论的自由，而逐渐发展形成以第四权理论为基础的一种制度性权利。媒体作为政府立法、行政及司法外的第四权，在现代国家中担负监督政府角色的重要功能。② 学者对美国宪法第一修正案的解读包括③：事先不受检查；媒体有批评政府的权利；表达自由；知的权利（知情权）；媒体独立于政府。④ 其中，知的权利是美国在第二次世界大战后所发展出来的一种观点，表达自由长久以来被认为是从事表达个人的自由，这样的观点并没有把接收信息的个人的权利考虑在内。美国在第二次世界大战期间，政府倾向于秘密主义的做法，使媒体为了对抗这种秘密主义，开始主张新闻报道是为了服务民众知的权利，进而对政府的秘密主义加以批判。随着这种知的权利的高涨，在报道背后接收信息的个人的立场也渐渐在讨论表达自由的问题时一并被提出来考量，同时主张民众可接近并取得政府信息的权利应受保障的观点也渐趋有力。⑤ 知的权利是指民众有权了解政府行政决策状况，但事实上个体的微薄力量实难奏效，有时最终还得通过大众媒体的采访报道来实现自己的权利。传统意义上的监督政府或独立于三权之外的第四权理论有了新的法律依据，而第四权理论在这样的背景下无疑更具有理论和现实的合理性。

知的权利包括两个层面的含义：一是信息受领权。基于自由权的性质，民众有自由获取各种信息的权利，国家权力及各种社会力量不得阻扰。这项权利要求政府不待民众要求即须提供信息，且民众在接收信息的过程中

---

① 参见张军《新闻自由与隐私权的冲突和平衡》，《法学评论》2007年第1期，第34页。

② 参见刘邦绣《媒体过度报导犯罪新闻对刑事司法的影响》，《月旦裁判时报》2014年第10期，第97~98页。

③ 参见黄旦《从新闻职业化看西方新闻自由思想的历史演变》，《浙江大学学报》（人文社会科学版）2004年第1期，第114页。

④ 美国宪法第一修正案保障的是每一个人都有权利说、写和出版其关于任何主题的意见，而没有任何事先限制，但前提是权利行使者没有伤害任何人的权利、人身、财产或名誉，没有危害公共秩序或企图推翻政府。参见〔美〕约瑟夫·斯托里《美国宪法评注》，毛国权译，上海三联书店，2006，第569页。

⑤ 参见〔日〕松井茂记《媒体法》，萧淑芬译，元照出版有限公司，2004，第21~22页。

能够不受拘束地接触各种意见，并加以吸收而不受阻碍和干扰。二是信息公开请求权。民众有权要求国家各级政府、机关将其收集或制作的信息向民众公开。而为求表达自由的完整性，民众必须享有知的权利，才能毫无受限地接受各种信息，而后经由思考产生关于公众事务的意见。① 知的权利必须以新闻自由为根据，因为民众即使享有知的权利，但如果没有新闻自由则无法产生可靠、精确的报道，民众的知情权也就无法实现。② 民众知的权利需要由媒体担负中介任务，扮演代理人角色搜集信息；民众知的权利所赋予媒体新闻自由，使媒体享有充分的采访自由和报道自由，这是新闻自由的核心价值。③ 知的权利也对表达自由产生了很大影响，不再像过去只注重人的表达自由，而渐渐向接收人的表达自由发展。表达自由不单纯是保障表达的自由，应解释为从采访、表达到接受表达的整个信息流通过程的保障。④ 知的权利将言论自由的实质内涵由表达自由发展为阅听自由，为达成个人自我的实现，民众接收信息的自由必须有所保障，任何人对于外界存在的信息应不受阻碍而自由取得，以保障个人精神生活及知识获得满足。⑤ 根据言论自由、出版自由、新闻自由和民众知情权之间的内在逻辑联系，媒体对涉及公众关心的犯罪问题有报道的权利和义务。但是，正如美国宪法第一修正案所保障民众享有的表达自由，并非仅赋予其对公共事件喋喋不休或多嘴多舌地表达自己的意见；其真正的目的旨在使民众经由这一途径，可以明智地行使其为公民所享有的各项权利。而欲达成此一目标，相关信息资料的取得成为其作出明智判断的前提条件。否则，其权利的行使，如果不是由于一时的感情冲动，盲目为他人意见所左右，则就表达自由应受保护的法理而言，为其基础的知情权实际上更应为宪法保障的范围

---

① 参见林绣君《从新闻自由论媒体真实报导义务》，中正大学硕士学位论文，2003，第37~38页。

② 《日本新闻伦理纲领》指出，公众的知情权是保证一个民主社会的普遍准则。如果媒体没有充分的言论表达自由，且没有高度的道德感和独立性，那么这项权利将无法实现。参见牛静、杜俊伟《全球媒体伦理规范译评》，社会科学文献出版社，2018，第389页。

③ 参见陈祥、孙立杰《当"侦查不公开"遇见"新闻自由"：警察机关与媒体记者的冲突拔河研究》，《新闻学研究》2009年第3期，第100页。

④ 参见〔日〕松井茂记《媒体法》，萧淑芬译，元照出版有限公司，2004，第23页。

⑤ 参见陈祥、孙立杰《当"侦查不公开"遇见"新闻自由"：警察机关与媒体记者的冲突拔河研究》，《新闻学研究》2009年第3期，第100页。

涵盖在内。① 此外，民众知的权利要求在媒体无法有效监督政府机构而不能胜任民众知的权利代理人角色的情况下，政府机关可以根据民众知的权利对媒体进行监督。

新闻关系主要由新闻界、公民、政府三方构成，它们是由自身社会地位决定的不同利益主体。新闻界履行从事新闻活动的社会职能，并通过自由的新闻活动实现其道德愿望和商业利益；公民有着不受新闻活动损害的个人隐私、名誉等利益；政府担负着维护公共秩序、组织社会生产、保护国家安全等社会职能，这些职能的履行不受新闻活动的妨害。② 作为宪法基本权利的表达自由、人格权和知情权，其中表达自由是指公民享有的受法律规定、认可和保障的，使用各种媒介手段与方式公开发表、传递自己的意见、主张、观点、情感等内容而不受任何他人或组织干涉、限制或侵犯的权利；③ 人格权是指公民的人格尊严不受侵犯；知情权是指公民有权了解政府行政决策状况的法定权利，是民众对信息的普遍利益需求。媒体的新闻报道有助于实现公民的知情权和表达自由，使公众能够知晓政府的政策、决策和执行情况，以及社会的发展现状与趋势。政府提供必要的信息可以用于表达个人对政治、法律、经济和社会问题的意见，从而形成对政府的监督力量和社会氛围，避免政府权力在行使过程中的专断，防止因政策、决策和执行的失当而侵害公众的合法权益。④ 侦查不公开原则与媒体的新闻自由的调适问题，涉及媒体的表达自由和满足民众知情权的关系，侦查信息能否公开、公开的范围、公开内容等需要对此作出一定权衡。由于媒体的迅速发展、竞业关系的日趋激烈，媒体报道侦查中犯罪信息的范围和方式欠缺节制，有时甚至会进行夸大、渲染，严重影响当事人和诉讼关系人的名誉、隐私等权益，并损及审判公平。媒体的报道应如何在维护新闻自由、满足民众知情权与诉讼关系人名誉、隐私权益的保护之间取得均衡，

---

① 参见法治斌《人权保障与释宪法制——宪法专论 1》，月旦出版社，1993，第 274~275 页。
② 参见夏勇《宪政建设——政权与人民》，社会科学文献出版社，2004，第 234 页。
③ 参见杜承铭《论表达自由》，《中国法学》2001 年第 3 期，第 57 页。
④ 参见张军《新闻自由与隐私权的冲突和平衡》，《法学评论》2007 年第 1 期，第 37 页。

值得新闻媒体深切检讨和努力改善。① 根据侦查不公开原则的要求，侦查阶段的侦查程序、侦查内容和所得心证的重要侦查信息，办案人员不能向不特定人或多数人公开，或向特定人或不特定人揭露，除非基于保护合法权益和维护社会公益的需要，并经利益衡量和比例原则的审酌，法律可明确规定酌定公开的例外情形。

众多历史事实表明，媒体具有双刃剑功能，既可能被合理使用成为权力监督和权利保障的利器，也可被滥用成为侵害公民合法权利的帮凶。这种双向功能特别是权利保障功能不同于具体制度和救济程序的保障，它超越了法律规范和具体制度的范畴，其影响和作用着眼于整个权利发展、权利保障的历史过程与社会环境的发展变化，包括国家体制、传统文化、道德宗教和文明进程以及人的意识等因素。② 媒体在起诉审查和正式审判程序之前不当报道案件侦查信息，可能造成以下负面影响：社会大众误解逮捕或起诉、求刑即有罪，成为误判或冤狱的帮手；引发社会大众的偏见或形成不当的社会制裁；为求营利目的或抢占独家新闻，致与侦查机关产生共生关系；对于恶性重大案件过度报道，造成社会道德恐慌；详细报道犯罪手法，诱发同种犯罪或模仿犯罪的危险。③ 侦查是侦查机关调查犯罪事实及搜集证据，以确认犯罪嫌疑人有无犯罪及为实施公诉的准备。为避免犯罪嫌疑人逃匿、串供或毁灭证据，及保护被害人、犯罪嫌疑人及相关人士名誉、隐私等人格权及人身安全，④ 要求办案人员及其他相关人员不得泄露重要侦查信息。侦查信息不公开是对民众知情权的限制，仅在法律规定、为维护公共利益或保护合法权益的必要范围内，才可以公开揭露侦查过程中因执行职务知悉的案件信息。由于侦查不公开原则没有规范、限制媒体对犯罪信息的报道，侦查信息经常透过媒体被外泄。然而，民众对刑事案件知的权利并非毫无根据，基于合宪性和法律例外规定的考量，执法机关需

---

① 参见朱朝亮《侦查中案件资讯公开或揭露之界限——以公共利益为中心》，《法学丛刊》2015 年第 1 期，第 109～110 页。

② 参见张军《新闻自由与隐私权的冲突和平衡》，《法学评论》2007 年第 1 期，第 37 页。

③ 参见陈运财《侦查与人权》，元照出版有限公司，2014，第 87 页。

④ 参见吴巡龙《侦查不公开与得公开之界限——兼评高雄高分院九十五年抗字第一五四号裁定》，《月旦法学杂志》2007 年第 11 期，第 245 页。

要公开部分案件的侦查信息。宪法法律赋予媒体的新闻自由权与民众知的权利，要求对刑事案件的当事人及诉讼关系人的人格权给予一定的合理限制，而政府披露的信息包括其搜集获取的资料和依法履职形成的资料，这可能涉及某些当事人和诉讼关系人隐私、肖像、名誉等方面的案件信息。

至于采访侦查新闻与搜集信息的新闻媒体，并没有参与侦查程序，应无保密义务，除非与公务员共同将秘密泄露于第三人，依据刑法的规定成立共同正犯外，泄密的公务员与记者间，因为是对象之关系，媒体记者本身就是泄密的对象，并不能构成该罪。台湾地区"刑诉法"第 245 条第 3 款第 3 项所明定的规范对象，是针对参与侦查程序的人不得公开揭露侦查中的资讯，媒体既不在禁止范围内，也不用负刑事责任与行政责任。[①] 侦查不公开原则要求侦查信息保密义务的规范对象以检察官、检察事务官、司法警察官、司法警察、辩护人、告诉代理人或其他于侦查程序依法执行职务的人员为限，包括狭义上依法执行职务的人员和在侦查程序为诉讼行为或从事辅助工作的相关人员。媒体及其从业人员采访和报道犯罪事件，本属其行使表达自由的方式和满足民众知的权利的保障，并非刑诉法中依法执行职务的人员。可见，媒体及其从业人员不是侦查不公开原则的规范对象。尽管媒体及其从业人员的职责本在于采访和报道，且其职务内容在本质上并非与侦查事项联系密切，但不能仅因其采访过程中知悉侦查信息，就将其与狭义上依法执行职务的人员和于侦查程序为诉讼行为或从事辅助工作的相关人员，并列为负有侦查不公开义务的保密者。媒体报道侦查信息是否适当的判断标准，台湾地区"刑诉法"第 245 条关于"除依法令或为维护公共利益或保护合法权益有必要者外"的除外事由规定，也可作为媒体是否能够报道侦查中案件信息的权衡依据，即媒体有权衡义务。

一般认为，媒体在获得采访权利、特殊权利、一般权利的同时，仍需要承担相应的义务，包括真实报道义务、权益衡量义务，以及其他与其工作相关的义务。当媒体的报道与国家及他人利益发生冲突时，媒体在传播新闻报道前应尽到权益衡量义务，视何种法益于各该具体事件

---

① 参见王正嘉《进行中刑事案件之新闻报导的应然与界限》，《台大法学论丛》2018 年第 3 期，第 1247 页。

中，必须优先保护。① 权利关系本质上反映的是个人、社会、他人之间的利益关系，而人作为社会的人其行为与利益不得不受社会公共利益的合理限制，损害社会公共利益的行为最终也会导致自身的权利受到侵害。如果媒体在报道新闻时发现保护个人权利与社会公共利益存在冲突的情形，需要进行相关的权益衡量，但这种平衡是一种动态的过程，不同国家和地区、不同文化背景、不同时代均有所差异。② 即使要满足民众知的权利，媒体对于侦查中犯罪事件的报道，也应当兼顾保护当事人、诉讼关系人的人格权和公平审判的利益，并不得妨害侦查秩序。媒体对于侦查中应保密的事项，不得唆使或协助侦查人员泄露或提供。纵使是侦查机关自主违反侦查不公开原则所发布或泄露的案件侦查信息，媒体基于维护当事人、诉讼关系人的人格权和确保公平审判的理念，仍应善尽媒体责任，自律不予以公开或揭露报道。如果没有优越于侦查不公开的报道利益存在，或虽有报道上的优越利益，却以夸大、渲染等过当方式报道，而侵害当事人和诉讼关系人的隐私、名誉、肖像、姓名等人格权，仍非业务上的正当行为。③ 总之，当媒体的报道与国家及他人利益发生冲突时，媒体在传播新闻报道前应尽到权益衡量义务，审酌何种法益需优先保护。

四 侦查不公开原则的范围及其例外

基于民众对社会问题的关心，如果严格要求侦查内容绝对不允许公开，则民众知的权利或许会受到不利影响。在侦查效率与知的权利相互冲击下，侦查不公开原则有其例外情形，用以缓和此一对立局面。侦查可否公开的判断，主要的考量因素是公开后对侦查活动的妨害程度，以及是否具有重大公益或其他利益的诉求。④ 只要不妨碍侦查的顺利进行，不侵害当事人、诉讼关系人的合法权利，不涉及公共利益，以及其他不重要的情形就可以公开。台湾地区"刑诉法"第 245 条第 3 项的除外事由规定仍过于抽象，

---

① 参见张永明《新闻传播之自由与界限》，永然文化出版股份有限公司，2001，第 200 页。
② 参见张军《新闻自由与隐私权的冲突和平衡》，《法学评论》2007 年第 1 期，第 40 页。
③ 参见陈运财《侦查与人权》，元照出版有限公司，2014，第 89 页。
④ 参见黄朝义《刑事诉讼法》，新学林出版股份有限公司，2017，第 144 页。

因此其"司法院""行政院"根据"刑诉法"第 245 条的授权，于 2012 年颁布了"侦查不公开作业办法"，并于 2019 年进行了较为全面的修订。但有观点认为，"侦查不公开作业办法"经修订后仍未具体规定违反侦查不公开原则的法律后果，并主张受侵害者有权请求"国家赔偿"，而泄露侦查信息的相关人员应承担相应的民事责任、刑事责任或惩戒后果。

（一）法定禁止公开情形

根据台湾地区最新修订"侦查不公开作业办法"第 7 条和第 9 条的规定，侦查不公开原则的法定禁止情形可以分为一般规定与特别规定，一般规定是指侦查过程、侦查内容与所得心证的不公开，这是侦查不公开原则构成要件的基本内容；特别规定主要包括证据有灭失风险，被害人尚未脱险，可能侵害当事人、诉讼关系人及其亲属的人格权，未成年人的个人资料，以及检举人或证人的个人资料。一般规定与特别规定的立法或解释模式，既可以覆盖侦查不公开原则构成要件的内容，也可以凸显特别规定事项的重要性，进而为司法实践中适用该原则提供较为明确的指引。

1. 一般规定

第一，侦查程序。禁止公开侦查过程和侦查行为（活动和计划）的情形主要有尚未声请或实施、应继续实施之逮捕、羁押、搜索、扣押、限制出境、资金清查、通信监察等侦查方法或计划；有关勘验、现场模拟或鉴定之详细时程及计划。犯罪嫌疑人可能通过广播、电视、报纸等媒体了解侦查机关的侦查活动和侦查计划。而详细清楚的过度描述，不仅可能造成模仿犯，更可能造成真正的犯罪人难以辨识，同时也可能使尚未被逮捕的犯罪人知晓检警的侦查方向和计划，导致证据灭失或犯罪人逃跑。尤其是案发现场的处理与搜证，如果媒体接近采访，并采取现场立即实况的方式播出，将使所有犯罪嫌疑人得知侦查的具体情况，此将严重影响检警的侦查活动与侦查策略。①

第二，侦查内容与所得心证。禁止公开侦查内容与所得心证的情形包

---

① 参见刘邦绣《媒体过度报导犯罪新闻对刑事司法的影响》，《月旦裁判时报》2014 年第 10 期，第 95 页。

括被告人、少年或犯罪嫌疑人的具体供述及是否自首或自白；侦查中的卷宗、笔录、影音资料、照片、电磁记录或其他重要文件、物品。在执法单位调查、侦办或审判的过程中，记者和媒体通常会以其独特的渠道和方法报道、分析案件，结果对案件的起诉审查和审判产生了莫大困扰。① 虽然侦查不公开原则的修法理由强调犯罪事实的认定，为法院于审判程序中的职权，在犯罪嫌疑人未经起诉进入公开审判程序之前，犯罪事实的认定非媒体或人民所能代行，犯罪嫌疑人也无接受媒体或人民公审的义务。司法实践中少数办案人员在侦查程序开始后，或主动联系媒体，或被动揭露侦查内容如犯罪嫌疑人的供述、自首或自白。这种行为不但违反无罪推定原则，而且严重侵犯被追诉人的人权，实不足取，然类似媒体报道侦查内容或侦查所得心证的离谱案例，仍然时有出现于日常电视新闻画面的情形。② 台湾地区曾经轰动一时的"南回铁路火车出轨案"，即发生于 2006 年 5 月的屏东火车翻覆事件。原承办案件的屏东地检署检察官多次将执行侦查职务所知悉的事项泄露给媒体报道，除了影响涉案人员的名誉和诉讼关系人的生命安全外，也导致其他共犯毁灭证据或畏罪潜逃的可能；荒谬的是，后续承办的高雄地检署检察官在传唤涉案人员前，即对其限制出境并指挥司法警察进行全天候监控，此举更造成新闻媒体全天候的 SNG 现场连线报道，尤其在传唤涉案人员到案说明时，竟以不具有刑事诉讼任何地位的"关系人"传唤，完全规避被告人根据"刑诉法"规定应享有的的诉讼权利，并严重违背侦查不公开原则和对被告人应尽的照顾义务。③ 在侦查阶段所有证据资料尚处于不确定的状态，此时犯罪嫌疑人的身份不应成为媒体关注的对象，因为如果事后证明其并非行为人，但办案人员或其他诉讼关系人将侦查信息透露给媒体进行报道，则会给犯罪嫌疑人造成无可弥补的损害。

---

① 在实务运作上，侦查机关为宣扬治安绩效或塑造打击犯罪英雄形象，以及新闻媒体因竞逐提升阅听率或营利目的，未顾及相关当事人隐私或名誉的维护，再加上对于泄密行为的处罚或隐私名誉侵害之事后救济效果不彰，致使侦查不公开原则的运作，似已逆转成例外变原则，造成不少社会大众误认逮捕、起诉即等于被告有罪的"推定有罪"偏差见解。参见陈运财《侦查与人权》，元照出版有限公司，2014，第 76 页。

② 参见林钰雄《刑事诉讼法》（下册），元照出版有限公司，2010，第 15~16 页。

③ 参见张丽卿《刑事诉讼法理论与运用》，五南图书出版股份有限公司，2013，第 476 页。

2. 特别规定

第一，证据有灭失的风险。侦查中案件的证据资料有招致毁灭、伪造、变造的可能，属于严格禁止公开的情形。原因在于，办案人员及相关人员泄露侦查程序、侦查内容和所得心证的侦查信息，不仅可能会导致毁灭证据、勾串共犯或伪造、变造证据，而且还会出现犯罪嫌疑人或其他共犯逃匿等情况，进而增加对刑事犯罪追诉的困难和妨碍刑事司法程序。但是，侦查不公开原则所要保护的内容，并非所有侦查信息，而是具有保护重要性的侦查秘密。不公开的信息具有保密性和重要性，所以侦查信息一旦公开将危害侦查不公开原则所保护的利益，[①] 尤其需要防止刑事案件的证据资料被销毁或更改，以至于阻碍侦查机关对刑事案件的侦查，以及审判机关对案件事实的查明。

第二，被害人尚未脱险。在案件的侦查过程中，侦查行为、计划、方向和办案机关所掌握的证据资料，有必要予以保密，此为侦查不公开原则的基本要求。媒体不当报道侦查阶段刑事案件的相关信息，可能会阻碍对尚未脱险被害人的解救。这不仅会增加警方侦破案件的难度，有时还会威胁到被害人的人身安全和生命安全。特别是为特定目的将被害人作为人质的绑架案，媒体对刑事案件侦查行为和侦查过程的不当报道，犯罪分子在获得家属已报案的信息后，极易使被挟持的被害人遭受身体伤害或被杀害。

第三，可能侵害当事人、诉讼关系人及其亲属的人格权。媒体报道的新闻往往是公众较为关心的信息或事件，特别是涉及公共安全的犯罪问题，但在很多情况下可能会侵害当事人和被害人、证人、鉴定人等诉讼关系人及其亲属的人格权。如果在新闻自由与个人的人格权保护之间缺乏合理的规则界分和制度平衡，则会造成冲突和纠纷不断发生，而新闻自由也终将失去其应有的功能，削弱甚至侵害对公民合法权利的保护，使整个社会变成一个缺乏公开、监督和信息流通的神秘世界，并为权力行使过程中的违法行为和丑恶现象提供条件和土壤。[②] 媒体对其新闻自由权的不当行使，侵

---

① 参见王正嘉《进行中刑事案件之新闻报导的应然与界限》，《台大法学论丛》2018 年第 3 期，第 1246 页。

② 参见张军《新闻自由与隐私权的冲突和平衡》，《法学评论》2007 年第 1 期，第 37 页。

害公民合法权利的报道行为主要体现在以新闻自由为借口，超过必要限度公布或揭露相关主体的信息。例如，犯罪嫌疑人或被告人的犯罪前科资料；被告人、犯罪嫌疑人或诉讼关系人的性取向、亲属关系、族群、交友状况、宗教信仰或其他无关案情、公共利益等隐私事项；有关被害人或其亲属的照片、姓名、其他足以识别其身份的信息及有关其隐私或名誉的事项。所以，对尚处于侦查过程中的刑事案件，办案人员不得随意向外界透露应当保密的案件信息，特别是涉及当事人、诉讼关系人及其亲属的隐私、名誉、肖像、姓名等个人信息。同时，办案人员也不得将这些侦查信息透露给媒体，并根据自己的要求进行报道。

第四，未成年人的个人资料。社会的不断发展使媒体成为具有独立利益和追求的行业组织，特别是商业媒体与其他商业组织一样都要追求自身的利益和影响力，所以媒体报道侦查中案件信息可能滥用宪法法律赋予的新闻自由权利。例如，刊登不良广告，掺杂较多的低俗报道和负面报道，有偿新闻和有偿不闻，报道未经核实的虚假新闻，不当报道未成年人资讯或未对涉及未成年人的信息作技术处理。媒体不加区别地对未成年人的隐私、肖像以及其他个人资料进行报道，既没有履行衡量义务，也超出了必要的限度范围。在我国，除了未成年人案件以外，法律并没有明令禁止控方在案件侦查与审查起诉阶段向媒体披露案情。但即使是未成年人案件，在案件自侦查阶段起，犯罪嫌疑人的姓名、社会背景、前科记录等信息就被媒体进行广泛报道的情况也屡见不鲜。[1] 所以，媒体报道犯罪涉及未成年人的信息时，需要注意衡量其所披露的信息，是否会给未成年人带来较大的负面影响，特别是有关青少年事件的资料、少年或儿童之照片、姓名、居住处所、就读学校、家长、家属姓名及其案件的内容，或其他足以识别其身份的信息。

第五，检举人或证人的个人资料。侦查不公开原则也有保护诉讼关系人的功能，特别是检举人或证人的权利。因为不论告诉人、告发人还是证人或其他关系人，向侦查机关提供案件信息，都或多或少会面临人格权被侵害和人身安全方面的风险。为保护这些诉讼关系人的隐私、身家与性命

---

[1]　参见易延友《刑事诉讼法：规则、原理、应用》，法律出版社，2019，第463~464页。

的安全，侦查信息应严格予以保密。① 所以，需要严格禁止公开或揭露检举人或证人的姓名、身份资料、居住处所、联络方式，以及其他足以识别其身份的信息和陈述内容或所提出的证据资料。

（二）酌定可公开情形

侦查不公开原则的主要功能是维护侦查顺利进行，保护当事人及诉讼关系人的人格权与人身安全，以及确保公平审判。但这并非一项完全禁止侦查信息公开的规则。如果经审酌需要维护公共利益或保护合法权益，侦查机关可以适度公开或揭露侦查程序或侦查内容，除非其他法律有不得公开或揭露案件信息的特别规定。根据台湾地区最新修订"侦查不公开作业办法"第 8 条的规定，侦查不公开原则的酌定公开情形包括告知民众提高警惕、请求民众协助侦查、澄清相关事实以及宣示政府打击犯罪方面的作为。

第一，告知民众提高警惕。在一些重大刑事案件的侦查过程中，适度公开侦查信息将有助于维护社会公益，特别是影响社会大众生命、身体、自由、财产安全的刑事案件，如果能及时告知民众多加留意、注意防范，则可以有效维护社会治安，避免造成更严重的财产损失和人身伤害。出于维护公共利益的需要，有必要适度公开这些涉及增进社会公共利益的侦查信息，但办案人员需要审酌侦查信息公开的详细程度。例如，在强暴、绑架、杀人等暴力犯罪分子落网前，侦查机关可以通过媒体快速向民众传达相关信息，使民众可以通过媒体的报道事先加强防范，避免人身权利或财产权利受到侵害。

第二，请求民众协助侦查。通过媒体的报道，公众于知悉案情后，常能多方面提供犯罪嫌疑人行踪和犯罪证据等线索，协助执法机关侦办案件。就对被害人的报道来看，通过媒体曝光可能会造成二度伤害；就犯罪过程的描述而言，虽从侦查角度来看，如果检警对于犯罪资讯的披露拿捏得当，则经媒体适当披露获得的相关证据，反而可能成为判别犯罪行为是否为真正为犯罪嫌疑人所为的重要方式。② 因此，对社会治安有重大影响的案件，因被告人或犯罪嫌疑人逃亡、藏匿或不详，为期早日查获或防止再犯，吁

① 参见张丽卿《刑事诉讼法理论与运用》，五南图书出版股份有限公司，2013，第 475 页。
② 参见刘邦绣《媒体过度报导犯罪新闻对刑事司法的影响》，《月旦裁判时报》2014 年第 10 期，第 95 页。

请社会大众协助提供侦查的线索及证物，或悬赏缉捕；对现时难以取得或调查的证据，为保障被告人、犯罪嫌疑人行使防御权，有必要请求社会大众协助提供证据或信息。

第三，澄清相关事实。在侦查阶段案件的证据资料尚处于混沌不明状态，而无罪推定原则要求犯罪嫌疑人的身份和案件的其他资料，不应成为媒体报道的对象，尤其如果事后证明其并非行为人，则办案人员或其他诉讼关系人将侦查信息透露给媒体进行报道的行为，会给犯罪嫌疑人造成难以弥补的损害。媒体报道内容与案件侦查事实不符需要进行澄清的必要性，主要是媒体先行公开揭露侦查信息，有可能使犯罪嫌疑人或被告人受到不公平审判，而为了平衡报道、恢复犯罪嫌疑人或被告人的合法权利，侦查机关、辩护人、被追诉人可以公开揭露相关的侦查信息，包括侦查程序、侦查内容和所得心证。因此，为维护被追诉人诉讼上的防御权益或合法权益，在不涉及串证或毁灭、伪造、变造证据的界限范围内，可以适度公开揭露相关侦查信息。特别是案件经起诉后，公开部分案件信息基本上已无妨害侦查效率的可能，且对诉讼关系人名誉的影响较侦查中的公开揭露相对减轻，因此根据除外事由的解释，自应较侦查中的公开揭露采取更宽容的立场。① 而对于媒体查证、报道或网络社群传述的内容与事实不符，影响

---

① 参见陈运财《侦查与人权》，元照出版有限公司，2014，第91页。美国律师协会颁布的《职业行为示范规则》第3.6条（审判宣传）规定："（a）正在参与或者曾经参加关于某事务的调查或者诉讼的律师，如果知道或者合理地应当知道其所作的程序外言论会被公共传播媒体传播，并对裁判程序有产生严重损害的重大可能，则不得发表这些程序外言论。（b）尽管存在（a）款的规定，律师仍然可以就下列事项发表言论：（1）有关的诉讼请求、违法行为或者辩护；有关人员的身份，但法律禁止者除外；（2）公共档案中包含的信息；（3）关于某事务的调查正在进行之中；（4）诉讼的日程安排或者诉讼每一阶段获取的结果；（5）在必要的证据和信息方面需要获得帮助的请求；（6）当有理由认为对个人或者公共利益存在产生严重损害的危险时，就有关人员行为的危险性发出警告；以及（7）在刑事案件中，除（1）到（6）项以外，还包括：（i）被告人的身份、住址、职业和家庭状况；（ii）如果被追诉人还没有被逮捕，有助于逮捕该人的必要信息；（iii）被告人被逮捕的事实、时间和地点；以及（iv）执行调查或者逮捕的人员或者机构的身份和调查持续的时间。（c）尽管存在（a）款的规定，如果一个普通律师会认为需要保护某委托人免遭最近非因该律师或者该律师的委托人对案情的宣传而带来的严重不当损害，则律师可以进行有关陈述。根据本款进行的陈述，应当限制在为减轻上述最近的不利宣传带来的后果所必需的范围内。（d）在律师事务所或者政府机构中，与受（a）款约束的律师的律师合作的任何律师，都不得进行行为（a）款所禁止的陈述。"参见《美国律师协会职业行为示范规则（2004）》，王进喜译，中国人民公安大学出版社，2005，第73~75页。

被告人、犯罪嫌疑人、被害人或其他诉讼关系人的名誉权、隐私权、肖像权等重大权利，也有必要公开揭露侦查信息以澄清相关事实。

第四，宣示政府打击犯罪的作为。媒体为公众关心和讨论社会问题提供和传播必要信息，公众意见通过大众媒体得以汇聚和讨论，各种信息得到交流和传播，从而形成公共舆论和政策环境。在一个民主与法治国家，只有透过承载新闻自由和言论多元的媒体，有关公众政策的公意才能顺利形成，媒体成为促进社会信息传播的重要机制。[1] 向大众公开侦查作为，可以使人民了解政府打击犯罪的努力，并以此提升人民对司法的信赖，因此一律不得对外公开揭露侦查信息，不但违反公众获取必要资讯的权利，有时也不利于社会治安的维护，可能将削弱防范犯罪的成效，造成社会大众人心惶惶，影响社会安定与公共利益。[2] 例如，对于涉及国家安全、社会治安有重大影响、重大灾难或其他社会瞩目的刑事案件，有适度通过媒体向民众公开说明或通报的必要；越狱脱逃的人犯或通缉犯，经缉获归案也有必要通过媒体告知民众。

五 结语

侦查机关公开披露侦查阶段的案件信息，一般直接通过媒体或引起媒体关注进行报道。在媒体报道的所有新闻事件中，犯罪报道所占的比例通常较高，原因是犯罪的发生与社会整体环境具有较为密切的联系。犯罪报道可对民众起到预警和警示作用，防止其不当揣测引发的不稳定舆情压力。媒体及时报道相关犯罪案件的信息，可协助侦查机关展开侦查活动和保护公共利益；促使侦查机关公开案件信息，扩大信息公开范围，保障公民的知情权；监督侦查机关的职权行为，确保侦查人员按照法定程序和法律规定办案，减少对犯罪嫌疑人的逼供、诱供，防止冤假错案的生成。但是，媒体针对侦查阶段案件信息报道也存在诸多弊端。例如，犯罪报道会妨碍警方的侦查行为、侵犯个人的隐私、妨碍公正审判。如果被追诉人知悉其犯罪行为已被侦查机关

---

[1] 参见张军《新闻自由与隐私权的冲突和平衡》，《法学评论》2007 年第 1 期，第 37 页。
[2] 参见王正嘉《进行中刑事案件之新闻报导的应然与界限》，《台大法学论丛》2018 年第 3 期，第 1250 页。

发现，可能会销毁证据或与诉讼关系人、证人串供，造成侦查机关调查取证的困难。侦查机关对刑事案件的信息优势往往是破案的先机，而案件信息被不当披露会阻碍其缉捕罪犯和保全证据资料。为避免妨碍办案机关的侦查活动，应要求知悉案情的相关人员对重要的侦查信息保密。

尽管侦查不公开原则要求办案机关对侦查行为、计划、方向和所掌握的证据资料予以保密，但在案件侦查告一段落或案件被侦破后，有时需要侦查机关披露相关信息，向公众通报刑事案件的侦查情况。媒体报道侦查中刑事案件有信息源和时效性方面的压力，这往往容易促成其与侦查机关的办案形成对立、合作、共生等复杂关系。其中，新闻采访的报道尺度，侦查不公开规范的范围，以及双方的互动关系，往往会对案件的侦查工作造成较大影响。例如，绑架案中被害人脱险前将消息曝光会危及人质安全，报道犯罪侦查方向甚至泄漏检警部署会妨碍刑事侦讯工作，进行审讯式访谈会侵害相关人员的人格权，透露具体案情将破坏检警信息优势因而增加办案障碍，拍摄警方陈列所谓犯罪赃物将造成证物的污染破坏，重建现场式的拍摄手法往往因夸张、渲染或扭曲误导对案件的事实认定。[①] 一些获利较多、危害极大的刑事案件如黑社会性质犯罪案件、毒品犯罪、恐怖活动犯罪、危害国家安全犯罪案件，如果媒体过分暴露证人、被害人的相关信息，则可能会导致其被打击报复。[②] 因此，媒体不当报道或泄露侦查阶段案件的相关信息，会阻碍对证人、被害人的保护和解救，增加警方侦破案件的难度，有时甚至会威胁到被害人的人身安全。特别是在将被害人作为人质的绑架案中，媒体对案件侦查活动和抓捕行动信息的不当报道，犯罪分子在获得家属已报案的信息后极易造成被害人被杀害。综合媒体报道侦查阶段刑事案件信息的利弊和侦查不公开原则的要求，应建立以限制报道为原则、允许报道为例外的犯罪报道制度。媒体对刑事案件进行报道应满足预设的条件，并限定于一定的案件范围内。因为犯罪信息的报道相比一般信息的报道有较大不同，媒体在报道犯罪信息时需

---

① 参见彭文正、萧宪文《犯罪新闻报导对于司法官"认知"、"追诉"及"判决"的影响》，《台大法学论丛》2006年第3期，第130页。
② 参见高一飞、曾静《犯罪现场新闻报道及其限度》，《法律适用》2015年第12期，第30页。

要兼顾社会公共利益与被报道者个人权利的平衡。特别是当二者发生冲突的情况下，应当考虑是否有必要让公众知晓犯罪信息，以引起公众对犯罪的警惕，或防止出现不稳定的舆情因素。同时，也应当充分考虑媒体公布犯罪信息是否有助于民众向侦查机关提供案件信息，是否会妨碍侦查机关展开工作，以及是否有利于约束公权力机关滥用执法权力的行为。

The Basic Problem and Application Limit for the Principle of Non-disclosure of Investigation

(*Li Wenjun*)

Abstract: The principle of non-disclosure of investigation means that the investigators shall not disclose the investigation procedure, investigation content and the obtained inner conviction to anyone other than litigants, unless it is necessary in accordance with the law or for the protection of public interests or legitimate rights and interests, meanwhile, parties to an action who have the obligation of confidentiality, litigants, and other persons who have been informed of the obligation of confidentiality shall not disclose or expose investigation information related to the case. The function of the principle of non-disclosure of investigation is to maintain the smoothly operation of the investigation process, to avoid the suspect's escaping, hiding evidence or destroying evidence, ensuring the defendant's fair trial, and protecting the personality and personal safety of the parties and the litigants. The media and their practitioners interviewing and reporting on criminal incidents belong to the way they exercise freedom of expression and satisfy the protection of the public's right to know, they aren't personnel who perform their duties in accordance with the criminal procedure law. Therefore, the media and their practitioners are not the standard object of the principle of non-disclosure of investigation. However, when the media obtain the right of interview, privilege and general rights, they still need to undertake corresponding obligations, including the obligation of true report, the obligation of measuring rights and interests, and other obligations related to their work. When the media reports conflict with the interests of the state and others, the media should perform the obligation of measuring rights and interests before disseminating news reports, and consider which legal interests need to be protected first. There are also exceptions to the principle of non-disclosure of investigation, whether the relevant case information can be disclosed depends on the degree of harm to investigation activities and fair justice after disclosure, as well as whether there are significant social public interests or other interests.

Keywords: Non-disclosure of Investigation; Freedom of the Press; Statutory Prohibition of Disclosure ; Discretion of Disclosure

印证何以证明？
——对印证原理和印证规则的概率论反思

周俊彦[*]

摘　要： 在司法证明中，证据推理的前提可能为假，推理的形式也未必演绎有效，因此其结论仅具有盖然正确性。在此情况下，裁判者往往需要通过印证证明的方法来提升事实认定的准确程度，其实质是通过发现印证关系来提升对证明结论的主观概率估值。印证关系虽然是一种证据间的相互关系，但此种证据间的相互关系是通过共同指向的待证事实建立起来的。根据证据与待证事实间相互关系的不同，又可将印证进一步分为直接印证与间接印证。印证证明的原理是根据概率的乘法规则所进行的可能性估算，其适用的前提是用以相乘的事件之间相互独立。而根据印证的基本原理，可以得出一些与印证证明相关的重要命题，这些命题可以作为对现有印证规则进行评判时所依据的前提。

关键词： 印证；概率；证明模式；证据规则

一　问题的提出：印证证明的不同解释路径

印证证明何以可能？这并非一个不证自明的问题。虽然学界对"印证"的具体定义仍存分歧，但大多数学者认可证据法领域的"相互印证"特指某种证据之间的相互关系，而不是对证据与待证事实相符状态的描述。[①] 经典表述如"所谓'印证'，是指两个以上的证据在所包含的事实信息方面发

---

* 周俊彦，中国政法大学刑事司法学院硕士研究生。

① 在非法律专业语言中，"印证"一词有时也被用于描述结论与事实（证据）相符，如有此种表述，"有学者认为，东亚经济发展的奇迹是人口红利推动的结果。而日本和韩国'人口机会窗口期'与'经济高速增长期'的错位似乎没有印证这一结论"，这与证据法学中"印证"一词的通常用法有所不同。参见刘元春、孙立《"人口红利说"：四大误区》，《人口研究》2009 年第 1 期，第 85 页。

生了完全重合或者部分交叉，使得一个证据的真实性得到了其他证据的验证"；① 以及"证据学意义上的印证，是指利用不同证据内含信息的同一性来证明待证事实，同时亦指采用此种方法而形成的证明关系与证明状态"。② 然而，所谓证明是指"用可靠的材料来表明或断定人或事物的真实性"，③ 代入司法证明领域，就是"运用证据断定待证事实是否成立"的过程。质言之，"印证"仅发生在证据与证据之间，"证明"则是从"证据"到"待证事实"的推理活动，二者背道而驰，到底该如何实现从"印证"到"证明"的蜕变？这是我国证据法学界一直缺乏探讨的话题。

近来有学者试图从哲学层面揭示印证证明的作用机理，其认为印证的认识论基础在于真理融贯论和真理符合论，方法论基础是归纳逻辑与溯因推理。④ 也有学者在认知模式的框架内理解印证证明，认为我国的印证证明模式实质上是一种"亚整体主义"的证明模式，即虽强调证据之间的综合分析，但同时设置了"原子式"的证明力规则，故不属于真正意义上的"整体主义"。⑤ 还有学者不加区分地使用"融贯论""整体主义"等词来描述印证证明，言下之意即"印证""融贯""整体主义"这三者等质。⑥ 应当承认，"真理融贯/符合论说"与"整体/亚整体主义模式说"等学说都能为抽象地理解印证证明提供一个较好的理论模型，但它们的共同问题在于其理论自身无法说明什么样的"印证证明"是一个"好"的"印证证明"。换言之，从上述理论中推不出"证据融贯"与"事实在'整体'上得到证明"的具体标准。

与"融贯论"或"整体主义"一脉相承的另一理论模型是"最佳解释推理理论"，该理论最初在科学哲学领域被提出，但随即在英美证据法学界

---

① 陈瑞华：《论证据相互印证规则》，《法商研究》2012年第1期，第113页。

② 龙宗智：《刑事印证证明新探》，《法学研究》2017年第2期，第152页。

③ 中国社会科学院语言研究所词典编辑室编《现代汉语词典》，商务印书馆，2016，第1673页。

④ 参见龙宗智《刑事印证证明新探》，《法学研究》2017年第2期，第156~158页。也有学者认为印证的认识论基础仅止于真理融贯论，参见薛爱昌《为作为证明方法的"印证"辩护》，《法学研究》2018年第6期，第26~28页。

⑤ 参见谢澍《反思印证："亚整体主义"证明模式之理论研判》，《华东政法大学学报》2019年第3期，第150~153页。

⑥ 参见薛爱昌《为作为证明方法的"印证"辩护》，《法学研究》2018年第6期，第23页。

得到了较为广泛的接受。根据该理论，裁判者将不同证据所反映的事实作为整体构建成一个"故事"，并通过比较不同"故事"之间的优劣，最终选择一个"最佳故事"作为其认定的案件事实。对"故事"优劣的判断取决于该故事能否解释现有证据，以及"故事"本身是否连贯（coherent），而故事的连贯性又取决于三条次级标准：一致性（consistency）、合理性（plausibility）和完整性（completeness）。① 不难看出，"最佳解释推理理论"就是一种认定事实的"整体主义"方法，与单纯的"整体主义"理论相比，其优点在于提出了较有解释力和可操作性的"最佳"事实判断标准，故为不少学者所推崇。例如"新证据法学派"的代表人物艾伦教授就认为司法证明的本质是"解释性"的，并以其为工具对英美证据法学界原本占统治地位的"概率性"解释路径进行了批判。② 我国也不乏学者注意到最佳解释推理理论的重要性，并顺理成章地将这一外来概念与"印证"这一本土概念进行对比，其中有学者认为印证证明模式是最佳解释推理理论的亚类型；③ 也有学者认为印证模式与最佳解释推理不冲突，且有许多一致性；④ 还有学者认为应当将印证方法与故事方法（最佳解释推理方法）结合使用。⑤ 本文虽无力也无意在整个司法证明理论的大框架下探讨最佳解释推理理论与概率论何者更优的问题，但也想指出，印证思维的本质是概率思维而不是解释思维，用概率理论去解释印证证明更加合适，理由如下。

第一，最佳解释推理是对全案所有证据的完整解释，它建立在一个清晰、流畅的故事之上，而印证可以发生在两个单独的证据之间。印证思维既可以是统一、连贯的，也可以是零散、碎片的。考虑通常所称的"印证"

---

① 一致性指"故事"的不同部分间没有内在矛盾；合理性指"故事"契合事实认定者对世界的一般认知；完整性指"故事"情节中的所有行为都应当是有动机的，参见 Floris J. Bex, *Arguments, Stories and Criminal Evidence*, Springer, 2010, pp. 73-77.

② 其最新观点及对一些质疑的回应，参见〔美〕罗纳德·J. 艾伦、迈克尔·S. 帕尔多《相对似真性及其批评》，熊晓彪、郑凯心译，《证据科学》2020 年第 4 期，第 440 页。

③ 参见向燕《论司法证明中的最佳解释推理》，《法制与社会发展》2019 年第 5 期，第 196 页。

④ 参见罗维鹏《印证与最佳解释推理——刑事证明模式的多元发展》，《法学家》2017 年第 5 期，第 127 页。

⑤ 参见纵博《庭审实质化视野下的证据分析方法多元论》，《政治与法律》2020 年第 10 期，第 23 页。

情形，既包括"证据之间相互印证，不存在无法排除的矛盾和无法解释的疑问"[①] 这样的表述，也包括"下列证据应当慎重使用，有其他证据印证的，可以采信"[②] 这样的表述。如果只将印证证明视为一种对全案事实进行合理解释的整体性认知方法，就无法理解为什么印证关系的存在可以提高原子证据的可信程度。而在概率论视角下，则可以对原子证据和原子事实进行概率赋值。

第二，对"解释"是否最佳的判断依赖于不同"故事"版本间的优劣比较，而在印证模式中未必存在相互竞争的不同故事。在最佳解释推理理论的假定中，诉讼的原被告双方或控辩双方要通过各自举证来构建有利于本方诉讼主张的事实版本。即便民事被告或刑事被告人在某些情况下无须承担举证责任也没有提出属于自己的替代性解释，但法官也会根据自己的常识和经验构建一个相对合理的事实版本来与原告主张的"故事"进行比较。[③] 而在印证思维下，法官并不需要在脑海中构建相互竞争的不同事实，其只要认识到印证关系本身的存在进而认定唯一事实即可。

第三，印证证据数量的多少是衡量印证关系强度的唯一因素，除非有足够强力的相反证据，否则有越多证据支持的事实就是越可能成立的。而如前所述，判断一个"故事"是不是案件的最佳解释，则需要考虑许多复杂因素。虽然理论上，"故事"内容对证据的涵盖性应当是判断故事好坏的最重要标准，但实验表明往往故事越连贯则其被认定为真的可能性也越高，故事的可接受性与事实的真相并无关联，[④] 这显然是危险的，也与印证证明有着本质区别。

综上，"概率论"是解释印证证明的唯一合理路径，其不仅能为正确地理解"印证"本质提供一个基础框架，而且基于概率的可计算性其还能为

[①] 《最高人民法院关于适用〈中华人民共和国刑事诉讼法〉的解释（2021 年）》（以下简称《刑诉法解释》）第 140 条。

[②] 《刑诉法解释》第 143 条。

[③] 参见〔美〕罗纳德·J. 艾伦、迈克尔·S. 帕尔多《相对似真性及其批评》，熊晓彪、郑凯心译，《证据科学》2020 年第 4 期，第 450 页。

[④] 参见 Pennington N. & Hastie R. , "Explaining the Evidence：Tests of the Story Model for Juror Decision Making", *Journal of Personality and Social Psychology*, Vol. 62, 1992, pp. 189-206。

进一步判断"印证证明"的优劣提供具体的判准。

二 印证的具体形态：直接印证与间接印证

在正式进入对印证原理的分析之前，还需要对印证的形态作更细致的拆解，因为不同类型的印证证明背后的逻辑稍有不同。我国学者将"印证"分为"直接印证"与"间接印证"：前者指信息内容同一的印证；后者指信息指向同一的印证。[①] 直接印证的证据之间可以对信息内容进行直接比较；间接印证则需要借助信息筛选、语言概括以及证据推论等方法，才能进行信息比较，发现印证关系。不难看出，直接、间接印证的概念划分实质上已经不单纯是证据之间的相互关系问题，而是涉及了证据事实[②]与待证事实之间的推理形式问题。如果两份印证证据都是经由演绎推理就能证明待证事实的直接证据，那么它们就是直接印证的；如果有一份证据是必须经由溯因推理才能证明待证事实的间接证据，[③] 那么它与另一份证据之间就只能是间接印证的关系。虽然此种分类方法具有极强的实践价值和理论指导意义，但"信息内容同一"与"信息指向同一"的表述显得过于粗糙，难以建立精确、稳定的概念体系。一方面，"信息内容同一"的证据必然"信息指向同一"，如果严格遵照该学者的定义方法，间接印证的概念将与印证的概念混同，且直接印证将为间接印证所包含；另一方面，在刑事诉讼中，只有也总有控辩两个方向，如果印证就是指"信息指向同一"，那么所有指向有罪或无罪的证据都可以相互印证，这样一来，印证的操作性与可信性都难以体现。[④] 因此笔者认为，应当在保留直接印证与间接印证划分方法的前提下，对二者进行更加精准的界定。

---

① 参见龙宗智《刑事印证证明新探》，《法学研究》2017年第2期，第153页。也有外国学者将证据间的相互关系分为"证人证言之间的补强"（corroboration）与"间接证据之间的聚合"（convergence），但对于为何如此划分，该学者未作更进一步的说明，且该学者在讨论时往往将二者混同，故为本文所不采。参见 Cohen, L. Jonathan, *The Probable and the Provable*, Oxford University Press, 1977, pp. 94~113。

② 证据本身记载和反映着的事实通常被称为证据事实，参见樊崇义主编《证据法学》，法律出版社，2017，第262页。

③ 溯因推理是指运用一般规律性知识，推测出事件发生的原因的推理方法，参见中国人民大学哲学院逻辑学教研室编《逻辑学》，中国人民大学出版社，2014，第226页。

④ 参见栗峥《印证的证明原理与理论塑造》，《中国法学》2019年第1期，第267~268页。

（一）证据间相互印证关系的实质

学界关于"印证"概念究竟为何的探讨不可谓不多。有观点认为，印证是多份证据在所含事实信息方面出现了重合或交叉。[①] 与之相似，还有观点认为印证是指不同证据内含的信息具有同一性。[②] 此类观点的问题在于其似乎过度扩张了"重合""交叉""同一"等概念的内涵范围，他们认为间接证据之间同样可以相互印证，但一份 DNA 鉴定报告所含的事实信息怎么可能和一份血型鉴定报告所含的事实信息完全（或部分）相同？虽然二者都可用于送检检材的身份信息识别，但前者只能反映 DNA 分析结果，后者只能反映血型分析结果，二者所含的事实信息显然全异。更进一步讲，即便是对于相互印证的直接证据而言，此类观点也没能明确怎样的证据之间能构成"重合"、"交叉"或"同一"。例如证人 A 说："我听说甲和乙是仇人，案发当时我亲眼看见是甲杀了乙"；证人 B 却说："我也听说甲和乙是仇人，但案发当时我明明看见是丙杀了乙"，在此案例中，"事实信息重合/交叉/同一说"似乎无法给出一个关于证人 A、B 的证言是否相互印证的准确答案。

还有一些观点则显得更加模糊，如有学者认为印证的内涵大于一致性，但又没有蕴含这样强的逻辑关系；也就是说，印证强于一致性，但弱于蕴含，故属于一种"相互符合或匹配"（fitting together）。[③] 这一定义显得非常形式化，虽然该学者紧接着又说若 A 印证 B，则当 A 为真时，B 为真的概率将得到提升，但这也只是说明了印证的功能，仍未说明印证的形态究竟为何。其他诸如"相互支持""相互协同""相互吻合"之类的说法也大抵如此，都没能把印证关系的核心问题解释清楚。

对于"印证"的概念问题，最高人民法院其实有过权威解读，2012 年《最高人民法院关于适用〈中华人民共和国刑事诉讼法〉的解释》（以下简称 2012 年《刑诉法解释》）第 104 条第 3 款规定："证据之间具有内在联系，共同指向同一待证事实，不存在无法排除的矛盾和无法解释的疑问的，

① 参见陈瑞华《论证据相互印证规则》，《法商研究》2012 年第 1 期，第 113 页。

② 参见龙宗智《刑事印证证明新探》，《法学研究》2017 年第 2 期，第 152 页。

③ 参见薛爱昌《为作为证明方法的"印证"辩护》，《法学研究》2018 年第 6 期，第 25 页。

才能作为定案的根据。"该条款的前 3 个短句就是最高人民法院对印证概念所作的定义，①该定义虽然依旧不够精确，却指出了一个十分关键的问题："相互印证"虽然是对证据之间相互关系的描述，但在判断是否存在这种关系时，必须将证据与待证事实之间的推理形式纳入考量。一言以蔽之，笔者认为，所谓的"相互印证"就是：（1）指两份或多份证据在分别经历一次或若干次推理步骤后，可以用于证明同一待证事实；（2）如果这些证据满足这一条件，那么这些证据在证明该待证事实时，就构成了印证关系；（3）但在证明其他待证事实时，则未必还能构成相互印证。之所以要在印证关系的定义最后附加一个限定条件，是因为在实际的司法证明过程当中，同一证据未必只能用于证明一个案件事实，而当其被用于证明其他事实之时，原本能够与其相互印证的证据未必还能为其提供支持。假设在一起强奸致人死亡案中，鉴定意见表明被害人的阴道有新形成的撕裂伤，且公安机关在被害人尸体的阴道内提取到了被告人遗留的精液并在被害人的手指甲缝中提取到了被告人的皮肤组织物及血液，那么对于该案而言，如果公诉人试图证明被告人就是强奸者，精液、血液、皮肤组织物等"痕迹证据"就显然能够互相印证，而被害人阴道内的撕裂伤则无法被纳入印证体系；但当公诉人试图证明强奸既遂事实（确已插入）的存在时，血液、皮肤组织物等证据就无法再为精液证据提供任何支持作用，被害人阴道中的撕裂伤口则可以作为印证。可见，证据间的印证关系并非永恒不变，而是会随着证据证明对象的改变而有所改变。

（二）直接印证的具体形态

在只需要通过演绎推理即可证明待证事实的证明过程中，证据所能表征的事实信息蕴含证明待证事实所需的全部事实信息。而当存在两份以上的证据同时蕴含某一个特定的待证事实时，即可以将这些证据之间的相互关系称为直接印证（见图 1）。换句话说，真正意义上的直接印证并不要求来源不同的印证证据之间在所含的具体事实信息方面完全相同，这些证据所含的信息只需要做到部分重叠或交叉即可，重叠或交叉的范围则以证明待证事实所需的事实信息为

---

① 该条款并未明确运用"印证"一词，但其所指内容就是印证，参见吴洪淇《印证的功能扩张与理论解析》，《当代法学》2018 年第 3 期，第 82 页。

限，待证事实以外的其他事实信息间即便存在冲突和矛盾，也不影响原本的直接印证关系。由于人类的记忆容易出现偏差以及存在表述习惯不同等因素的影响，在司法实践中经常会出现多份言词证据在整体上指向一致而在具体细节上出入较大的情况，对此法官等事实认定者需要仔细甄别这些不一致的事实细节是否会影响到相应待证事实的成立，如果不会，则这些细节事实的出入不会对言词证据之间的直接印证关系产生影响。需要强调的是，关于什么是无关紧要的细节的判断标准会随着待证事实的改变而改变，对于前文提到的证人 A、B 的例子而言，当待证事实是被告人甲的杀人动机时，关于谁实施了杀人行为的证言并不重要，故而 A、B 的证言能够相互印证；但当待证事实是被告人甲是否亲自实施了杀人行为时，A、B 的证言就显然无法对应，故而属于相互矛盾。

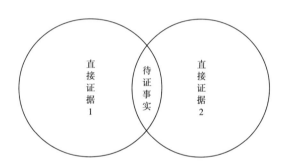

图 1　直接印证的形态

（三）间接印证的具体形态

在证据事实并未严格蕴含待证事实的情况下，证据间的相互印证关系难以被直观地判断。虽然长期以来的实践经验能让司法实务人员立刻将在被害人身上提取到的被告人血液和被告人精液这二者联系起来，但其中实际存在的逻辑推理过程要远比直接印证的情形来得更为复杂。

首先，间接印证是对直接证据与间接证据之间或多份间接证据之间印证关系的描述，当存在多份直接证据时，这些直接证据之间可能构成直接印证关系，但不可能构成间接印证关系。因为间接印证的本质在于证据须经推论，方可发现印证，而直接证据无须经由推论即可证明待证事实并发现印证。例如当某案中同时存在目击证人 C、目击证人 D 的证言以及一份提取到的指纹时，C、D 的证言都可能分别与指纹证据构成间接印证，而两份证言之间只可能构成直接印证。

其次，间接印证的多份证据之间必然不会在待证事实的范围以内出现重叠或交叉。与直接证据相比，间接证据所能蕴含的证据事实通常较为简单，例如在被告人身上提取的被害人血液仅能蕴含"被告人身上有被害人的血"这一极为简单的证据事实。要想通过这一简单的证据事实导向更为复杂的待证事实，还需要经过一次及以上的证据推论。也就是说，间接证据本身并不蕴含待证事实，多份间接证据之间以及间接证据与直接证据之间自然也就不可能发生待证事实范围以内的信息重合。

最后，由间接证据实现间接印证需要以概括为连接。因为所谓的证据推论就是溯因推理，而司法证明中的溯因推理都需要以归纳推理所得的概括为前提。所谓"概括"（generalization）就是溯因推理所依据的"一般规律性知识"，[1] 例如在"证人看到被告人神色匆忙地离开案发现场，所以被告人是杀人凶手"的推理过程中就隐含着"神色匆忙地离开案发现场的人通常就是凶手"这一概括。在一个推论过程中，可能会用到不止一个概括，而推论所需使用的概括越多，推论的结构就越复杂，推论结果的可信度也就越低（见图 2）。

三 印证的必要性基础：司法证明的盖然性及其影响因素

在正确理解印证的形态之后，还需要考虑的是印证与证明的关系究竟为何。与基于必然性推理的数学证明不同，司法证明只是一种盖然性推理，这种盖然性受到两方面制约：一是证据推理的前提不必然为真；二是证据推理的形式未必演绎有效。正因为此，从单一证据出发的闭合性推理过程并不总能满足司法证明对事实真相的追求，事实裁判者不得不寻求特定证据推理以外的其他外部证据的支持。而这又表现为两种不同的形式：一是

---

① 威格莫尔认为，证据推理通常是一种归纳法，但归纳推理的过程可以转化为一种"准演绎推理"的形式，只要将其中所依据的规则凸显出来，而这一规则就是所谓的"概括"。只不过，"概括"在人们日常的思维过程中往往处于隐含的状态。参见 John H. Wigmore, *The Science of Judicial Proof*: *As Given by Logic*, *Psychology*, *and General Experience*, *and Illustrated in Judicial Trials*, Little, Brown, and Company, 1937, p. 21.

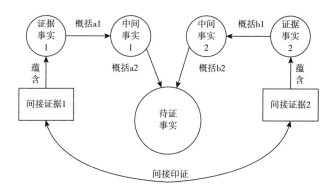

图2 间接证据相互印证的形态

实质证据之间的"印证";[1] 二是辅助证据对实质证据的增强。[2] 在我国，前一种方法得到了格外的强调。正如有学者所描述的："在这种以印证为最基本要求的证明模式中，证明的关键在于获得相互支持的其他证据。单一的证据是不足以证明的，必须获得更多的具有内含信息同一性的证据来对其进行支持。"[3]"由此可见，司法证明的盖然性本质催生了"印证证明"的现实需求，而相较使用辅助证据进行证明的方法而言，"印证证明"又具有某种独特性和不可替代性，至于其背后的具体原理，则需要引入概率理论来进行分析。

（一）司法证明的概率解释的理论基础

将概率问题概念化的方式不止一种。[4] 在诸多概率概念中，古典概率适用于等可能随机事件；逻辑/证据概率表示归纳逻辑中已有证据对假设的确证度；倾向概率则被用于理解诸如放射性衰变之类的事情，这三种概率概

---

[1] 证人品质对证言的补强并不能算是一种印证，参见龙宗智《比较法视野中的印证证明》，《比较法研究》2020年第6期，第38~39页。

[2] 关于"辅助证据"与"实质证据"的概念区分，可参见周洪波《实质证据与辅助证据》，《法学研究》2011年第3期，第157~173页。

[3] 龙宗智：《印证与自由心证——我国刑事诉讼证明模式》，《法学研究》2004年第2期，第111页。

[4] 斯坦福哲学百科全书将传统的概率论概念分为古典概率、逻辑/证据概率、主观概率、频率概率和倾向概率，登载于"Stanford Encyclopedia of Philosophy"，https：//plato.stanford.edu/entries/probability-interpret/#SubPro，最后访问日期：2020年11月6日。

念均与司法审判无关。实际在司法审判中发挥作用的概率理论就是频率概率与主观概率这两种，前者完全建立在统计的基础上，后者则是人们根据自己生活经历的积累对事件发生的可能性所给出的信念。① 虽然频率概率在司法证明中的运用遭到诸多诘难，包括绝大多数的统计数据无法获得（如证人是否说谎的数据），以及面临"参照组"（reference class）问题等，② 但实际上，频率概率的思想早已被广泛地运用于司法实践当中——DNA 分型结果的解释就涉及某一种分型图谱在人群中的概率以及人群中遗传标记频率的基础理论问题。③ 不过，与科学证据有关的统计概率与频率概率往往只是整个证据推理过程的一小部分，对证据推理的最终结果并没有决定意义（DNA 分析结果本身并不能排除实验室操作失误、送检样本遭到替换等可能），个案中某一具体待证事实的成立与否仍然只能经由主观概率去进行评价，统计数据永远不可能替代事实认定者的自由心证。而这又进一步涉及事实认定者主观概率的赋值依据问题——有学者质疑道："两个听到了同样证据的人，可能会对该证据的重要意义持完全相反的观点，并且没有办法去判定谁才是正确的（如果有正确可言的话）。"④ 但这一质疑似乎夸大了信念的私人属性，如果不同裁判者对同一事实的主观评估完全不可能相同，那么不仅用主观概率解释司法证明是不可能的，司法证明的客观性本身也是不可能的。对此，主观贝叶斯主义的代表人物菲尼蒂指出，虽然不同个

① 值得注意的是，主观概率也要符合概率的三条公理，参见茆诗松、汤银才编著《贝叶斯统计》，中国统计出版社，2012，第 65 页。概率的三条公理包括 $0 \leqslant P(E) \leqslant 1$；$P(S) = 1$；对于一系列互不相容的事件 E_1，E_2…（也即，如果 $i \neq j$，则 $E_i E_j = \varnothing$），有 $P\left(\bigcup_{i=1}^{\infty} Ei\right) = \sum_{i=1}^{\infty} P(Ei)$，其中 S 表示样本空间，E 表示空间中任一事件，参见〔美〕Sheldon M. Ross《概率论基础教程》，郑忠国、詹从赞译，人民邮电出版社，2010，第 25 页。

② 指即便我们获得了某事件基于一个参照组的数据，但其他潜在参照组的数据仍无法获得，如我们可以获知某镇上蓝色公交车的数量，却可能无法获得其时段、某街区的相应数量，而潜在的参照组几乎是无限的。参见 Ronald J. Allen, Michael S. Pardo, "The Problematic Value of Mathematical Models of Evidence", *The Journal of Legal Studies*, Vol. 36, 2007, pp. 111-114。

③ 参见〔美〕Ian W. Evett、〔美〕Bruce S. Weir《DNA 证据的解释——法庭科学中的统计遗传学》，黄代新等译，中国人民公安大学出版社，2009，第 87 页。

④ 〔美〕罗纳德·J. 艾伦：《司法证明的性质：作为似真推理工具的概率》，汪诸豪等译，《证据科学》2016 年第 3 期，第 372 页。

体对事件具有的背景知识不同，以至信念分布不同，这会造成最初对事件概率的预测不一致；但随着事件发生次数的增加，个体的经验逐渐丰富，个体对主观意见的依赖程度就会降低。重要的是，个体可以通过贝叶斯定理不断修正自己的置信度，使得有一个假设的后验概率趋向于1，而其他后验概率趋向于0，即个体会逐渐形成稳定的判断，并且由后验概率对未来事件的预测也会越来越趋向该事件的极限频率；最终，有着不同置信度的个体，他们的置信度会接近一个假设，他们的预测会逐渐趋向一致。[①] 这意味着有着相同经历的不同主体对特定事件的认知是大致相同且接近事实的。对应到司法证明领域，不同法官（足够有经验的话）对证据可信度与待证事实是否成立的判断也总是相仿的，例如当证人在庭上支支吾吾、前后矛盾时，几乎所有裁判者会认为该证人的可信度较低；而当在粘有被害人大量血迹的凶器上发现被告人的指纹时，几乎所有的裁判者也会认为被告人就是凶手。

不过，对主观概率进行精确赋值依然是困难的，因为任何人都难以先验地得知不同事件发生概率之间的具体数值关系。但好在司法证明对主观概率的需求原本就是模糊的，例如我国《最高人民法院关于民事诉讼证据的若干规定》第86条第1款、第2款在描述我国的民事证明标准时也只使用了"可能性能够排除合理怀疑""可能性较大"这样一种非数字化的表达。在此情况下，本文也只对概率作"不可能""可能""较可能""很可能"等意义上的模糊化分析，不进一步考虑概率的具体数值问题。

（二）可能事件对证明概率的影响

如前所述，主观概率指涉的是信念的评估问题，而在现代司法活动中，"男性在故意杀人案的凶手中占多大比例""性犯罪的再犯可能性有多高"等统计证据并不能直接取代法官的个案认定。[②] 即便97%的抢劫犯是男性，也不能据此认定某个案中的男性被告人就排除合理怀疑地构成抢劫罪。在法庭上，举证方举出与个案直接相关的证据并提供论证，质证方进行回应，

---

① 参见季爱民《菲尼蒂主观贝叶斯理论研究》，《统计与决策》2014年第18期，第6~8页。

② 参见〔日〕石井一正《日本实用刑事证据法》，陈浩然译，五南图书出版股份有限公司，2000，第11页。

法官则依据心证对证明活动进行整体性评估，进而判断待证事实的成立与否，这才是司法证明的正常状态。在此过程中，影响法官概率估值的主要因素有二：一是证据的真假问题；二是论证的合理性问题，统计证据至多只能作为合理论证的一个组成部分。

传统的证据理论倾向于将真实性理解为证据的固有属性，从这个角度出发就无法理解为什么在被印证证据自身的性质、状态都没有发生任何改变的情况下，印证证据的出现能够提高事实认定者对被印证证据真实性的评估。只有在概率理论的视角下，这一现象才能得到较好的解释。根据定义，概率是表示事件出现之可能性大小的一种指标，其数值介于 0 与 1 之间，无论主观概率还是客观概率皆是如此。[①] 也就是说，概率的评价对象是事件。但"证据真"或"证据假"都只是关于证据的命题，并不是可能发生的事件，故而平日里所说的某一证据"可能为真"或"可能为假"其实是指导致该证据为真或为假的事件发生的可能性。以证人证言为例，证言的真实性受到证人的感知能力、记忆能力、诚实性和叙述能力这四方面品质的影响，[②] 也即对应着证人感知出错、证人记忆出错、证人说谎或证人言不达意这四种可能事件。当有人说证人证言为假时，就是在暗示至少发生了上述四种事件中的其中之一。书证、物证等实物证据的原理与证人证言等言词证据类似，如果事实认定者认为某实物证据可能为假，一定是因为他不能排除该证据存在被人伪造、篡改的可能。

论证的合理性问题同样与概率和可能事件相关。当证据是直接证据时，从证据事实到待证事实的推理过程是演绎有效的，即前提蕴含结论，证据真则证明结论必然为真，证明结论唯一、排他。而当证据是间接证据时，从证据事实到待证事实的推理过程则是一种"由果推因"的溯因推理。但一个既定的"果"可能对应多个潜在的"因"，每一个潜在的"因"都构成一个单独的可能事件，其中既包括待证事实成立的可能也包括待证事实以外其他事件成立的可能。例如警方在犯罪现场提取到了被告人的指纹并不必然意味着被告人就是犯罪人，因为这个指纹有可能是被告人在案发之前留下的。因此，

---

① 参见陈希孺编著《概率论与数理统计》，中国科学技术大学出版社，2009，第 2 页。
② 参见张保生主编《证据法学》，中国政法大学出版社，2018，第 29 页。

在由间接证据推导至待证事实的证明过程中，间接证据的证明力受到其对应的其他可能性假设（infirmative supposition）的制约。[①] 对于一个特定的证据事实而言，从其出发可以推出的待证事实以外的其他可能性假设越多，该证据事实与待证事实间的联系就越微弱，推理结论为真的概率也就越低。

此外，如前所述，在运用间接证据的溯因推理中，还涉及作为推理前提的"概括"（generalization）的准确度问题。当概括本就是针对因果关系的判断时，导致概括出错的可能事件与导致溯因出错的可能事件完全重合，即另有他因。而在其他情况下，概括对证明正确率的影响独立于推理过程本身。例如在"根据现场提取到的脚印推算出凶手的身高与被告人一致，所以被告人就是凶手"的推理中，概括可能出错，即"脚印—身高"的一般计算公式不适用于凶手；溯因本身也可能出错，如现场的脚印是被告人在案发前拜访被害人时留下的。此时，导致概括出错的可能事件就与导致溯因出错的可能事件不同，不是潜在"因"的成立导致了概括出错，而是被告人恰好处于概括的适用范围之外，属于一个异常值。一般而言，经由科学的实验和统计所得的概括存在异常值的概率较低，仅凭日常生活经验所得的概括存在异常值的概率较高。

（三）辅助证据——消除司法证明盖然性的另一种方法

通过要求"诸证一致"[②] 来尽量消除司法证明的盖然性和不确定性是我国自古以来就有的传统司法智慧和宝贵实践经验，但事实认定者常用的事实认定方法并不止这一种。与要求"诸证一致"的印证规则相比，《尚书·吕刑》中记载的"两造具备，师听五辞"要更加古老。用现代的证据法理论进行翻译，所谓的"师听五辞"其实就是利用日常生活经验和辅助证据进行事实裁判的手法。所谓辅助证据（ancillary evidence），又称"非直接相关证据"（不是间接证据），即关于其他证据及其证明强度的证据，其功能在于要么增强、要么削弱由直接相关证据（direct relevant evidence）建立起

---

① 参见 John Bowring, *The Works of Jeremy Betham*, Vol. 7, Thoemmes Press, 1995, pp.64-65。

② 参见王志强《论清代刑案诸证一致的证据标准——以同治四年郑庆年案为例》，《法学研究》2019年第6期，第189~206页。

来的推理链条中环节的强度。[①] 例如，用于打击证人可信度的品格证据就是一种典型的辅助证据。除了作用于证据的真实性外，辅助证据也可被用来增强或削弱溯因推理的强度。对于遗留在入室盗窃现场窗户上的被告人指纹，如果有证据证明被告人与被害人并不认识，未曾上门做客；被告人也不是物业的维修人员，不会因工作关系进入被害人家，那么就几乎可以认定这枚指纹只可能是被告人入室盗窃时留下的。相反，如果在凶杀案中有证据证明被告人与被害人是"地下情人"的关系，那么在案发现场——被害人的家中提取到的大量被告人指纹将失去绝大多数的证明力。

根据概率与可能事件的理论，辅助证据虽不与待证事实直接相关，却与待证事实以外的其他可能事件直接相关。即辅助证据的存在，可以使得"其他可能性假设"更有可能存在或更不可能存在，进而间接地影响到待证事实的存在可能性——品格证据使得证人说谎或说真话对应的事件的主观概率提高了；还有些辅助证据能够帮助审判者排除举证方提出的合理怀疑，提高证明结论的唯一性。

虽然辅助证据的合理运用确实对司法证明至关重要，也有不少学界和实务界人士对其推崇备至，但此种方法并非完美无缺。一方面，真正具有决定性作用的辅助证据可能难以获得，例如在前文提到的盗窃案中，万一该案恰好是熟人作案，又该如何排除被告人留下指纹的其他可能？另一方面，辅助证据对实质证据证明力的强化本身也建立在高度不确定的推理过程之上，例如"五声听讼"制度其实就是一种基于证人（或被告人）的面色神态来推断其言词证据可信度的溯因推理，其结论正确与否难以分辨，对"五声听讼"的过度迷恋也在历史上造成过大量的冤假错案。[②] 在我国当前大力推行刑事普通程序"庭审实质化"的背景下，有许多学者开始挖掘用"情态证据"辅助断案的可能性，[③] 这固然是极有价值的，但也应当认识

---

① 参见〔美〕特伦斯·安德森等《证据分析》，张保生等译，中国人民大学出版社，2018，第 491 页。

② 参见何邦武《发现真相抑或制造冤案："五声听讼"质论》，《苏州大学学报》（哲学社会科学版）2013 年第 5 期，第 112~115 页。

③ 参见龙宗智《庭审实质化的路径和方法》，《法学研究》2015 年第 5 期，第 151 页；元轶《庭审实质化压力下的制度异化及裁判者认知偏差》，《政法论坛》2019 年第 4 期，第 101~102 页。

到，这并不意味着印证证明的方法就应当被取代。

四 印证证明原理：以事件独立为前提的概率乘法规则

在本文之前，已有不少学者开始尝试用概率理论来解释印证证明。如有学者认为相互印证的理论基础是"概率叠列"。"概率叠列"是指当两个（或多个）大概率事件相交叉时，同时满足两个事件的交集部分是一个小概率事件。当存在多份证据能够证明同一待证事实时，该待证事实不成立的可能性就会很低。[①] 此种分析路径实质上就是运用了可能事件的概念和概率计算的乘法规则。但该理论的不足之处在于，其没有论及乘法规则的适用条件（事件的独立性），也没能充分考虑印证证据之外的其他证据的地位问题。[②] 还有学者的思路与之相似，认为可以通过概率的乘法规则来评断电子证据的印证体系。[③] 其具体步骤有四：一是分列来源不同的不同电子证据；二是估算每一个电子证据（包括少量的传统证据）的可信度，并替换为对应的初始概率值 p_1、p_2、p_3……p_n，也就是说每个证据所指向的案件情节发生的可能性分别是 p_1、p_2、p_3……p_n；三是计算出每个证据在独立事件支撑下不指向待证事实的概率 $1-p_1$、$1-p_2$、$1-p_3$……$1-p_n$；四是根据乘法规则计算出最终待证事实成立的总概率 P。公式如下：

$$P = 1 - \prod_{i=1}^{n}(1 - p_i)$$

由该公式可知，由于 p_i 值越大，$1-p_i$ 的值越小，且其值总小于1，故而 n 值和 p_i 值越大，P 值越大。也即相互印证的证据越多、单个证据的可信度越高，它们所共同指向的待证事实成立的可能性就越大。应当说，该学者所提出的计算公式清晰地呈现了印证证据的多寡与待证事实成立的主观概率之间

① 参见栗峥《印证的证明原理与理论塑造》，《中国法学》2019年第1期，第268页。
② 该学者所举的两个案例中都只有笔录等实质性证据的存在，而无任何情态证据等辅助证据的身影；而且也无任何与其所举的印证结论相反的实质证据的存在，参见栗峥《印证的证明原理与理论塑造》，《中国法学》2019年第1期，第269~275页。而现实中的印证证明显然无法回避相反或矛盾证据的问题。
③ 参见刘品新《印证与概率：电子证据的客观化采信》，《环球法律评论》2017年第4期，第121页。

的关联关系，本文也将在此公式的基础上对印证的基本原理作进一步的分析。但该学者对证据可信度进行先验赋值的做法缺乏依据，结论的可信度存疑，故本文对 P 值、p 值等变量作模糊处理，仅将该公式作为简化思维和表述的工具，而不希冀对待证事实成立的主观概率进行明确的数值计算。

（一）乘法规则表达式中概率值 p 的具体含义

在经由乘法规则建立的概率表达式中，P 代表在综合考虑所有印证证据之后，事实认定者对证明结论的总体确信程度；而 p 则代表仅有单个证据时，事实认定者脑海中待证事实成立的主观概率。p 所代表的确信程度是一个极为抽象的概念，在不同的印证证明形态中，影响事实认定者确信程度的因素有所不同，对应的 p 值具体含义也会有所不同。

根据概率计算的加法规则，$p(A \cup B) = p(A) + p(B) - p(AB)$，[①] 而当两事件互不相容时，有 $p(AB) = 0$，故有 $p(A \cup B) = p(A) + p(B)$。而当所有可能事件均互不相容时，所有可能事件发生的总概率之和为 1。在司法证明中，待证事实成立与待证事实不成立是两个矛盾命题，不可能同时成立，故而它们对应的事件之间也是互不相容的，待证事实成立的概率等于 1 减去待证事实不成立的概率。

在证据是直接证据的情况下，证明结论的可信度只与证据的真假有关，因此 p 代表的是证据为真的可能：对于言词证据来说就是证人感知无误、记忆无错、如实作证且表达无碍的可能，而 $1-p$ 代表的则是与之不相容的其他所有事件的可能之和；对于实物证据而言，p 则代表着证据已经"鉴真"的可能，$1-p$ 则代表着与之相反的、证据曾遭受伪造或变造的可能。

在证据是间接证据的情况下，证明结论的可信度不仅与证据的真假有关，还与溯因推理的正确性和概括的准确度有关。假设存在某份间接证据 A，其内容是"在尸体旁发现被告人的一根头发"，则该证据既可能指向"被告人案发时在场"，也可能指向"雨水将被告人头发冲刷至尸体旁""被告人与被害人在其他场合有过接触"等其他原因，此时证据 A 能为"被告人案发时在场"这一待证事实提供的确信程度 p_A 就是特定事实（待证事实）的发生在所有可能性假设中所占的比例 p_{A1}。但上述情况只考虑了证据

---

① 参见何书元编著《概率论》，北京大学出版社，2006，第 16 页。

为真的可能，而间接证据同样可能为假，如果计其为真的可能为 p_{A2}，为假的概率为 $1-p_{A2}$，那么在考虑这一因素后，证据 A 所提供的确信程度 p_A 将会有所更新，即变为"证据为真且溯因正确"的可能。由于"证据为真"和"溯因正确"各自对应的可能事件相互独立，根据乘法规则，新的 $p_A =$ $p_{A1} * p_{A2}$。如果再考虑概括出错的可能，如 DNA 分析比对出错的概率（记为 $1-p_{A3}$）虽然很小，但仍有百万分之一的概率，那么基于证据 A 的论证强度 p_A 还会进一步缩小为 $p_A = p_{A1} * p_{A2} * p_{A3}$，待证事实不成立的概率增大为 $1-p_{A1} * p_{A2} * p_{A3}$。在存在多次溯因、多段概括的情况下，计算方式与前述同理，为各独立事件存在之可能的乘积。

（二）乘法规则表达式中 1-p 值相乘的含义

在表示总体确信程度 P 的计算表达式中，乘法规则被大量使用。而若要用两个或多个事件独自发生之概率的简单乘积来表示它们同时发生的概率，其前提应当是这些事件之间相互独立。倘若不考虑事件的独立性，则当存在事件 A、B 时，A、B 两事件同时发生的概率为事件 A 单独发生的概率乘以在事件 A 已发生的条件下事件 B 发生的概率：

$$P(AB) = P(A)P(B \mid A)$$

而若 A、B 相互独立，则在事件 A 已发生的条件下事件 B 发生的概率与单独发生事件 B 的概率相等，即 $P(B \mid A) = P(B)$，故 $P(AB) = P(A)$ $P(B)$。[①]

在司法证明中，由于每一案件只存在一个特定的案件事实，因此当若干个印证证据均能证明某待证事实时，这些证据之间必然不独立。以前文提到的证据 A "在尸体旁发现被告人的一根头发"为例，再假设有与之印证的证据 B "在尸体右脚踝处粘有少量血迹，经鉴定为被告人的"，若证据 A 到待证事实 S "被告人是凶手"的证明过程为真，则证据 B 到待证事实 S 的证明过程也必然为真。故而此时的 $P(AB) = P(A)P(B \mid A) = P$ $(A) \neq P(A)P(B)$，即无法用证据 A、证据 B 分别对应的概率值 p_A 和 p_B 相乘来表示二者对应的待证事实 S 同时发生的概率。但对于待证事实 S

---

① 参见何书元编著《概率论》，北京大学出版社，2006，第 22~24 页。

的反面¬S而言，则并非只有单一情形。如证据 A 指向的¬S_A包括"雨水将被告人头发冲刷至尸体旁""被告人与被害人在其他场合有过接触"等；证据 B 指向的¬S_B包括"被告人在其他地方流了血刚好被被害人踩到了""被告人在被害人生前与其发生过争斗但并非杀人凶手"等。由于证据 A、B 对应的¬S 的情形通常相互独立，故而可以将它们进行简单相乘，用以表示¬S_A和¬S_B同时出现的概率。

但问题在于，造成¬S 的原因之间并非总是相互独立的。还是以证据 A 和证据 B 为例，如果确实存在某一潜在可能"被告人与被害人曾经发生过争斗，在争斗中，被告人的头发丝和受伤流出的血都落在了被害人身上，但二人分开之后被害人就被第三人杀害了"，那么此时，证据 A 和证据 B 对应的¬S 显然就不再是相互独立的了。证据 A 和证据 B 之间的印证关系也再无法提升事实认定者对某一特定待证事实的确信程度。再如，对于直接证据而言，导致它们为假的事件相互之间通常独立，如证人 E 说："被告人杀了被害人"，证人 F 也说："被告人杀了被害人"。若证人 E、F 证言均为假，则其原因可能是他们都记错了或都看错了，但 E 记错和 F 记错是两个独立事件，E 看错和 F 看错也是两个独立事件。此时 E、F 同时出错就是小概率事件，相应地，E、F 证言为真就是大概率事件。但倘若 E、F 的证言系经串通所得或干脆就是取证主体指供所得，那么就无法通过 E、F 证言的印证关系判断被告人究竟是否就是凶手，因为只要 E 证言为假，F 的证言就大概率甚至必然为假。这也正是为什么司法实践特别强调相互补强或相互印证的证据必须具有各自独立的来源，如果两份证据的来源不独立，那么乘法规则以及印证方法也就不适用了。

（三）印证与矛盾：印证体系中相反证据的地位问题

"重视证立、轻视排伪"是传统理论对印证证明模式的一个重要批判，其在刑事诉讼中体现为法官偏听偏信由控方有罪证据组成的印证体系，而对与印证体系相矛盾的辩方无罪证据视而不见。[①] 应当说，"重视

---

① 参见蔡元培《论印证与心证之融合——印证模式的漏洞及其弥补》，《法律科学（西北政法大学学报）》2016 年第 3 期，第 175 页；左卫民《"印证"证明模式反思与重塑：基于中国刑事错案的反思》，《中国法学》2016 年第 1 期，第 168 页；王星译《"印证理论"的表象与实质——以事实认定为视角》，《环球法律评论》2018 年第 5 期，第 120 页；杨波《我国刑事证明标准印证化之批判》，《法学》2017 年第 8 期，第 157~160 页。

证立、轻视排伪"的现象是客观存在的，但将其与印证证明挂钩显系错误归因。因为此类情况主要出现在"张氏叔侄案""聂树斌案""念斌案"等一系列重大刑事冤错案件当中，反对印证证明的学者们也主要是拿这类案件进行举例。但在同样适用印证思维的民事案件中几乎没有出现过也难以想象法官只听原告、不听被告的情形，除非法官收受了原告的贿赂。可见，与是否采用了印证证明方法相比，案件的性质才是决定法官是否会"重视证立、轻视排伪"的根本原因。是特殊案件中有罪推定的思维模式导致了法官对无罪证据的忽视，而与印证证明没有必然关联。

诚然，在印证证明的思维模式下，相反证据的存在并不会对证据间的印证关系本身造成影响，因为如前所述，几份证据之间是否印证只与证据各自所能证明的待证事实是否一致有关，而与是否存在相反证据无关。但相反证据的存在会直接降低待证事实成立的可能性，也就是使 $1-p$ 值增大，p 值减小，当相反证据足够有力时，即便存在多份证据相互印证，这种被极大削弱的印证体系也说明不了什么问题。例如在"缪某某故意杀人案"中，缪某某一家五口均在侦查阶段供述了他们一起在家中一楼卫生间内对被害人进行分尸的事实，据此设该案中分尸事实成立的总体可能性为 P'，每一位被告人的供述指向分尸事实成立的可能分别为 p_1、p_2、p_3、p_4、p_5，就有 $P'=1-(1-p_1)(1-p_2)(1-p_3)(1-p_4)(1-p_5)$。但法院再审时经现场勘查发现供述所称的一楼卫生间实际上极为狭小，根本不可能容纳五人一起作案，[1] 此时该信息就与五位被告人的五份庭前供述都矛盾，故而能分别降低每一份庭前供述的证明力。又由于该卫生间几年来都没有经过任何结构上的翻修和改动，因此其证据价值极高，几乎可以认定为 100% 真实，故 $(1-p_1)$ 到 $(1-p_5)$ 的值都约等于 1，它们叠乘所得的概率值也约等于 1，P' 成立的概率值约等于 0。在印证证明模式中，相反证据与用于削弱证明可信度的辅助证据作用类似，它们虽无法直接破坏证据间原本存在的印证关系，但可通过减少 p 值的方法，间接降低待证事实的总体可信程度 P。

---

① 参见毛立新主编《胜辩——尚权无罪辩护案例选析》，中国法制出版社，2017，第48~78页。

五 印证规则再审视："概率论"而非"模式论"的探讨

印证作为一种事实认定方法，符合概率的基本理论以及人类的普遍思维。[①] 作为对这种方法和模式的肯认，最高人民法院和最高人民检察院（以下简称"两高"）会同其他部门在十年来出台了大量可称为"印证规则"的司法解释用以规范法官的事实认定活动。[②] 2018 年出台的《中华人民共和国监察法》第 40 条第 1 款甚至将"印证"一词正式写入法律。[③] 而与"印证规则"在实践中大行其道的现实图景形成鲜明对比的是，学界对于"印证规则"的大量出现或曰"印证法律化"的现象却往往持批评态度。[④] 但笔者认为，此类观点看似指出了印证规则与印证模式的诸多缺漏，却在很大程度上有"打稻草人"的嫌疑，并没有触及我国印证规则问题的实质，而是将"有罪推定""卷宗中心主义""口供中心主义""书面审理模式""非法证据排除难""铁案思维"乃至公安司法人员公然违法、炮制冤假错案等问题统统归于"印证证明模式"的框架之下，[⑤] 反而导致印证规则的理论面孔十分模糊。这也正是为什么一方面学界对印证规则深恶痛绝，大加批判；另一方面印证证明却成为在司法实践中占支配地位的话语和手段。归根结底，印证证明作为一种人所共有的认知思维和司法实务的技术方法，具有技术中立性，当其被上升为法律规则时，固然会面临一些科学性、合理性

[①] 关于印证认知模式的普适性问题，参见向燕《"印证"证明与事实认定——以印证规则与程序机制的互动结构为视角》，《政法论坛》2017 年第 6 期，第 18~20 页；龙宗智《比较法视野中的印证证明》，《比较法研究》2020 年第 6 期，第 14~34 页。

[②] 参见陈瑞华《以限制证据证明力为核心的新法定证据主义》，《法学研究》2012 年第 6 期，第 151~152 页。

[③] 《中华人民共和国监察法》第 40 条第 1 款规定："监察机关对职务违法和职务犯罪案件，应当进行调查，收集被调查人有无违法犯罪以及情节轻重的证据，查明违法犯罪事实，形成相互印证、完整稳定的证据链。"

[④] 参见蔡元培《论印证与心证之融合——印证模式的漏洞及其弥补》，《法律科学（西北政法大学学报）》2016 年第 3 期，第 174~176 页；杨波《我国刑事证明标准印证化之批判》，《法学》2017 年第 8 期，第 157~160 页；王星译《"印证理论"的表象与实质——以事实认定为视角》，《环球法律评论》2018 年第 5 期，第 115~120 页；左卫民《"印证"证明模式反思与重塑：基于中国刑事错案的反思》，《中国法学》2016 年第 1 期，第 165~170 页；等等。

[⑤] 近来也有学者对过去学界的这种"错误归因"进行了反思，参见汪海燕《印证：经验法则、证据规则与证明模式》，《当代法学》2018 年第 4 期，第 28~31 页。

不足的问题，但这不应成为将其彻底否定的理由。

（一） 由印证证明原理得出的几个重要前提

通过前文对印证证明原理的系统分析，笔者得出了以下几个关于印证证明的重要命题，并将它们作为本文对印证规则进行重新审视时所遵循的重要前提。

第一，印证证明的作用在于且仅在于提高裁判者对证据证明结论的确信程度，或者用更熟知的话语讲，就是提升印证证据整体的证明力。故而，印证关系的存在与否与证据的合法性以及非法证据的排除问题毫无瓜葛。根据《中华人民共和国刑事诉讼法》（以下简称《刑事诉讼法》）第 56 条的规定，非法取得的证据应当排除，不得作为起诉意见、起诉决定和判决的依据。证据之间是否相互印证不应影响法官对证据合法性的判断。如果法官以存在印证为由拒绝排除某一证据，就已经构成了对法律的违反，这与作为思维模式的印证以及作为法律规则的印证都无关联，单纯只是因为法官在恣意地违法裁判。此外，证据的证明力有真实性与关联性两个侧面。传统理论认为证据间相互印证的作用是"使得一个证据的真实性得到了其他证据的验证"，[①] 此观点的表述显然不够完整。首先，印证的作用是相互的，印证不仅使得被印证证据的真实性得到验证，同样也使得印证证据的真实性得到验证。其次，印证的作用不仅在于使证据的真实性得到验证，还可以提升证据与待证事实间的关联程度，因为印证关系的存在可以降低其他可能性假设存在的概率。所以，印证能够提升证据整体的证明力，而不是仅能验证某一证据的真实性。

第二，印证证明不是裁判者提高对证据证明力评价的唯一方法，其也不当然地优于认定事实的其他方法，准确的事实认定应当依赖各种方法的有机结合。印证证明的本质在于概率的乘法计算，故其适用的前提是事实认定者对每一个单独证据的证明强度进行事先赋值，这一赋值过程受到辅助证据与相反证据的制约。可以说，印证体系的建立本就要以一定量的辅助证据或相反证据为基础，否则初始的 p 值将很难获得。而且，如果某一单独证据对待证事实的证明已经具有较高的主观成立概率，乃至已经达到高

---

① 陈瑞华：《论证据相互印证规则》，《法商研究》2012 年第 1 期，第 113 页。

度盖然性标准甚至足以排除合理怀疑，那么法官根本无须再进行印证关系的判断。只有在单一证据不足以证明待证事实的情况下，印证证明方法才有用武之地。从这一点来说，印证证明方法与法官运用其个人知识对证据进行经验判断的方法也并不冲突。还值得注意的是，辅助证据与相反证据虽然在功能上存在相似性，但本质上还是两种不同的东西。首先，相反证据仅能用于削弱待证事实成立的主观概率，辅助证据还能用于提升待证事实成立的概率，例如对瑕疵证据的补正就能够提高特定实物证据的可信度，进而提高待证事实的整体可信度。其次，相反证据属于一种直接相关证据，相反证据的存在能够直接使得待证事实的成立更不可能，如不在场证明就是刑事诉讼中一种证明力极强的相反证据，而辅助证据只能作用于待证事实以外的其他可能事件，如前文提到的证人的品格证据。最后，相反证据能够从整体上削弱待证事实的可信程度，当存在一份相反证据时，既有印证体系中每一份证据的可信度都会降低，即所有的 p_i 值都会减小，而辅助证据一般只能使特定的 p 值增大或者减小。

第三，与使用辅助证据进行证明一样，印证证明也有其局限性，在使用印证方法分析证据时，不能对其盲目依赖。因为使用乘法规则表达式的前提是，$1-p_i$ 对应的每一个事件之间相互独立。如果若干个事件之间并不独立，那么用 P 值表示总体概率的准确度就会大打折扣；如果所有事件之间均不独立，就会造成所谓的"形式印证"和"虚假印证"问题，即证据之间看似印证，实质上却系出同源。其典型表现为实践中的"由证到供"模式。例如在"赵作海案"中，公安机关在现场勘查时发现包裹尸体的 6 个编织袋是装化肥的袋子缝在一起的，遂对赵作海的妻子进行了残酷的折磨，强迫她承认包装袋是自己家的，甚至就连袋子上有两个洞这样的细节事实，赵妻也在公安机关的逼迫下不得不予以"承认"。[①] 除了如"赵作海案"一样由公安机关炮制的冤案之外，刑事印证证明在面对其他一些少数情况时也可能力不从心，例如当案件中存在诸多证人利害相关、相互影响的情况时，虽然存在多份证人证言的相互印证，但这些证据对总体确信度的提升效果也是存疑的。因此，法官在认定事实时应当仔细分析、辨认证

① 参见陈永生《刑事冤案研究》，北京大学出版社，2018，第 53 页。

据的来源，对于来源明显有问题的证据应当将其排除在印证体系之外，代入乘法规则的概率表达式中就是，不将该证据对应的 $1-p_i$ 值纳入连乘计算。当然，对于印证证明的这种局限性也不应过分夸大，在仅有零星证据是伪造或虚假的情况下，印证思维恰恰可以起到良好的纠错作用，对保障证据整体的真实性具有重要价值。而对于极少数存在大量虚假证据的冤错案件而言，也显然不能将它们的产生原因简单地归于印证证明规则或印证证明模式。这些刑事冤案的背后是整体性的制度问题和司法体制问题，不是一个简简单单的印证证明模式所能解释完全的。

第四，印证没有"完成时"。印证只能无限接近真相，而无法达至真相，这或许也是司法证明的本质。司法工作人员在诉讼的进程中不断收集证据、评判证据，发现证据之间的内在联系，进而得出自己内心确信的事实结论。但这一切的一切都不过是建立在短缺证据和模糊事实之上的"法律真实"。即便裁判者已经发自内心地、真诚地排除了合理怀疑，但其所建立的整个证据体系仍然有可能被一个微小的相反证据推翻。这一表述虽然有些夸张，但现实有时就是如此。印证证明的功能恰恰在于给裁判者提供一个无限逼近"客观真实"的手段，它带来了这样一种信念——只要搜寻到的相关证据足够多，那么最终认定的事实就会足够可靠。不过也正因如此，在现实中也许存在形式上"完备"的证明，但一定不存在实质上完备的印证。而这一论断所给予的启示是：不论何时何地都不能拒斥现有印证体系之外的证据，不论其与现有证据指向相同还是指向相反。即便裁判者认为现有的印证体系已经足够完备，也不能停止对潜在同向证据的收集，更不能武断地拒绝对反向证据的审查和采纳。许多学者批判印证证明模式重视证立、轻视排伪或是重视书面证据、轻视当庭陈述，但这些问题的根源也许不在于印证证明，而在于我们这个司法共同体面对印证证明甚至是诉讼证明时自身的内心态度。

（二）对我国印证证明标准规则的再审视

2012 年《刑诉法解释》第 104 条第 3 款曾规定："证据之间具有内在联系，共同指向同一待证事实，不存在无法排除的矛盾和无法解释的疑问的，才能作为定案的根据。"虽然 2021 年修改后的《刑诉法解释》在其第 140

条中删去了前款规定，但根据司法解释起草小组的解读，此种变动是因为司法解释的制定者考虑到"宣告被告人无罪的，只要证据之间存在无法排除的矛盾和无法解释的疑问即可"。① 换言之，用以证明被告人无罪的证据无须"相互印证"，而要证明被告人有罪，则仍须以"相互印证"的证据为根据，这一要求并未改变。另根据《刑事诉讼法》第55条的规定，我国刑事诉讼的有罪证明标准是"事实清楚，证据确实、充分"，而"事实清楚，证据确实、充分"意味着："（一）定罪量刑的事实都有证据证明；（二）据以定案的证据均经法定程序查证属实；（三）综合全案证据，对所认定事实已排除合理怀疑。"经同义替换可得，我国的有罪证明标准实际上是指"据以定案的证据能相互印证，且须经法定程序查证事实，对这些证据综合审查后若能排除合理怀疑，方能认定被告人有罪"。

不难看出，至少从法条表述来看，所谓的印证证明标准并不如有学者理解的那样，实质上架空了我国主客观相一致的证明标准。② 证据相互印证确实是符合证明标准的必要条件，但非充分条件。实践中当然存在法官假借案卷证据之形式印证逃避排除合理怀疑之心证要求的情形，但笔者认为这绝非立法者的本意。与"证据确实、充分""排除合理怀疑"的证明标准相比，印证证明标准在要求上只可能更高，而非更低。

当然，一个实然上难以达到的证明标准确实可能诱发大规模的"普遍违法"现象，变相导致证明标准之心证约束功能的丧失。因此，对所谓的"更高证明标准"也需要辩证地看待，不能简单地认为证明标准越高，整个刑事司法系统对"疑罪从无"的贯彻效果就越好。笔者认为，应当将印证标准理解为对现行刑事证明标准的具体解读，在操作上既不应比现有标准更低，也不能比之更高，具体而言包括以下三个要点。

首先，定罪量刑的事实都有证据证明。这是刑事证明标准对证据量的要求，不能有丝毫动摇。印证也是建立在已有证明关系的基础之上，可以说"若无证明，则无印证"，故而在任何情况下，对印证的要求都不能取代

---

① 《刑事诉讼法解释》起草小组编著《最高人民法院关于适用〈中华人民共和国刑事诉讼法〉的解释理解与适用》，人民法院出版社，2021，第250页。
② 参见龙宗智《中国法语境中的"排除合理怀疑"》，《中外法学》2012年第6期，第1125~1126页。

对证明的要求。那么，要求定罪量刑的所有证据都能够得到其他证据之印证的标准是否过高？笔者认为确实存在一定拔高，但也不宜对此过于贬损。因为所有证据的证明作用在得到旁证之前都处于真伪不明的状态，而要消除这种真伪不明的状态，要么通过辅助证据，要么通过印证。但辅助证据在很多时候都是难以获得的，或者即便能够获得，也不一定是准确的。例如许多学者所赞扬的那种基于证人的身份地位、知识背景、人生经历、说话的语气和语态等因素进行的经验性的综合考量，[①] 其准确度又有多高呢？故而，在证据的确信程度能够获得辅助证据的充分支持时固然不必苛求印证，但在其他情况下，要求全案证据均能获得印证恐怕本就是无罪推定的应有之义。

其次，据以定案的证据均经法定程序查证属实。证据间的内在联系往往不是直接呈于表面的，对于间接证据来说尤其如此。如果诉讼双方在递交间接证据时未经充分的说理和辩论，那么事实认定者就很难通过庭审准确地认识到证据间的印证关系。因此，《刑诉法解释》第 71 条规定："证据未经当庭出示、辨认、质证等法庭调查程序查证属实，不得作为定案的根据。"此处还涉及的一个关键问题是：庭审不仅是控辩双方以实质证据相互交锋的唯一场域，同时也是裁判者对辅助证据进行调查和认知的重要场所。在印证模式下，裁判者依然需要通过庭审对原子证据的证明力进行合理评判，并探究证据之间是否系出同源，以此防止证据的"错进错出"，甚至在源头上导致印证体系的失灵。

最后，综合全案证据，对所认定事实已排除合理怀疑。"印证理论"的传统观点存在这样一种误区，即认为印证证明必然注重证明的"外部性"而忽视"内省性"。[②] 但这更多是一种基于我国"书面审理模式"和"事实重复审理模式"而产生的"错误归因"。其实，"排除合理怀疑"的证明标准与印证证明具有天然的契合性：在只有一份证据的情况下，"怀疑"的概率可能大于"确证"的概率，但当存在印证证据的情况下，"怀疑"的概率

---

① 参见 Peter Lipton，"Replies"，*Philosophy and Phenomenological Research*，Vol. 74，2007，p. 454。

② 参见龙宗智《印证与自由心证——我国刑事诉讼证明模式》，《法学研究》2004 年第 2 期，第 111 页。

就会减少一点。每多一次印证，怀疑就会更少一点，直到所有合理怀疑均被排除，仅剩"不合理怀疑"。但究竟要有几份印证证据，才能达到证明标准，这是一个很难量化的问题，一般认为"排除合理怀疑"意味着诉讼证明中的最高确信程度，至少是一种"90%的相信"。[①] 但由于对乘法规则概率表达式中 p 值进行准确赋值是一件几乎不可能完成的事，绝大多数情况下，对是否符合证明标准的判断仍需要委诸法官的自由心证。不过印证证明确实体现了一种逐步逼近案件事实真相的思维方法，对于"排除合理怀疑"的判断具有重要作用。只是需要留意的是，就算存在很多份证据相互印证，也不能就直接断定合理怀疑已被排除，因为对于这些证据的来源是否同一的"怀疑"无法为印证本身所排除。

（三）对我国言词证据印证规则的再审视

《刑诉法解释》中规定了大量的言词证据印证规则，包括第四章第三节的证人证言、被害人陈述的印证规则，第四章第四节的被告人供述和辩解的印证规则，以及第四章第九节的特殊主体的言词证据印证规则。

《刑诉法解释》第 87 条及第 93 条属于典型的"柔性规则"，仅列明了对证人证言、被害人陈述及被告人供述和辩解进行审查判断时所需注意的要点，而未规定强制性的裁判规则。其中，第 87 条第（八）项规定，审查证人证言时应重点审查"证言之间以及与其他证据之间能否相互印证，有无矛盾；存在矛盾的，能否得到合理解释"；第 93 条第（九）项规定，审查被告人供述和辩解时应重点审查"被告人的供述和辩解与同案被告人的供述和辩解以及其他证据能否相互印证，有无矛盾；存在矛盾的，能否得到合理解释"。应当说，这两个条款是对印证证明一般原理和一般规律的提示性规定，总体上具有合理性。不过需要注意的是，言词证据主观性较强，容易受到外来因素的干扰，尤其是在越复杂越重大的案件中越难以排除串供、串通伪证、指供逼供的情形，因此如言词证据之间根本不构成印证甚至相互矛盾，那么事实认定者可以高概率地认为待证事实不成立；但若言词证据之间构成印证，那么事实认定者虽可以适当提高对证据整体的证明力评价，但仍应尽力排除证据系出同源的可能，否则不能单凭言词证据间

[①] 参见肖沛权《排除合理怀疑研究》，法律出版社，2015，第 52 页。

的相互印证就认定案件事实的成立。

《刑诉法解释》第 91 条第 2 款和第 96 条第 2 款规定了当同一作证（或供述）主体前后数次证言（或供述）相矛盾时，如何通过印证方法选择采信证据的规则。第 91 条第 2 款规定，当证人的当庭证言与庭前证言相矛盾时，若其能够作出合理解释，并且当庭证言能够与其他证据印证，则可采信其当庭证言；若其无法合理解释，庭前证言又能够获得印证的，则采信庭前证言。该条款体现出来的逻辑是：不论一份证言是当庭抑或庭前作出，只要其能够获得印证和合理解释，其就必然优于与之矛盾的证言证据。此种逻辑的缺陷在于，其忽视了是否存在印证并不是影响证据证明力评价的唯一因素，所以将当庭证言与庭前证言放在同一个天平上进行衡量，谁能够获得印证，谁就能够胜出。但问题是，庭前证言与当庭证言的证据价值并不相等，经当庭询问质询后的证人证言质量显然要比在侦查阶段的封闭环境下提取到的证人证言质量更高，换句话说，当庭证言的 p 值比庭前证言更大，甚至不一定小于与之矛盾的既有印证体系下的证据整体确信度 P。在此情况下，不能简单地以缺少印证为由否定当庭证言的证明力，而应当调转回头对既有印证体系中的其他证据进行重新审查。第 96 条第 2 款的问题与第 91 条第 2 款的问题类似，该条款也将是否获得印证作为判断被告人供述证明力的唯一标准，不具有科学合理性。

《刑诉法解释》第 143 条第（一）项规定了生理上、精神上有缺陷，对案件事实的认知和表达存在一定困难者的言词证据采信规则。其原理在于，言词证据的证明力受到感知能力、记忆能力和叙述能力等因素的制约，生理、精神上有一定缺陷的人在这些方面的能力可能有所不足，故而其所提供的言词证据对应的 p 值较小，需要其他证据的印证，以提升整体的 P 值。《刑诉法解释》第 143 条第（二）项则是考虑到了被告人的利害关系人、近亲属在作证时的诚实性可能不足的问题，故而同样也对言词证据的印证关系提出了要求。应当说，《刑诉法解释》第 143 条的两项规定在原则上并无问题，但在采信标准上显得过于武断，如果与特殊主体言词证据相印证的证据只有一份，甚至干脆就是另一个特殊主体的言词证据与之印证，那么是否还能遵照"有其他证据印证的，可以采信"这一标准进行采信？笔者认为是不能的，法律不应对印证证据的采信标准作出积极规定，而应委诸法官的自由裁量。

（四）对我国实物证据印证规则的再审视

《刑诉法解释》中并无对实物证据印证规则的直接规定，但仍然现行有效的《关于办理死刑案件审查判断证据若干问题的规定》（以下简称《死刑证据规定》）第 25 条第（四）项规定，对勘验、检查笔录进行审查时应当重点审查"勘验、检查笔录中记载的情况与被告人供述、被害人陈述、鉴定意见等其他证据能否印证，有无矛盾"。只不过这一规定并未在《刑诉法解释》中有所体现。此外，《死刑证据规定》第 34 条对"口供补强原则"的细化在《刑诉法解释》中得到了继承，《刑诉法解释》第 141 条规定："根据被告人的供述、指认提取到了隐蔽性很强的物证、书证，且被告人的供述与其他证明犯罪事实发生的证据相互印证，并排除串供、逼供、诱供等可能性的，可以认定被告人有罪。"该条款对实物证据与被告人口供相互印证的情形给予了很高的证明力评价，甚至认为符合此种情形的，只要排除了"串供、逼供、诱供等可能性"，就可以直接"认定被告人有罪"。

总体而言，现行司法解释十分看重实物证据与言词证据的相互印证，既强调勘验、检查笔录与言词证据的一致，也强调"由供到证"的印证模式。应当说，这一系列规定与印证证明的原理相符，即强调印证证据对应事件之间的独立性。在言词证据与言词证据相互印证的场合，需要担心是否有相互串通的可能；在实物证据与实物证据相互印证的场合，需要担心是否有同一小概率事件导致了不同实物证据出现的可能。但在实物证据与言词证据相印证的场合，则不存在上述担忧。因为言词证据为假的可能原因主要是作证主体说谎、记错、看错等，实物证据对应的推理为假的可能原因则主要是溯因出错、概括出错等，这些事件之间不可能出现相互干扰。因此，实物证据与言词证据相印证的证明力高于其他所有类型的印证，除非这种印证是"由证到供"作成的"假印证"。综上，我国刑事司法传统中对"主客观证据相印证"的重视有其科学合理性。

经过上文的种种分析后，本文可以得出结论：我国现行的刑事证据印证规则在总体上是符合经验、合乎理性的，虽然某些规定也有小的纰漏，但并非不可修正的原则问题。只不过过去的证据规则立法大多是对司法经验的初步总结，缺少体系化的立法逻辑，而对这一体系的合力构建也许可以成为未来实务界和理论界共同努力的方向。

六 余论

自龙宗智教授开启主题为"印证证明模式"的学术争论以来，至今已过去了十余年之久。其间大量学者贡献了无数的真知灼见，为我国刑事"印证理论"大厦的建立添砖加瓦。但时至今日，相关研究的主流范式仍然停留在龙教授最初开创的"模式论"的框架之内，未能成功开辟一个新的"战场"。而固有的"模式论"研究注重对我国刑事司法证明实践样态的整体描摹，在某种程度上已经脱离了"印证证明"的本来概念，变成了对我国刑事司法证明模式的"大杂烩"式研究。可以说，不是"印证证明模式"的概念能够准确标识我国实然存在的司法证明模式，而是我国刑事司法证明模式的一切要素都被纳入"印证证明模式"的范畴中去进行讨论。这其中的区别显然不可小觑。研究方向的偏差导致相关的理论成果逐渐与司法实践的现实需要脱轨，虽然很多学者对印证证明模式进行了深刻的批判，但实务部门似乎依然将此种模式奉为圭臬，并不以来自理论界的批判为忤。于是，一边是理论界的自说自话，一边是实务界的我行我素，很难说这样的状态是健康的。在此情况下，也确实需要一种新的思潮带领"印证理论"研究的范式转型，寻求一个更贴切、更精密的研究路径。前辈学者开创的概率研究方法也许标志着一个崭新的契机，而本文也希望能够在前人研究的基础上沿着这条新路再走出一小步。

From Verification to Justify：Reflection on the Principle and Rules of Verification by the Probability Theory

(*Zhou Junyan*)

Abstract：In judicial proof, the premise of evidential reasoning may be false, and the form of reasoning may not be deductively valid, so the conclusion is only possibly correct. In this case, the fact finder often need to improve the accuracy of the fact finding through the method of verification, and the essence is to improve the subjective probability valuation of the proof conclusion by finding the relationship of verification. Although the relationship of verification is a mutual relationship between evidence, such a mutual relationship is established by the same facts to be proved that different evidence point to. According to the different relationship between the evidence and the facts to be proved, the relationship of verification can be further divided into direct verification and indirect verification. The principle of verification proof is a likelihood calculation based on the multiplicative principle of probability, with the applicable premise that the multiplied events are independent of each other. According to the basic principle of verification, some important propositions related to verification and proof can be drawn, which can be used as the basis of judging the existing verification rules.

Keywords: Verification; Probability; Pattern of proof; Rules of Evidence

政策形成诉讼的构造与影响
——社会转型期中国司法体制下的对策

摘　要：进入现代社会后各国涌现了大量涉及公共政策的新型诉讼,其在几种不同案件分类标准下引发了司法实践中许多概念歧义,因而本文尝试提出在法律社会学下以审判者视角来建构政策形成诉讼的概念,并分析其政策形成在法解释学法律判断中的本质。而政策形成诉讼的社会作用效果导致了司法职能扩张现象,这也引发了各国对其司法职能扩张的批判。同样,政策形成诉讼也出现在转型期的中国司法中,面对政策形成诉讼带来的挑战,中国法院也努力进行了回应,但是其中存在的不足仍值得我们去进行反思。

关键词：审判者视角；政策形成诉讼；司法能动主义；转型期社会；法教义学

引　言

诉讼最直接地反映着在法律实际运作中的社会现象,随着社会经济发展而产生的现代性的、公共性的、复杂性的纠纷,正对传统的司法实践及理论带来冲击。当事人越来越多地将胎儿权益、环境污染、个人数据信息保护等涉及各种社会公共政策属性的案件带入法院,作为社会确定性判断的提供者——法官们不得不对此类新型案件中所蕴含的重大公共政策问题作出判断,而裁判结果直接或间接地改变了社会认识、影响公共政策形成甚至创造了新的权利与法律。这一类案件的产生引发了各国法学研究者对

---

　*　卫洪光,中国人民大学法学院法学理论专业博士研究生,中国法学会法治研究基地中国人民大学法治评估中心研究人员,研究方向为法社会学、立法学、司法制度、数据法学、知识产权法学。

变革转型期社会中司法制度理论的思考。

一　政策形成诉讼的构造

（一）几种概念歧义的厘清

这些新型案件在世界各国被法学者们冠以不同的称呼，美国通常被冠以"公共诉讼"、"公益诉讼"或是"制度改革诉讼"等称呼，而在日本其被称为"现代型诉讼"或是"政策形成型诉讼"。就如同描述此类新型案件的繁多概念语词一样，其定义本身是较为模糊、困难的。日本学者小岛武司将"现代型诉讼"称作"一个难以确定的概念，其外延也非常模糊"，他尝试把"现代型诉讼"的主要外部特点概括为三点。其一，当事人的特性。多数情况下人数众多，具有集团性、扩散性。其二，原告对被告的诉讼请求。除损害赔偿外，还涉及预防性停止。其三，原、被告之间的相互关系。原告往往在主张和立证上存在困难。[①] 美国学者 Abram Chayes 也曾对"公共诉讼"与传统诉讼，进行了八个特征上的对比。[②] 但这种根据诉讼外观特征采取"提取公因式"式的定义，并不能清晰地类型化此类诉讼。我们从法律概念上单纯采用一种外部描述性去定义这类诉讼，无法为案件分类提供准确的标准，事实上这类诉讼与一般的诉讼相比，在诉讼本身的外观上并不存在本质性差异，很难进行外部特征描述上的区分。

另一种普遍采用的定义是根据救济对象涉及"社会公共利益"的定义，"公益诉讼"即"公民对政府提起诉讼以挑战其被视为非法的项目、政策或行为，而寻求之救济会影响惠及超越原告以外的广泛人群，这样的案件可称为公益诉讼"，[③] 这一说法可以从罗马法时期已有的案件历史经验上进行

[①] 参见〔日〕小岛武司《现代型诉讼的意义、性质和特点》，《西南政法大学学报》1999 年第 1 期，第 116~118 页。

[②] Abram Chayes, "The Role of the Judge in Public Law Litigation", *Harvard Law Review*, May 1976, Vol. 89.

[③] Daniel S. Jacobs, "The Role of the Federal Government in Defending Public Interest Litigation", *Santa Clara Law Review*, Vol. 44, 2003. 转引自梁鸿飞《美国公益诉讼的宪法变迁及其对中国的镜鉴》，《华中科技大学学报》（社会科学版）2019 年第 4 期，第 70~81 页。

溯源。① 但是这一分类标准的确定性经常为"公共利益""群体性"等社会概念所遮蔽。基于诉讼请求目的的定义，揭示了这类诉讼大多存在社会公共属性，却不能很好地与一般的民事集体代表诉讼、行政诉讼相区分。公共利益就是在大量的私人利益基础上组成的，而大部分行政裁量、行政诉讼同样依据保护公共利益行动。我们沿用这一定义时，当遇到社区外的施工噪声侵扰居民生活安宁的集体性一般侵权民事诉讼和机场周边噪声污染所导致"公害"性质的环境公共诉讼，依照此定义下的标准，普通人甚至法官都很难判别出此类诉讼是在保护一般私人利益还是公共利益。因而这种定义一个明显的缺陷是将"公益诉讼"的概念建立在了模糊不清的"公共利益"概念基础之上，这也直接导致了"公益诉讼"的泛化。"公益诉讼泛化"是将无边界的公共利益以诉讼形式纳入司法保护下的现象，其现实后果是作为"公益诉讼"发源地的美国最高法院不得不在法院面对大量涌现的各种"公益诉讼"后，在 1992 年的鲁坚案（Lujan v. Defenders of Wildlife）② 中对日益不受控制扩张的公益诉讼案件范围作出了限制。而在大陆法系法教义学基于诉讼请求权的审判体系中，"公益诉讼"中当事人适格③、利益范围以及裁判标准的不确定，④ 更加引发了部门法学者们及司法实务人员的困惑，背后的法益论本身也存在争议。⑤ 因为这种定义在使用上的不稳定和不同定义下对于此类诉讼与传统诉讼的本质区别的判定，不同国家话语共识上出现了分化现象，例如日本、美国于此类诉讼认识上的差别就十分明显，⑥ 大部分学者转向了对"公共利益"与"公

---

① Daniel S. Jacobs, "The Role of the Federal Government in Defending Public Interest Litigation", *Santa Clara Law Review*, Vol. 44, 2003.

② 参见陈冬《美国环境公民诉讼研究》，中国人民大学出版社，2014，第 112~115 页。

③ 参见陈贤贵《现代型诉讼与当事人适格理论的新发展》，《河北法学》2012 年第 9 期，第 74~82 页。

④ 参见曾于生《关于公益诉讼的若干理论问题反思》，《华东师范大学学报》（哲学社会科学版）2012 年第 6 期，第 103~105 页。

⑤ 参见陈家林《法益理论的问题与出路》，《法学》2019 年第 11 期，第 3~11 页；孙山《民法上"法益"概念的探源与本土化》，《河北法学》2020 年第 4 期，第 64~87 页。

⑥ 参见〔日〕大沢秀介《现代型诉讼的日美比较》，东京：弘文堂，1988，第 23~24 页；段文波《日美现代型诉讼比较》，《社会科学研究》2007 年第 1 期，第 100~103 页。

共诉讼"界定的研究，[①] 在理论上又增加了司法实践的困惑。因此，从理论规范层面去划分案件类型只能提供"大致的区分和模糊标准"。

（二）审判者视角下政策形成诉讼的构建

上述定义方式并不能帮助司法裁判者去准确地鉴别此类案件，因此有学者提出从法律社会学上进行案件类型划分，我国学者彭小龙将不同案件中民众参与审判作为类型标准，进行了案件类型学的分析，[②] 其中也提到私人诉讼与公共诉讼在民众参与的不同形式下提供了一个操作性定义，划分了私人利益下国家不干预的纠纷与涉及公共利益国家主动干预的纠纷。这一观点具有启发意义，但民众作为诉讼参与者，仍是处于司法审判外部视角下，这一操作性定义并不能直接助益司法审判，但这一观点启发我们可以转换到诉讼的内部，审判者微观视角观察能更加准确地了解此类新型诉讼的特点。重新回顾被视为开启"公共诉讼"这一话题的经典论文——Abram Chayes 的《法官在公益诉讼中的作用》，我们会惊讶地发现，总是忽略文章题目中最为关键的"法官"角色，文中正是通过分析审判真正的"参与者"——联邦法院和法官对新出现的诉讼，在传统审判教学、实践、法律思考方法的框架内难以提供助力甚至误导，才引出了 Abram Chayes 命名为"公共诉讼"（public law litigation）的新型诉讼。[③] 因此真正能识别出不同类型诉讼的标准不在案件本身诉讼案由、当事人特征等外部特点，而掌握在法律家们的头脑中——对案件纠纷处理采用何种思考方式。

所以，此类诉讼实践中通常需要依靠法官认知去发现。在这一视角下受到当时美国诺贝尔经济学奖得主赫伯特·西蒙的决策理论学派影响，日本学者平井宜雄、田中成明等依据其决策理论（decision making）模型工具提出了区分法曹在诉讼中使用的"法＝正义"和"（政策）目的＝手段"两种思考

---

① 参见〔日〕和田英夫《公共利益与公共诉讼》（一）（二），载《法律论丛》1983 年第 56 卷 1·2·3 合刊号；赵宇《公益诉讼界定之分析》，《贵州大学学报》（社会科学版）2008 年第 6 期，第 12~18 页；贝一飞《反思公益诉讼之界定》，《江苏行政学院学报》2009 年第 6 期，第 124~127 页。

② 参见彭小龙《民众参与审判的案件类型学分析》，《中国法学》2012 年第 3 期，第 160 页。

③ Daniel S. Jacobs, "The Role of the Federal Government in Defending Public Interest Litigation", *Santa Clara Law Review*, Vol. 44, 2003.

模式，后者相比前者不再是单纯的纠纷解决者，而是更接近政策决定者的思考方式。前者是一种从自身目的出发的思维方式，平等主体之间、个人与个人相比较，从而作出分配，这一过程中审判者的目的就是追求正义与公平，而后者则是不依赖个人目的，为了达成某种政策制度上的目标采用的不同手段，是带有资源分配适宜度的考虑。而结合诉讼外部的宏观视角，平井又进一步提出了两种诉讼类型的一般划分：其一，传统的纠纷解决目标型诉讼（简称"纠纷型诉讼"）定义——诉讼只主张以原告与被告间、个别的、一次性纠纷解决为目标，审判中主要采用"法＝正义"的思考模式。其二，新型的政策形成目标型诉讼（简称"政策形成诉讼"）定义——诉讼以国家、社会公共政策制度的适当性、理想状态或妥协状态为争论核心进行论证，审判中更多采用"目的＝手段"的思考模式。[①] 在纠纷型诉讼中，法官依据实在法与既有的判例进行判断，不需要考虑案件审判后所发生的各种后果，当然也不承担责任；而在政策形成诉讼中，法官被要求去探寻一种"理想的"政策、制度，要通过对纠纷的裁判去确立一种程式化的问题解决办法，因而也就要做好受到社会质疑、同行批判的思想准备。从诉讼的内部微观视角（审判者的思考模式）和外部宏观视角（观察者对诉讼构造的外部事实描述，包括诉讼目的、诉讼参与人性质等）共同对"政策形成诉讼"这一用语下的概念构建显然更为清晰，因此后文将沿用这一概念语词。

政策形成诉讼的产生是受到了转型期社会中法律政策无法适应社会变化的影响。法律制度能否长期存在，取决于这一制度规则是否获得人们的接受，即使通过立法过程确立的制度，也未必符合社会所有大众的意愿；随着时间推移，社会本身的变化也会导致接受这些规则的社会大众产生变化，而其反映的方式必然会化为纠纷，诉讼也是将这种矛盾纳入政策制定者眼中最直接的方式。正如哈特对法院使用"承认规则"所阐释的，法院本身的特殊性在于，他们在使用承认规则提供判准上与其他人很不一样，法院判断某项特殊规则被识别为法律，并在此基础之上作出判决结论是具

---

① 参见〔日〕平井宜雄《法政策学》（第2版），东京：有斐阁，1996，第35~48页。特别注明根据第2版序，作者对于本书基本内容定义与第1版有较大改动。

有权威性地位的。① 因此法院判决是赋予一项规则效力与实效的最佳方式，这也是转型期社会中大量政策性纠纷涌入法院产生了政策形成诉讼的原因。带有政策性的纠纷解决与政策形成功能是一种社会学、政治学上的理解，而在法解释学上审判工作中政策形成之功能与法律判断中法律适用、法的创造之工作存在对应、重合。

（三）法律判断中的政策形成

将政策形成诉讼还原为更加具体的审判构造，对此类法律纠纷的审判将是一个复杂的思维过程。为了更好地分析这一基本构造，我们将对象限定在对民事审判的分析，相比其他诉讼在审判中法官受制于法律自身谦抑性（比如刑法的罪刑法定原则），民事法律的开放性显然赋予了法官更多裁量的空间，另外，民事诉讼所涉及的一般主体间的社会生活复杂性，也使得法律判断更为困难，相应的政策形成诉讼较多地发生在民事领域。

民事审判是由事实的查明和基于法律的判断工作构成的。事实问题如庞德所言，"确定事实是一个充满着可能出现许许多多错误的困难过程"，② 而法律判断相比事实查明来说，则更考验法官的创造性。法官的法律判断依赖于其所受到的法教义学理论规训。根据卡尔·拉伦茨《法学方法论》中经典民法教义学理论框架，根据法律作出的判断就是从法律渊源（包括制定法、习惯、伦理、政策等）中选出法律判断规则，以之为前提，也就完成了法律解释。如果制定法的意义内容能够确定的话，解释就到此结束，即狭义法律解释。③ 但是有时制定法中没有该纠纷的解决规则，存在"法律漏洞"的情况下，需要确定缺陷和补充缺陷的程序。其中大部分可以通过法律解释进行法律漏洞的填补，但在一些"法律漏洞"极为特殊的情况下，尽管该纠纷的判断规则可以从案件中推导出，但是其作为解决规则与一般制定法明确的判断规则相左，这也被称为"违反制定法律的法形成"或者"超越法律之法的续造"（拉伦茨将其界定为法律漏洞与法律政策上的错误，

---

① 参见〔英〕哈特《法律的概念》（第 3 版），许家馨、李冠宜译，法律出版社，2018，第 160 页。
② 〔美〕罗·庞德：《通过法律的社会控制 法律的任务》，沈宗灵、董世忠译，商务印书馆，1984，第 29 页。
③ 参见〔德〕卡尔·拉伦茨《法学方法论》，陈爱娥译，商务印书馆，2019，第 132~149 页。

对于法律政策上的错误只有进行超越法律之法的续造^①），这是司法和立法权限关系最紧张的情况。诉讼中的政策形成工作显然更多的是建立在广义法律解释之上，当然二者不能等同，但至少在法律判断这一内在认知过程中存在一致性，并明显区别于一般的法律判断（或者狭义法律解释）。

日本学者广渡清吾从"法判断论"的角度基于德、日的法教义学对审判的政策形成进行了进一步分析，他认为审判中的政策形成正是建立在法律漏洞填补和超越法律之法的续造二者基础之上。萨维尼将法律判断本身分为，其一，狭义法律解释从制定法规中提取出判断规则的"涵摄（subsumution）"；其二，补充缺陷和违反制定法形成的"反省（reflektion）",^② 其中"反省"正是法律判断中创造性的来源，在这个"反省"中，是发现从特殊到一般的判断力，"反省"不是仅根据法律判断者的主观判断标准，而是根据关于法制度、法律关系、法律规则、个人权利判断一体的整体法律直觉，是以客观的案件事实为依据基础的。^③ 这一点也在法律心理学上获得了确证，规则遵循与规则创造，前者显然比后者在心理学上要简单得多。前者因为在一致心理下，仅趋向于进行简单的实证推理或归纳推理，而很少进行内心反思活动；后者则审慎地进行实证推理、归纳推理以及额外的道德推理，并警惕地反省是否因自身背景因素而导致非中立客观。^④ 正因如此，审判中的政策形成是规范创造性思考，是一种复杂的整体性思考。

如果将这一理论概念转换到民事审判实务中，对于法官来说，民事法律解释规范不是提供一般民众"作为行为规范的民法"，而是在"作为审判

---

① 参见〔德〕卡尔·拉伦茨《法学方法论》，陈爱娥译，商务印书馆，2019，第246~305页。
② 萨维尼从康德那里学到了法律判断属于判断力范畴中的"反省判断力"，以及其中的"目的论判断力"，这种表达方式是萨维尼"整体直觉"的想法。反省的判断力是指对被认为是"将特殊的东西包含在一般的东西中的能力"的"规范的判断力"的判断，是"只给予特殊的东西，应该发现一般的东西的情况"的判断。萨维尼从黑格尔的客观逻辑学中学习到，在反省的判断力的情况下，"发现一般的东西"并不是依存于判断者的主观，而是从客观存在的东西开始引导的，萨维尼的"有机一体法"理论就是其成果。〔日〕原岛重义：《法の判断は何ですか? 民法の基礎理論》，东京：创文社，2002。
③ 参见〔日〕广渡清吾《法の判断論構造：法の解釈、適用は何ですか?》，《社会科学研究》第55卷2号，東京大学出版会，第113~153页。
④ 参见〔美〕戴维·克雷因、〔美〕格里高利·米切尔编著《司法决策的心理学》，陈林林、张晓芙译，法律出版社，2016，第146~149页。

规范的民法"的层面展开，传统的法教义学的"要件事实论"仅仅是为了民事审判的快速化而提供给法官进行法律解释的一种指南，其中心是将事实查明后的法律判断简化为要件事实判断组合的思考过程。政策形成诉讼中法律解释的核心是，关于实定民法规范很少直接阐明的判断规则中，如举证责任分配等创设新法律命题的工作，换言之，就是对法律秩序的应有状态的整体直觉的规范创造性工作。法院作为法官所组成的审判组织，在政策形成诉讼中往往被社会公众期待通过审判去获得新的行为规范，特别是在转型期社会中立法所产生的规则不能解决某些重大社会纠纷时，司法的职能就将被放大，人们除了希望对法律空白进行填补之外，还期待判决对法律政策的错误进行修改甚至创造与废止，实际上大多普通法国家法院也是如此行事的。对于法律规范未明示或者存在政策错误的判断规则作出承认、变更或废止，回应这种社会需求所导致的司法能动主义在现代社会也逐渐影响到了大陆法系国家的法院，司法职能在政策形成领域的扩张成为各国司法中的一种普遍现象。

二 政策形成诉讼与司法职能扩张现象

（一）政策形成诉讼的社会作用

对诉讼中政策形成作用的观察，需要结合"政策形成型"诉讼的判决作用与程序过程作用，在双重视角下对社会影响效果进行分析。首先，在内部微观视角下，法院通过运用法律解决政策形成诉讼中的社会纠纷，经过审理产生的判决对政策形成起到了直接作用。正如上文所述，借助一种审判现实主义描述，法官处理政策形成诉讼的法律解释工作，除了传统的"三段论"式法律适用外，利益衡量和价值判断也成为裁判的决定性因素，裁决结果不仅面向案件当事人，也面向其他社会人群，是以一种政策决定者式的思考模式作出了裁判。法官也就不再是韦伯的法律"自动贩卖机"，孟德斯鸠的"法律之口"，而是可以发挥创造性的、如卡多佐法官所言的像"立法者一样思考"。问题在于，在转型期社会中高不确定性引发的需求导致司法职能随着审判作用的扩张，本身已经超越了单纯对于立法规则之外的司法规则创制职能，霍姆斯大法官口中的"间隙中立法"膨胀到了通过审判反作用于形成法律政策，法院将取代立法机关甚至政府行政机关，成为真正的"规则制定者"。

在外部的社会宏观视角下，政策形成诉讼的作用被扩大到了纯粹判决结果之外，通过对立法、行政等制度问题引发的社会纠纷案件的审理，以法院的裁判为进一步政策形成运动的开端，引起社会关注，进而促进政治、法律来进行协商解决。民事诉讼法学者肖建国总结了几种"政策形成型"民事诉讼的功能：预防和救济、协商参与、权力生成与政策形成。① 换言之，这些功能不仅包括诉讼本身的规范效果也包括诉讼的事实效果，案件所涉及从提交、受理、裁判过程及诉讼结果都将产生政策形成作用。尤其要注意的是判决本身之外的效果，田中成明对司法职能影响的对象更清晰地划分了四个功能领域（见表1）②，并指出一般审判者会认为判决传统固有领域是领域Ⅰ，审判的政策形成作用仅局限在领域Ⅲ的范围内，而事实上司法职能扩大化到了Ⅱ-Ⅳ三个领域中，其中政策形成主要作用在Ⅲ、Ⅳ两个领域。就如同法社会学研究中我们会发现司法审判的事实查明过程中存在"看不见的事实"，③ 在审判作用效果上也存在"看不见的作用效果"，政策形成诉讼促进了司法政策形成，这种作用效果既包括判决对案件当事人的影响，也包括政治学、社会学上的外部影响。如果忽视这一部分影响，将可能造成极大的社会负面后果，像南京"彭宇撞老人"案审判就被认为违背社会常理，因判决造成整个社会"道德滑坡"。④ 而像日本长崎"北松尘肺病"案中，在离职十年后才提起诉讼请求依旧获得承认，作为典型的政策形成诉讼，如果法官受到了法律规范与社会道德的双重压力，则不能仅从"法＝正义"的一般案件模式进行思考。⑤

① 参见肖建国《现代型民事诉讼的结构和功能》，《政法论坛》2008年第1期，第118~120页。
② 参见〔日〕田中成明《现代社会与审判——民事诉讼的地位和作用》，郝振江译，北京大学出版社，2016，第225~227页。
③ 张剑源：《发现看不见的事实——社会科学知识在司法实践中的运用》，《法学家》2020年第4期，第54~59页。
④ 凌斌：《法律与情理：法治进程的情法矛盾与伦理选择》，《中外法学》2012年第1期，第121~135页。
⑤ 日本最高裁判所判例集，平成6年2月22日民事判例集48卷2号，第441页。

表1 司法职能影响的功能领域划分

关系人/诉讼	判决	程序过程
当事人	I	II
第三人、社会一般民众	III	IV

内、外两种视角下诉讼对于政策形成的作用虽然存在认识的不同，但并不是割裂两部分，社会从外部对诉讼中的政策形成的期待是建立在以诉讼内部的法官审判工作模式为基础的前提下。因为应对政策形成诉讼的出现，法院在其法律裁判中扩张了政策形成、法律创造的功能。但这种司法在政策形成功能上的扩张必然引发一系列问题，对诉讼所涉及的审判的法学理论、政治权力构造及范围界定、法律教育等产生了直接的影响。首先，影响对于裁判的法律方法论构造。原有法律形式主义下的审判理论甚至整个法律方法论构造都面临法律现实主义的冲击，尤其是对采用严谨的法教义学理论进行规训的大陆法系国家中，法教义学中的制定法正逐渐被法官法侵蚀。其次，影响调整作为法律适用的司法、法律确立的立法、自由裁量的行政之间的平衡关系，政策形成职能的正当性受到质疑。这不仅是理论上的问题，也揭示出了更深层的政治体制构造、法律文化的问题。

（二）"政策形成诉讼"引发的两种批判

政策形成诉讼作为转型期社会的产物，给各国司法带来了极大的挑战，尤其是建立在法教义学基础上的司法审判理论受到了极大冲击。在以往的认识中，如艾森伯格所言，"在很多领域里的司法规则的灵活形式比立法规则的规范形式更可取，所以社会要求法院发挥作用充实规制社会行为的法律规则的供给"，[①] 法教义学理论上认为"司法造法"乃是一件无法避免之事，但这种"法律创制"或者"法律续造"应当仅仅是在功能而非制度上的，毋庸置疑，法官不具有立法的权限，同样，法官也不能像行政官员一样自由地通过司法判决去主动创造一种法律政策。

即使在以"判例法"为主体的普通法国家中法官"造法"职能被广泛承认，但也需要承认司法受到预先存在的法律规则约束，这也是司法的基

---

① 〔美〕迈尔文·艾隆·艾森伯格：《普通法的本质》，张曙光等译，法律出版社，2004，第3页。

本信念，但这一信念在政策形成诉讼出现后受到了冲击。美国自 20 世纪 50 年代以来已经通过诉讼，在选举人资格认定、堕胎、社会福利等多个领域通过司法判决改变了原有法律政策，并推动修改了相关法律。这种法院和法官们采用自己有关公共政策的观点，撇开先例甚至违背"遵循先例"原则进行司法裁判的观念在美国被称为"司法能动主义"，这一司法行动立场也受到了一些质疑，[①] 特别是在沃伦法院时期，"三权分立"下美国最高法院甚至采用司法审查方式，直接裁定了国会 76 个立法无效，这深刻地影响了美国政治。

而在普遍采用制定法进行裁判的大陆法系国家，政策形成诉讼所带来的司法职能被动扩张，则给审判中的法教义学理论带来了更大的影响。在德国第二次世界大战后的民主法治进程中，司法比重过大已经成为法学家们与司法官员经常激烈交锋的问题，法学家们对于相同司法能动主义下德国联邦法院扩张自己的政策职能充满诟病。虽然德国法教义学理论所提供的法律解释过程本身不是完美的，因而需要批判和续造功能，卢曼就明确表示"司法造法"功能是审判的"副产物"，但这种"副产物"已经在现实中成为司法在政策形成领域无限扩张的基础。对这一现象进行批评的代表人物魏德士就尖锐地指出："面对一个驱动着从法治国到法官国转变的司法，无历史的教义学注定是一条歧路。"[②] 在他看来，法教义学是"结晶化"的法律政策表达，它将特定的价值判断与规范目标确定化，保护着社会和国家秩序。虽然法教义学中的批判和续造功能与政策形成功能似乎仅是描述上的不同，都属于发挥创造性的活动，但是后者是对在法教义学或者说制定法秩序法教义学基本概念上的颠覆，尤其是破坏了法教义学所提供的稳定性、系统性。他认为值得警惕的是在法教义学所包含的混合规范中，制定法正逐步为法官法所取代，法官法占据规范制定的主要角色时，也就意味着法院的司法精英取代了议会中的民主立法者，法官们成为法律政策

[①] 参见王建林《司法能动的中国特色——兼与美国司法能动的比较》，《政治与法律》2010 年第 9 期，第 130~136 页。

[②] 〔德〕伯恩德·吕特斯：《法官法影响下的法教义学和法政策学》，季红明译，载明辉、李昊主编《北航法律评论》2015 年第 1 辑，法律出版社，2016，第 138~161 页。伯恩德·吕特斯，国内又译为魏德士，德国柏林自由大学法社会学和法事实研究所前所长。

的实际制定者。法院这种司法能动主义也表现在法院对法教义学的一些基本观点立场上，魏德士在柏林法律协会进行的题为《民主的法治国家还是寡头制的法官国家》[①] 的演讲中，针对德国联邦法院在实践中审判方法论上采用的所谓 "客观的解释方法" 公开地提出了质疑，他指出原有的法律解释方法论中关于 "立法者意思说" 和 "客观解释说" 的争议在政策形成诉讼中被放大，法院采用 "客观解释说" 将在补充法律缺陷的法律形成以及违反制定法的法律创造中，使得法官的立法者替代功能进一步发挥。

与德国相反，恪守司法克制主义的日本法院在面对政策形成诉讼时的消极态度，则引发了日本学界对于其忽视社会期待的批判。[②] 日本法院对于政策形成诉讼基本持保守的立场，对于诉讼请求中 "公共性" 判断标准和惩罚要件的认定基本采用严格解释原则，尤其对于隐含着批判国家政策的案件更是十分谨慎。更准确地说，不同于美、德法院法官的独立自主性，日本法院对于与议会和政府对立或单独进行法律、政策创造存在抵触，实务中法官们所受到的法教义学训练使他们更习惯于依据制定法进行基本的法律解释来解决纠纷，因而对于 "判例法" 的重视程度较低。

在司法能动主义与司法克制主义之间的不同转向，也导致了法院在审判理论及自身职能定位上的差异，这背后是政策形成诉讼导致司法职能膨胀所产生的政治权利构造上的紧张关系。接下来我们不得不去讨论转型期社会中司法 "政策形成" 这一职能本身的正当性。

（三）司法中政策形成的正当性

对于能动主义下的司法机关逐渐取代立法者、行政官员成为法律、政策的制定者，这恐怕是西方民主法治国家中法学者们最为担忧的事项。美国学者沃尔夫在他的《司法能动主义》一书中对司法能动主义与司法克制主义者之间的争论进行了较为中立的总结，包括能动司法的必要性、能否带来好的社会影响、是否危害民主、是否给民主带来间接的不利影响，并

---

① Ruters, Demokratischer Rechtsstaat oder oligarchischer Richterstaat? JuristenZeitung 8/2002, S. 365~371.

② 参见〔美〕戴维·克雷因、〔美〕格里高利·米切尔编著《司法决策的心理学》，陈林林、张晓芙译，法律出版社，2016，第 235~245 页。

提出了"温和的司法能动主义"概念。① 但他不能否认的现实是司法能动主义使得美国最高法院深度介入了政治之中,"司法独立"原则又使其不受其他外部约束,法院成为议会立法机关之外政治力量政策交锋的新战场。魏德士对德国司法提出的批评则更直接,他认为德国联邦法院所谓的"客观地理性地看待法律政策限制的意图""不需探索立法本来的规范目的和限制目标"这样的想法最终在法官们的审判中就变为"在疑虑的情况下,所有的权力都服从于解释者"的原则,这其中暗藏着法官内心"法院在适用时主观上认为合理的就是法律",最终只会催生超越了宪法权力界限的司法。②

确实,从西方民主主义的政治理论来看,民主制与权力分立制对于司法审判政策形成职能以及法官的法创造工作构成了决定性的制度制约,这也是对司法权力的约束。尤其是立宪民主制国家中,立法机关直接具有由全体国民民主选举的立法正当性,立法机关及其立法权是行政权、司法权的根本来源,而法律通过立法机关以立法程序形式获得确认而存在。相比较而言,司法权代表的法官则由政府提名任命产生,因而缺乏法律创造及政策形成的正当性。基于传统民主政治权力分立制度的深刻影响,司法应当远离政治的观念使得许多法律学者对于那些脱离法律进行法律和政策创造有着强烈抑制的想法,法官应被经过民主程序赋予正当性的立法机关所制定的法律严格拘束,政府行政官员是政策发起者、推动者、实施者,而立法者则是政策最终决定者。但是与美、德不同的是,这种司法能动主义情况似乎并没有引起同为立宪民主制国家的日本法律实务界甚至理论界的关注,从三权分立的角度出发日本法院保持了司法克制主义,甚至对于行政诉讼中对行政行为的司法审查界限,也强调只有在救济国民的具体权利所必要的限度内才能介入行政权。③ 广渡清吾给出的解释是"因为在日本没有经历过司法和立法行政深刻的政治对立,所以很少有理论上带有紧张感

---

① 参见〔美〕克里斯托弗·沃尔夫《司法能动主义:自由的保障还是安全的威胁》,黄金荣译,中国政法大学出版社,2004,第10~20页。

② 参见王建林《司法能动的中国特色——兼与美国司法能动的比较》,《政治与法律》2010年第9期,第130~136页。

③ 参见〔日〕田村悦一《自由裁量及其界限》,李哲范译,中国政法大学出版社,2016,第229页。

进行讨论".① 但是政策形成诉讼的出现证明了社会需要通过司法审判中的政策形成功能来弥补或修正被立法、行政扭曲的法律政策。

为了证立司法能动主义下法院的政策形成功能的正当性这一理论问题，德国法院的法官们没有在理论上进行回应而是直接求助于宪法。德国联邦普通法院院长 G. 希尔施（Hirsch）在演讲中②对上述问题进行了回应，提出法院及法官所必须明确的是《德意志联邦基本法》（简称《基本法》）命令司法、法官做什么，要阐述符合《基本法》的解释方法论。《基本法》第 20 条第 3 项规定，"立法权应受宪法之限制，行政权与司法权应受法律与法之限制".③ 其中与"法律（Gesetz）"并列的"法（Recht）"，对于其存在方式和内容需要法官（虽然是联邦宪法法院的专属管辖）的解释。根据希尔施的解释，"法律"与"法"的条文并不是单纯的同义叠加，这一条款是"将法官从对法律的无条件服从中解放出来，拒绝纯粹的法律实证主义"。作为印证，他援引 1973 年联邦宪法法院对 Solaya 王妃人格权案的判决，判决中基础原理性地讨论了这一条款的含义，确认了上述观点为德国法官的法律创造权基础。进而希尔施发表了下述结论："法官应该被约束的法律（Lex）不仅是被书写的规范（Norm），而且是向价值方向引导的具有均质性和完整性的法律（Recht）。""法官根据正义的理由无视制定法规的语句这不是反制定法律（Contaralegem），而是超制定法（Extralegem），或者是反制定法律但被称为法律内在的发现（Intraius）。"

希尔施对于司法能动主义的德国法院基于《基本法》的解释并不能适用于所有国家，与之相对，在面对政策形成诉讼时，日本司法坚持了既有的克制主义，也发展了有限的政策形成职能。首先，《日本国宪法》第 76

---

① 〔日〕广渡清吾：《法的判断和政策形成——法律和法之间》，《日本法社会学会学会报》2003 年第 67 期"诉讼功能扩大和政策形成"特集，第 15~34 页。

② Hirsch, Gunter（2003）, Rechtsanwendung, Rechtsfindung, Rechtsschopfung. Der Richer im Spannungsverhaltnis von Ersrter Gewalt und Dritter Gewalt, C. F. Muller Verlag.

③ 《德意志联邦共和国基本法》第 20 条第 3 款，原文如下：Art 20（3）：Die Gesetzgebung ist an die verfassungsmäßige Ordnung, die vollziehende Gewalt und die Rechtsprechung sind an Gesetz und Recht gebunden。

条第 3 款明确规定了法官受到"宪法和法律的拘束",① 对于日本法官来说想寻求美国、德国法官司法能动主义下的创造性空间无疑是困难的,因而日本法院在政策形成职能态度上显得十分消极。对于日本法官来说,审判所发挥的法律创造和政策形成功能,不能与以宪法为代表的实定法规范整体相矛盾,否则将失去裁决正当性。这不代表日本法院就完全失去了政策形成功能,仅限缩了法院在政策形成上的空间。日本法院在民商事的一些具体灵活的领域也存在进行法律创造、政策形成的权力,比如《日本国宪法》第 77 条第 1 款②特别规定了最高法院可以在程序法领域行使规则制定权,还可以通过颁发重要判例来形成"事实上的法律政策"。其次,比较重要的一点是,面对政策形成诉讼,日本法院依旧采取司法克制主义的重要原因是,正如广渡清吾所言,日本虽然是立宪民主制国家采用了权力分立制,但是议会内阁制、长期执政的保守政权、职业的司法官僚制度共同构成了日本立法、行政、司法在事实上的统一,一方面,需要立法和行政进行制度上改革的政策形成诉讼,即使进入司法领域中也很难获得救济;另一方面,在日本司法实践中,政策形成诉讼一般被裹挟在对立法和行政不满和不信任的社会情绪下,法院更愿意采取保守的审判来进行回应。当然,作为一种补救填补手段,日本大力发展了以调解、和解、仲裁为主的 ADR 多元纠纷解决机制,以此分流进行此类诉讼在"非法化"下的纠纷处理。而对于中国来说,问题更为复杂,在法律文化、政治制度上中国更接近日本,在党的领导下统一开展司法工作,而在司法职能上我国法院则近似于美国法院,从"政策实施型"司法到"回应型司法"法院始终积极地承担着公共政策职能。

三 转型期中国的政策形成诉讼的挑战与对策

(一) 转型期中国的政策形成诉讼

近代到现代以来世界各国一个明显的变化现象就是随着经济发展、技

---

① 《日本国宪法》第 76 条第 3 款规定:"所有法官依良心独立行使职权,只受本宪法及法律的拘束。"
② 《日本国宪法》第 77 条第 1 款规定:"最高法院有权就有关诉讼手续、律师、法院内部纪律以及司法事务处理等事项制定规则。"

术进步、人员流动，熟人社会逐渐转向了陌生人社会，因而违法犯罪的成本降低，社会纠纷增加、复杂，对于司法制度能力的要求也发生了变化。政策形成诉讼出现的根源就在现代转型期社会这一背景下，既有的、稳定成熟的法律体系与司法制度无法应对现代化社会中纠纷的缺陷，因而在法治高度发达的国家被率先发现、提出。该问题在中国有着特殊性。改革开放以来全面持续高速发展、社会情况变化之迅速、国家治理体系变动之巨大的现状，用"高速、复杂"转型期社会来描述或许更加符合我国社会现实。相比世界其他国家，中国不光处于社会的高速转型期中，现代法治化发展也起步不久，初期无论是法律体系还是司法制度都不稳定、成熟的情况下，一般纠纷型案件与政策形成诉讼相混杂，呈现数量众多且类型多样的趋势，司法不得不替代立法发挥更为突出的政策形成作用。而在 2011 年中国特色社会主义法律体系已经形成后，向着 2035 年中国特色社会主义法治体系现代化迈进时，"政策形成诉讼"将会随着法律体系成熟，伴随着法治现代化出现。

国内对"政策形成诉讼"的理解很多情况下被裹挟在了"公益诉讼""现代型诉讼"等语词之下，"政策形成诉讼"的实质是司法机关如何通过审判以案立法。一方面，像民事诉讼法领域的大陆法系国家学者们对此类型案件的诸多讨论往往冠以"现代型诉讼"之名，导致"政策形成诉讼"经常被认为是带有现代社会特征的民事诉讼，如环境诉讼、消费者权益诉讼、医疗事故诉讼等。另一方面，英美所经常使用的"公益诉讼"的语词突出保护公民权利、社会公共利益又或者是必须具有集体代表性，这种由美国自由主义认识下的概念误读可能会导致泛化的"公益诉讼病"，时至今日都令欧洲极为头疼，[①] 这也是本文所要极力警示的。也正如最高检所指出的"以……公益诉讼为契机，分步骤推动公益诉讼相关立法、司法解释的完善"，[②] 建立机制以相关案件推动法律体系的改革和完善，才是此类案件的根本目标。

---

① 参见陈巍《欧洲群体诉讼机制介评》，《比较法研究》2008 年第 3 期，第 109~120 页。
② 《最高检：持续保持办案力度探索保护法定领域外公共利益》，央广网，https：//baijiahao.baidu.com/s？id＝1626519993194437022&wfr＝spider&for＝pc，最后访问日期：2021年 6 月 20 日。

中国的"政策形成诉讼"早已发生且遍及各个部门法领域，很多案件甚至也不是集体诉讼，因而法院不得不直面社会问题，推进了法律制度的改革与法治社会进步。比较典型的案件，像"邱少云名誉权案"推动《英雄烈士保护法》出台、"吉林长春长生疫苗案"推动了《药品管理法》的修改与《疫苗管理法》的诞生、"天津大妈气枪案"让《刑法》关于"枪支"的认定标准改变、"昆山反杀案"确立了《刑法》中"正当防卫"条款适用标准等。这些诸多领域的"政策形成诉讼"背后不是简单、个别的追求正义裁决的纠纷，而是现代社会中广大人民群众对司法以及整个国家、社会的法治要求。如何在中国社会复杂多样的纠纷中识别这种案件的特殊性，并运用法律处理纠纷、回应社会的要求，考验着法院与法官的能力。

以"天津大妈气枪案"①审理过程为例。本案一审中被告赵春华因经营气枪射击摊子被天津市河北区人民法院认定为非法持有枪支罪，判有期徒刑三年六个月，该案二审并未对一审认定的案件事实及法律适用作出改变，仅以"主观恶性程度较低、认罪态度较好"为减刑理由改判为有期徒刑三年缓刑三年。在案件中对于《刑法》第 128 条非法持有枪支罪的入罪认定以及《枪支管理法》及 2010 年公安部发布《公安机关涉案枪支弹药性能鉴定工作规定》枪支认定标准明显违反社会民众常识，②引发舆论哗然，③本案成为"2017 年人民法院十大刑事案件"，是最高人民法院刑事审判工作报告提及的案例。2018 年最高人民法院、最高人民检察院联合发布了《关于涉以压缩气体为动力的枪支、气枪铅弹刑事案件定罪量刑问题的批复》，该司法解释出台后，对司法实践中的枪支案件办理提供了较为详细的参照标准，相应地提高了入罪标准，同时也增加了出罪理由。

这一案件展示了我国政策形成诉讼处理过程，旧有的严控枪支刑事政

---

① （2016）津 0105 刑初 442 号赵春华非法持有枪支案天津市河北区人民法院刑事判决书、（2017）津 01 刑终 41 号赵春华非法持有枪支案天津市第一中级人民法院刑事判决书。
② 参见陈兴良《赵春华非法持有枪支案的教义学分析》，《华东政法大学学报》2017 年第 6 期，第 6~15 页。
③ 根据 2010 年公安部印发的《公安机关涉案枪支弹药性能鉴定工作规定》，对不能发射制式弹药的非制式枪支，当所发射弹丸的枪口比动能大于等于 1.8 焦耳/平方厘米时，一律认定为枪支。1.8 焦耳/平方厘米的标准一直饱受争议，被认为过低，不符合常识。这一规定主要基于过去严控枪支这一刑事政策的背景下制定。

策下所制定的法律规范受到了挑战。虽然遗憾的是在一审、二审判决中基于法教义学下罪刑法定原则，并没有突破原有法律规范确立新的审判规则，但是至少在最终量刑上发挥了自由裁量权减轻了刑罚回应了民意，在引发了诸多学者、法律实务人员以及社会的广泛讨论后，案件争议内容很快也直接反映在最高法与最高检所发布的批复中，[①] 体现了案件对司法政策变化的影响。此案是我国司法在面对政策形成诉讼时的一种真实场景，也展示了我国司法制度下法院如何通过政策形成诉讼完成司法政策的形成、转变的过程。一审、二审法官的判决思路、法院对社会呼吁回应方式以及最终产生法律政策调整过程都值得去反思。

（二）中国对政策形成诉讼的处理方式与挑战

当政策形成诉讼出现在法院时，结合我国独特的司法体制运作方式，实践中应完善一套相应的处理机制，这其中包括了法院的立场、法官与其他诉讼参与者的职责以及司法公共政策的最终形成方式。

第一，政策形成诉讼的特征在于法官应对可能引发政策变化的案件进行综合考量。最近在进行的案件"繁简分流"工作就是从案件类型上进行分类工作，利用现有的审级制度与最高人民法院巡回法庭制度已经可以较好地区分处理全国复杂的"政策形成诉讼"。需要强调的是，为防止司法职能膨胀、法官自由裁量权过大，政策形成诉讼的范围要受到严格限制，只有纠纷争议直接涉及国家法律、政策本身讨论，法官无法采用一般纠纷处理的思考模式，要对法律之外的各种社会纠纷因素进行综合思考才能称为政策形成诉讼。具体来说，仅当法官认为案件纠纷中法律、政策文件无法提供解释又或者是明显违背社会常识时，案件才能作为政策形成诉讼审理。这在很大程度上依赖于各个基层法院的立案庭法官与初审法官。

第二，对政策形成诉讼应当采取一种"积极司法"的立场。正如学者张志铭指出的，中国语境下不同于西方的司法能动主义，我国的司法体制特殊性让我们强调司法职能要立足国家治理和社会发展的需要，在服务大

---

① 参见万春、杨建军《〈关于涉以压缩气体为动力的枪支、气枪铅弹刑事案件定罪量刑问题的批复〉解读》，《检察日报》2018 年 4 月 22 日，第 3 版。

局的理念下，应以"积极司法"来描述中国司法职能的样态。[①] 中国的司法体制不同于西方，司法机关对权力机关——人民代表大会负责，在党的领导下，中国现行司法机构之间的权力关系是"相互独立、互相制约、互相配合"，法院独立行使审判权，这种特色的体制受到了苏联"政策实施型"司法的影响，司法、立法、行政之间也不存在对立的现象。法院作为社会确定性提供者，应给予政策形成诉讼正面直接回应。

第三，在政策形成诉讼的审判中，特别是对于法官来说，与一般的纠纷型诉讼审判中处于消极中立的判断职责不同，特别需要主动发挥引导及促进当事人之间、不同利益者之间讨论、交涉的功能。通过在法庭中法官与当事人之间的协同活动，以达到正义或者是公正妥协的目标。在审判过程中除了要件事实之外，要关注间接事实、背景事实以及解决方案与其后果预测，以此来作出正确的判决。而对于检察官、律师来说，二者也在职责上被期待去帮助法官进行诉讼的审理。

第四，政策形成诉讼经过司法裁判，所形成的判例、指导性案例以及相应的司法解释是司法公共政策的直接形式。学者侯猛指出，最高人民法院在我国已经事实上是一个公共政策法院、上诉审法院、推动司法改革的法院。[②] 而在公共政策职能领域，不仅最高人民法院，从高级法院到基层法院，各级法院组织都承担着地域性的公共政策形成职能，最高人民法院主要通过独立发布司法解释及指导性案例，与其他政府行政机关联合发布意见、答复等发挥政策形成作用，[③] 地方法院也会发布此类公共政策性质文件及判例，[④] 区别仅在于地域范围限制。政策形成诉讼则在其中发挥着重要作

---

① 参见张志铭《中国司法的功能形态：能动司法还是积极司法?》，《中国人民大学学报》2009年第6期，第37~41页。

② 参见侯猛《司法的运作过程——基于对最高人民法院的观察》，中国法制出版社，2021，第220页。

③ 例如，公通字〔2014〕16号《最高人民法院、最高人民检察院、公安部关于办理非法集资刑事案件适用法律若干问题的意见》和《交通运输部办公厅关于"挂靠经营"含义的复函》。

④ 例如，闽高法〔2018〕147号《福建省高级人民法院、福建省国家税务局、福建省地方税务局关于建立法院与税务机关执法协作机制工作方案》、绍中法〔2018〕79号绍兴市中级人民法院、绍兴市人民检察院、绍兴市公安局《关于依法严肃查处拒执犯罪行为若干问题的意见》。

用，诸多司法解释正是建立在政策形成诉讼判决争议的基础之上，事实上大多数政策形成诉讼也并非经由最高人民法院审理，但最高人民法院正是因为其"最高"之权威具有更特殊、更关键的影响。

虽然实践中可以在现有制度基础上构建"政策形成诉讼"实用对策，但是政策形成诉讼依旧对我国司法提出了一些现实上的挑战。首先，对我国法律职业人员提出了较高要求。不同于西方国家缓慢的现代社会转型，短短的不过一个世纪时间，中国从传统的熟人社会中案件稀少、简单的状态，有时甚至不需要专业知识由社区内部的权威者就可以处理各种相关纠纷，发展到目前现代信息化陌生人社会中，数量众多、复杂案件必须依靠专业的法律人员甚至技术人员共同处理，对于中国现今法律从业人员知识水平而言较为困难。面对涉及国家公共政策本身的社会纠纷在法律审判中，要获得恰当的、符合社会变化的、当事人以及社会其他关系人能够充分接受的判例，不仅需要法官本身综合的知识构成和负责的态度，很多时候也取决于诉讼中检察官、双方律师以及其他参与诉讼的法律从业人员的认知和才能，因此除了法官之外整体性提升法律职业教育显得十分关键。而现状是我国的法律职业化刚刚开展不久，现今的法律教育以及司法考试制度是在培养、筛选像普通律师一样模式化思考的人，学生包括老师在法学院中更重视的是对实体法规范以及诉讼程序的训练，很少进行过政策科学、社会科学相关训练，显然普通法律人也不会费尽功夫去学习一般难以用到的知识。[1] 但是这种普遍的理解忽视了其他社会科学在司法审判中的重要作用。社科法学者们尤其强调在司法审判过程中面对纠纷，尤其是疑难案件（其中包括政策形成诉讼）[2]，需要法学、哲学、经济学、社会学等各类知识的综合专家而非单纯的法律家。一定程度上司法审判中纠纷解决过程与政策形成过程存在大幅度重合，然而二者最为重要的差别是，政策形成诉讼的审判中包含着法院法官及其他诉讼参与者对政策的判断以及一些需要其他知识的高度专业技术的判断，

---

[1] 参见贺欣《转型中国背景下的法律与社会科学研究》，载胡凌主编《北大法律评论》第 7 卷第 1 辑，北京大学出版社，2005，第 33 页。

[2] 参见侯猛《司法中的社会科学判断》，《中国法学》2015 年第 6 期，第 42~43 页；桑本谦《"法律人思维"是怎样形成的——一个生态竞争的视角》，载苏力主编《法律和社会科学》第 13 卷第 1 辑，法律出版社，2014，第 1~25 页。

在处理此类复杂纠纷中，现有的法律职业教育是无法解决的。

其次，政策形成诉讼同样对我国司法体制下法院政策形成职权的正当性提出了挑战。如上文所述，司法的政策形成职能与法的创造活动相关，但是司法权应受到宪法及相关法律的限制。不同于美、德等国家，我国宪法及法律显然并未赋予司法机关法创造的权力也未赋予法院违宪审查的职权。根据《中华人民共和国宪法》第 5 条、第 62 条第 1 款、第 3 款、第 67 条第 2 款之规定①，显然法律的制定、修改的权力仅由全国人民代表大会及其常务委员会行使；而第 131 条规定"人民法院依照法律规定独立行使审判权，不受行政机关、社会团体和个人的干涉"。"法律规定"一词也明确地指出了法院法官并没有超越实定法创造的空间。但《人民法院组织法》第 18 条规定："最高人民法院可以对属于审判工作中具体应用法律的问题进行解释。最高人民法院可以发布指导性案例。"这一规定使得最高人民法院与最高人民检察院（《人民检察院组织法》第 23 条）分别享有了司法（检察）解释权与发布指导性案例的权力，这种司法解释权本身就成为司法机关的政策形成功能的正当性基础，发布司法解释与指导性案例也是政策形成功能的主要表现形式。但是有学者质疑最高法司法解释的政策形成效力，其一，最高人民法院司法解释相较立法解释、检察解释并不具有终局性与优先权；其二，司法解释权被锁定在了最高人民法院，因而容易脱离基层法院的现实，鉴于司法解释相关缺点，因此只有最高法发布的指导性案例才应成为公共政策形成的主要方式。② 然而在中国的现实实践中，无法否认司法解释作为一种更正式的法律渊源相比指导性案例，在司法审判及诉讼过程之外都对社会发挥着更为直接的、明显的政策形成的作用。另外，从实际社会效果上来看，各级法院的判例都有政策形成的作用。

---

① 第 5 条规定："中华人民共和国实行依法治国，建设社会主义法治国家……一切国家机关和武装力量、各政党和各社会团体、各企业事业组织都必须遵守宪法和法律……任何组织或者个人都不得有超越宪法和法律的特权。"第 62 条规定："全国人民代表大会行使下列职权：（一）修改宪法……（三）制定和修改刑事、民事、国家机构的和其他的基本法律……"第 67 条规定："……（二）制定和修改除应当由全国人民代表大会制定的法律以外的其他法律……"

② 参见赵信会《法院的公共政策形成功能：比较与定位》，《河南省政法管理干部学院学报》2006 年第 6 期，第 85~88 页。

最后，面对不断产生的大量政策形成诉讼涌入法院，我们还要思索司法在社会纠纷解决中的定位。如此大量涉及公共政策社会问题如果仅通过法院解决会导致社会纠纷的"司法化"，间接造成了司法政策形成职能的被动扩张。这在一定程度上反映了两个问题：一是社会纠纷处理机制的单一；二是司法在社会纠纷解决中的过度使用。需要强调，法院是人民权利的最后一道保障，而非第一或唯一的选择。因此，要重视司法审判外的纠纷处理方法。加强 ADR 多元纠纷解决机制的使用，将部分并不适宜进入司法诉讼程序的社会纠纷通过民间第三方组织以调解、和解、仲裁、行政机关的行政复议、信访等行政方式进行处理。而进入法院不适宜审判的也可采用调解方式处理。特别是对政策形成诉讼所涉及的纠纷，应当为人民建立通畅的政策意见反映渠道，直接反映在国家政策制定及立法过程中，从根本上减少政策形成诉讼。

（三）对转型期中国司法的几点建议

政策形成诉讼正是转型期中国所必然面对的一种现象，是司法、政治、社会理论与实践诸多问题的集中体现，是社会与政策之间借助司法进行互动的一种表现方式，背后更蕴含着人民大众在不断变化的社会中对于中国司法发挥怎样影响作用的期待。

为了回应这个期待，以政策形成诉讼为契机需要对现有法官、各级法院以及人民司法进行整体性的反思。对于法官来说，在维持实定法秩序情况下，根据情况不同面对出现的政策形成诉讼纠纷如何识别、处理，以何种方式进行审判以及政策性决断，这些内容要建立在一套适应中国司法现实的司法教义学理论基础之上，也需要成熟的法学院及相关职业教育作为支持。对于法院这一审判组织来说，如前文所述，无论是持司法能动主义还是司法克制主义立场的国家，法院本身职能扩张已经成为转型社会司法的必然，但对于中国的特殊语境来说，法院职能有其特殊的复杂性，如何定位并证立中国法院职能尤其是公共政策形成职能，如何协调最高人民法院到基层法院各层级内部关系、协调作为司法机关的法院与检察院，与立法、行政机关甚至是民间组织的外部关系去实现这一职能，这要求对司法体制进行更为深入的研究、进行有针对性的改革。对于人民司法在法治国家、法治社会中的建设，讨论如何借助政策形成诉讼发挥司法在社会中的作用，需要以综合性视角去看待司法，从个案诉讼到公共政策推动，既关注个体权利也关注社会公共利益，形成社会的法治、国家的法治。

具体针对转型期中国社会政策形成诉讼所带来的挑战，结合已有的相关法律制度，提出如下几点建议。

第一，培养综合法律政策型高级法律人才。显然传统法学院主要以培养律师为导向的单一人才供给不能满足社会司法需要，法律职业分化已经成为未来发展的趋势，要加强培养不仅熟悉实在法律及各种法学理论而且具有跨学科综合法律政策能力的高级法律人才，这些人区别于一般初级法律从业者从事社会一般纠纷解决，他们具有更强能力完成国家公共政策相关等复杂社会法律问题的实务处理。在现今法学院难以进行职业分化培训的情况下，可以采用法律人才分级制度，选拔立法、司法机关工作人员以及律师队伍中的优秀者进行培训，这也是欧美等国家成熟的法律人才制度，结合已经在试点的诉讼程序繁简分流制度改革①，将复杂、棘手案件交由综合专业能力更强、经验更加丰富的专家进行处理。

第二，加强司法机关内部与外部合作，完成难案上诉审和跨部门协同处理等制度。法院内部上下层级之间在面对政策形成诉讼等难案时应当协作，通过下级审理判决可以为政策形成提供有力的理论素材，摆脱高层级的立法、司法解释等缺乏说服力判断的问题。而在法院外部，应当发挥法院与各机关之间的横向协调作用，以推动政策形成。尤其是政策形成诉讼中大多涉及公益诉讼案件，法院可以在与检察院已有的公益诉讼制度、陪审制度基础上，邀请立法专家②、行政部门政策制定者等参与陪审，与检察院共同配合利用公益诉讼形式等更好地推动此类纠纷的解决，实现公共政策职能。

---

① 2019 年 12 月 28 日，第十三届全国人大常委会第十五次会议通过《全国人民代表大会常务委员会关于授权最高人民法院在部分地区开展民事诉讼程序繁简分流改革试点工作的决定》。2020 年初，最高人民法院印发《民事诉讼程序繁简分流改革试点方案》，并据此制定《民事诉讼程序繁简分流改革试点实施办法》。

② 参见彭小龙《人民陪审员制度的复苏与实践：1998—2010》，《法学研究》2011 年第 1 期，第 15~32 页。

第三，完善社会对政策形成诉讼的参与和监督。从社会效果上考虑，政策形成诉讼本身就因涉及公共政策的变动而受到社会民众关注，增强社会普通民众参与感和媒体监督曝光度可以在审判中取得更好的社会效果。通过现今先进的信息网络技术，以庭审直播等形式让尽可能多的民众参与到诉讼之中，主动增加网络社交媒体新闻报道来进行外部监督，最终可以使得政策形成诉讼在改变旧有公共政策时获得更为充分的讨论，也让人民在案件中感受到司法的公平与正义。

The Structure and Influence of Policy Litigation

—The Countermeasures of China's Judicial System in the Transitional Society

(*Wei Hongguang*)

Abstract: The new type of policy litigation emerged after entering the modern society, which leads to a large number of conceptual ambiguity in judicial practice under several different case classification standards. Therefore, this paper proposes to construct the concept of policy litigation from the perspective of the judge under the sociology of law, and analyzes the nature of its policy formation in legal judgment of legal hermeneutics. The social effect of policy litigation leads to the expansion of judicial function, which also leads to the criticism of the expansion of judicial function. In the face of policy litigation, Chinese courts have played their public policy functions, but the shortcomings are still worthy of our reflection.

Keywords: The Perspective of the Judge, Policy Litigation, Judicial Activism, Transitional Society, Dogmatics of Law

聚焦热点

《民法典》实施的程序视角

——以居住权制度为例

任 昊*

摘　要：《民法典》物权编第三分编第十四章新增了居住权制度，对实现"人民群众住有所居"的目标具有重要意义。立足于程序视角，应当考虑如何与《民事诉讼法》协调对接的问题，以便使实体法与程序法实现最佳结合。居住权纠纷中涉及的合同履行与物权实现问题，是对传统物债二分理论的一种挑战，请求权竞合的程序构造与诉的客观合并理论很难对该问题进行解释。当前司法实践中关于混合之诉的隐约体现为该问题的思考提供了衡量因素与共有规则。对于不同类却又紧密联系的两个诉讼标的应当借助法国民事诉讼理论中的混合诉权理论，进行混合之诉的程序构造。基于"纠纷的一次性解决"原则，通过原告提出、诉讼标的紧密联系、依原告的处分意思、管辖吸收规则这四个要件进行识别和判断。

关键词：混合诉权；居住权；请求权；诉的客观合并

引　言

2020 年 5 月 28 日，十三届全国人大三次会议表决通过了《中华人民共和国民法典》（以下简称《民法典》），自 2021 年 1 月 1 日起施行，是新中国第一部以法典命名的法律。《民法典》的编撰已经完成，但更重要的还在于实施，具体争议案件的适用必然离不开诉讼程序，因此《民法典》与《民事诉讼法》的衔接就显得尤为重要。

债权与物权是民法财产权的两大支柱。物债二分是德国民法典编撰体系的重要特点，这样一种格式化模板，为法典编撰、法律适用以及法学研

---

* 任昊，中山大学法学院诉讼法学硕士研究生，研究领域为民事诉讼法学、司法制度。

究提供了简便有效的概念工具，重要价值不言而喻。① 1986 年我国通过的
《民法通则》第 5 章第 2 节专节规定"债权"，2007 年颁行《物权法》，至
此，我国民事立法确立了物债二分的基本格局。② 我国《民法典》采取七编
制体例，虽然没有德国法上的债编，但是合同编实际上发挥着债编的功能，
债权行为与物权行为的分离在既有规范脉络中清晰可见。

物债不是完全分离的，不是如法典中规定得那样"条块分割"。在
现实语境，离开合同债权，很难想象有所有权移转或抵押权设定，债权
堪称催生或改变物权的最大孵化器。正是着眼于物权借助债权之力实现
财产价值以及债权本身就是经济目的和法律生活目的的客观实际，才有
了债权在近代法中占有优越地位的理论反思。③

《民法典》物权编第三分编第十四章新增了居住权制度，该制度有效兼
顾了商品房购买的稳定性和房屋租赁的灵活性，有利于克服传统二元化房
屋供应体系的弊端，对实现"人民群众住有所居"的目标具有现实意义。④
但是该制度同样也对程序法的实施带来了挑战，《民法典》中居住权这一新
规定的权利，涉及合同履行与物权实现的问题，是对于传统物债二分理论
的一种挑战，实体法中的"二分"，在程序法中却有合并的需要，请求权竞
合的程序构造与诉的客观合并理论很难对该问题进行解释。因此有必要从
程序视角对于该制度的实施进行补充与思考。

一　实体法规范：居住权的立法及背景

关于我国是否应当引入居住权制度，早在《物权法》制定时就存在争
议，有学者基于对弱势群体利益的保护，认为应该设立居住权。⑤ 反对意见

---

① 参见常鹏翱《债权与物权在规范体系中的关联》，《法学研究》2012 年第 6 期。
② 参见朱庆育《物权行为的规范结构与我国之所有权变动》，《法学家》2014 年第 6 期。
③ 参见〔德〕拉德布鲁赫《法学导论》，米健、朱林译，中国大百科全书出版社，1997，第
　64 页；〔日〕我妻荣《债权在近代法中的优越地位》，王书江、张雷译，中国大百科全书
　出版社，1999，第 5 页。
④ 参见最高人民法院民法典贯彻实施工作领导小组主编《中华人民共和国民法典物权编理解
　与适用》（下），人民法院出版社，2020，第 291 页。
⑤ 参见陈华彬《设立居住权可以更好地保护弱势群体利益》，《检察日报》2004 年 2 月 9 日，
　第 3 版。

以梁慧星教授为代表。① 2002 年至 2005 年《物权法（草案）三次征求意见稿》中均就居住权作出规定。但在 2007 年正式颁布的《物权法》中还是予以删除。当初删除的主要理由是认为居住权的使用范围可能较窄。如基于家庭关系的居住问题可适用《婚姻法》有关抚养、赡养等规定，基于租赁关系的居住问题可适用《合同法》等有关法律的规定。居住权与房屋租赁尽管都是对他人房屋的使用，但属于两种不同类型的权利，房屋租赁不能代替居住权的功能。房屋租赁属于债权，尽管法律通过设定"买卖不破租赁"的规则赋予其一定程度的物权属性，但房屋租赁期限较短，稳定性相对较弱，不足以满足长期居住的需求。居住权并非房屋租赁可以替代的权利。

在后法典时代，已经不存在所谓的《民法典》应否规定居住权的问题了，《民法典》第 366~371 条这 6 个条文对我国的居住权制度进行了规定，因而存在如何适用和解释的问题。但是我国目前对于居住权制度的研究主要还是从实体法的角度进行，② 很少有学者从程序视角进行解读。居住权规定在物权编的用益物权分编，但是根据《民法典》第 367 条，居住权又是需要以合同的形式设立，根据房绍坤教授的概括，将居住权合同分为四种表现形态。③

房屋所有权实现方式的多元化已经成为时代的需求。居住权作为新类

---

① 参见梁慧星《不赞成规定"居住权"》，《人民法院报》2005 年 1 月 12 日，B1 版。梁慧星认为，为了极少人的问题而创设一种新的物权和一个新的法律制度，是不合逻辑的，也是不合情理的。

② 参见王利明《论民法典物权编中居住权的若干问题》，《学术月刊》2019 年第 7 期；房绍坤《论民法典中的居住权》，《现代法学》2020 年第 4 期；申卫星《从"居住有其屋"到"住有所居"——我国民法典分则创设居住权制度的立法构想》，《现代法学》2018 年第 2 期；鲁晓明《"居住权"之定位与规则设计》，《中国法学》2019 年第 3 期；崔建远《物权编对四种他物权制度的完善和发展》，《中国法学》2020 年第 4 期。

③ 四种表现形态分别是：（1）所有权人与买受人签订居住权合同，所有权人系为他人的生活居住需要而设立居住权；（2）所有权人与买受人同时签订买卖合同与居住权合同，所有权人将住宅出卖予买受人，同时保留居住权，买受人在购买住宅时应为出卖人设立居住权，两方当事人均具有双重身份，即所有权人为买卖合同中的出卖人、居住权合同中的居住权人，而相对人为买卖合同中的买受人、居住权合同中的权利设立人；（3）所有权人将住宅的所有权转让给买受人，并为第三人设立居住权，存在三方当事人即所有权人、买受人和居住权人，所有权人在出卖住宅时，为第三人设立居住权；（4）所有权人将住宅出卖给买受人，同时要求买受人为第三人设立居住权，存在买卖合同和居住权合同两个合同关系和三方当事人。但与第三种情形不同的是，这里居住权的设立人是买受人，而非所有权人。参见房绍坤《论民法典中的居住权》，《现代法学》2020 年第 4 期。

型的用益物权，不仅应当满足婚姻家庭关系中无房可住者的居住需求，同时还应当承担为房屋多元化利用提供有效途径，实现财产所有权和财产利用权的最优化配置的重要功能。实现经济效益的同时也会带来相应的纠纷。居住权纠纷中会出现的诉讼形态如下。

A 是房屋的所有权者，其为 B 设立一个居住权，并且订立了一个有偿的居住权合同，合同中规定了违约责任（或者违约金），并且已经办理了登记。此时 A 却一直住在房屋里，导致 B 只能去住酒店，B 提起诉讼，并且在诉讼中提出排除妨碍和违约金的诉讼请求。此时的排除妨碍请求权就是一种物权性诉权，而违约金请求权则是一种债权性诉权，因而产生了混合。

此时带来的问题是，是否允许当事人在一次诉讼中既提出排除妨碍又提出违约金，排除妨碍是一种基于物权法律关系所主张的请求，违约金是一种基于合同法律关系所主张的请求，依据旧实体法说，诉讼标的是由实体法律关系来决定的，有多少个实体请求权就有多少个诉讼标的。如果这样的话，本案即存在两个诉讼标的，两个诉讼标的不是同类诉讼标的，但是两者又紧密联系，并且都是原告提出的，对于这样的纠纷是允许当事人在一个纠纷中同时提出，还是只能提起一个，另一个要求另案处理？

为什么居住权纠纷中这个问题如此明显？我们可以对比《民法典》中关于所有权与居住权的表述，《民法典》第 240 条规定："所有权人对自己的不动产或者动产，依法享有占有、使用、收益和处分的权利。"第 366 条规定："居住权人有权按照合同约定，对他人的住宅享有占有、使用的用益物权，以满足生活居住的需要。"可以发现，同样是物权，两者的表述是完全不同的，居住权是需要依照合同的约定享有占有与使用权的，其主张需要以合同为依托，因而在纠纷中物权与债权就存在紧密联系，而所有权是不会存在以合同为依托的问题，完全落实了"物债二分"的理论。因此有学者也提出居住权制度是一种伴随债之关系，其一方面属于债之关系，既可以由当事人在居住权合同中约定，也可以由法律作补充规定；另一方面，与普通的债之关系不同，其可能紧密附着于物权之上，不仅约束最初的双方当事人，还能约束后续的权利受让人。[①]

---

① 参见申卫星《〈民法典〉居住权制度的体系展开》，《吉林大学社会科学学报》2021 年第 3 期。

所有权是最典型的物权,它为物权规范提供了模板,但以所有权为模板所描绘的物权图像未必能清晰无误地反映他物权的全部信息。以他物权为例,其必须存在于特定主体之间,因此具有相当明显的人与人关系的色彩,与债的外观近似,与物的所有权颇有距离,对其定位的参考维度就是所有权与合同之债。正如苏永钦所言:"往长远看,大陆法系民法引以为傲的债物二分,一如英美法系契约与财产权的二分,都可能因为交易的快速与复杂化、财产登记制度的自动化,而在界面上面临重新调整,民事财产法确实已经到了重构的时候。"①

二 请求权分析:竞合还是聚合?

我国对于请求权竞合的立法例主要体现在《合同法》第 122 条②、《民法典》第 186 条③以及《最高人民法院关于适用〈中华人民共和国合同法〉若干问题的解释(一)》(以下简称《合同法解释(一)》)第 30 条④。我国立足于受害方的角度允许竞合,在未双倍受偿的情况下,可以自由选择。那么在居住权合同纠纷中,原告基于所有权所提出的排除妨碍请求权即一种物权性诉权,并且基于债权人的身份主张违约金请求即一种债权性诉权。此时如何理解请求权竞合的问题?

首先,这不属于法条竞合论的情况,因为法条竞合论要求一个法律构成要件发生的时候,如果导致多个不同的请求权同时存在,而这些请求权的目的只有一个时,那这时竞合的只是法条而不是请求权。原告在居住权纠纷中提起的这样一种混合诉权,起码是有两层目的,一方面是要求被告排除妨碍,另一方面则是要求被告赔偿违约金。

其次,请求权竞合论又可分为请求权自由竞合论和请求权相互影响论。请求权自由竞合论即当事人可以选择其中一个请求权主张,也可以选择全

---

① 苏永钦:《寻找新民法》,北京大学出版社,2012,第 1 页。
② 《合同法》第 122 条规定:"因当事人一方的违约行为,侵害对方人身、财产权益的,受损害方有权选择依照本法要求其承担违约责任或者依照其他法律要求其承担侵权责任。"
③ 《民法典》第 186 条规定与《合同法》第 122 条的规定一致。
④ 《合同法解释(一)》第 30 条规定:"债权人依照合同法第一百二十二条的规定向人民法院起诉时作出选择后,在一审开庭以前又变更诉讼请求的,人民法院应当准许。对方当事人提出管辖权异议,经审查异议成立的,人民法院应当驳回起诉。"

部请求权同时主张；请求权相互影响论的前身是绝对的请求权自由竞合理论。例如，在借贷关系到期时，出借人基于对标的物所有权，对借用人享有所有物返还请求权，同时基于借贷合同，又享有标的物返还请求权，由于这两个不同的请求权分别属于不同的主体，出借人基于一个请求权胜诉后，并不当然使另一请求权消灭，但是这又将导致借用人不得不承担双重的付出，因此德国的学理和判例发展出相互影响说，认为当事人只可主张一个请求权，不得同时主张复数的请求权，但是允许不同的请求权相互影响。[1] 但是，在上诉居住权纠纷中，被告并不会承担双重的付出，因为原告是基于排除妨碍与违约金这两个不同的目的。

最后，笔者认为如果非要从请求权理论中找寻答案的话，上述居住权纠纷不是一种请求权竞合，而是属于请求权的聚合，也称作累积性聚合，即同一案件事实引发多个不同请求权，且指向不同给付，故它们可以同时实现。[2] 王泽鉴教授将其定义为："请求权聚合，是指当事人对于数种以不同给付为内容的请求权，可以同时、先后、就全部或者个别主张，每一个诉请履行的请求权都构成一个诉讼标的。"[3] 上述居住权纠纷中，原告排除妨碍请求权与违约金请求权便是指向不同给付，因此可以同时实现，笔者认为这两项请求是基于同一事实，可以借鉴王亚新教授在其论文中的一个结构图[4]（见图 1），纠纷事实或生活事实这一层面可以说是当事人据以提出法律问题的基本领域，同一系列的生活事实可以对应多种不同的法律关系，原告又基于不同的法律关系形成不同的请求权。但是基于同一生活事实和纠纷事实，基于纠纷的一次性解决和诉讼经济说，应当允许当事人同时提出排除妨碍这一物权性诉权与违约金这一债权性诉权，而不是依据请求权竞合理论。

三　程序法视角：权利救济的不完整性

客观合并之诉能否解决上述居住权纠纷？客观合并之诉对应的实体法

---

① 参见段厚省《请求权竞合研究》，《法学评论》2005 年第 2 期。
② 参见叶名怡《〈合同法〉第 122 条（责任竞合）评注》，《法学家》2019 第 2 期。
③ 王泽鉴：《民法思维——请求权基础理论体系》，北京大学出版社，2009，第 130 页。
④ 参见王亚新《诉讼程序中的实体形成》，《当代法学》2014 年第 6 期。

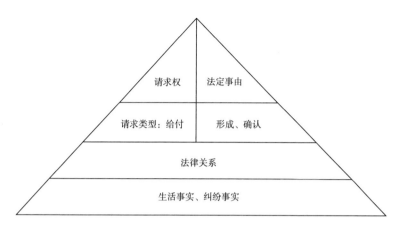

图 1

问题是多个完全独立的请求权如何解决的问题。两个请求权无实体法上的关联性，比如买卖价款请求权与返还借款请求权，两个请求权是完全对立的，是基于不同的法律关系。各请求权之间彼此互不影响，各请求权的成立要件、范围以及限制，各依调整该请求权的规范而定。[①]

诉讼请求的合并是通过一个诉讼程序解决多个诉讼请求争议。而相对应是另案处理，另案处理是对当事人诉讼请求的强制分离。法院另案处理的裁判方式是，将本应一个诉讼程序解决的纠纷，分成数个诉讼程序进行处理，属于诉讼请求的强制分离。[②] 这样一种强制分离，也很有可能导致当事人承担二次诉讼及二次审理的负担，同时有造成冲突裁判的可能。我国现行立法没有明确规定不同类型之诉的客观合并的条件及效力，但是在司法实践中已经形成了一些客观合并之诉的裁判规则。

1. 法院是客观合并之诉的决定主体

在单县某某（北京）房地产开发有限公司、胡某某建设工程施工合同纠纷案[③]中，最高人民法院认为："诉的客体合并问题属于人民法院职权范

---

① 参见〔德〕迪特尔·梅迪库斯《请求权基础》，陈卫佐、田士永、王洪亮、张双根译，法律出版社，2012，第166页。

② 参见项延永、王华鑫《多少个"另案处理"可以另案处理——我国民事诉讼请求的合并与分离机制的理性构建》，全国法院第二十六届学术研讨会，北京，2015年4月8日。

③ 最高人民法院（2017）最高法民辖终372号民事裁定书。

围，本案一审法院从节省司法资源等角度考虑合并审理并无不当。"

2. 诉与诉之间需要具备关联性

在临沂某置业有限公司与尚某买卖合同纠纷管辖权异议上诉案①中，上诉人认为电梯设备买卖合同和电梯设备安装合同是两个独立的合同，两个不同的法律关系，一审法院合并审理明显不当，二审法院认为：就本案而言，尚某系向临沂某置业有限公司同时主张电梯设备款及安装款，鉴于电梯设备买卖合同和电梯设备安装合同存在一定的关联性，一审法院合并审理并无不当。在上海某机器制造有限公司与常州某机械有限公司定作合同纠纷管辖权异议上诉案②中，上诉人上海某机器制造有限公司以双方 2010 年至 2014 年 5 年期间的买卖交易没有签订书面合同为由请求将案件移送至上海市浦东新区人民法院管辖审理。对此，二审法院认为：双方五年间发生的各项权利义务系基于同一法律关系或同一法律事实产生。无须按是否签订过书面合同为标准将一审原告的诉请拆分成多个诉讼，徒增当事人讼累。但是对于关联性的判断还是缺乏一个统一和明确的裁判规则。

3. 受诉法院对案件合并后拥有管辖权

在鄢某某与某集团有限公司、黄某某合同纠纷案③中，原告鄢某某诉请将数个无事实、法律上牵连且管辖不一致的案件合并为普通共同案件。对此，法院认为：各项请求存在所涉及的当事人主体不同、当事人之间所确定的权利义务不同、法律后果及责任承担亦不同且属于不同级别的法院管辖等不能合并审理情形，鄢某某在本案中将上述请求一并主张，不符合民事诉讼合并审理的条件。

域外的日本对此提供了经验，日本民事诉讼法对合并要件规定较为宽泛，有以下三个要件：（1）数个请求可利用同种诉讼程序予以审判；（2）法律不禁止合并；（3）受诉裁判所对各请求享有管辖权。将客观合并的类型，依各请求间的条件关系，合并的情形可以分为单纯合并、选择合并、预备合并三种。④ 但是我国诉的客观合并理论仍不够健全，无法提供充

---

① 江苏省苏州市中级人民法院（2018）苏 05 民辖终 653 号民事裁定书。
② 江苏省常州市中级人民法院（2017）苏 04 民辖终 317 号民事裁定书。
③ 湖南省湘潭市中级人民法院（2017）湘 03 民初 158 号之一民事裁定书。
④ 参见〔日〕伊藤真《民事诉讼法》，曹云吉译，北京大学出版社，2019，第 417 页。

分的理论支撑。

首先，诉的客观合并无法解决上述居住权纠纷中所存在的问题。诉的客观合并，是指同一原告对同一被告主张两个以上的独立的诉，从而可能引发请求权竞合、中间裁决等制度。① 客观合并之诉未能解决请求权聚合问题。上述居住权纠纷中原告对被告主张的两个诉虽然是两个独立的诉，但是两者有着紧密的联系。请求权聚合的情况在我国司法中的处理情况，大多实践做法选择了拆分另案处理。但是这样有悖于纠纷的一次性解决，上述居住权纠纷中也没有拆分另案处理的必要。

其次，在我国现行立法没有明确规定不同类型之诉的客观合并的条件及效力的情况下，法官的裁判说理缺乏论证思路。实践中诉的客观合并适用较少，不利于法官节约司法资源，减少当事人的诉讼负担，不利于纠纷的一次性解决。当前错案追究的司法背景下，法官缺乏主动进行诉的客观合并的动力，抱着"多一事不如少一事"的心态。在认知心理学当中，也将此称为一种"易得性决策"，决策者通常会依据一些容易想起来的事例来判断一种类别出现的频率或者事件发生的概率。决策者利用"易得性"直觉来估计事件发生的频率和概率往往能够将决策内容简化。但是，在某些情况下，可能导致系统性偏差，在一些事件相对其他事件而言更容易想到，并不是因为这样的事件更经常发生或者具有更高的发生频率，而只是因为这样的事件更容易被提取。因此法官面对这样一个复杂的判断或决策问题时，通常也只是依据一种常识或者司法直觉来进行决策。在潍坊市某商贸有限公司与潍坊某商业银行股份有限公司借款合同纠纷上诉案中，法院认为：法律对同一主体、同种类诉讼标的的诉的合并没有规定，法院仅需负责查明该诉的合并的诉讼标的是否属同种类，如果符合受诉条件，法院可无须征得当事人同意决定合并审理。②

最后，在司法实践中法院是"诉是否合并"的决定主体，因此除普通共同诉讼需要征询当事人同意外，当事人无法在其他类型的合并之诉中表达程序性意见或异议，即提起管辖权异议。管辖权异议是法律赋予当事人

---

① 参见张永泉《民事之诉合并研究》，北京大学出版社，2009，第23、66页。
② 最高人民法院（2014）民一终字第11号民事裁定书。

表达程序性异议的权利，保护的是当事人的管辖利益，但在法院职权主义的干预下，当事人的程序性权利在合并之诉中被直接剥夺，当事人的管辖利益在合并之诉中存在被损害的可能。因此在我国诉的客观合并制度还未完善之际，也不宜通过该制度解决上述居住权纠纷中所带来的问题。

混合诉权是法国民事诉讼理论上一个重要的法律概念。法国的诉权理论当中，以实体权利的性质为标准进行诉权分类，分为对物诉权、对人诉权以及混合诉权。混合诉权从字面上看很容易被理解为两种不同性质诉权的融合或折中。实际上，法国民事诉讼理论上所指的混合诉权，并不是两种或两种以上不同性质诉权的融合或折中所生的产物，而是指原告可以在一纠纷中同时主张两种不同性质的诉权——物权性诉权和债权性诉权。混合之诉是请求权聚合问题在程序法中的构造。

在我国现行立法没有明确规定不同类型之诉的客观合并的条件及效力的情况下，混合诉权作为民事诉讼法理论一个重要但未被人挖掘的概念可以为法官的裁判说理提供论证思路。引入混合诉权这一概念能扩大诉的客观合并的适用，有利于法官节约司法资源，减少当事人的诉讼负担，有利于纠纷的一次性解决。

借用梅特兰所言："诉讼形式是整个英格兰普通法赖以存在的基础。尽管我们已经埋葬了诉讼形式，但是它们依然从坟墓中统治着我们。"[1] 罗马帝国虽然衰亡了，但是并未导致罗马法的消亡。虽然在当今德日的民事诉讼理论中已经埋葬了混合诉权这一概念，但是其背后所反映的程序原理仍然是我们在实践中需要解决的问题。

四 隐约的实践：混合之诉的显现

表面看来不同的案例是"孤岛化"的，相互之间缺乏有机关联，但是案件背后决定其处理的制度知识和逻辑很有可能是相通的。《民法典》刚刚生效，居住权纠纷在司法实践中显现得还不是那么明显，但是可以预见的问题是存在的，应将"混合诉权"这一抽象的概念与司法中隐约显现的做

---

[1] 〔英〕梅特兰：《普通法的诉讼形式》，王云霞、马海峰、彭蕾译，商务印书馆，2015，第18页。

法相联系。由于居住权是法律所规定的一种新型权利，在民法典刚刚生效之际我们很难从实践中找到做法，但是在其他领域能为这一问题提供思考。通过归纳其他类型的混合诉权案例，以期总结出相关衡量因素与共有规则。

（一）婚姻家庭纠纷中的混合诉权问题

婚姻家庭纠纷中，主要是人身权与财产权的混合。离婚损害赔偿之诉是这个问题的典型例子，在实践中呈现的形态也较为复杂。在潘某与陈某离婚纠纷上诉案①中，潘某与陈某结婚后，由于长期分居，潘某与其他异性保持了同居关系，后陈某起诉离婚，但在起诉时未提出损害赔偿请求。一审庭审时，陈某当庭向法院出示证据证明潘某有与第三者非法同居的事实，并以此为依据请求潘某支付 50000 元损害赔偿，法院认为当事人增加诉讼请求应当在举证期限届满前提出，遂未将离婚损害赔偿请求纳入审理范围，仅仅作出了离婚判决。二审法院最终以离婚损害赔偿之诉具有独立性为由，未将离婚损害赔偿纳入审理范围，却在判决书中明确载明陈某可就离婚损害赔偿的主张另行起诉，这一裁判显然不符合《最高人民法院关于适用〈中华人民共和国婚姻法〉若干问题的解释（一）》（以下简称《婚姻法司法解释一》）第 30 条规定的无过错方向人民法院提起损害赔偿请求的，必须在离婚诉讼的同时提出。

因为离婚分为协议离婚与诉讼离婚，对于协议离婚，可在办理离婚登记手续后一年内提起离婚损害赔偿之诉；对于诉讼离婚，则需要区分提起的主体，如果原告是无过错方，必须与离婚诉讼同时提出，如果原告是过错方，在离婚诉讼一审时提出赔偿请求则合并审理，在离婚诉讼二审时提出赔偿请求先行调解，调解不成告知可在离婚后一年内另行起诉，未在离婚诉讼时期提出赔偿请求，可以在离婚后一年内另行起诉。② 这里就需要对离婚损害赔偿之诉的诉讼标的进行解释，按照实体法说，离婚之诉的诉讼标的是诉讼离婚权，请求权基础是《婚姻法》第 32 条；离婚损害赔偿之诉的诉讼标的是离婚损害赔偿，请求权基础是《婚姻法》第 46 条的离婚损害赔偿请求权。可以看到这两者是两个诉讼标的，但同时两个诉讼标的又紧

---

① 北大法宝引证码 CLI. C. 64361。

② 参见刘哲玮《独立与合并：程序法视角下的离婚损害赔偿之诉》，《当代法学》2014 年第 4 期。

密联系。这也得到了现有法律的支持，即《婚姻法司法解释一》规定人民法院要在离婚之诉提起后，就离婚损害赔偿事宜予以释明，告知当事人可以将离婚之诉与离婚损害赔偿之诉一并提起。

（二）物权保护纠纷中的混合诉权问题

物权保护纠纷常常涉及的是物债的混合，在物权保护纠纷中当事人常常会同时提出排除妨碍与赔偿经济损失这两项请求，但是大多数法院只对排除妨碍这一请求进行处理，而对赔偿经济损失这一请求则是让原告另案处理。在上海某总承包有限公司诉江苏某船业有限公司排除妨碍、赔偿损失纠纷案中，法院认为：原告对其放置于原租赁被告场地上生产混凝土联锁片预制构件的相关设备及混凝土联锁片预制构件享有自主经营使用权，被告阻止原告搬离属侵权行为，应停止侵害，排除妨碍。原、被告之间的生产、办公场地及设施租赁协议与本案不是同一法律关系，非本案的前置程序，因租赁协议履行引起的其他纠纷，被告可另行通过合法途径解决。该案中，排除妨碍与赔偿经济损失是不同的诉讼标的，但是两个诉讼标的具有紧密的联系，法院应当一次性解决，但是我国法官适用"另案处理"制度的随意性，导致当事人要重新提起一个赔偿之诉，极大地浪费了司法资源。

（三）人格权纠纷中的混合诉权问题

在人格权纠纷中常常涉及的是人格权与财产权的混合，比较典型的例子是一些"祭奠权"纠纷。例如陆某武与陆某站、陆某权等一般人格权纠纷案[1]中，原告陆某武在平果县录利（地名）建造一坟地准备安葬其祖母骸骨，并在坟地侧面、后面用水泥砖砌成一小围墙，且后面的围墙加高呈三角形形状。五被告有一个旧祖坟坐落于原告陆某武新建坟地后背距离 4 米远的地方。2019 年 4 月 5 日下午，五被告在该地祭拜祖坟时，认为原告陆某武新建坟地后背的小围墙上呈三角形形状的水泥砖，像一把尖刀刺向五被告的祖坟，且高于五被告祖坟的坟头，并认为妨碍到五被告祖坟的风水，更会影响该坟地主人子孙后代的盛衰吉凶，遂将原告陆某武新建坟地小围墙上呈三角形形状的水泥砖拆除。法院认为：五被告毁坏原告陆某武新建

---

[1] 广西壮族自治区平果县人民法院（2019）桂 1023 民初 1954 号民事判决书。

坟地的小围墙，其行为已然侵害了含原告陆某武在内的死者家属寄托感情、悼念亡者等方面的人格性权益，同时破坏了该祖坟应当赔偿经济损失。"祭奠权"作为一种一般人格权成为本案的一个诉讼标的，同时基于财产损害赔偿又构成另一个诉讼标的，此时就发生了混合，且两个诉讼标的之间存在紧密联系，有必要在一个纠纷中解决。

五 理论的新构：混合之诉的构成要件

理论的新构并不是指该理论是一个全新的理论，只是说该理论对于我们国家而言是一个鲜为研究的理论，但是其他国家早有做法。

（一）罗马法上的观察

对于混合诉权理论的理解，需要对罗马法进行回溯。在对人之诉与对物之诉的区分下，为什么还需要混合之诉这一概念的存在？罗马法民事诉讼程序的发展经历了三个不同的阶段，即"法定诉讼"、"程式诉讼"和"非常审判"。在罗马法的程式诉讼时期便已经出现了对人之诉与对物之诉的区分。但其实更早的法定诉讼时期，在《十二表法》以前已经存在的誓金诉讼中就存在这种二元区分，分为对人的誓金法律诉讼与对物的誓金法律诉讼。对人的誓金法律诉讼针对的是关于债的纠纷，对物的誓金法律诉讼针对的是物的归属的纠纷。

程式诉讼时期的罗马法已经发展出较为完整的"诉"的分类体系。"诉"的分类以"诉讼标的"的分类为依据。例如，"对人之诉"与"对物之诉"的差别在于前者的诉讼标的是债的法律关系，后者的诉讼标的是物权的归属。[1] 发展到程式诉讼时期就出现了判断对人之诉与对物之诉的三个标准。第一，是《十二表法》中誓金诉讼的保留，即对人的誓金法律诉讼针对的是关于债的纠纷，对物的誓金法律诉讼针对的是物的归属的纠纷；第二，取决于是否要求在程式的"原告请求"部分中写明特定的被告人，即如果在"原告请求"部分只列出了原告，则属于对物的"原告请求"，相应的就是对物之诉；如果在"原告请求"部分列出了被告，则

---

① 参见巢志雄《诉讼标的理论的知识史考察——从罗马法到现代法国法》，《法学论坛》2017年第6期。

属于对人的"原告请求"，相应的就是对人之诉；[1] 第三，对人之诉中被告除使用诉讼代理人外，原则上无须交保，而在对物之诉中，被告应当提供保人。[2]

那么，为什么还会出现混合之诉这一概念呢？因为在当时的司法实践中也出现了这种"二分"所不能解决的问题，有一些对人之诉，在其程式中并不要求列明被告，主要如"特定事实之诉"，[3] 在此诉讼中，原告只列举特定的非法事实，而不列举行为人，可要求执法官对所有与此非法事实有关的人判罚，兼具对人之诉与对物之诉的特征，比较典型的例子是胁迫之诉[4]，由遭受胁迫的人提起的诉讼，它不仅可以针对实施胁迫的人提起，而且还可以针对任何第三人（包括善意第三人提起）要求其返还原物，例如某人在遭受恐吓后将自己的财产转让给实施胁迫行为的人，后者又将财产转让给第三人，遭受胁迫的人对上述行为人和第三人均享有提起胁迫之诉的权利，此时所起诉的对象便是不特定的，也兼具了对人之诉与对物之诉的特征。除此之外，遗产分割之诉、共同财产分割之诉和地界调整之诉，在这些诉讼中，一方面需要对各方当事人的物权作出认定和划分，并且产生相应的物权后果；另一方面，诉讼的主体又是特定的，不能由其他人所取代，因为这种主体产生于特定的法律关系。

公元 3 世纪古罗马君主专制政体建立后，罗马法民事诉讼程序开始从程式诉讼程序转变为非常审判程序。只有存在某种权利或法律关系，当事人才享有诉权；而这种权利或法律关系（诉讼标的）的性质，就决定了"诉"的类型。根据权利或法律关系的性质，《法学阶梯》将"诉"分为"对人之诉"、"对物之诉"和"混合之诉"。"对人之诉"的诉讼标的是债的关系。"对物之诉"的诉讼标的是物权的归属。此外，某些"对人之诉"具有"对物之诉"的部分特征，优士丁尼称之为"混合之诉"。这类混合性诉讼有"遗产分割之诉"，即人们要求在数位共同继承人之间分割遗产；"共同财产

---

[1] 参见金可可《简论罗马法上对人之诉与对物之诉的区分》，《学海》2007 年第 4 期。

[2] 参见周枏《罗马法原论》（下册），商务印书馆，2004，第 955 页。

[3] 黄风编著《罗马法词典》，法律出版社，2002，第 12 页；〔意〕彼德罗·彭梵得：《罗马法教科书》，黄风译，中国政法大学出版社，1992，第 87 页。

[4] 参见黄风编著《罗马法词典》，法律出版社，2002，第 16 页。

分割之诉"，即人们要求分割共同所有的物品。

（二）法国法上的经验

法国民事诉讼理论承继了罗马法中很多诉讼理论。法国民事诉讼理论体系是以诉权展开的，《法国民事诉讼法典》不仅规定了诉权的法律制度，也表达了某种诉权理论。法国的诉权理论中，如果诉权旨在实现对人权利即债权那么就是对人诉权，如果旨在实现物权权利那么就是对物诉权。混合诉权主要是针对两种情况。一种情况是：如果某个法律行为在完成一项不动产物权权利转移的同时又催生了一项债权，那么以该法律行为为目标的诉讼，比较典型的例证是关于不动产买卖合同之履行的诉讼，自合同达成之时，买受人就成为标的物的所有人，与此同时，他也是标的物之交付的债权人，因此就标的物交付提起的诉讼就是一种对人诉讼，但同时买受人是在主张所有权即物权。另一种情况是：与不动产物权转让之法律行为的撤销相关的诉讼，比较典型的例子是，由于买受人未支付价款导致买卖合同解除所引发的诉讼，这一诉权是对人诉权，因为是为了消灭合同权利义务关系（其原因是当事人一方没有履行自己所负的义务）。但是，既然合同权利义务已经消灭那当事人就应当回复到合同缔结前的状态。对买受人来说，这一"状态的回复"意味着将标的物返还给出卖人，而追偿之诉与返还之诉则属于对物诉讼。

（三）混合之诉的构成要件

司法实践在多种案件中出现了混合之诉的问题，在理论上却只有请求权竞合与诉的合并这样的理论给养，显然是不够的，亟须对于混合之诉的构成要件进行厘清与建构，通过归纳其他类型的混合之诉案例，总结出相关衡量因素与共有规则，笔者以前述的居住权纠纷为例，认为应当符合以下构成要件。

1. 提出主体

混合之诉的提起，应当是由原告提出，在前述的居住权纠纷中，原告在纠纷事实和生活事实的基础上，一方面基于居住权这一物权性的权利主张排除妨碍，另一方面基于居住合同这一债权性权利主张违约损害赔偿或者违约金，但是若被告基于居住合同提出违约损害赔偿，完全可以通过反诉即合并审理来解决，无须引入混合诉权这一概念。因此提出的主体只应当限制在原告。

2. 诉讼标的紧密联系

混合之诉中至少包括两个诉讼标的，那么要使一个本应该由两个单独之诉解决的问题，现在要一次性解决，就要求两个诉讼标的具有紧密联系的关系，一个诉讼标的的解决有利于解决另一个诉讼标的，并且不属于同类诉讼标的。在此不必区分是不是主次和前置关系。

笔者将这种紧密联系分为以下两种类型：一种是法定类型，另一种是学理类型。法定类型即婚姻家庭纠纷中的离婚损害赔偿之诉。学理类型又可以分为两种情形，一种是原因行为即引起物权变动的行为与结果行为即物权变动行为有紧密联系，两者是原因与结果的关系；另一种是复合关系，特别是在家事纠纷当中，因为家庭事件或家事纠纷往往形成一个纠纷群，以夫妻离婚为例，该纠纷可能同时涉及夫妻共同财产的认定和分割，未成年子女监护、抚养之明确，抚养费之数额及其支付方法，不与子女共同生活一方的探望权行使，离婚损害赔偿，等等。① 对于法院来说，它有利于提高纠纷解决的效率，节约司法资源；对于当事人来说，有利于降低诉讼成本，确保权利的及时实现。前述的居住权纠纷就是很好的例子。混合之诉可以一次性解决物权保护问题和违约损害赔偿问题。

3. 依原告的处分意思

在我国的司法实践中，法官对合并审理欠缺一般性的自由裁量权，而只是规定了有限的合并审理情形，如《民事诉讼法》第 52 条第 1 款和第140 条，这就导致法官无法对多个有牵连的诉讼标的在一次诉讼中加以有效解决。混合之诉为诉的合并审理提供了一种新思路，由于以往诉的客观合并中，当事人无法表达程序性意见或异议，当事人的程序性权利常常会被剥夺，往往有法官"自主"决定是否合并、"随意"另案处理。不同于普通共同诉讼中的同类诉讼标的，混合之诉不属于同类诉讼标的之合并，是当事人行使诉权的体现，同时也是处分主义的体现，法官不能随意主张混合与分离。

① 参见陈爱武《论家事事件之程序合并》，《月旦民商法杂志》2018 年第 6 期。

4. 管辖吸收规则

混合诉权涉及了物权性诉权和债权性诉权，那么在涉及物权性诉权时，会涉及专属管辖的问题，我国《民事诉讼法》第 33 条规定，专属管辖包括因不动产纠纷提起的诉讼，由不动产所在地人民法院管辖。特别是一些特殊类型的合同纠纷会按照不动产纠纷确定管辖，分别是农村土地承包经营合同纠纷、房屋租赁合同纠纷、建设工程施工合同纠纷、政策性房屋买卖合同纠纷。而债权性诉权一般是被告所在地的法院管辖。因此此时就涉及如何协调管辖的问题。

出于纠纷的一次性解决之便，笔者认为，当物权性诉讼涉及专属管辖时，应当严格遵守专属管辖的规定，专属管辖吸收债权性诉讼；如果没有专属管辖问题，就应当相互吸收，赋予原告管辖地的选择权，原告选择以后，对一个诉讼的管辖权可以吸收或涵盖本案其他诉讼标的。

结　论

现代民法理论体系与现代民事诉讼理论体系的建立，均源于 19 世纪欧陆国家"私法体系"的裂变，即民法与民事诉讼法的分离。① 居住权这一《民法典》规定的新型权利，必定会产生新的权利义务纠纷，居住权纠纷中往往涉及合同履行与物权实现的问题，是对于传统物债二分理论的一种挑战。

本文不是为了证明居住权是不是一个严格意义上的物权，而是在实体法中物债二分理论受到挑战，而其自身又很难实现理论突破时，诉讼法的研究者能基于程序法的角度为该问题的解决提供分析工具。混合之诉在司法中隐约地显现，我们可以看到诉的客观合并理论与普通共同诉讼制度是很难解决这一问题的，同时也能看到涉及多种不同类型的混合诉权，物债的混合之诉、人身权与财产权的混合之诉以及人格权与财产权的混合之诉，难以依照现有制度和学理表述混合之诉的特征。

混合之诉是对请求权聚合问题的程序构造。正如张卫平教授所言：

---

① 参见〔德〕沃尔夫冈·策尔纳、蒂宾根《实体法与程序法》，载〔德〕米夏埃尔·施蒂尔纳编《德国民事诉讼法学文萃》，赵秀举译，中国政法大学出版社，2005，第 100 页。

"作为发展中的《民法典》也应考虑如何与民事诉讼法协调对接的问题，以便使实体法与程序法实现最佳结合，以实现各自价值的最大化。在顾及和照应实体法的同时，也要注意民事诉讼自身的特点，注意程序法与实体法的界分，勿用实体法的认识遮蔽程序法的规律。"① 又如波斯纳所言，法律是所有专业中最有历史取向的学科，更坦率地说，是最向后看的、最"依赖于往昔"的学科。② 混合之诉是滥觞于罗马法的一项重要制度，法国的混合诉权理论对此作了承继和发展，这样一个不被关注而又重要的概念对于我国当下的实践有着一定的指导意义。对于该概念的深入研究还远不止此。

Procedural Perspective on the Implementation of Civil Code

—Taking the Residency Right as an Example

(*Ren Hao*)

Abstract：Chapter 14 of the third part of the property right compilation of the Civil Code has added a residency right system, which is of great significance to realize the goal of "the people live". Based on the procedural perspective, we should consider how to coordinate and connect with the Civil Procedure Law, so as to achieve the best combination of substantive law and procedural law. The performance of contract and the realization of the property right involved in the dispute of residence right is a challenge to the traditional theory of dichotomy of property and debt. The procedural structure of concurrence of claims and the objective combination theory of litigation are difficult to explain this problem. The vague embodiment of mixed litigation in current judicial practice provides measurement factors and common rules for the thinking of this problem. For the two different but closely related litigation objects, the procedural structure of mixed litigation should be carried out with the help of the mixed litigation right theory in

---

① 张卫平：《民法典的实施与民事诉讼法的协调和对接》，《中外法学》2020 年第 4 期。

② 参见〔美〕波斯纳《法律理论的前沿》，武欣、凌斌译，中国政法大学出版社，2003，第 149 页。

French civil litigation theory. Based on the principle of "one-time settlement of disputes", this paper identifies and judges through four elements: the plaintiff's proposal, the close connection of the object of litigation, the plaintiff's disposition intention and the rules of jurisdiction and absorption.

Keywords: Mixed Litigation Right; The Residency Right; Right of Claim; Objective Consolidation of Litigation

《民法典》视域下"合同目的"的体系化阐释[*]

王　萌[**]

摘　要：《民法典》中"合同目的"关涉合同解释、合同履行等部分，而其不能实现又是法定解除权的核心所在。但关于其价值定位与判断方式呈现模糊不清的面向，现有的文义解释法与历史解释法均存在一定局限性。合同构成理论将对当事人应有合意的发掘作为合同编诸制度的核心，彰显了"合同目的"立法术语的体系价值所在。因此必然要通过类型化的方式对其进行解构，典型交易目的是合同原因在意思表示结构中的具体呈现，特殊交易目的是当事人主观意图进入规范评价体系内的通道。除当事人明确约定外，仍然有作为合同基础的主观目的存在，这涉及法定解除权与情事变更的制度关联。在判断路径上，应当注重商事合同与民事合同的差异性，对关联合同中目的范围扩张的现象应当严格控制，而混合合同中的判断路径应遵循其内部牵连程度来确定。

关键词：合同目的；法定解除权；履行障碍；合同构成理论；《民法典》合同编

一　问题的提出

《中华人民共和国民法典》（以下简称《民法典》）对于合同编的相关制度较以往有了重大变革，其中尤以合同解除制度为甚。在立法过程中，学界对于法定解除权制度设计上的事实构成、行使方式、法律效果等方面争论颇多，见解不一。最终《民法典》第563条第1款前四项仍然承继了《合同法》第94条的规定，列举四种典型的法定解除事由，而后是第5项

---

[*]　本文得到国家社科基金重点项目"优化市场化法治化国际化营商环境研究"（21AZD030）的资助。

[**]　王萌，武汉大学法学院2020级民商法学硕士研究生，武汉大学法学院民商事法律科学研究中心研究人员，研究领域为合同法学。

"法律规定的其他情形",指引其他法定解除情形由近及远分别为合同编通则、合同编分则、《民法典》其他各编,以及各种特别法规定的法定解除事由。① 虽然对于法定解除权的此四种事实构造的分类标准仍然未明确,但"合同目的不能实现"乃各项的公因式已成共识。② 更进一步说,立法者有意将"合同目的不能实现"作为统摄整个法定解除权体系的纲领,③ 具体而言,在不安抗辩权的制度设计上,《民法典》第528条增设不安抗辩权向默示预期违约转化的内容,使其融贯地接入法定解除权体系;而在备受争议的违约方解除权问题上,学界多有争议,立法草案也数易其稿,最终在第580条第2款确立了所谓非金钱债务履行被排除情形下的申请司法终止权,其依旧采用了"致使不能实现合同目的"之表述;更不必说在合同编第二分编各种典型合同的解除权设计上都以此为必备要件,如买卖合同(第610条、第633条)、租赁合同(第729条)、融资租赁合同(第754条)等。由此可见,"合同目的"之把握对于法定解除权规范体系具有提纲挈领之重要意义。除此之外,《民法典》中有关"合同目的"之表述,其法体系位置还主要集中于合同解释、合同履行部分,具体而言,(1)根据合同的相关条款、性质、目的以及诚信原则等对合同文本进行解释(第466条、第142条);(2)根据合同的性质、目的和交易习惯履行通知、协助、保密等义务(第509条);(3)合同履行方式约定不明确的,要按照有利于实现合同目的的方式履行(第510条)。由此可见,"合同目的"之判断横跨合同成立生效、解释履行、解除救济,对契约关系"从生到死"的演变历程具有不可忽视的作用。

但无论是《合同法》还是《民法典》均未对"合同目的"之内涵有过清晰界定,关于何以至"不能实现"之境地亦存在诸多疑义有待释明。因此,"合同目的不能实现"之判定在实务中呈现截然不同的两种面貌:我国有相当数量的法院判决在裁判说理时绕过对于"合同目的"的探究,而仅仅根据当事人行为是否严重影响相对方合同利益的实现来判断是否构成根

---

① 参见朱晓喆《〈民法典〉合同法定解除规则的体系重构》,《财经法学》2020年第5期,第21页。

② 参见赵文杰《〈合同法〉第94条(法定解除)评注》,《法学家》2019年第4期,第178页。

③ 参见黄薇主编《中华人民共和国民法典合同编释义》,法律出版社,2020,第250页。

本性违约（对合同义务的根本违反）；① 亦有部分法院通过个案分析当事人订立合同之具体目的为何，判断违约行为是否足以影响该目的实现，由此认定是否解除合同。② 但后者在判断当事人的主观意图何时可被评价为合同目的的问题上也产生了较大分歧，例如有的裁判认为若无明确约定，不应将产品商业化（获取利润）认定为技术合同的目的；③ 有的又认可买卖合同中当事人具有转售获利目的，以违约行为是否影响该目的实现为由判断解除权发生；④ 亦有裁判认为业主人身、财产安全得到基本保障应为物业服务合同的合同目的之一。⑤ 质言之，司法实践中的多元化处理存在标准不明、以结果主义为导向的困境，极易造成同案不同判的局面。而上述两种做法背后均有相关学理的争论，即所谓"历史解释法"与"概念推演法"。⑥ 前者主要以立法脉络梳理为导向，探究"合同目的不能实现"之术语流变，并结合英美法以及国际商事规则统一化运动对我国《合同法》制定的潜移默化之影响，认为"合同目的不能实现"约等于 CISG 中的根本违约（fundamental breach）。而后者则从概念本身求解，从抽象视角与具象视角分别审视合同典型交易目的，并探讨了在某些情形下存在当事人之内心动机向主观目的转化的现象，形成一条多层级的逻辑推导链条。⑦ 此两种学说上的见解皆因出发点相异而导出不同的结果与操作路径，评判其各自优劣必须从合同目的与法定解除权的正当化依据的关联入手方可明晰。

本文从合同构成理论的视角切入，认为法定解除权制度亦是当事人合意分配风险的一种具体方式。因此在价值层面，"合同目的"之探寻本身亦包含着对于当事人合意的追索，从理论基础上来说最能映射出法定解除权

---

① 参见最高人民法院（2018）最高法民再 51 号民事判决书、最高人民法院（2015）民提字第 64 号民事判决书、最高人民法院（2010）民一终字第 45 号民事判决书等。

② 参见最高人民法院（2019）最高法民再 246 号民事判决书、湖南省高级人民法院（2020）湘民终 1429 号民事判决书等。

③ 参见最高人民法院（2016）最高法民再 251 号民事判决书。

④ 参见广东省高级人民法院（2018）粤民终 1424 号民事判决书。

⑤ 参见最高人民法院（2018）最高法民再 206 号民事判决书。

⑥ 参见赵文杰《论法定解除权的内外体系——以〈民法典〉第 563 条第 1 款中"合同目的不能实现"为切入点》，《华东政法大学学报》2020 年第 3 期，第 127~129 页。

⑦ 参见崔建远《论合同目的及其不能实现》，《吉林大学社会科学学报》2015 年第 3 期，第 40~50 页。

的正当化依据，较"历史解释法"具有先天优势。唯其不足之处在于概念本身过度抽象，不利于提供有效指引，因此需要对其进行改造。一条可能的思路是，对"合同目的"之基本构造进行类型化，厘清其与相关概念之间的模糊地带；并从实践中抽象出相关考量因素作为当事人主观意图评价为"合同目的"的判断工具。

二 现有解释路径的检讨与反思

"合同目的"之立法用语，其内涵不明、外延模糊，系不确定之法律概念。因当事人所处境地不同、所希求的结果不同而导致订立合同之目的呈现极端差异化的局面。但回归契约关系之本质，正是由于当事人存在一个生发于内心且希望表诸社会现实的主观追求，而驱动其实施法律行为（缔结合同）以达成目标。由此可见，采用"合同目的"的立法表述本质上是将当事人所欲追求的内心意图通过价值判断的方式选择性纳入法律评价体系予以保护，由此则形成了与内心动机（motive）这一心理学意义上概念的相互分离。弗卢梅亦强调，人们应当严格区分基于法律行为所确定的给予原因和虽然促使行为人实施法律行为却不构成法律行为内容的动机这两种情形。[①] 二者之区分亦具有法政策学上的意义：若合同目的之范围得到扩张（动机更大限度地进入法律评价体系），则意味着将更加接近一方当事人订立合同的真正意图作为判定是否允许其解除合同的依据，法定解除权的准入门槛将被降低、交易安全将被牺牲；若合同目的之范围得到限缩（动机因素被严格限制进入法律评价体系），则当事人的个别意图难以得到体现，与合同作为实现当事人自治的工具价值要求不符。因此，实现利益平衡与价值调和的关键就在于如何划定合同目的的范围。

（一）文义解释：从合同目的概念本身求解

有关"合同目的"范围的大小，部分学者从文义本身出发求解，只是角度各异。例如，早期关于"合同目的"是否仅限于经济目的的争论，随着时间的推移已经逐渐形成共识，即还包括除经济利益外的精神利益、道

---

① 参见〔德〕维尔纳·弗卢梅《法律行为论》，迟颖译，法律出版社，2013，第185页。

德利益等。^① 但合同目的具有多样性，以这种方法出发无法穷尽列举，因此对司法实务并无太大价值而逐渐式微。在德国法上亦有学者将合同目的分为首要目的和次要目的。首要目的包括交易目的、慷慨目的和清算目的，动机和使用目的则是缔约的次要目的。^② 该种解读以原因理论为出发点：交易目的与慷慨目的是变动法益，前者成为双务合同的原因，以买卖合同为典型；后者成为单务合同的原因，以赠与合同为典型。而清算目的则是消灭、变更、担保既存债务。由此可看出，这种目的划分将首要目的作为完全被类型化、典型化了的合同目的，体现了客观主义的思维；而次要目的则将当事人的实际意图纳入考量，是主观主义的渗透。《法国民法典》吸收了这一理念，在学说上呈现二元论的局面，其对原因的理解呈现扩大化趋势：一方面，更多考虑当事人的真实利益；另一方面，更多考虑当事人的实际动机（主观化）。^③

　　而我国晚近以来的解读也随此趋势以客观目的和主观目的之二分法为分析工具，其中以崔建远教授的观点为代表。其将典型交易目的（客观目的）分别从抽象和具象两种视角进行审视：前者在每一类合同中是相同的，不因当事人订立某一具体合同的动机不同而改变；后者是将合同标的在种类、数量、质量方面的要求及表现都纳入寻觅和确定合同目的的因素和依据之中。而在某些情形下的动机（主观目的）在满足下列两种情况时也纳入法定解除权的规范领域内：第一，是在当事人明确告知自己的内心动机，并将其作为合同成立的基础；第二，是当事人未明确告知，合同中也没有将该动机条款化，但有充分且确凿的证据证明该动机就是该合同（交易）成立的基础。^④ 该项学说将"合同目的"解构，并探析与效果意思、合同原因之间的关联，由此形成多层级的概念推演路线，于理论上具有重要意义。

---

① 参见章杰超《合同目的含义之解析》，《政法论坛》2018 年第 3 期，第 156~157 页。

② 参见尚连杰《风险分配视角下情事变更法效果的重塑——对〈民法典〉第 533 条的解读》，《法制与社会发展》2021 年第 1 期，第 181 页。

③ 参见冯洁语《论原因在合同效力中的功能》，《华东政法大学学报》2016 年第 2 期，第 100~101 页。

④ 参见崔建远《论合同目的及其不能实现》，《吉林大学社会科学学报》2015 年第 3 期，第 40~45 页。

但其用语含混，亦招致批评，① 例如动机作为主观目的时使用了"交易基础"的表达，须知交易基础丧失而产生解除权是来源于《德国民法典》第313 条的情事变更制度，而我国《民法典》第 533 条一改《最高人民法院关于适用〈中华人民共和国合同法〉若干问题的解释（二）》（以下简称《合同法解释二》）第 24 条的表述，在情事变更构成要件中删去了"致使合同目的不能实现"的表述，若仍依其观点，则难免产生体系上的矛盾。因此，从合同目的概念本身求解是否为最恰当的方法仍有待探讨。

（二）历史解释：从立法脉络及比较法展开

"不能实现合同目的"出现在我国法上肇始于 1998 年 12 月 21 日提交第三次审议的《中华人民共和国合同法（草案）》，而在其最初的建议草案中都表述为"严重影响订立合同所期望的经济利益"。普遍认为这一表述沿袭了《涉外经济合同法》第 29 条，主要理由为"减少了因主观标准的介入而造成在确定根本违约方面的随意性现象及对债权人保护的不利因素"。② 由于《合同法》制定受英美法及国际商事规则统一化运动的影响，学者大多将 CISG 第 25 条的"根本违约（fundamental breach）"作为解决合同目的用语模糊的具体手段，其以债权人的给付利益是否受到严重影响为判断标准。③ 而根本违约模式在国际统一法和区域统一法中也得到了广泛的采纳和应用，将"不能实现合同目的"等同于"根本违约"具有现实意义的考量。但究其实质亦可发现，二者仍然存在逻辑上的位阶差异：根本违约侧重于考量违约行为的义务违反程度以及一方利益受损的严重性，属事实描述层面的界定；而合同目的的不能实现则意味着当事人订立合同对其已经失去意义，更靠近解除权发生的根源因素，属于价值判断的领域，在逻辑上应当是发生违约行为——不能实现合同目的——产生法定解除权的顺位。

由此可见，"文义解释法"与"历史解释法"的根本差异在于所立足的阶段不同，二者各有优劣。前者更靠近法定解除权发生的依据，但是进行

---

① 参见赵文杰《论法定解除权的内外体系——以〈民法典〉第 563 条第 1 款中"合同目的不能实现"为切入点》，《华东政法大学学报》2020 年第 3 期，第 127 页。

② 王利明：《合同法研究》（第 2 卷），中国人民大学出版社，2018，第 341 页。

③ 参见韩世远《中国合同法与 CISG》，《暨南学报》（哲学社会科学版）2011 年第 2 期，第 7~14 页。

教义学上的解构难度更大，不利于提供明确指引，与所要规范的客观事实之间辐射距离过远。但就此得出后者为当然之选的结论似乎也过于武断，原因在于所谓根本违约之"根本性"如何判断仍然未明确，其判断标准是否严重影响债权人的给付利益中的"严重"程度亦难以明确化，只能不断细分出可供评价的事实要素作为考量因素。因此历史解释法亦具有解释上的模糊性，这是实质性判定准则的先天性缺陷和不足，故为完成法律适用，本身尚需要加以进一步具体化。①况且我国《合同法》虽然引入根本违约的一些特征，但其仍然是坚持了大陆法系的分析框架（以给付障碍的形态来设计）。尽管最后为了避免体系上的冗杂而集中于一个条文进行规定，但也可以体现"合同目的不能实现"具有容纳各种给付障碍形态的规范功能。因此，历史解释法的解构仅仅是提供了一条可能路径，绝非法定解除权制度的当然选择，且其未能阐明该立法术语出现的意义以及价值，仅仅从根本违约层面对其进行解读并不能完全涵盖其所具有的理论空间，有不当限缩之嫌。另外就体系论而言，也并不能为合同编中有关合同履行、合同解释部分提供理论上的供给，合同解除与此两个部分就"合同目的"的概念设计应当具有共同的价值基础有待阐发。

综上所言，"合同目的不能实现"具有广阔的内涵，无论是文义解释法还是历史解释法都存在一定的合理性与局限性，无法满足《民法典》的实践需求。因此具体要选择甚至改进何种理论抑或是重新创设新的路径以符合当前《民法典》的体系要求，需要从合同目的与法定解除权正当性基础之间的逻辑关联入手。

三　合同目的与法定解除权正当性基础的内在关联

（一）现有学说梳理：外部体系与内部体系

目前我国关于法定解除权正当性基础的学说亦呈多样化，从不同的视角出发分为外部体系与内部体系：前者包括效率考量说、利益平衡说，后

---

① 参见杜景林《合同解除的体系建构》，《法商研究》2020 年第 3 期，第 87 页。

者包括牵连性说、应有合意说，已有学者从微观制度层面对其进行逐一比较。① 故本文试图从宏观理念层面进行把握，上述各说皆具备不同的价值侧重，效率考量说以契约效率为准线，利益平衡说与牵连性说实际上是契约公平的不同视角解读，应有合意说则是契约自由的最佳注脚。

1. 效率考量说

其经典表述是"让另一方尽早从事实上已死亡的合同关系中解脱出来，可以减少不必要的浪费"。② 其将法定解除权定位为合同陷于目的不能实现时的一种逃脱契约关系的手段，若合同关系一直存续则意味着当事人仍负担对待给付义务，不利于其开展新的交易行为。这一观点鲜明体现了法定解除权对于当事人所具有的现实意义，在民法典制定过程中反映得尤为强烈，体现在对于"合同僵局"问题的解决上。大多数支持违约方解除权的观点背后都是以效率追求为立论依据，更有学者将其称为基于效率的法定解除权，认为解除权已经从基本上承载价值理性的权利转向了兼具价值理性和技术理性的权利。③ 不过将此作为法定解除权的正当性依据有以偏概全之嫌，未能挖掘出最深层次的缘由。具言之，效率价值在合同法体系内并不具有第一性的位阶。我国契约法虽采多元价值的主张，但在契约自由、契约公平和契约效率之间仍有位阶之分，契约效率并不具备独立的价值，只是作为契约自由的一种补强意义而存在。④ 即使因为在特殊情形下解除权的效率追求更加强烈，但也仅仅体现了其殊相，而不能作为普遍意义上的共相来进行理论建构。为了实现这种效率上的追求，其牺牲了一般解除权所具有的通知解除的形成力转而只能以申请司法终止的形式存在，无法证成一般法定解除权凭单方意志消解合同的正当性。

---

① 参见赵文杰《论法定解除权的内外体系——以〈民法典〉第 563 条第 1 款中"合同目的不能实现"为切入点》，《华东政法大学学报》2020 年第 3 期，第 131~135 页。

② 朱广新：《合同法总则研究》（下册），中国人民大学出版社，2018，第 605 页。

③ 参见谢鸿飞《〈民法典〉法定解除权的配置机理与统一基础》，《浙江工商大学学报》2020 年第 6 期，第 24 页。

④ 参见资琳《论我国契约法理体系的构成：来源、原则与教义》，《法制与社会发展》2019 年第 2 期，第 16 页。

2. 利益平衡说与牵连性说

前者认为解除权应当作为一道风险控制阀门，只有在债权人解除合同的利益与债务人维持合同的利益处于平衡地位时方可准许解除，以防止一方将市场风险经由解除权的行使而过度倾泻至另一方。后者则是从给付义务存续上的牵连性出发，认为当一方的给付义务消灭时，处于对待关系的对方的给付义务也会消灭。这两种观点不应该割裂来看待，它们其实是合同履行障碍情形下双方关系线性发展的不同阶段。在提出"牵连性说"的代表观点中，其论述首先是基于债权人不再接受债务人的履行以及债务人继续提供给付均有各自利益诉求，推导出解除事由应在利益衡量的基础上加以确定；而后由此设计解除规则，即债务人重大不履行时债权人方可解除；解除合同之后对待给付义务才共同消灭。① 毋宁说后者只是前者理念指引下的当然结果而已，背后反映的仍然是契约公平的理念，它强调的是实质公平和结果公平。但"合同概念在当事人意思合致这一连接点下的最终统合和法律秩序对当事人意思中经济性内容的原则性排斥"，② 导致其背后若隐若现的那种等价性的考量，在法定解除权的讨论域中并不具备更强的说服力。这种考量目前仅仅着眼于失衡合同给付的矫正，体现在显失公平、情事变更制度以及格式条款的控制等问题上，作为对契约自由的补充与制衡而存在。

3. 应有合意说

该观点认为，凭借单方意志消解合同的正当性源自当事人的合意，该合意虽未以条款的形式在合同文本中确定下来，但可通过补充性合同解释获得。③ 在此意义上，法定解除权成为一种规范上的预先设定，合同内容的范围不再仅仅局限于合同文本。单方解除合同不再是一方意志的体现，而成为双方应有的合意约定，因此法定解除亦是契约自由的表现形式。不过有质疑者言，这种观点超出法定解除权规定的文义过远，且会消解意定解

---

① 参见张金海《论双务合同中给付义务的牵连性》，《法律科学（西北政法大学学报）》2013年第 2 期，第 118 页。

② 参见朱朝晖《潜伏于双务合同中的等价性》，《中外法学》2020 年第 1 期，第 133 页。

③ 参见赵文杰《论法定解除权的内外体系——以〈民法典〉第 563 条第 1 款中"合同目的不能实现"为切入点》，《华东政法大学学报》2020 年第 3 期，第 133~135 页。

除权和法定解除权的区隔。① 但这种区隔亦非明显,意定解除与法定解除均为单方行使解除权的形式,基于合意与基于法律规定仅仅具有视角上的差别,于行使方式及法律效果上并无不同。尽管合意解除和单方解除在是否要求合意、是否要求具备解除权、合同何时被解除等方面存在重要区别,但应有合意说之下,其拟制更接近事前的约定解除而非事后的合意解除。关于是否超出法定解除权规定的文义过远,则要从体系效应与立法理念来评判。

(二) 立法理念变迁:债权构成到合同构成

第一,从法典外在结构上来看。《民法典》的形式理性以不设置债法总则而转以合同编通则发挥债法总则功能的面目呈现于世人。这实质上蕴含着合同拘束力来源由债权构成到合同构成的转向:② 前者注重意定之债与法定之债的共性,以提取公因式的手段从抽象层面看待各种债之关系,合同之债中当事人合意的本质被隐没;③ 后者则以合同之债为建构中心,其他法定之债仅需准用其规则,合同之债自身的独特性得以显现出来。而合意作为合同关系最本质的要素,约定的权利义务实际上被理解为当事人对未来风险和利益的预先分配,因此合同内容的确定与解释成为关键。在此意义上,应有合意说实质上是这一理念在法定解除权制度上的映射。其一,法定解除权制度成为当事人分配风险的一种方式,它的事实构造实际上是基于当事人预先对于某些情况下合同关系应当结束的意思推定而成,即一种规范性的推定;其二,这并不构成对契约严守原则的背离,而是体现了将法律作为他律因素实现对当事人合意的补充,更遵从了私法自治的本质要求;其三,"合同目的不能实现"的表达具有合理性,合同目的本身可以包含对当事人应有合意的阐释,故应有合意说不仅未超出法定解除权所规定的文义过远,反而恰恰是其题中之义。合同构成以合意的内容为基准分配未来因履行障碍而导致的风险,这表明违约救济必然由当事人自己决定,

---

① 参见赵文杰《〈合同法〉第 94 条(法定解除)评注》,《法学家》2019 年第 4 期,第 176 页。
② 该理论分类来源于日本债权法修改的学说贡献,国内有学者对其进行了详细的介绍。具体可参见解亘《我国合同拘束力理论的重构》,《法学研究》2011 年第 2 期,第 70~84 页。
③ 参见朱虎《债法总则体系的基础反思与技术重整》,《清华法学》2019 年第 3 期,第 138 页。

不像其他法定之债那样实现法律对当事人利益格局的强烈干预，体现出法律对意定之债和法定之债干预程度的不同。① 这从最深层次体现了意思自治、契约自由的核心价值。

第二，从法定解除权的制度意义出发。"合同目的不能实现时产生解除权"何以被推定为当事人应有的合意内容？原因在于当事人基于某种目的而缔结合同，当该目的不能实现时即没理由继续维持，其本质就是给付的无益性。② 合同的履行对于债权人而言已经无意义时，合同关系的存续也就不再有必要，该种不再维系合同关系的意图被推定是合理且正当的。这种解读将合同解除的重心从对债务人违约行为的制裁转移到了摆脱合同关系束缚的层面，使得可归责性并不成为判断违约责任的要件之一，因此除了不可抗力这种法定免责事由引发的解除权之外，其他情形均不影响违约责任的承担（《民法典》第 566 条第 2 款）。由此来解释《民法典》第 580 条第 2 款的申请司法终止权或许有了更进一步的理解：在非金钱债务的实际履行请求权被排除情形之下，当事人订立合同所期望获得的给付已经无法实现，由此导致合同关系的存续对当事人而言并无益处，因此理性的双方当事人必然存在摆脱合同束缚的合意，而代之以违约责任来进行救济。守约方不行使解除权的行为将被评价为不符合理性当事人应有的意图，故而并不具备阻碍合同解除的效力，而此时推动合同关系解除就只能依赖于违约方的请求。质言之，其与法定解除权在法效果上的类似性均统合于"合同目的不能实现"这一连接点，理论基础正是对于当事人合意的推断。而从反面解释来看，只要当事人的合同目的能够实现，合同关系就有正当理由维持下去，纵有违约行为亦不足以当然性地解除合同。《全国法院民商事审判工作会议纪要》第 47 条就体现了这一看法，在当事人约定解除条件发生时，人民法院亦不会当然认可解除权产生，而是要审查违约方的违约程度是否显著轻微、是否影响守约方合同目的的实现。由此可见，在当事人意思自治的约定解除情形，依然有限制解除权产生的因素引入，在未影响守约

---

① 参见谢鸿飞《合同法学的新发展》，中国社会科学出版社，2014，第 44 页。
② 参见杨锐《论〈民法典〉中的"不能实现合同目的"》，《北方法学》2021 年第 2 期，第 29~30 页。

方合同目的实现的情形下，解除合同被评价为不符合诚实信用原则。① 这实质上是以"合同目的"发挥修正解释的功能，从而否定了当事人约定的部分内容，并以拟制的当事人意思作出补充。

第三，从制度之间的体系联动来看。合同编以对合意内容的理解为连接点建立了一个跨越合同解释、合同履行与合同解除的宏观体系。首先，在合同解释阶段，当系争条款约定不明确时需要引入补充解释来探寻当事人的真实合意。但实践中双方均各执一词，因此并非只按一方当事人期待实现的合同目的进行解释，而应按照与合同无利害关系的理性第三人通常理解的当事人共同的合同目的进行解释。例如有案例中，法院认为使一方当事人承担在非以开证用途对另一方当事人支取特定资金行为的监管义务，不符合当事人共同的合同目的。② 这实际上是将应有合意作为限制补充解释范围的工具，使双方权利义务达到衡平状态，因此"合同目的"成为判断应有合意最为适合的概念载体。其次，通说认为违反附随义务原则上不产生解除权，理由在于《民法典》第563条第1款第3项的"主要债务"通常仅限于主给付义务。但实践中亦多有突破，例如有案例中出租方在提供约定经营场地后三个月将直达电梯封闭，致使顾客进出不便造成承租方经营收益下降，经多次致函要求完善未果后其解除合同。法院认为出租方违反了租赁合同的附随义务，承租人经营不善并致租赁合同解除与出租人关闭直达电梯之间存在因果关系，应当承担赔偿责任。③ 故而有学者主张对"主要债务"进行目的性扩张解释，将迟延履行广义附随义务不符合合同目的亦纳入该条规范领域内。④ 该种解释的正当性或许在于，附随义务本身就依赖合同目的来确定，因此合同目的不能实现时无须考虑究竟违反了何种合同义务均产生解除权。此时实际上是通过对当事人应有合意的判断来修正现有规范的不足之处，展现了合同构成理论的灵活性。最后，在合同履

---

① 参见最高人民法院民事审判第二庭编著《〈全国法院民商事审判工作会议纪要〉理解与适用》，人民法院出版社，2019，第314~315页。

② 《枣庄矿业（集团）有限公司柴里煤矿与华夏银行股份有限公司青岛分行、青岛保税区华东国际贸易有限公司联营合同纠纷案》，《最高人民法院公报》2010年第6期。

③ 安徽省高级人民法院（2013）皖民四终字第00071号民事判决书。

④ 参见陆家豪《履行迟延的合同解除规则释论》，《政治与法律》2021年第3期，第108~109页。

行阶段，实质上仍是合同解释的问题，有赖于通过各种解释方法来确定何种履行方式符合当事人的目的。例如在"新疆某建材有限公司与某建材设备有限公司承揽合同纠纷案"① 中，法院认为，虽无明确约定原料采样、原料试验由谁负责，但从专业技术角度来看建材设备有限公司负有促成合同目的的实现履行原料采样、原料试验、更换设备等义务，因此其未履行通知义务，产生后果理应由其自行承担。

（三）路径选择

综上所述，"合同目的"这种一般性抽象概念的使用，将《民法典》内在体系的价值理念在外在体系的具体规范中表现出来，从而使其成为一个价值理念融贯的体系。② 这实质上是将对当事人合意的发掘作为合同编诸制度的重心，应因了法律行为制度以意思表示为核心的宗旨。文义解释已然暗含了对当事人合意的具体追索，而历史解释忽视了这一因素，高下立判。因此关于《民法典》中的"合同目的"有必要进行内涵上的重新解构，以期统一司法裁判标准与理论模型。

四　合同目的之类型化及其考量因素

当抽象一般概念及其逻辑体系不足以掌握某生活现象或意义脉络的多种表现形态时，我们首先想到的是求助于"类型"的思维方式。③ 通过类型的使用虽不能逻辑地控制推论结果，但可以开放地随着知识经验的累积或甚至随着所欲处理对象之变迁而演进，从而具有处理千变万化之法律现象所需要的规范弹性。④ 因此，本部分将首先通过类型化的方式明晰"合同目的"在现行法上所具有的内部规范构造；在此基础上，从司法判例中抽象出相关考量因素作为判定当事人主观意图被评价为"合同目的"的辅助判断工具，以实现法律规范与事实形态的接轨，祛除"不确定之魅"。

---

① 参见新疆维吾尔自治区高级人民法院伊犁哈萨克自治州分院（2020）新 40 民终 1797 号民事判决书。
② 参见方新军《融贯民法典外在体系和内在体系的编纂技术》，《法制与社会发展》2019 年第 2 期，第 29 页。
③ 参见〔德〕卡尔·拉伦茨《法学方法论》，陈爱娥译，商务印书馆，2003，第 337 页。
④ 参见黄茂荣《法学方法与现代民法》，中国政法大学出版社，2001，第 224 页。

（一）合同目的类型化的基本构造

1. 典型交易目的

指当事人所欲实现的法律效果，在每一类合同中都是相同的，每一种典型交易目的则代表了一种合同类型。例如，买卖合同中的典型交易目的是一方取得买卖物的所有权，另一方获得对价；租赁合同中则是一方取得租赁物使用权，另一方获得对价。典型交易目的与原因理论中对于"债因"的定义在描述上具有很大的相似性，而也与效果意思的经典表达几无不同，这三者之间的关系需要回到历史的脉络中辨明。

缘起于罗马法上的"债因"，一直是作为控制契约效力的重要工具，仅有当事人合意尚不足以发生合同效力。后来为大陆法系继受，发展出所谓的"原因理论"，该"原因"就是某一类合同的客观目的或称为客观效果，驱动着当事人通过实施法律行为（缔结合同）来实现它。在德国法上，原因并非指当事人心目中要达到的各种各样的目的，而是指所承担的义务的近前的、典型的"目的"。每一类合同的"目的"都是相同的，不因为当事人不同而有不同，即雷内尔所谓的典型的交易目的。[①]

尽管潘德克顿体系下合意模式的兴起导致了原因理论的式微，但这并非意味着合意模式下不需要原因，而是原因直接存在于当事人的合意之中，对原因的合意决定了合同是否成立及成立了何种类型的合同。[②] 而经过我国对潘德克顿体系下合意模式的继受，"原因"也隐于《民法典》合同编的相关制度之中，例如，"对价"不能履行、对价不存在（合同目的不能实现、根本违约）可以解除合同并请求赔偿；不安抗辩权和同时履行抗辩权的行使；情事变更的适用，这些均反映出原因的存在。[③] 因此要判断当事人合意中的何种内容得以进入法律秩序，这必然涉及对当事人合同目的的规范分析，此时原因模式下的部分理解就得以进入意思模式对双务合同内涵的揭

---

① 参见李永军《论民法典合同编中"合同"的功能定位》，《东方法学》2020 年第 4 期，第 125 页。

② 参见冯洁语《论原因在合同效力中的功能》，《华东政法大学学报》2016 年第 2 期，第 103 页。

③ 参见李永军《论民法典合同编中"合同"的功能定位》，《东方法学》2020 年第 4 期，第 126 页。

示中。①

问题在于，"原因"以何种面貌表现在意思表示结构之中，唯一的指向恐怕就是"效果意思"了。而弗卢梅对于效果意思的阐释也恰恰印证了这一点，他认为"作为效果意思，意思应与表示行为的内容联系起来予以理解。例如在买卖合同中，效果意思是买受人以特定价格购买买卖物的意思"。② 其实质上就是一方取得买卖物所有权的意思与另一方取得买卖物价款的意思。因此，典型交易目的实质上就等同于效果意思，它是合同原因在合意模式下新的表现形式。其意义在于，明晰该合同的典型交易目的就可以锁定合同的性质、种类，进而确定适用于被解释合同的法律规范。③

2. 特殊交易目的

在日本学说中，关于合同目的存在主客观二元论的对立统一：若彻底贯彻主观说，则契约目的只不过是真意的一个侧面，与"动机"概念接近；而若彻底坚持客观说，则合同目的与当事人意思无关，而由契约类型等客观情况来决定。关于真意的探寻存在模糊不清的面向，而契约类型又具有无法缓和的刚性特质，因此需要通过一定的法技术手段在二者之间实现利益平衡与价值调和。在现有的法律概念中，必然对"合同目的"的内涵领域进行扩张，因此在典型交易目的之外通过"特殊交易目的"之术语运用，将当事人的主观意图一定程度上体现于合同中，实现"效果意思"向"事实性意思"的视角转换。④

典型交易目的实质上是法律通过规范性补充而赋予在当事人意思表示结构之中的，但合同关系中总有一些游离在效果意思之外的内容。例如，该法律效果的发生需要在一定时间内完成、以特定方式完成，又或是标的物在种类上、质量上、数量上需要符合预期，这些各种各样的因素无法被典型交易目的涵盖，因此构成特殊交易目的，需要通过价值判断的方式由

---

① 参见朱朝晖《潜伏于双务合同中的等价性》，《中外法学》2020年第1期，第138页。

② 〔德〕维尔纳·弗卢梅：《法律行为论》，迟颖译，法律出版社，2013，第55页。

③ 参见崔建远《论合同目的及其不能实现》，《吉林大学社会科学学报》2015年第3期，第41页。

④ 单锋：《论"合同目的"的规范效应》，《南京师大学报》（社会科学版）2017年第4期，第55页。

法官在个案中确定。一个疑难点在于：当事人的哪些意图会被评价以及如何评价为特殊交易目的？

就《民法典》的条文来看，仅仅在地役权合同的规定中明文化了其特殊交易目的：第 373 条将一方的利用目的及方法、费用与支付方式纳入合同一般包括的条款之内，第 376 条更明确地役权人应当按照合同约定的利用目的和方法利用供役地。而地役权合同的典型交易目的是一方取得该供役地的使用权，另一方获得对价，但当事人的利用目的则可能包括取水、采光、排水、通行等。尽管其仍能取得使用权，但若上述利用目的无法实现之时，应当允许其解除合同。

而我国实务中，为了维护交易的稳定性，特殊交易目的之识别亦呈严格化的趋向。例如最高人民法院在一个技术合同纠纷判例中认为能否产出符合合同约定的产品，与该产品能否获取利润并非同一层面的问题。故在该案中仅仅认定合同目的为运用涉案专利技术实现符合国家标准的饮料工业化生产，纠正了二审法院关于合同目的是运用涉案专利技术工业化生产饮料并上市销售，实现利润的判断。其理由谓称"如果当事人之间没有明确约定，不应将产品商业化认定为技术合同的目的"。[1] 而当事人明确约定，则实现了特定主观意图的客观化。有案例中，当事人在商品房买卖合同中要求对所购买房屋的左右布局进行明确，对方也予以确认。但一审法院以"一般大众的购房目的为投资、居住、孩子就读等"就简单代替了当事人的真实购房意愿，判定交付行为（房屋左右布局相反）未致使合同目的不能实现。二审法院则认为"一般购房目的"并不能代替"特殊购房目的"，当事人对于房屋左右布局的特殊要求已经明确客观化，故应当构成合同目的不能实现。[2]

就此观之，当事人的主观意图因明确表达而构成该合同的特殊交易目的，应当受法定解除权保护。除此之外的特殊交易目的认定应当严格把握，避免内心动机过度进入法律评价体系之内，造成交易秩序的混乱。但接下

---

[1] 《汾州裕源土特产品有限公司与陕西天宝大豆食品技术研究所技术合同纠纷案》，《最高人民法院公报》2018 年第 2 期。

[2] 《张俭华、徐海英诉启东市取生置业有限公司房屋买卖合同纠纷案》，《最高人民法院公报》2017 年第 9 期。

来的问题是，未明确约定的主观目的是否有纳入特殊交易目的的情形？

3. 主观目的

有学者认为存在这样一种情形：当事人在签订合同时没有明确告知，也未将该动机条款化，但能够证明该动机就是该合同（交易）成立的基础，此类动机构成合同的主观目的。① 这种表述将问题导向至主观交易基础的认定上，拉伦茨认为这是合同双方当事人的某种共同的设想或者肯定的期待，他们在订立合同时都以这种设想或者期待为出发点，而且如果任何一方当事人只要知道这种设想或者期待的不正确性，就不会订立该合同。② 这种情形与意思表示错误制度中的双方动机错误具有很大的相似性。举例而言，双方当事人签订商铺租赁合同，该商铺地处偏僻，主要客流量来自附近的一处大型工厂。所以尽管其离市中心很远，但仍有可观的收入，故而双方约定租金也超出同样地段的价格标准。但在合同签订后该工厂随即迁走，因此承租人经营受到严重影响，遂要求解除合同。这种情况，也可以看作一种对经营前景或经营环境认识的双方错误。③ 但在德国法上，此时即应适用情事变更原则调整或解除合同而非总则编的错误制度来撤销意思表示。有学者认为这种做法一方面是出于主客观二分法的逻辑思维，另一方面可能也是出于弥补撤销权调整范围不周的考虑。④

《德国民法典》以情事变更条款规范主观交易基础，我国《合同法解释二》第 26 条却并不涵盖主观交易基础丧失的情形。原因在于该条款出现在我国法上具有强烈的政策驱动意义：出于汶川地震灾后重建的需要加之金融环境的剧烈动荡，现行法中的相关规则不足以应对实践中的合同履行纠纷，故而情事变更规则仅仅以规范"客观情况重大变化"的面貌发挥效力，主要应对法律法规变动、行政行为作出、市场秩序波动以及自然灾害的突发等情形。而我国的重大误解制度也无法涵盖上述情形，意思表示瑕疵的

① 参见崔建远《论合同目的及其不能实现》，《吉林大学社会科学学报》2015 年第 3 期，第 44 页。

② 参见〔德〕卡尔·拉伦茨《德国民法通论》，王晓晔等译，法律出版社，2003，第 538~539 页。

③ 参见〔德〕卡斯腾·海尔斯特尔《情事变更原则研究》，许德风译，《中外法学》2004 年第 4 期，第399 页。

④ 参见韩强《情势变更原则的类型化研究》，《法学研究》2010 年第 4 期，第 60 页。

客体仅仅包括行为的性质、对方当事人以及标的物的品种、质量、规格和数量等因素，集中体现在法律行为的内容认识错误而并未触及合同基础丧失。但是否这就意味着构成了隐蔽性的法律漏洞？其实并非如此，在实践中大多是通过适用法定解除权制度将主观交易基础作为当事人的合同目的，这在法律效果上实际与《德国民法典》第 313 条并无二致。而"合同目的不能实现"在逻辑上具有涵盖所谓主观交易基础的规范意义，二者均涉及对当事人主观意图的解释与判断。例如在《最高人民法院公报》案例①中，法院认为三方当事人签订合作协议书的实质是以股权转让的形式，达到合作开发房地产项目之目的。当事人虽未明确载明，但可以推知各方合作的基础是中珊公司取得该地块的土地使用权。而由于广州市国土局收回该地块并重新挂牌出让，导致合作开发房地产项目已无基础，合同目的不能实现，其签订的合作协议书应予解除。

值得注意的是，《民法典》第 533 条使用"合同的基础条件"这一表述被诸多学者认为是回归了传统德国法上的交易基础理论，故而主张情事变更可以涵盖主观交易基础。而这就涉及情事变更与法定解除权在规范主观交易基础丧失上的冲突性，笔者认为情事变更不宜解释为可以涵盖主观交易基础。理由如下：第一，从现实意义上考量。我国法院在认定情事变更时采取了非常严苛的标准，各级法院在适用情事变更时需要报高级人民法院审核，必要时报最高人民法院审核。实务中秉持着严格适用情事变更、避免随意破坏合同关系的理念，因此要突破客观情况这一限制而扩大其适用范围并不契合多年以来的司法惯性。第二，从制度协调上来说。情事变更条款删去了"致使合同目的不能实现"的表达，仅仅保留了"继续履行对一方当事人明显不公平"，被认为是实现了与法定解除权制度的分离。合同目的之判断与当事人之主观意图息息相关，因此实现与主观交易基础的界分在解释路径上并不具有可操作性，反而极易引起与情事变更之间的适用冲突。第三，从法效果上的差异性来看。在出现等价障碍的情形时，多

---

① 《广东达宝物业管理有限公司与广东中岱企业集团有限公司、广东中岱电讯产业有限公司、广州市中珊实业有限公司股权转让合作纠纷案》，《最高人民法院公报》2012 年第 5 期。

可通过变更来维持合同效力；然而在目的不达的情形中，解除合同更为常见。① 在情事变更的制度定位已为失衡给付矫正的前提下，合同变更具有优先于合同解除的第一性效力，况且再交涉程序的设置亦在于使合同关系重新回到平衡状态。在双方错误（主观基础丧失）的情形下，必然导致合同所欲追求之目的无法实现，将其纳入情事变更规范领域并不具有足够的正当性。

（二）合同目的类型化的考量因素

本文无意通过一般合同解释方法的角度对合同目的之判定进行阐释，而是立足我国司法认定实践，从裁判中抽取法官自由裁量中的考量因素，具体如下。

1. 商事合同与民事合同在判断合同目的上的差异

我国《民法典》采民商合一的立法体例，如何实现商事合同与民事合同的区别化处理成为合同编讨论域的基本命题之一。具体到法定解除权的问题域中，商事性质合同与民事合同在合同目的之判定上呈现截然不同的两种面向。在国际大宗商品交易中，供应链经营模式的存在导致买方获取标的物所有权之外通常具有转卖销售获利的意图②，该意图符合商事行为的一般利益性要求，应当纳入合同目的范围内。更为明显的讨论集中于股权转让合同，由指导性案例第 67 号（汤长龙诉周士海股权转让纠纷案）确立了有限责任公司的股权转让不适用《合同法》第 167 条关于分期付款买卖法定解除权的裁判规则。其理由在于，认为该股权转让协议具有明显的商事经营管理获利目的，不同于以消费为目的的一般买卖合同，不应直接适用分期付款买卖合同法定解除权。③

且不论该指导性案例所引起的巨大争议，至少从侧面映射出商事合同与民事合同在法律适用上的极大差异。现代私法的商行为与民事法律行为之间的差异呈现为基本理念的不同：民法更偏重追求当事人间的公平正义，

---

① 参见尚连杰《风险分配视角下情事变更法效果的重塑——对〈民法典〉第 533 条的解读》，《法制与社会发展》2021 年第 1 期，第 181 页。
② 《中化国际（新加坡）有限公司与蒂森克虏伯冶金产品有限责任公司国际货物买卖合同纠纷案》，《最高人民法院公报》2015 年第 8 期。
③ 参见最高人民法院（2015）民申字第 2532 号民事判决书。

而商法更偏重于效率价值以及外观主义。落实到实践中，商事行为往往具有多重交易目的，与该合同的客观表现形式之间存在相互分离的现象，例如有的股权转让合同是为了提供担保①，有的是为实际控制该公司从而无条件使用其专利技术②，有的是为控制该公司并利用其经营取得收益③。因此在判断商事合同适用法定解除权时，应当把握以下标准：第一，结合契约关系的线性发展历程，综合判断当事人的真实目的。在商事交易中，当事人往往涉及多方主体，通过复杂的法律关系设置来实现自己最终的缔约目的，因此需要根据当事人所提供的一系列备忘录与纪要等确定其最终目的。第二，该最终目的不应超出合同关系的正常射程范围。当事人的真实意图应当与合同关系约定的权利义务相匹配，若实现一方的合同目的将导致合同关系利益严重失衡，则应当被评价为不属于该合同射程范围内。第三，以维护交易安全为宗旨，限制法定解除权的适用。商事交易联动诸多方面，其中倾注了诸多社会成本与影响，动辄解除合同可能对公司经营管理的稳定产生不利影响。应通过判断解除合同所产生的损失与继续履行合同之间的社会成本对比，如果违约行为是可以通过继续履行或其他手段予以修补的，则不应当给予守约方解除权，而应首先考虑令违约方承担违约责任来弥补其损失。④

2. 关联合同中的合同目的范围扩张及其限制

随着商事交易的效率价值愈加凸显，一种整合了公司契约与市场契约二者优点、兼具市场协调和组织内协调双重功能的混合式合作形态——契约群（关联合同）逐渐成为商事交易的主流。⑤ 这种合同关系互相之间在产生、发展、消灭上具有极强的牵连性，它们是以特定因素（缔约目的、交易标的或合同主体等）彼此关联而形成的合同群落。因此在交易关系中呈

---

① 《黑龙江闽成投资集团有限公司与西林钢铁集团有限公司、第三人刘志平民间借贷纠纷案》，《最高人民法院公报》2020 年第 1 期。
② 广东省高级人民法院（2020）粤知民终 3 号民事判决书。
③ 安徽省高级人民法院（2014）皖民二终字第 00414 号民事判决书。
④ 参见万方《股权转让合同解除权的司法判断与法理研究》，《中国法学》2017 年第 2 期，第 256 页。
⑤ 参见徐英军《契约群的挑战与合同法的演进——合同法组织经济活动功能的新视角》，《现代法学》2019 年第 6 期，第 105 页。

现突破合同相对性的趋向，某一合同效力瑕疵或者履行障碍很有可能波及其他关联合同，在行使法定解除权的问题上产生边际溢出效应的现象。例如在深圳市某股份有限公司与中国农业银行某某市分行借款合同纠纷案①中，法院认为案涉三个协议约定的内容，构成国有银行、金融资产管理公司和国有企业之间债权转股权的整体过程，具有共同的合同目的，各协议的内容及效力相互影响。在这个意义上，"合同目的"成为判定关联合同群落边界的核心要素之一；从反面来看，只要具有同一或者类似的合同目的均得以发生效力上的牵连性，将导致在商事交易中判断单一合同的"目的"时不可避免地涉及其他契约因素的渗入，进而在结果上导致合同目的之判定呈现范围扩张的局面。在这种经济因素互相渗透并进一步强化的背景下，金融机构之间的契约关系交错纵横、跨行业跨领域的风险传导更加迅捷，极易导致系统性金融风险的产生。基于交易安全的考量，有必要对关联合同目的范围扩张进行限制，具体而言：第一，体系解释的适用应当在关联合同群落中整体进行，避免以单一合同的"断章取义"破坏合同群落的整体协调性。第二，采取主客观相结合的标准来判定合同群落是否存在。当事人通过一系列合同为达成最终目的，因此就该合同之间的共同目的应该属于明知或者应当知道，而在客观上关联合同之间必须存在要素上的同一性（诸如当事人、标的物、履行方式等）。这是为了防止有当事人在不知情的情形下成为合同群落中的一部分，意思自治为整体合同利益所捆绑。

3. 混合合同中的合同目的判定路径

现代商事交易中合同类型呈现多样化趋势，实践中存在诸多非典型合同游离在现行法之外。其权利义务约定无法为各类典型合同所覆盖，只能参照适用合同编通则或者最相类似合同的规定，因而在实践中的判断存在晦暗不明的前景。但纯粹的非典型合同并不复杂，其判定模式遵循权利义务对等的路径，例如实践中存在的美容服务合同，其合同目的就是一方希望通过专业美容服务来提升自我外在形象，另一方则是获得相应的对价。真正的疑难之处在于对混合合同的目的之判断，因其杂糅了典型合同与非典型合同之特征，在权利义务约定上呈现交融的趋势。此时应当通过判断

---

① 参见广东省高级人民法院（2008）粤高法审监民再字第 23 号民事判决书。

其内部之间的联系紧密程度来确定其典型交易目的，从而锁定合同的性质、种类，进而确定适用于被解释合同的法律规范。故其判定应当遵循以下路径，即根据该混合合同是各自独立而混合，还是一"主合同"吸收另一"从合同"而混合，其法律适用有所不同：前者是分别适用不同的法律；后者一般应根据"主合同"的性质来适用法律。例如有案例①中，双方当事人所签订的商品房买卖合同及其补充条款中除了房屋买卖、金额给付之外还有回购条件等约定，因此法院认为本案争议合同是由一个有名合同和一个无名合同组成的混合合同。通过实际审查其权利义务约定，发现均符合借款合同之特征，因此判定买卖房屋并非双方真实的合同目的，双方乃是以商品房买卖合同的形式代替借款担保合同。而也有案例②中，双方当事人签订的合作协议的内容包含了联合建房、房屋租赁合同的双重性质，法院认为当事人缔约目的均落实在通过租赁房屋获取租金收益上，联建案涉房屋仅属其获得利益的一种手段，或是其融资建设房屋的一种方式，最终确认该协议性质应为房屋租赁合同，并适用相关法律规范进行裁判。

五　结论

合同目的之判断为合同编的重大命题之一，其不仅作为法定解除权制度的核心构成要件，亦关涉合同解释、合同履行等部分。这实质上蕴含着合同法理念的变化——以当事人的合意为中心建构诸项具体制度，这也是"合同目的"之立法术语的自我价值所在。基于该项前提，合同目的之判断实质上可以转化为合同解释的问题，判断当事人的真实意图并借由应有合意的推断对其进行修正，以实现价值调和与利益衡平。因此需要从文义本身出发对其进行解构：在其基本构造之下，典型交易目的（效果意思）是作为契约关系效力控制工具的"债因"在意思表示结构下的全新形式，有助于锁定交易类型、明确法律适用。特殊交易目的彰显着契约关系中游离于效果意思之外的事实性意思，代表着当事人主观意图进入契约关系的通道。一般情形下，除了经当事人明确约定可作为合同特殊交易目的之外，

---

① 河南省高级人民法院（2012）豫法民三终字第 26 号民事判决书。
② 黑龙江省高级人民法院（2016）黑民终 437 号民事判决书。

还存在作为合同基础而存在的主观目的。我国独特的情事变更制度设计，导致该部分实质上融入法定解除权的判断中，该路径具有合理性，应当予以坚持。

在商事交易呈现愈加明显效率价值的前提下，应当肯认其与民事合同在判断合同目的上的差异性。通过各种手段以确定当事人的真实商业目的，并从权利义务平衡的角度限制该目的进入合同关系，在此背景下法定解除权的行使应具有谦抑性。随着关联合同群的兴起，导致其合同目的之间呈现交融与扩张的趋势，对此应当予以控制，维护交易安全与稳定。混合合同中的合同目的判定关涉其适用何种法律规范进行裁判，需要根据其内部紧密程度来判断何种交易目的占据主导地位，从而吸收了另一合同而呈现混合样态。

尽管本文价值取向流露出对"合同目的"概念演绎法的推崇，但也绝非完全排斥历史解释法的判断路径。诸如合同义务的根本违反、对债权人利益的严重剥夺，仍然可以作为辅助判断"合同目的不能实现"的工具之一。目的在于规范法定解除权的适用，为司法审判与理论研究提供思路，以期为《民法典》的贯彻实施尽绵薄之力。

A Systematic Interpretation of the Purpose of
Contract in the Civil Code

(*Wang Meng*)

Abstract：The "purpose of contract" in the Civil Code is related to the interpretation and performance of the contract, and its failure to realize is the core of the statutory right of rescission. However, its value orientation and judgment methods are ambiguous, and the existing methods of literal interpretation and historical interpretation have some limitations. The theory of contract constitution takes the exploration of the parties' agreement as the core of the contract compilation system, which highlights the systematic value of the legislative term "purpose of contract". Under its basic structure: the typical transaction purpose is the concrete presentation of the contract reason in the structure of intention expression, and the special transaction purpose is the channel for the subjective intention of the parties to enter into the normative evaluation system. In addition to the explicit agreement of the parties, there is still a subjective purpose as the basis of the contract, which involves the institutional connection between the statutory right of rescission and the change of circumstances. In the judgment path, we should pay attention to the differences between commercial contract and civil contract, and the expansion of the scope of purpose in the affiliated contract should be strictly controlled, and the judgment path in mixed contract should be determined according to the degree of internal involvement.

Keywords: Purpose of Contract; Statutory Right of Rescission; Interference of Performance; The Theory of Contract Constitution; Contract Compilation of *Civil Code*

城市执法如何获得社会认同[*]
——基于湖街执法的社会机制分析

胡敬阳[**]

摘　要：社会认同是社会秩序的基础,是连接政府与社会、实现制度稳定高效运行的关键因素。当前, 城市执法呈现利益多元化的结构性约束、政府决策风险承担者的制度性约束、城市空间复杂性的空间性约束、行动者资源不对等的实践性约束等特征, 这些特征是社会认同缺失的集中表现, 反映出利益、制度、价值、资源自上而下流动的"沙漏型"执法机制。通过对湖街执法的蹲点调研, 分析了城市执法被社会认同整体性塑造的实践逻辑及其制度化路径, 提出了价值上形成执法认同的观念基础, 制度上体系化地建构执法制度, 空间上进行从街头到社区的场域转换, 资源上搭建稳定可靠的资源供给平台。城市执法社会认同是国家和社会双向不断注入认同的动态过程和整体性框架, 最终取决于国家"良法善治"和社会良好秩序的实现。

关键词：城市执法；社会认同；"沙漏型"执法机制

一　提出问题

社会认同是连接个体心理和群体心理的重要心理机制,为理解个体与群体关系、国家与社会关系提供了新方式。[①] 社会认同理论看重个体对所属群体的认知与归属感,强调从个体到形成共同体的进化过程。社会认同中所蕴含的"共识性"恰恰是支撑城市执法良性运行的重要心理因素。城市执法与每个人的利益密切相关,民众通过执法认识和接触正式制度,国家

---

[*]　本文系国家社科基金重大项目"社会主义核心价值观融入基层社会治理"（17VHJ006）的阶段性成果。

[**]　胡敬阳, 西南政法大学行政法学院博士研究生, 研究领域为法社会学。

① 参见闫丁《社会认同理论及研究现状》,《心理技术与应用》2016 年第 9 期, 第 550 页。

通过执法进入、塑造和影响社会。① 城市执法是国家与社会互动的综合场域，城市执法的效果高度依赖于社会认同的建立。那么，当下中国的城市执法是否获得了足够的社会认同？如果没有的话，城市执法又如何获得人们的社会认同？

从对城市执法问题的既有讨论来看，国内学界的研究大体上可以分为制度层面和实践层面。李振从制度学习的角度，阐释了中国城市管理执法体制的变革历程。② 他肯定了运用试验机制进行制度建设，以应对不确定环境的努力。刘磊提出的"执法吸纳政治"③ 和陈柏峰提出的"党政体制"④ 都注意到了我国城市执法所处的体制背景，提醒我们关注城市执法中的政治逻辑。丁方达基于胡德科层制控制理论，提出我国城管执法体制内的控制模式表现为名义上占主导地位的监督型控制，作为实质核心控制机制的互惠型控制，并伴随着不同程度的随机型控制，由此导致了城管执法体系出现一系列问题。⑤ 更多学者是在实践层面研究城市执法问题，集中表现在讨论城市执法在实际运行过程中所呈现的复杂多元面向。杨丹认为，城市执法体制在实践中暴露出合法性支撑不足、合理性欠缺、效率不高等问题。⑥ 何兵采用"控制—反抗"的分析范式，分析城管追逐与摊贩抵抗的背后原因，指出思想意识上的偏见，法律政策的失当，是乱象产生的根本原因。⑦ 陈那波和卢施羽从默契互动的视角出发，借鉴利普斯基的街头官僚理论，分析了中国当前的一线行政执法人员的自由裁量行为的面向和制约要

---

① 参见王启梁《执法如何影响政府信任的生成》，《光明日报》2016 年 11 月 9 日，第 14 版。

② 参见李振《制度建设中的试验机制：以相对集中行政处罚权制度为案例的研究》，中国社会科学出版社，2019，第 37 页。

③ 参见刘磊《执法吸纳政治：对城管执法的一个解释框架》，《政治学研究》2015 年第 6 期，第 110 页。

④ 参见陈柏峰《党政体制如何塑造基层执法》，《法学研究》2017 年第 4 期，第 191 页。

⑤ 参见丁方达《我国城市管理执法体制改革新探——基于胡德科层制控制理论的分析》，《理论与改革》2019 年第 1 期，第 179~184 页。

⑥ 参见杨丹《综合行政执法改革的理念、法治功能与法律限制》，《四川大学学报》（哲学社会科学版）2020 年第 4 期，第 138 页。

⑦ 参见何兵《城管追逐与摊贩抵抗：摊贩管理中的利益冲突与法律调整》，《中国法学》2008 年第 5 期，第 159~169 页。

素。① 城管行政执法自由裁量存在失控的现象，背后既有体制方面的原因，也有立法方面的原因，更有监管队伍的素质方面的原因及社会干扰的原因。② 史明萍提出城管可以在"策略行政"和"底线目标"的策略主义思维下，维持街头治理力量的长期均衡。③ 吕德文将城管执法隐喻为"猫鼠游戏"，认为城市执法是在特定的时空约束下即兴创作的过程，执法过程既非机械而具有确定性，亦非杂乱无章、被动适应的，而是经由沟通行动而达成的临时妥协。④ 陈映芳等学者则从空间视角看待这一问题，提出城管和小贩可以通过共享"违规空间""试错空间"和"灰色空间"而事实上和平共处。⑤

国外学术界主要从执法经济学和街头官僚的视角看待执法问题。执法经济学理论把执法者视为理性人，通过理性选择完成执法任务。⑥ 它的现实主义路径关注的是抽象化的事实，忽视了执法实践中的复杂性和多元性。街头官僚理论具体分析直接和民众打交道的基层政府工作人员，他们享有广泛的执法裁量权，可以直接影响民众的利益。⑦ 这一理论通过微观视角，在具体的社会情境中讨论街头执法者的理想选择，向我们展示了上级执法单位在控制基层执法者方面所遇到的根本性挑战，但对于我国城市执法所处的一般体制机制背景缺乏解释力。

这些研究为我们理解城市执法提供了基本的智识支撑，但是它们忽视

---

① 参见陈那波、卢施羽《场域转换中的默契互动：中国"城管"的自由裁量行为及其逻辑》，《管理世界》2013 年第 10 期，第 62~78 页。

② 参见陈碧红《城管行政自由裁量权失控的现状及原因分析》，《政法学刊》2014 年第 3 期，第 15 页。

③ 参见史明萍《"策略行政"与"底线目标"：城管执法的日常实践逻辑——基于武汉市 F 区调研》，《云南行政学院学报》2016 年第 1 期，第 33~38 页。

④ 参见吕德文《作为法律隐喻的"猫鼠游戏"：城管执法的另一种观察视角》，《中外法学》2019 年第 2 期，第 371 页。

⑤ 参见陈映芳《"违规"的空间》，《社会学研究》2013 年第 3 期，第 162~181 页；吕德文《灰色治理与城市暴力再生产：鲁磨路"城管"实践的机制分析》，《开放时代》2015 年第 4 期，第 158~178 页；刘超《试错空间的形成：城管与摊贩博弈下的空间规训机制——基于武汉市"城管"实践分析》，《云南行政学院学报》2016 年第 1 期，第 28~32 页。

⑥ 参见 George J. Stigler, "The Optimum Enforcement of Laws", *Journal of Political Economy*, 1970, Vol. 3, pp. 526~536。

⑦ 参见 Michael Lipsky, *Street-Level Bureaucracy: Dilemmas of the Individual in Public Services*, Russell Sage Foundation, 2010, pp. 13~17。

了制度和实践背后一种精神的、无形的心理机制，没有办法解释社会认同如何整体性地塑造城市执法。而笔者及其所在课题组，在对湖街执法的蹲点调研中，①深刻感受到社会认同可以为解释城市执法的运作逻辑提供一个新的研究视角和分析框架。城市执法不仅在宏观上受到体制环境和社会系统的影响，微观上为个体的行动策略所实践，事实上从宏观到微观还受到社会认同的整体性塑造，有必要从社会认同角度研究城市执法问题。当前城市执法呈现利益、制度、价值、资源自上而下流动的"沙漏型"执法机制，难以获得自下而上社会层面的认同。本文从"沙漏型"执法机制出发，讨论城市执法社会认同尚未健全的原因，继而提出打破"沙漏型"执法机制的制度化路径，希冀重塑城市执法的社会认同。

二 "沙漏型"执法机制的形成

"沙漏型"执法机制指的是利益、制度、价值、资源自上而下地流动到城市执法，且这种流动缓慢而不充分，如同"沙漏"难以自下而上地流动。这一机制是在城市管理执法体制不统一、城市执法的事权与人力资源不匹配、城市执法在网络上被"污名化"等多种因素的共同作用下形成的。本部分即以笔者在湖街的调研材料为基础，详细阐释这些因素如何共同促成了"沙漏型"执法机制。

（一）城市综合执法体制不统一

城市管理综合行政执法改革最早起步于1996年《行政处罚法》颁布实施后进行的"相对集中行政处罚权"试点工作，至2021年《行政处罚法》首次全面修改已有25年的时间，但我国城市管理综合执法体制依然不统一，主要表现在以下两个方面。

第一，各地执法体制差异较大。在执法机构的名称上，各地叫法不一，②由国务院直接批复设置机构的82个城市中，城市管理执法机构的名称就有8类，如重庆市叫"重庆市城市管理局"，北京市叫"北京市城市管

---

① 按照研究惯例，本文中有关地名均已作了技术处理。
② 各地方城市综合执法机构没有统一的名称，故而本文中也使用"城市（管理）综合执法"（有些学者也叫"城市管理执法"）代指本文主题"城市执法"的意思。

理综合行政执法局"，笔者调研的湖街执法队同时挂"湖街执法队"和"湖街城市管理办公室"两块牌子，全国并没有统一的名称，不像公安部门都称为"某市（或某县、某镇）公安局（或派出所）"；在组织架构上，有的地方是市、区双重领导，有的是区、街双重领导，有的是市级垂直领导；[①] 在执法机构性质定位上，也各不相同，有的是单设的政府工作部门，有的是政府部门的下设机构，而绝大多数地方的城管执法机构是事业单位，这不符合《行政处罚法》要求履行执法职能的部门必须是行政机关的规定，城市管理综合执法体制较为混乱。[②] 在信息化、网络化的社会背景下，社会公众难以形成对城市执法机构统一的身份认知，继而也无法形成自下而上的认同，组织内的交流也不利于自我认同的实现。

第二，多部门联动机制不完善。国家是一个庞大的由不同层级、不同部门的机构组成的科层组织体系，法律依赖于科层体系的执行，大多数执法活动需要不同机构和部门之间的合作，"没有哪项政策（和法律）是一个单一的组织独自制定和执行的"。[③] "不同机构的合作恰恰需要模糊国家所试图建立的明确的机构职能边界，而科层体系内不同层级、不同部门的目标总是存在不一致，因此面对特定执法目标时就难以形成合力。"[④] 城管部门在执法中需要与多个部门发生联系，但与其他行政机关存在职能交叉、职责不清的现象，很容易出现重复执法、多头执法和执法空白。同时，由于城市综合执法机构的行政层级较低，往往难以协调其他部门的行动。[⑤] 究其

[①] 参见张布峰、熊文钊《城市管理综合行政执法的现状、问题及对策》，《中国行政管理》2014 年第 7 期，第 40 页。

[②] 有学者根据城市管理领域职能的综合范围、城市管理执法职权的综合范围、城市管理部门与城市管理执法部门之间的行政关系将全国城市管理综合执法体制分成六类：（1）城市管理局与城市管理行政执法局合署（合并）；（2）城市管理行政执法局单独设置；（3）市容管理局与城市管理行政执法局合署；（4）住建局下设立城市管理行政执法机构；（5）住建局与城市管理行政执法局合署；（6）规划局与城市管理行政执法局合并。参见曾纪茂、周向红《城市管理综合执法体制的分类与比较》，《中国行政管理》2019 年第 2 期，第 24~25 页。

[③] 〔美〕盖依·彼得斯：《美国的公共政策——承诺与执行》，顾丽梅、姚建华等译，复旦大学出版社，2008，第 144 页。

[④] 陈柏峰：《城镇规划区违建执法困境及其解释——国家能力的视角》，《法学研究》2015 年第 1 期，第 26 页。

[⑤] 参见张布峰、熊文钊《城市管理综合行政执法的现状、问题及对策》，《中国行政管理》2014 年第 7 期，第 41 页。

原因，城市综合执法组织架构还不成熟，城市综合执法部门往往面临着与其他部门大为不同的组织生态环境。在中央层面，"负责对全国城市管理工作进行指导"的住房和城乡建设部在顶层设计上协调其他部门执法权限的权威性并不充分；在地方层面，近年来一些城市成立专门的指挥机构，对城管和各部门行使指挥权、督察权和赏罚权等权力，例如，武汉设立了"城市综合管理委员会"，南京则设立了"城市治理委员会"。① 在实际运作中，地方政府的探索也并非都能建立起符合当地需要的制度。在笔者调研的湖街执法队，城管部门很难协调公安部门的配合。湖街执法队干部的话很能说明这一点：

> 为什么我们和公安之间的协同没有那么默契？首先没抓手。为什么有时候叫民警来他不来，打 110 才来？因为有抓手，110 报警必须去，这就是有抓手的，有机制做保证。还有一个就是地方公安的整个年度考核，我们街道是不参与的，它们是自成体系的，上有分局，上有市局。（访谈资料，GYS2019080601）

进一步说，我国科层行政体制呈现某种"压力型特征"② 和"条块结构"③ 的关系，行政部门的行动逻辑不但受"政治伦理"④ 的支配，还要受到绩效和升迁考核的约束。公安部门是以条为主、以块为辅的条块结构，城管部门是以块为主、以条为辅的条块结构，并且在基层表现得尤为明显，

---

① 参见刘福元《城管事权的法理构筑——从相对集中处罚权到大城管立法》，《法学论坛》2013 年第 3 期，第 58 页。

② 上级政府负责制定政策目标，下级政府负责落实执行，面临系列性的行政考核约束。参见徐娜、李雪萍《共谋：压力型体制下基层政府的策略性回应》，《社会科学论坛》2017 年第 9 期，第 218、219 页。

③ 所谓"条"，指从中央到地方各级政府中上下对应设置的职能部门；所谓"块"，指由不同职能部门组合而成的各个层级的政府。一般而言，"条"上的管理强调政令的上下一致和通畅，"块"上的管理强调一级政府的独立与完整，以及内部各部门相互之间的协调与配合。

④ 政治伦理在执法领域的话语主要是"执法为民"，强调将实现好、维护好和发展好广大人民群众的根本利益作为实施法律的出发点和落脚点。参见陈柏峰《党政体制如何塑造基层执法》，《法学研究》2017 年第 4 期，第 203 页。

也就导致了难以形成"两法合一"的联动机制。多部门联动机制的不完善，不但造成城市综合执法的效能低下，在科层体系内部，制度和资源自上而下地流动也会像"沙漏"一样缓慢且不充分。

（二）城市综合执法的事权与人力资源不匹配

根据 2002 年发布的《国务院关于进一步推进相对集中行政处罚权工作的决定》，城管事权由 7 类确定的执法领域（市容卫生、城市规划、园林绿化、市政管理、环境保护、工商管理、公安交通）和一个兜底条款所构成，俗称"7+X"。其中的"X"，按照 2015 年《中共中央　国务院关于深入推进城市执法体制改革改进城市管理工作的指导意见》规定，即"上述范围以外需要集中行使的具体行政处罚权及相应的行政强制权，由市、县政府报所在省、自治区政府审批，直辖市政府可以自行确定"。也就是从法律上来说，城市综合执法部门的职责范围在上位法上是无限的。不少城市的综合执法人员编制数量仍然是在试点阶段确立的，并未随着近年来快速的城市化进程而增加，因而只能招聘不具备执法资格的协管员来应对日益繁重的执法压力。[①] 这虽然在一定程度上解决了执法人员短缺的问题，但也容易导致执法机构在执法产生矛盾时推卸责任。[②] 日常性开展城市执法的人员却不具备执法资格，不但法律上存在瑕疵，执法底气不足，社会公众也难以形成对城市执法权真实性和有效性的共识，容易产生质疑和抵触情绪，阻碍了社会层面的认同流入城市执法中。

在笔者调研的湖街执法队，同样出现了执法事权与人力资源不匹配的情况。湖街执法事项共 358 项，涉及城市管理、道路管理、户外广告管理、环境保护管理、畜禽屠宰管理等方方面面，共有人员 500 多人，其中 289 名执法队员下沉到社区一线，但正式编制的公务员只有 21 人，有执法证的公务员只有 3 人，其他都是政府购买的临聘人员（也就是我们俗称的"临时

[①] 2015 年 12 月出台的《中共中央　国务院关于深入推进城市执法体制改革改进城市管理工作的指导意见》（以下简称指导意见）规定："协管人员数量不得超过在编人员，并应当随城市管理执法体制改革逐步减少。协管人员只能配合执法人员从事宣传教育、巡查、信息收集、违法行为劝阻等辅助性事务，不得从事具体行政执法工作。"

[②] 参见吕普生《中国行政执法体制改革 40 年：演进、挑战及走向》，《福建行政学院学报》2018 年第 6 期，第 20 页。

工"）。对于街道这一层级，在全国来说已经是一个规模十分庞大的执法力量，但事实上依然人不够用。在调研中我们发现，社区协管员处于城市综合执法的第一线，工作上要求他们及时发现问题，并通过劝导有效地化解问题。但是他们不具备执法资格，没有执法权，更没有公安部门施行强制措施的权力。他们的日常工作都是以劝导为主，最多只有权向当事人发出《纠正市容违法告知书》。即使是有执法权的公务员来了，也只能对当事人进行行政执法立案，如果遇到蛮不讲理的当事人，没有公安部门的配合，不但很难处理，也难以保证自身安全。由此可见，对执法提出的要求远远超出这支队伍实际的能力。对此，湖街执法队负责人无奈地说道：

> 编制有六个，但是有执法证的在岗就三个，所有案件要求执法人员在现场，录音录像，做笔录，录入系统，要检查，但我们几乎做不到。有时候开会的开会，休假的休假，就没办法做。我们也经常向街道、区、市里反映，但一直没解决。有时候领导开会，干活的就一两个人。要解决问题，还要增加人手。（访谈资料，GYS2019080601）

（三）城市综合执法的合理性及合法性不足

城市综合执法机构一直缺少中央层面的主管部门①，导致其作为地方政府常设机构存在的合理性不足；同时，目前城市综合执法"只能在各种行业性法律、部门规章、地方政府规范性文件中寻找法律依据，属于'借法执法'"。②首部规范城市综合执法全国统一性的文本是住房和城乡建设部于2017年1月发布的《城市管理执法办法》，但其只是部门规章，法律位阶较低，具体规范各地城市综合执法的还要靠地方（省或有立法权的城市）出台相应的地方性法规或政府规章③，始终缺少系统、详细的上位法律

---

① 2015年《指导意见》明确，国务院住房和城乡建设主管部门负责对全国城市管理工作的指导，对地方城市管理工作进行指导监督协调。

② 丁方达：《我国城市管理执法体制改革新探——基于胡德科层制控制理论的分析》，《理论与改革》2019第1期，第182页。

③ 《行政处罚法》于2021年修改后，增加规定"法律、行政法规对违法行为未作出行政处罚规定，地方性法规为实施法律、行政法规，可以补充设定行政处罚"，扩大了地方性法规处罚设定权，其界限更加清晰。

规范，城市综合执法合法性上的瑕疵导致难以形成充足稳定的执法认同。进一步说，城市综合执法体制改革始于相对集中行政处罚权的试点，一开始是由国务院法制局（办）根据《行政处罚法》的有关规定①，通过给各个城市政府复函的方式授权试点②，将原本来自几部法律法规和属于几个中央部门的行政执法权集中到一个部门。而这势必在法律上与非授权制度或部门产生冲突，在一定程度上也忽略了前执法部门的设立初衷和后者综合执法的专业需求。之后过渡到综合行政执法后，城市综合执法权主要来自省级政府决定、地方政府规章或地方性法规，这导致不同城市甚至同一城市不同辖区的城市综合执法权都不一样。③ 城市综合执法机构的合理性及合法性不足，不但阻碍了我国城市执法体制的发展，也塑造了认同不足的"沙漏型"执法机制。

（四）城市综合执法的"污名化"

城市综合执法的社会形象形成了一种负面的怪圈：每次只要引发媒体和社会公众关注，大多是"城管打人"④ 这样的负面新闻，社会大众也往往一边倒地口诛笔伐，形成了"污名化"的思维定式，截断了自下而上的认同。这种片面污名化城管的新闻因能迅速吸引眼球而被不断生产，使得社会公众对城管的态度多是负面的，⑤ 进而导致城市综合执法难以获得社会层面注入的认同。这种对城管的认识是社会公众通过片面的新闻报道而"想象"出来的。事实上，很多冲突背后有着城市化和社会改革发展进程中复杂的系统性问题，只是在城市综合执法中被暴露出来，"城管"只是一部分

---

① 2017 年《行政处罚法》第 16 条规定："国务院或者经国务院授权的省、自治区、直辖市人民政府可以决定一个行政机关行使有关行政机关的行政处罚权，但限制人身自由的行政处罚权只能由公安机关行使。"之后，《行政许可法》第 26 条、《行政强制法》第 17 条也对执法权相对集中行使作出规定。

② 例如《关于在北京市宣武区开展城市管理综合执法试点工作的复函》（国法函〔1997〕12 号）。

③ 参见何斌《权力清单制度视野下的城管执法权性质及渊源》，《重庆交通大学学报》（社会科学版）2017 年第 2 期，第 6 页。

④ 媒体和社会公众一般称"城管"，也就是城市管理综合行政执法，这里也是本文主题"城市执法"的意思。城市执法的内容不限于此，还有生态环境保护执法、文化领域执法、海事渔政执法、市场监督执法等，但城市管理领域的城市执法在城市生活中最为常见、最具有代表性。

⑤ 参见陈柏峰《城管执法冲突的社会情境——以〈城管来了〉为文本展开》，《法学家》2013 年第 6 期，第 16 页。

社会公众发泄不满的一个符号。

执法具有相当的开放性、可观察性和可感受性，即使民众不直接参与、接触与自己切身利益相关的执法活动，通过媒体和网络的传播，也能够感受和认知（虽然不全面）执法的成效。换言之，社会公众对执法的认知不仅来源于直接经验，还来源于执法效果的扩展效应。更为重要的是，有关执法的直接和间接经验对塑造社会文化心理具有累积和放大效应。[1] 一个"坏"的个案就能产生很大的破坏力，往往需要花费更大的成本才能修复对执法的社会认同感。城市执法的"污名化"进一步加剧了"沙漏型"执法机制的形成。

三 "沙漏型"执法机制的不足——城市执法社会认同尚未健全的原因分析

为了应对城市化快速发展给城市管理带来的挑战，各地先后尝试了联合执法、巡警执法、相对集中行政处罚权的改革措施，最后都相继走上了城市管理综合行政执法的道路。"城市管理综合执法体制的改革宗旨，实际上是要根据城市自身面临的情况在城市管理的专业化分工要求与城市综合管理要求这'两个趋势'之间做出平衡。"[2] 前一部分分析了城市管理执法体制的运行逻辑展现出"沙漏型"执法机制，当出现问题（如专业化分工和综合管理难以两全）或目标转换（如启动"运动式"治理或晋升锦标赛结束），将"沙漏"翻转过来，仍旧是自上而下地流动，难以获得自下而上社会层面的认同。本部分将讨论"沙漏型"执法机制导致城市执法社会认同不足的内在机理。

（一）结构性约束：利益多元化

改革开放以来，单位制解体、户籍制松动以及住房商品化改变了我国城市基层的治理秩序。[3] 相比西方，中国的城市化进程更快，城乡社会发生剧烈变动和分裂，以宗族、家族为基础的"结构性力量"持续性瓦解。那

---

① 参见王启梁《执法如何影响政府信任的生成》，《光明日报》2016 年 11 月 9 日，第 14 版。
② 曾纪茂、周向红：《城市管理综合执法体制的分类与比较》，《中国行政管理》2019 第 2 期，第 28 页。
③ 参见孙小逸《城市社区治理：上海的经验》，上海人民出版社，2017，第 1 页。

些市场中的弄潮儿迅速积累了巨额经济资本，继而获得社会资本并积极争取政治资本，形成社会总体性精英，虽然人数很少，但对社会决策的影响力很大。① 同时，贫富差距也日益拉大，两极分化的现象日益突出，以"穷人政治"② 面目出现的底层抗争行为日益凸显。有关研究还表明，在许多发展中国家的城市化过程中，不像发展经济学家认为的非正规部门将为正规部门所取代，摊贩并没有因为现代零售商业的发展而消失殆尽，而是在城市空间中长期存在。③ 更为重要的是，传统中国的价值系统面临全方位调整，城市基层社会中意义系统缺失、价值观紊乱现象极为普遍，公众精神生活呈现"碎片化"状况。④ 城市治理不得不面对上述综合性问题。

"近年来，地方政府出台了大量的法规政策，试图按照理想模式进行社会治理。社会治理的调整涉及社会群体利益格局的变换，难以自动弥合民众多元的利益诉求。"⑤ 地方政府和城管执法机构还需要面对晋升锦标赛的压力，因此产生了相互依赖的关系，但当晋升锦标赛结束，二者之间的相互依赖关系发生变化，从而导致本来一致的目标相左。⑥ 总之，多种因素导致在中国过快的城市化进程中，良性的利益分配格局还未形成，⑦ 社会主流价值尚未定型，各种矛盾纠纷都有其背后深层的结构性因素，很难通过一时一地的城市综合执法得到彻底解决，形成了"沙漏型"执法机制认同不足的结构性约束。

---

① 参见孙立平《总体性资本与转型期精英形成》，《浙江学刊》2002 年第 3 期，第 104 页。
② 参见汪晖《两种新穷人及其未来——阶级政治的衰落、再形成与新穷人的尊严政治》，《开放时代》2014 年第 6 期，第 49~63 页。
③ 参见黄耿志《城市摊贩的社会经济根源与空间政治》，商务印书馆，2015，第 1~9 页。
④ 参见秦文、郭强《社会转型期公众精神生活的断裂样态及弥合路径——基于"现阶段我国公众精神生活水平调查数据"的分析》，《湖北社会科学》2014 年第 4 期，第 33~37 页。
⑤ 陈柏峰：《基层社会的弹性执法及其后果》，《法制与社会发展》2015 年第 5 期，第 163 页。
⑥ 参见丁方达《我国城市管理执法体制改革新探——基于胡德科层制控制理论的分析》，《理论与改革》2019 年第 1 期，第 183 页。
⑦ 在调研中，湖街执法队工作人员谈道："我们看到的周围的建筑，大部分都是违建，没有任何手续的。本地居民建个楼起来，就靠这个收取租金，一个月能收不少租金。我们那边旧改，都是农民房，拆完产生了很多富翁。"（访谈资料，ZFD2019072601）由此可见，本地居民较为富裕，而大量外来人员还在为生计奔波，短时间内难以形成良性的利益分配格局。

（二）制度性约束：政府决策风险的承担者

城市管理执法体制"植根于地方政府的运行机制中，因此，城管执法目标的设计和执行，在很大程度上取决于地方政府的体制目标"。[①] 地方政府的施政目标往往处于变动之中，城市执法需要适应体制目标而不断变化，更何况这种变化有时候可能是相互冲突的。在压力型体制下，地方政府以追求跨越式经济增长为主要施政目标，形成了一种以经济增长为基础的"政治锦标赛"。[②] 每年都要开展的创文创卫[③]，虽然客观上治理了城市的一些"顽疾"，但创建和评选工作大多以制度、规范或技术等形式存在，给城市基层各部门带来了巨大的负担。在行政力量的主导下，有的主政官员没有经过充分的调研论证，作出像"坚决取缔无证经营街头摊贩""以环保之名取缔所有临河店铺""扩宽马路砍掉沿街百年的树木"这样"一刀切"式的决策。不顾地方实际的赶超式的"城市美化运动"，扩展了某些群体的利益和生活空间，却压缩了另一些群体的利益和生存空间。[④] 上级领导不变的高目标和矛盾的严要求在各种行政目标高压下，各区各街道的城市管理标准竞相升级，对城市环境卫生和社会秩序的要求不断提高，而且要在此之下设定城市综合执法的高标准：既要完成工作任务，又要群众满意度达到百分百，坚决"不出事"，还要文明执法，人性执法。[⑤] 在很多地方，城管部门成了"垃圾桶"，其他部门不愿管、管不了、管不好的繁杂事务都"扔"给了城管部门。一些地方政府把城管执法部门视为"机动队"，无论是否属于其职责范围，都调用城管执法力量，城管部门不得不承担大量执法范围之外的事务，[⑥] 导致城市综合执法部门不堪重负。

---

① 丁方达：《我国城市管理执法体制改革新探——基于胡德科层制控制理论的分析》，《理论与改革》2019 第 1 期，第 179 页。

② 参见余绪鹏《官员晋升锦标赛：经济增长的政治逻辑——基于相关文献的梳理与分析》，《华东经济管理》2016 年第 6 期，第 91 页。

③ 创建国家（省级）文明城市和国家（省级）卫生城市。

④ 参见刘磊《执法吸纳政治：对城管执法的一个解释框架》，《政治学研究》2015 年第 6 期，第 116 页。

⑤ 参见史明萍《"策略行政"与"底线目标"：城管执法的日常实践逻辑——基于武汉市 F 区调研》，《云南行政学院学报》2016 年第 1 期，第 35 页。

⑥ 参见王满传、孙文营、安森东《地方城市管理执法机构存在的问题和改革建议》，《中国行政管理》2017 年第 2 期，第 144 页。

政府分配给城市综合执法部门的事权不但种类庞杂、事无巨细，要求尽善尽美；而且因行使的都是处罚性职权而承担了绝大部分的基层矛盾，使得城市综合执法成为国家力量和社会力量相互斗争和塑造的"竞技场"。"地方政府越来越习惯于将城市管理中的复杂难办事务交给城管部门，城管越来越成为地方政府改革的'断后'力量"，[①] 这让城市执法部门很大程度上承担了政府决策不科学、不合理的风险和后果。进一步说，立法部门主义导致的行业主管部门"条条"形式的执法体制已经无法适应城市管理执法下沉的现实需要，[②] 在这个意义上，城市综合执法吸纳了政府决策风险所产生的紧张关系，城市基层政府（街道办事处）综合执法事权依然受到"县级以上"执法下限的制约，[③] 导致国家难以将"制度"稳定和充分地注入城市执法，成为"沙漏型"执法机制认同不足的制度性约束。

（三）空间性约束：城市空间的复杂性

城市综合执法孕育于中国快速的城市化进程中，进入 21 世纪以来，中国社会转型呈现加速的趋势。城市化水平不断提升，社会的资本、人口、技术、资源等诸多要素流动加速，呈现"大流动社会"之态，对原有适应静态治理的"郡县国家"治理体系一度构成了严峻的挑战，治理乡土中国的经验显然无法直接适用于治理城市中国。[④] 西方有学者把城市发展看作社会组结与社会解体的一种后果，这种组结和解体极其类似于机体内部新陈代谢的同化和分化过程。[⑤] 由此，不同于过去静止的乡土社会，城市社会的一个重要特征就是各种各样的人互相见面又从未相互充分了解，人与人的关系多是临时性而非稳定性的。由于道德要求连贯性和稳定性，而城市的新陈代谢天然地具有运动性，人口的大流动必然会模糊人的理念，破坏人

---

① 陈柏峰：《城管执法冲突的社会情境——以〈城管来了〉为文本展开》，《法学家》2013 第 6 期，第 24 页。

② 参见张晓莹《行政处罚的理论发展与实践进步——〈行政处罚法〉修改要点评析》，《经贸法律评论》2021 年第 3 期，第 15 页。

③ 参见叶必丰《执法权下沉到底的法律回应》，《法学评论》2021 年第 3 期，第 47 页。

④ 参见刘炳辉《超级郡县国家：人口大流动与治理现代化》，《文化纵横》2018 年第 2 期，第 31 页。

⑤ 参见〔美〕R.E. 帕克、E.N. 伯吉斯、R.D. 麦肯齐《城市社会学——芝加哥学派城市研究》，宋俊岭、郑也夫译，商务印书馆，2012，第 52 页。

的道德，侵蚀人的共识，造成社会的认同危机，无法形成价值认同。就像芝加哥城市社会学派代表人物 R.E. 帕克所说，城市把人性中过度的善与恶都展示出来。① 城市空间因此也具有复杂性。

城市空间的复杂性，增加了城市执法的即时性和随机性。城市街头空间兼具流动性和陌生性，喧嚣而杂乱的环境蕴藏着种种风险，执法人员往往对此缺乏足够的控制力，在执法过程中很难预测执法对象下一步的行为选择；街头空间是一个无主的空间，街头的秩序和谐或者混乱，常常不因个人意志而改变；街头空间还是开放的，它不具有排他性，这就导致执法过程很容易暴露在公众的视野之下。② 城市综合执法的对象往往是不情愿和被动的，而执法受益者却是"沉默的大多数"，这种关系模式就蕴含了潜在的对立和冲突。③ 为此，城市综合执法人员在日常工作中必须保持足够的敏感和警惕，具备清醒的头脑和良好的素养，根据具体情势执法，合理审慎运用自由裁量权。"地方利益、部门利益的聚合会造成执法部门利用自由裁量为本地区、本部门或者个人的利益重新塑造执法"，④ 加之相关法律条文以及上层监督部门的缺失，一定程度上也导致执法存在随意性。城市空间的复杂性和自由裁量权的滥用可能，使得价值认同难以注入城市执法，构成了"沙漏型"执法机制认同不足的空间性约束。

（四）实践性约束：行动者资源不对等

城市综合执法人员和公安、工商、食药监督等部门的一线行政人员一样，是政府意志在政策末端的执行者，是国家与社会的相汇点，更贴切地说，借用李普斯基的术语，他们是"街头官僚"。⑤ 他们不仅执行政策，同

---

① 参见［美］R.E. 帕克、E.N. 伯吉斯、R.D. 麦肯齐《城市社会学——芝加哥学派城市研究》，宋俊岭、郑也夫译，商务印书馆，2012年，第46页。
② 参见岳书光《城管执法冲突何以形成——基于嵌入式执法的分析》，《中国行政管理》2017年第5期，第37页。
③ 参见陈柏峰《基层社会的弹性执法及其后果》，《法制与社会发展》2015年第5期，第156页。
④ 丁方达：《我国城市管理执法体制改革新探——基于胡德科层制控制理论的分析》，《理论与改革》2019第1期，第184页。
⑤ 1969年，李普斯基在美国政治学年会论文中首次提出街头官僚理论。此后，学者们不断发展和修正这一理论。街头官僚主要指处于最基层和具体工作最前线的政府工作人员，他们直接与民众打交道，享有广泛的执法裁量权，可以在诸多方面"制定政策"，直接影响民众的生活状况和社会福利。

时也通过执行过程进行自由裁量，在这个意义上他们也是政策的制定者之一，因此，民众的福祉很大程度上取决于街头官僚的自由裁量结果。① 但是，在执法过程中，各方行动者所掌握的资源明显是不对等的。执法人员处于资源优势一方，他们熟悉规则并且可以解释规则，掌握法律、信息、技术、权力、文化等各种资源；而执法对象往往处于资源劣势一方，他们一般难以事先知晓规则，是以原子化的个人面对强大的国家公权力。这种资源的不对等也造成了双方话语世界的错乱，进而引发冲突和不认同。比如，城市综合执法人员没有公安机关那样拥有合法使用暴力和限制人身自由的权力，仅仅有"证据先行登记保存"② 的权限，但普通民众和媒体常常以"扣押"等词语代替这一法律用语的表达，就容易触发公众对执法的抵触和负面情绪。城市综合执法行动者资源不对等不但蕴含着街头政治的对抗性的因素，③ 塑造了日常话语实践中"城管打人"的镜像，④ 而且执法人员"自由裁量权的运用不仅受相关法条及比例原则的约束，同时也受一线执法者经验、知识乃至于意识形态的影响"，⑤ 行动者各方都难以获得稳定的资源供给，容易使人产生误判和不稳定的角色期望，提高了执法的成本和复杂性，降低了执法对象的信任和安全感，执法认同就难以形成了。这种执法过程中行动者资源的不对等，导致资源自上而下注入城市执法的失衡，构成了"沙漏型"执法机制认同不足的实践性约束。

四 打破"沙漏型" 执法机制——重塑城市执法的社会认同

城市执法效果高度依赖于社会认同的建立，社会认同对城市执法的高效和平稳运行提供整体性支撑。城市执法要获得社会认同，就要打破"沙

---

① 参见陈那波、卢施羽《场域转换中的默契互动——中国"城管"的自由裁量行为及其逻辑》，《管理世界》2013 年第 10 期，第 62 页。
② 根据《行政处罚法》第 56 条的规定，"行政机关在收集证据时……在证据可能灭失或者以后难以取得的情况下，经行政机关负责人批准，可以先行登记保存"。
③ 参见何兵《城管追逐与摊贩抵抗：摊贩管理中的利益冲突与法律调整》，《中国法学》2018 年第 5 期，第 159~169 页。
④ 参见闫岩、毛鑫《失真的镜像——对优酷视频中"城管 vs. 商贩"冲突的内容分析》，《新闻与传播研究》2015 年第 2 期，第 71~88 页。
⑤ 吕德文：《作为法律隐喻的"猫鼠游戏"：城管执法的另一种观察视角》，《中外法学》2019 年第 2 期，第 373 页。

漏型"执法机制，在利益、制度、价值、资源四个维度上重塑城市执法社会认同，让国家和社会层面的认同充分地注入城市执法中。

（一）认同机制形成的观念基础：城市综合执法的价值支撑

城市空间呈现陌生人社会的特质，城市社会的流动性和城市空间的复杂性会侵蚀人们的道德、观念和共识，使得"新旧社会生活秩序和价值规范体系相互冲击，社会成员内心道德律令及社会状态左右摇摆以致杂乱无章"，① 造成社会的价值认同危机。人们如何进行认同活动，隐藏在背后的是一定的文化和观念，它是界定行为发生环境的经验信息、政治态度、情感、表征符号和价值的系统。② 形成城市综合执法认同机制必须首先弥合文化和价值上的冲突和分歧，使得价值认同充分注入城市执法中，培育支持和信任执法的文化观念基础，给予城市综合执法精神层面的引领和价值层面的支持。

湖街为城市综合执法营造理性、平和、信任的观念基础，这给我们提供了有益的参考。在执法力量下沉的各个社区，湖街城市综合执法被纳入价值认同充分流动的社区治理共同体中③，在工作中贯彻了"以人民为中心"的价值理念，以塑造"家园意识"，正如调研中湖街 G 社区干部的说法：

> 参与积极性上本地人好一点，有一个归属感。但社区还是外来务工人员比较多，他们缺少一点家园意识。所以我们也是一直做一个社区融合度的工作，来提高所有居民的家园意识。社区工作站的工作一个是服务，一个是管理，跟社区群众我们还是以服务为主，各个部门像工青妇啊团委啊都有针对性的服务群体，每年都有针对性的活动来增加与居民的沟通，但也是双向的，我们社区 10 万人，社区工作人员才 200 多人，200 多人服务 10 万人，也有工作做得不到位的地方，大

① 李晓南：《"半熟人社会"背景下中国乡村治理存在的问题及对策》，《现代农业研究》2012 第 10 期，第 44 页。
② 参见方旭光《政治认同的逻辑》，中国社会科学出版社，2018，第 106 页。
③ 湖街各个社区的党群服务中心，除了城市综合执法等网格办公室，还有行政服务大厅、应急三防办公室、社区警务室、信访调解办公室、党代表工作室、人大代表社区联络站、统战和社会事务办公室、卫生和计划生育办公室、综合事务办公室、社区妇联办公室等。

家都在努力。居民你自己也要主动跟我们贴近，你才能享受到我们的一些服务，一些优惠的政策。（调研材料，GC2019080501）

这种"以人民为中心"的价值塑造体现了"价值治理"① 的治理模式。我们党的工作一直强调党与群众的鱼水关系和血肉联系，一切工作的最终目的是为人民谋利益，要把实现好、维护好、发展好广大人民群众的根本利益作为实施法律的出发点和落脚点。群众路线的政治伦理嵌入城市综合执法中，就是执法为民，以人民为中心，作为人民公仆必须对人民奉献，② 这也是城市执法中贯彻的基本价值。价值治理"不仅深刻影响制度的执行能力和执行效果，而且对制度建构和制度评价都有重要作用"，③ 有利于向城市综合执法充分注入价值认同。

（二）认同机制形成的前提：体系化地建构综合执法制度

搭建良好的制度要获得高效平稳的运行，不但需要不同层次的组织作为载体，更重要的是全社会对它的认可和信任。"任何政治统治的稳固，都必须以民众的认同与支持为基础。"④ 国家政治系统的制度化建设与社会认同可以说是相辅相成、互相促进的。新制度学派提出合法性机制，强调在社会认同基础上建立一种权威关系。任何运行良好的制度都具有强制性的"权力结构"和共识性的"理念规范"两个范畴，这种理念规范就是一种自然化或者超自然化的"社会认同"。⑤ 城市综合执法认同机制形成的前提是要体系化地建构综合执法制度，缓和政府决策风险所产生的紧张关系，回应"公众基于自己的利益而向政治体系提出的各种希望"，⑥ 缩短民众的要求与政策制定间的差距。这样自上而下的"制度"就可以充分注入城市执法中。

---

① 参见段立国《国家治理现代化与社会主义核心价值观的内在关联》，《湖北社会科学》2015年第 4 期，第 157 页。
② 参见陈柏峰《党政体制如何塑造基层执法》，《法学研究》2017 年第 4 期，第 203~204 页。
③ 任洁：《社会主义核心价值观在国家治理中的功能》，《中国社会科学院研究生院学报》2015 第 4 期，第 14 页。
④ 龙太江、王邦佐：《经济增长与合法性的"政绩困局"——兼论中国政治的合法性基础》，《复旦学报》（社会科学版）2005 年第 3 期，第 170 页。
⑤ 参见周雪光《组织社会学十讲》，社会科学文献出版社，2003，第 78、82 页。
⑥ 〔美〕加布里埃尔·A. 阿尔蒙德、小 G. 宾厄姆·鲍威尔：《比较政治学——体系、过程和政策》，曹沛霖等译，东方出版社，2007，第 9 页。

湖街执法队主要通过"三化"（规范化、智慧化、标准化）体系化地建构综合执法制度，通过制度建设确立"象征性正义"①，在尊重公民权利的基础上凝聚全社会对执法认同的共识，夯实城市综合执法认同的制度基础。比如，在执法过程中，建立"三告"原则（劝告、警告、报告），体现人性化执法②；用程序法规范执法行为，形成了规范化的执法流程（见图1）和稳定的制度体系，通过细化的标准压缩自由裁量权的"弹性空间"，带动整个工作体系从传统的行政管理模式向真正意义上的法治化模式回归，③ 促使一线行政人员与行政受众产生制度共识，有利于不断产生对城市综合执法的制度认同。

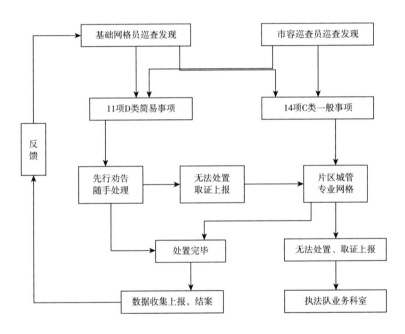

图1　湖街城市综合执法网格员工作流程

---

① "正义是社会制度的首要价值，正像真理是思想体系的首要价值一样。"参见〔美〕约翰·罗尔斯《正义论》，何怀宏、何包钢、廖申白译，中国社会科学出版社，1988，第3页。

② 据笔者调研，湖街大量基层纠纷通过劝告解决，真正进入行政处罚程序的案件很少，一个月就40多件，基本实现了"70%服务，20%劝告，10%处罚"，把矛盾纠纷化解在基层工作中。

③ 参见杨小军、彭涛《以"标准化"破解城管执法困局》，《团结》2011年第3期，第36页。

（三）认同机制形成的空间逻辑：城市综合执法的场域转换

过快的城市化进程和经济社会快速变迁，导致利益多元化，很难形成确定的利益划分规则，阻断了利益认同的形成。城市综合执法认同机制的形成，就要破解城市社会陌生化的难题，实现城市综合执法的场域转换，改变行业主管部门"条条"形式的执法体制，破解过去"看得见的管不了，管得了的看不见"的难题，将执法场域转换到多元主体合作性互动的社区场域中，走向街道办事处、乡镇政府为主体的基层政府综合执法。① 这可以看作在陌生人社会中找回"熟人"，借鉴了传统中国社会的治理经验。滕尼斯的代表作《共同体与社会：纯粹社会学的基本概念》一书揭示了人类的群体生活中存在两种主要类型：共同体与社会。他认为："共同体是建立在自然的基础之上的群体（家庭、宗族）里实现的，此外，它也可能在小的、历史形成的联合体（村庄、城市）以及思想的联合体（友谊、师徒关系等）里实现，是建立在有关人员的本能的中意或者习惯制约的适应或者与思想有关的共同体的记忆之上的。"② 可见，共同体的范围可大可小，涉及的边界清晰但难以量化，主要建立在有关他人对所属联合体的感受与认同基础上。精神上的认同与认可，而非地域上的联系与限制，是共同体的重要特质。执法场域和执法权下沉到基层，可以更好地落实街道办事处属地管理的责任，做到权责统一；可以更直接地服务执法对象，更方便有效地进行管理和执法，最终是为了让城市执法获得居民精神上的认同与心理上的认可。

自 2010 年起，各地开始了执法权下沉的改革。在各地不断积累改革经验的基础上，2019 年 1 月 31 日中共中央办公厅、国务院办公厅下发了《关于推进基层整合审批服务执法力量的实施意见》，在全国推开了执法权下沉到底的改革。相关法律也积极回应改革需求，顺应社会发展规律。2021 年 1

---

① 参见王敬波《相对集中行政处罚权改革研究》，《中国法学》2015 年第 4 期，第 142～161 页。

② 〔德〕斐迪南·滕尼斯：《共同体与社会：纯粹社会学的基本概念》，林荣远译，北京大学出版社，2010，第 2 页。

月 22 日,《行政处罚法》首次作出全面修改,第 24 条①明确赋予乡镇街道执法权,为执法权下沉提供了法律依据。

湖街把执法人员下沉到街道各社区一线,变末端执法为源头治理,就是要改变在街头场域中,一线行政人员和行政受众之间的互动"缺乏产生共识的平台与制度,正式规则与执法情境的明显冲突在不同的执法部门之中普遍存在"②的困境。通过这种场域转换,将城市综合执法的运行过程内化为社区居民的生活秩序和规范体系,实现从个人走向(利益)共同体,从而不断为城市执法双向地注入利益认同。

(四)认同机制形成的资源供给:法律服务保障

城市综合执法可以看成国家与社会相互塑造和影响的过程,每一次执法活动都是国家力量和社会力量在无数竞技场之中的"交锋"。在城市综合执法的每一次"交锋"中,行动者因为站在国家和个体的不同立场上,资源难以对等,很容易引发矛盾冲突,双方也难以建立信任。城市综合执法认同机制的形成必须有稳定的资源供给,从而需要存在一个规范性的共识。这一共识代表了主流的道德和社会秩序,而这只能通过法治轨道来实现。通过法治轨道搭建稳定可靠的资源供给平台,就可以给城市执法的各方行动者提供清晰的行动指南,有利于形成城市执法的社会认同。

湖街执法队实施的"律师驻队"模式,通过购买服务方式引入第三方专业律师常驻执法队,把城市综合执法纳入法治轨道,发挥驻队律师"法制员""审查员""智囊团""缓冲带"的作用,在城市综合执法的整个运行过程中给各方行动者提供稳定可靠的资源,通过实时、精准、专业的法律服务破解城市综合执法难题。

五 结语

社会通过产生"集体意识"而影响个体,社会认同在个人(观念)和

---

① 《行政处罚法》第 24 条规定,"省、自治区、直辖市根据当地实际情况,可以决定将基层管理迫切需要的县级人民政府部门的行政处罚权交由能够有效承接的乡镇人民政府、街道办事处行使,并定期组织评估"。

② 陈那波、卢施羽:《场域转换中的默契互动——中国"城管"的自由裁量行为及其逻辑》,《管理世界》2013 第 10 期,第 77 页。

社会（制度）的辩证关系中起着中介和桥梁作用。城市综合执法正是政府与民众、国家与社会深入互动的重要场域。城市综合执法的有效实施，高度依赖于社会认同的形成。在城市执法的规范性问题、伦理性问题或者立法程序问题背后，社会认同发挥着关键性的作用。城市执法的整个运行过程，被社会认同整体地塑造。城市执法社会认同是一个动态过程，需要打破利益、制度、价值、资源自上而下不充分流动的"沙漏型"执法机制，价值上形成执法认同的观念基础，制度上体系化地建构执法制度，空间上进行从街头到社区的场域转换，资源上搭建稳定可靠的资源供给平台，在国家和社会层面双向不断地注入认同。城市执法社会认同也是一个整体性框架，受社会经济发展水平、法治化发展程度等多方面因素的制约，最终取决于国家"良法善治"和社会良好秩序的实现。

How to Obtain Social Identity for Urban Law Enforcement

—Analysis of Social Mechanism Based on Law Enforcement in Lake Street

Hu Jingyang

Abstract：Social identity is the foundation of social order and a pivotal factor in connecting government and society and realizing the stable and efficient operation of the system. Currently, urban law enforcement presents features such as structural constraints of diversified interests, institutional constraints for the risk bearer of government decisions, spatial constraints on the complexity of urban space, and practical constraints on the unequal resources of actors. These characteristics are focalized manifestations of the lack of social identity, reflecting the "hourglass" law enforcement mechanism in which interests, systems, values, and resources flow from top to bottom. The article analyzes the practical logic of urban law enforcement being shaped by social identity as a whole and its institutionalization path through a site investigation of law enforcement in Lake Street. Then the article puts forward the conceptual basis for forming law enforcement identity in value, systematically constructs law enforcement system, transforms sites from street to the community in space, and builds a stable and reliable resource supply platform. The social identity of urban law enforcement is a dynamic process, and holistic framework of continuous infusion of identity between the state and society and ultimately depends on the realization of the state's "good law and good governance" and good social order.

Keywords: Urban Law Enforcement; Social Identity; "Hourglass" Law Inforcement Mechanism

阅读经典

自发秩序中立法的使命与边界
——从秩序演化理论的思想史切入

刘禹甸*

摘　要： 经亚当·斯密、门格尔和哈耶克的发展，以自发秩序理论为核心的秩序演化理论已经成为经济学、法学、社会学不可忽视的思想渊源。这一传统认为，在社会高度分工的前提下，个人拥有的知识是分散和模糊的，单凭个体理性不能建构出良好的社会秩序，相反，将导致自由的丧失。良好的秩序源于人类行为的非目的后果，这种有机、渐进形成的秩序可以最好地实现人们的福祉。然而，在秩序演化理论的语境中自发秩序并非完全"自发"，其仍需要恰当法律制度的规制，自发秩序并非缺乏制度设计背景的"自由放任式演化"，其需要具有宏观理性的制度设计者参与。秩序演化理论中关于国家立法与社会规范相互关系的理论将为思考中国的地方经验、试验性立法等问题提供新的思路。

关键词： 自发秩序；立法；建构理性；自由放任式演化；主体参与的演化

一　问题的提出：自发秩序的困境

在对社会的整体架构和动态演化进行全面考察的理论中，哈耶克提出的自发秩序（spontaneous order）① 理论无疑具有不可撼动的地位，深刻影响

---

* 刘禹甸，南京大学法学院理论法学硕士研究生。感谢艾佳慧老师、毛昕哲博士等诸位师友对本文提出的意见与批评，也特别感谢匿名专家给出的大量修改意见，这些意见使本文改进了很多。当然一如既往，本文中的一切错误和疏漏仍是文责自负。

① 哈耶克对这个术语有好几种其他表达方式，如"自我形成的秩序"（self-generating order），"自组织秩序"（self-organizing order）或"人类合作的扩展秩序"（extended order of human cooperation）。

了当代思想界。① 在我国学术界，借着市场经济改革的东风，这套理论应景地吸引了法学、社会学、经济学者的注意。②简单来说，自发秩序理论是一套关于人类社会中秩序结构产生及发展的政治经济学理论，该理论认为这些有序结构是社会群体行动的伴生产物而非个人有意设计的造物，这种社会群体行动表现在三个方面。

第一，发生的非意图性。自发秩序是人们有意识行为的结果，这种意识只表现在作为个体的人身上，但并不意味着汇集在一起就存在"统一的意识"。它不同于个体即无意识的"发乎自然的"（by nature），也不同于整体意图清晰、目的给定的"人为设计"（by deliberate decision）③。

第二，秩序的形成是合作竞争的产物。哈耶克将社会秩序理解为个人能在此秩序下实现自己的目的，原因在于他可以预期他人的作为，如果这种预期是成功的，在这一社会系统中便存在秩序。④ 就最典型的例子——市场而言，商品交换的前提就是对对方合理行为的预期，并判断自己交易行为的收益存在，个人为了实现自身利益而形成了交易规则，这种秩序可能最初形成于熟人间，如果此秩序被认为能为商事活动带来良好收益，之后将扩展至陌生人群体。

第三，结果的扩展性。尽管这种秩序由于极为复杂无法为个体所完全知悉，但人们可以通过模仿学习和利用这种秩序，在有限理性下，人们可以参与到已经形成的一般规则中。判断一种秩序具有生命力的最好方式就是观察遵循此秩序的群体在历史长河中是否繁荣和长存，秩序的出现总是从个别先驱者开始，那些具有演化优势的秩序会通过不同的方式，逐渐在人群中扩展开来。文明史中常见的技术传播可以作为自发秩序扩展的很好例子。

---

① 在欧美，对哈耶克自发秩序问题的研究和评述可谓卷帙浩繁，具有代表性的包括 J. Gray 于 1984 年出版的 *Hayek on Liberty*，N. Barry 于 1979 出版的 *Hayek's Social and Political Philosophy* 以及 J. C. Wood，R. N. Wood 于 1991 年出版的四卷本文集 *F. A. Hayek：Critical Assessments*。

② 在国内，这些学者的名字也跟自发秩序理论联系在一起：邓正来、冯克利、秋风、汪丁丁、韦森等。他们对哈耶克著作的译介，为国内大规模研究哈耶克的理论作出了奠基性贡献。

③ 参见〔英〕哈耶克《法律、立法与自由》（第 1 卷），邓正来等译，中国大百科全书出版社，2000，第 19 页。

④ 参见〔英〕哈耶克《自由秩序原理》，邓正来译，生活·读书·新知三联书店，1997，第 199~200 页。

作为哈耶克多年研究的"最终结论"，[①] 自发秩序理论绝不仅仅是一种描述社会发展的价值中立的理论，而更应被视为维护个人自由和反对理性全盘建构秩序的理据。其工具价值在于为制度创新提供必要的空间，让生产要素自我组合更少受到干扰，使文明通过自我调节更具活力。然而，这一工具性价值可能与哈耶克本人坚持的政治哲学——以个人自由平等为基础的自由主义相冲突：如果自发秩序仅仅是价值中立的宏观模型，那么自发秩序在演化进程外无须受到其他价值评价，演化结果就具有其自在正当性和经济价值。但很明显，哈耶克并不认同凡成功演化形成的社会秩序就是好的，况且"自生自发的发展过程有可能会陷入一种困境，而这种困境则是它仅凭自身的力量所不能摆脱的"。[②]

演化相对于建构具有自身独立的优势，并不意味着可以免于受到其他价值评价。如果演化仅仅停留在自然界，确实没有正义与否，可一旦演化进入社会制度领域，就必须接受正义/不正义、合法/不合法的检验。

在社会制度领域进行此种检验，相当程度上是建立在经社会重叠共识并由立法公共选择所确立的价值判断基础上。立法是一种秉持实质性目标的人造秩序方式，在现实社会中一旦法律出于实质目标认定演化秩序对个人、社会造成了不良影响，妨碍人们的法定权利时便会对自发秩序作出规范、调整甚至取缔。我们不能认为自发秩序与立法秩序是两个独立的系统，自发秩序与人造秩序在现实中同时存在，并且处于共生状态。

但是自中世纪欧陆君主专制兴起以来，众多思想家将立法机关与控制政府机器的权力混为一谈，并因此趋向立法学中的唯理主义建构论。哈耶克对此持反对态度，为了清除唯理主义建构论的幻想，哈耶克一边倒地强调自发秩序运行的独立性和其独立运作所具有的种种价值。哈耶克将过多笔墨花费在对政府干预自发秩序的警告上，不禁让读者怀疑——制度演化难道类似于达尔文笔下自然选择的随机过程，天然处于无政府状态？这一

---

① 〔英〕哈耶克：《法律、立法与自由》（第2、3卷），邓正来等译，中国大百科全书出版社，2000，第492页。

② 〔英〕哈耶克：《法律、立法与自由》（第1卷），邓正来等译，中国大百科全书出版社，2000，第135页。

问题在德维里吉（De Vlieghere）讨论自生自发秩序的文章中被概括为社会系统"宏观自发秩序"与立法者"个别改良建构"的悖论。[1]而布伦南（Brennan）和布坎南（Buchanan）更直言，"现代社会分析家（如著名的哈耶克及其追随者）毫不含糊地认为，社会和文化'进化'的因素能产生有效的规则。可是似乎没有证据让我们断言这些因素总能保证选择出最好的规则来"。[2]忽视自发秩序与立法秩序的关系导致哈耶克的后继者在自发秩序问题上走得太远——逐步走向哈耶克本人反对的自由放任。[3]

在国内学界，尝试从哈耶克理论分散的描述中找出这一问题答案的尝试已有很多，[4]但遗憾的是哈耶克自发秩序的理论渊源被普遍忽视，而梳理这一思想脉络很可能正是回答这一问题的关键所在。哈耶克在论证中省略的部分预设，有可能正是解答这一悖论的钥匙。为了明晰该理论的前提，我们需要回溯到哈耶克浸淫的——发源自苏格兰传统[5]的秩序演化理论中，正本清源地概述自发秩序与立法秩序的关系，正确理解自发秩序理论背后

---

① 参见 De Vlieghere, "A Reappraisal of Friedrich A. Hayek's Cultural Evolutionism", *Economics and Philosophy* 10, 1994, pp. 285-304。

② 〔澳〕布伦南、〔美〕布坎南：《宪政经济学》，冯克利等译，中国社会科学出版社，2004，第 11 页。

③ 关于奥地利学派在 20 世纪末的混乱，罗斯巴德作了很好的综述，参见〔美〕罗斯巴德《人，经济与国家》（上册），董子云等译，浙江大学出版社，2015，第 96～98 页。

④ 邓正来整理了哈耶克的论证逻辑，从作为自发秩序基础的知识论架构入手，阐述哈耶克对社会秩序作的分类，同时对两种系统下行动—规则的区分加以阐述。参见邓正来《哈耶克社会理论》，复旦大学出版社，2009，第 23 页之后。钱永祥通过分析演化论与自由选择理性后得出哈耶克在逻辑上不应提出独立于演化的价值立场，参见钱永祥《演化论适合陈述自由主义吗？——对哈耶克式论证的反思》，载姚中秋主编《自发秩序与理性》，浙江大学出版社，2008，第 1 页之后。也有学者指明哈耶克"错在"在把"自由"理解成"强制之不存在"，又将"强制"视为限制"自由"的否定性之恶，没有看到它同时还具有确保"自由"的肯定性效应，参见刘清平《不承认自由意志的自由意志主义者——哈耶克自由观的悖论解析》，《兰州学刊》2017 年第 9 期，第 83 页。

⑤ 苏格兰传统产生于"苏格兰启蒙运动"。苏格兰启蒙运动鼎盛于 18 世纪，在人文社科领域涌现出一批重要思想家，就政治经济学而言，大卫·休谟、哈奇森、弗格森、里德为其代表。本文主要选择亚当·斯密、门格尔、哈耶克，只有斯密严格来说属于苏格兰启蒙运动的思想家之列，不提及其他苏格兰思想家是因为本文讨论的核心问题"自发秩序"与"立法"的关系在他们那里并未涉及。而门格尔、哈耶克虽不出于苏格兰启蒙运动的鼎盛时代，但他们共同分享了苏格兰传统对于人类行为、社会生活、国家发展的独特思考方式，更因其继承了苏格兰传统中重要的"秩序演化理论"并形成了理论推进，故笔者选择这三位思想家作为本文的论述重点。

的法治基础，同时将之与缺乏制度设计者背景的"自由放任式演化"撇清关系，并最终回答这一问题：立法面对自发秩序——国家法下自主运作的社会规范应持何种态度？作为宏观理性选择主体的制度设计者（立法者）在演化秩序中应当处于何种地位？① 他们又应该如何利用其有限理性参与这个难以把握的过程？其恰当的边界又在何处？

本文将首先重点回溯以亚当·斯密—门格尔—哈耶克为代表的"秩序演化理论"思想轨迹，探究自发秩序理论的发展与修正。借助这些经典的理论资源，讨论立法者②维护自发秩序的建制与纠偏作用，最后是本文的结论，阐明自发秩序需要何种立法秩序的协调。

二 秩序演化理论的脉络

苏格兰传统与更为人所知的欧陆理性主义传统并列为启蒙运动的两大思想脉络。苏格兰传统有自己独特的方法论，这一方法论被理解为一种"关于人的科学"，通过分析人的行为、性情、心理提出一整套社会政治理论。③ 霍维茨（Steven Horwitz）认为苏格兰传统的核心正是自发秩序原理。④

---

① 在哈耶克生平中，曾公开支持拥护市场意识形态的智利独裁者、威权主义强人皮诺切特（Pinochet），并承诺将《法律、立法与自由》一书的摘录送给他。在 1981 年接受智利一家报纸采访的时候，哈耶克说："如你所知，一位独裁者是有可能以自由主义的方式进行治理的。而一个民主政府完全拒绝自由主义而进行治理，也是有可能的。我个人更愿意一位自由主义的独裁者，而不愿要一个缺乏自由主义的民主政府。"参见 El Mercurio，April 4，1981，p. D8-D9。又见〔美〕格里格·葛兰汀《弗里德曼与皮诺切特在智利的新自由主义实验》，李春兰、杨柳译，《高校理论战线》2007 年第 4 期，第 34 页。这段出自自由捍卫者的极具争议的言论，也指引我们重新审视哈耶克笔下制度设计者（立法者）的身份与其使命。

② 此处的立法者主要指国家层面承担法律制定工作的群体，包括现实中以议会为代表的立法机构、作为决策者的政治家，还包括在国家法空隙处进行法律续造的法官等，在本文中立法者作为一个集合名称出现，笔者沿用哈耶克对立法机构的批判，立法指的是"追求长远效果，并指向特定情势尚不为人所知的未来……旨在有助于不确定的任何人去实现他们所具有的同样不为其他人所知道的目的"，以区别于哈耶克批判的发布具体行政命令的"立法机关"。参见〔英〕哈耶克《法律、立法与自由》（第 2、3 卷），邓正来等译，中国大百科全书出版社，2000，第 299 页以后。

③ 参见 Robert M. Burns，"The Tradition of Scottish Philosophy"，Hume Studies，Vol. 20，No. 1，1994，p. 154。苏格兰传统受到牛顿自然科学方法的影响，试图在社会科学中找到与自然世界一样的具有统一原则的体系，其最有代表性的作品包括大卫·休谟的《人性论》，亚当·斯密的《道德情操论》，哈奇森《道德哲学体系》。

④ 参见 Steven Horwitz，"From Smith to Menger to Hayek-Liberalism in the Spontaneous-Order Tradition"，The Independent Review，Vol. VI，No. 1，Summer 2001，p. 81。

这种秩序在当时被视为一系列非人为设计的实践、规则、制度，它们的产生并非由于人们先知般地预见其可能的利益，而是源自社会行动者追求自身目的和规划的无意识的结果。这一主题连贯地出现在三位理论家的著作中，他们也正好横跨过去的三个世纪：18 世纪的亚当·斯密、19 世纪的卡尔·门格尔（Carl Menger）和 20 世纪的弗里德利希·冯·哈耶克。正如他们的工作所显示的那样，一种基于人类行为的研究方法导致了对三个问题的关注：（1）人类理性的局限性和人类知识的关系；（2）社会运转是如何利用分散的个别知识的，又是哪些制度保证了这一运作；（3）阻碍或促进这些机制发展的原因。

（一）亚当·斯密

早在斯密以前，自发秩序理论就已在道德哲学中生根发芽。在政治讽刺作品《蜜蜂的寓言》中，曼德维尔（Mandeville）认为社会中的大多数制度不是设计的结果，[①]"某个人或某代人的成果非常之少，它们中的绝大多数内容，都是若干代人共同劳作的产物……我这里所说的智慧，并非来自精妙的理解力或紧张的思考，而是出自从长期的实践经验和丰富的观察中获得的可靠而周密的判断力"。[②] 在他的笔下，文明社会精巧的上层建筑是在人们追逐私欲的过程中形成的。休谟、弗格森（Adam Ferguson）也表达了类似的观点。不过，在他们笔下的自发秩序型社会更多充满人性的自私，"商业社会"并不被视为理想的发展方向。[③] 将自发秩序原理纳入规范分析，并思考其法学意义的，仍以斯密为先。

经济学家斯密对自发秩序的探索主要见于其著名的"看不见的手"理论，但正如下文所示，作为法学家的斯密同时认识到"看不见的手"的成功运作依赖合理的制度保障。

---

① （反唯理主义）"这种认识进路之所以能够在英国人的思想中占据支配地位，在很大程度上是伯纳德·孟德维尔的思想所产生的深远影响所致，因为正是孟德维尔第一个以一种极为明确的方式阐发了这一认识进路中的核心理念。"〔英〕哈耶克：《个人主义与经济秩序》，邓正来译，生活·读书·新知三联书店，2003，第 13~14 页。

② 〔荷〕伯纳德·曼德维尔：《蜜蜂的寓言》，肖聿译，中国社会科学出版社，2002，第 14 页。

③ 参见刘志铭《经济思想成长中的自发秩序传统：从斯密、门格尔到哈耶克》，《东南学术》2002 年第 1 期，第 113 页。

1. "看不见的手"

人们常担心如果坚持演化论会导致道德虚无主义和主体性的缺失，但其实在斯密的理论中并不存在这个问题。理想环境下，商业在没有外力干预之下最为繁荣，商人们"既不打算促进公共的利益，也不知道他自己是在什么程度上促进那种利益……他所盘算的也只是他自己的利益。在这场合，像在其他许多场合一样，他受着一只看不见的手的指导，去尽力达到一个并非他本意想要达到的目的"。① 这是斯密在《国富论》中对"看不见的手"的描述，结合斯密在其他著作中的论断，可以对"看不见的手"理论概括如下：以自利为启动引擎，诱导寻找新的收益，带来国民财富自然增进；以成本收益为计量，调动占有资源最有效运作；以价格信号为导向，促使社会供求均衡。

然而"看不见的手"并不是一种达尔文式的自然秩序，"看不见的手"并非在任何情况下都能发挥作用。相反，只有在恰当的社会制度下，自我利益才会转化为社会利益。极端的利己主义可能导致道德缺失的有害后果，事实上在斯密所批评的重商主义、奴隶贸易中就是如此。在斯密看来，"看不见的手"的运作至少需要三个条件：①社会公正；②规范竞争与反垄断特权；③免于不当干预的自由竞争环境。正是在伦理、法律、政治经济三方的维护下，"看不见的手"才能通过市场竞争有效促进国民财富的增进。斯密的学术生涯的三大著作《道德情操论》《法理学讲义》《国富论》分别考察了自发秩序问题所关联的三个前提性条件和整个秩序的结构与运行规律。② 以下分别论之。

2. 立法者的科学

市场的运作要求交易双方适度约束自我利益、处于大致平等的地位以及有强制力保障的公平游戏规则等一系列的因素。归根结底，"看不见的手"只能在公平对待所有市场参与者的前提下才能见效，如果市场竞争

① 〔英〕亚当·斯密：《国富论》，郭大力、王亚南译，商务印书馆，2015，第428页。
② 《道德情操论》是斯密社会伦理体系的开端，也被视为《法理学讲义》和《国富论》的逻辑基础。其中对于正义原理的思考，被还原为对于人类心理机制的探寻，斯密通过"无偏旁观者理论"建构了一种对社会秩序之道德基础的描述。斯密的道德哲学在进入法理学范围时发挥了规范性功能，虽然无偏旁观者没有告诉我们具体的道德规则，但它为法律规则的批评和检验提供了标准。参见〔美〕帕特里夏·沃哈恩《亚当·斯密及其留给现代资本主义的遗产》，夏镇平译，上海译文出版社，2006，第11~20页。

不公平，或法律偏袒某些群体，如出现了不诚实的契约、不公平的银行操作、联合操纵价格的阴谋，① 那么"看不见的手"将无法起到有效率和公平地分配经济资源的作用。

《国富论》中斯密认识到制度化公正的基础重要性："每一个人，在他不违背正义的法律时，都应听其完全自由，让他采用自己的方法，追求自己的利益，以其劳动及资本和任何其他人或其他阶级相竞争。"②在这里，我们必须注意到自由竞争前置的社会和法律环境，因为经济活动涉及竞争与合作，这一切必须依靠秩序良好、稳定的制度框架，立法的使命就在于确定这套制度框架并落实之，虽然这种框架的内容并非完全由立法者创造。

斯密将支持重商主义、殖民主义的垄断政策及其实践作为自己自由贸易理论的主要批判对象，具体指向的，是限制某些职业达到充分竞争状态的特权性政策和垄断性法规以及粗暴干涉市场供求及限制工人就业的政策。生活于 18 世纪的亚当·斯密，身处欧洲由封建社会转化为资本主义社会的历史转折点，目睹因备受漠视压迫而缺乏主体意识的奴隶、底层劳动者、小市民逐渐转变成追求世俗幸福、参与社会竞争、积极争取自身政治经济权利的独立个体。对他而言，以平等、自由、公义为基础的商业社会之所以重要，正是由于其能消减人们生于不确定社会的担忧。沃哈恩（Patricia H. Werhane）指出，在斯密的体系下，公正既是一条保护人民及其权利和财产免受伤害的消极的原则，又是一条公平游戏（fair play）的积极的原则。③ 斯密允许并支持人们为追求财富而竞争，甚至放纵自我利益，但不能因此违背社会众人容忍的限度（底线的道德）。在斯密笔下，立法者需要制定法律划定什么是伤害行为、什么是无偏旁观者所不能容许的行为。④

斯密所针对的，并非所有的政府干预，而是部分会导致特权和不公的

---

① 参见许宝强《自由竞争的真义》，《读书》2007 年第 4 期，第 5 页。

② 〔英〕亚当·斯密：《国富论》，郭大力、王亚南译，商务印书馆，2015，第 656 页。

③ 参见〔美〕帕特里夏·沃哈恩《亚当·斯密及其留给现代资本主义的遗产》，夏镇平译，上海译文出版社，2006，第 11 页。

④ 参见〔英〕亚当·斯密《道德情操论》，蒋自强等译，商务印书馆，1997，第 99 页以后。

干预，而他所指的"政府"，也不仅仅是国家行政机关，还包括教会、地方议会、行会和企业等对个体拥有制约权的组织。① 《国富论》明确提出，政治经济学的一个目标，是"给国家或社会提供充分的收入，使公务得以进行"。② 斯密从未认为"看不见的手"能使经济脱离停滞的状态，相反，只有国家通过合适的法律和制度改革才能达致。受到传统体制、领袖私利、群众偏见的影响，现实历史中充满了不义与危机，自然正义与社会秩序不断受到冲击，面临着腐败和解体的危险。"自然社会"与"现实社会"在历史中充满了张力，斯密在这里则把化解难题的希望寄托于立法者的智慧。③ 在《道德情操论》中，他清楚地指出立法者的职责：

> 市政官员不仅被授予通过制止不义行为以保持社会安定的权力，而且被授予通过树立良好的纪律和阻止各种不道德、不合适的行为以促进国家繁荣昌盛的权力。因此，他可以制定法规，这些法规不仅禁止公众之间相互伤害，而且要求我们在一定程度上相互行善……立法者的全部责任，或许是要抱着极其审慎和谨慎的态度合宜而公正地履行法规。全然否定这种法规，会使全体国民面临许多严重的骚乱和惊人的暴行，行之过头，又会危害自由、安全和公平。④

私利与公德之辩、市场与国家之争、自发秩序与立法秩序之争在"立法者科学"中达成了和解，在政治的逻辑下统一起来。斯密的理论虽然致力于商业和财富，但并不意味以牺牲德性为代价换取所谓社会达尔文式的自由。反之，他仍然相信一个实质的道德理想，并与倡导"道德虚无主义""无政府主义""弱肉强食"的商人哲学展开了激烈的对抗。这一实质的道德理想，被托付于明智而审慎的立法者，他们必须权

---

① 参见〔英〕艾玛·罗斯柴尔德《经济情操论：亚当·斯密、孔多塞与启蒙运动》，赵劲松、别曼译，社会科学文献出版社，2019，第106页以后。
② 〔英〕亚当·斯密：《国富论》，郭大力、王亚南译，商务印书馆，2019，第401页。
③ 参见〔英〕亚当·斯密《道德情操论》，蒋自强等译，商务印书馆，1997，第451页。
④ 〔英〕亚当·斯密：《道德情操论》，蒋自强等译，商务印书馆，1997，第100页。

衡手中的权力，既要防止不当竞争，又要防止政府过度干涉妨碍自发秩序生长。

自发秩序是对社会内发动力的描述，旨在建立一个顺应经济规律发展的商业社会，这个社会以自由选择为出发点，反对宗教或政府对人知识与能力的专横控制，是一种推进繁荣的解放工具。但是，自发秩序本身并不能真正"自发"，就内在而言，社会主体之所以能实现合作和竞争需要价值共识和相互承认道德的基本准则；就外在而言，国家法、政府的引导的存在可以约束和规范自发秩序。同时，斯密也意识到市场秩序所产生的繁荣并不能完满解决人的物质需要，更不要说精神需要。德与富的统一，即真正的文明社会才是人们所期望的。尽管斯密的先见尤为重要，但他对"自发秩序"能解决经济不公、开明的自我利益最终会增加社会利益、劳动分工对工人命运的消极影响等问题过分乐观，以及在哲学世界观上受到机械唯物主义、情感哲学的限制，导致了他理论的缺失。这些局限，还得随着资本主义发展一百年后才能被人正视。

（二）卡尔·门格尔

19 世纪末，门格尔与杰文斯（W. S. Jevons）、瓦尔拉斯（Leon Walras）被公认为边际革命的发起者。虽然在研究方法上，门格尔主张抽象演绎，但当其他两人致力于利用效用函数量化主观效用并提炼出消费量与效用量成反比的"边际效用递减"规律（diminishing marginal utility）[①] 时，门格尔意识到了这一连续性假设的非现实性，转而去研究市场价格等经济现象的形成过程。后期门格尔汲取了德国古典哲学及德国历史法学派的理论精华，对古典经济学进行了批判与改造，个体主义方法论、主观价值理论、边际分析法等众多贡献直接造就了未来的奥地利学派。[②]

1. 社会发展之非意图后果的理解

19 世纪是自然科学突飞猛进的时代，对于社会的诸多理论很自然地模

[①] 参见〔美〕哈里·兰德雷斯、大卫·C. 柯南德尔《经济思想史》（第 4 版），周文译，人民邮电出版社，2014，第 240 页。

[②] 参见何蓉《德国历史学派与 19 世纪经济学方法论之争的启示》，《社会》2005 年第 3 期，第 170 页。又见〔奥〕卡尔·门格尔《社会科学方法论探究》，姚中秋译，商务印书馆，2018，第 24 页以后。

仿了优势科学的研究方法，生物学、解剖学的研究使人们对生物体各组成部分之间的相互关系、依赖并影响单元整体的功能有了更深的了解，使得社会学家们越发认可自然有机体的性质与社会构造的性质和运作之间存在高度相似。遗憾的是，由于牵强附会的臆想，以及对生物学原理的不恰当运用，这些理论充满谬误。

门格尔对这些拿社会现象与自然有机体之间表面相似进行"科学"探究嗤之以鼻，他的理由集中于以下两点：（1）只有部分社会现象与自然有机体相似，相反，大量社会现象是人旨在实现自身目的的情况下行动的结果。这种目标—功能性与自然有机体的无目标—功能性之间有很大差异，如果非要类比也应类似于机械结构而非有机体。（2）社会现象之间的因果关系，并非自由有机体那种纯粹受自然法则的原因—结果反映，相反，它是人们意志参与的产物，有思想、情感、行动、理性和非理性的多种力量发挥影响。如果我们确实要讨论社会有机体，那指的应该是：（1）人们共同意志（立法、契约）的产物；（2）人旨在实现自身目的之种种行为的非意图后果。前者是理性建构的产物，后者是自发秩序的产物，前者和自然有机体的形成有本质区别，后者只有部分相似。[①]

仅对自发秩序作"有机体"比喻无法精确把握其性质和运作方式，门格尔同样也不满于斯密对"看不见的手"所作的既笼统又充满神秘色彩的描述。他希望具体地解释人类行为，因为说到底自发秩序最终也是由个体行为、个体意识形塑的。门格尔尝试将作为非意图产物的社会存在作微观化处理，还原为社会成员的个别行为，以及其产生的系列后果，或者说引发的因果过程，最终导致了一种秩序的出现，这是原先的参与者很难想到的。这一方法首先被用于研究货币，其次被用于研究法律。

2. 法律的"有机"起源

严格来说，在讨论法律的起源问题前，门格尔并未对"何为法律"给

---

① 参见姚中秋《立法企业家与制度生成：门格尔制度理论重述》，《广东商学院学报》2009年第3期，第29页。

出适当的分类，① 由于法律早在文字诞生前就已出现，对其历史的考察更多依赖推理。与霍布斯的自然状态②类似，门格尔推测原始状态下人们易受暴力威胁，于是会有限制暴力的信念，这种关于行为规范的信念在多数人那里大致相同，而且每个人都意识到限制暴力对自己福祉的重要性。同时，人们也感到了必须捍卫这种行为规则，并惩罚破坏行为规则者的冲动。为了有效实施规则，从开始的私力救济和全民司法到后来社会分工产生了专门的司法/执法人员。在那之后，法律才慢慢统一、成文并产生法律机关、法律人阶层。随着文明的演进，后代人将祖先流传下来的具有法律特征的事物与崇高感结合，因为其古老而权威，法律很容易被视为某种客观的、高于人智慧的神圣之物，为了强化法律的社会功能，统治者和法律人也常常利用这种认识。

> 国民法律从民众要求和信念、从民众基本特质发育而出，通过数百年持续实践而有其合乎具体状况之形态。作为源远流长的、经过考验的国民智慧之结晶，它存活于民众心中，民众本能地遵守它们。甚至在其早就记不起这些法律规则与当时形成它们的具体状况间的联系时也遵守着。在国民法律中有大量智慧，今人只可感受到，而不再清晰知晓。③

从门格尔的法律演化论中，我们可以察觉到社会"原生法"和"国家法"之间的冲突，这背后也是自发秩序和立法的冲突。对于发达社会，是

---

① 在门格尔看来，"法律，呈现为实证立法的结果，是这样一种社会现象……法律如果是组织化的国民共同体或其统治者的意志之有意图的产物，则不管涉及其普遍性质，还是涉及其起源，都是一种不会对学者洞察力构成挑战的现象。但是，假如法律不是作为实证性立法之结果，而是作为某种'有机'过程之产物而出现，情况就不同了"。〔奥〕卡尔·门格尔：《社会科学方法论探究》，姚中秋译，商务印书馆，2018，第 264 页。随后门格尔将主要精力放在探讨法律在没有实证法情况下的形成过程，即其"自生发阶段"，规避了性质不同的法律的不同形成方式。但法律，尤其是现代成文法毕竟跟语言、货币存在不小的区别——法律需要具有高度组织化的社会，这意味着不能简单适用自生自发秩序原理，而需要更复杂的解释。

② 参见〔英〕霍布斯：《利维坦》，黎思复、黎廷弼译，商务印书馆，2017，第 93~97 页。

③ 〔奥〕卡尔·门格尔：《社会科学方法论探究》，姚中秋译，商务印书馆，2018，第 275 页。

否因为原生法是完全类似自然有机体的构造物，立法机关就必须保持克制，绝对不能干预这一有机体之发育呢？门格尔的答案很明确，一位立法者"仅仅因为涉及公共利益的法律确实或被人声称是'有机形成'的，就犹疑不敢改变它，就相当于一位农夫、技工或医生，仅仅因为敬畏体现其中之高级智慧，而回避对自然有机体发育过程的任何干预"。① 因此，认为"自发秩序"必然包含胜过国家法的合理性是错误的，反过来讨论可能更恰当——国家法常常忽视自发秩序中蕴含着的非意图的智慧，试图通过表面的公共利益去改变传统，但常常适得其反。

这也把立法学研究的任务推向一个新的领域，不止步于无谓的比较自发秩序和实证法何为优，而是旨在探究特定自发秩序因何具有优势，考察此种社会过程形成的秩序将有利于立法，自发秩序支持者们的立场不应是反对国家立法，而应是指导妥善立法。

门格尔的学说连接了个体主观欲求和社会整体秩序，并且他并不满足于仅通过演化论解释自发秩序何以可能、如何发展，更期许立法为人们持久的福祉构建完善的制度。从斯密"看不见的手"——自利行为如何导致公共福利出发，门格尔创造性地提出了知识演化论，正是关于"如何更好地服务于自身利益"的知识，使得我们理解自发秩序能扩展的原因。人的模仿学习能力，使得一开始在少数精英身上成功的意外事例广为传播，信息的积累和改良，最终促使文明进步，在这种自发、自觉的演化过程中，成熟的社会秩序逐步浮现。诚如霍维茨所指出的，斯密陷入机械论的自发秩序理论在门格尔那里获得了新的动力，并为奥地利学派的出现打下了基础。② 制度经济学家柯武刚等人也认为："制度经济学受到了来自奥地利学派的有力推动，尤其是来自卡尔·门格尔和路德维格·冯·米塞斯的贡献……将对规则的分析置于人类的有限知识以及方法论上的个人主义和主观主义语境之中。"③

---

① 〔奥〕卡尔·门格尔：《社会科学方法论探究》，姚中秋译，商务印书馆，2018，第277页。
② Steven Horwitz, "From Smith to Menger to Hayek-Liberalism in the Spontaneous-Order Tradition", *The Independent Review*, Vol. VI, No. 1, Summer 2001, p.86.
③ 〔德〕柯武刚、〔德〕史漫飞：《制度经济学：社会秩序与公共政策》，韩朝华译，商务印书馆，2000，第40页。

（三）哈耶克

哈耶克沿着亚当·斯密、门格尔铺好的进路向前迈了一步，生活在
20 世纪的他充分肯定了信息、知识、需求、主观感受、个人选择对理解
人类行为的重要性，他以人通过搜寻信息获得知识并将其恰当运用的能力
为锚点，开始了一场构建宏大社会理论的理论探索之旅。在门格尔把货
币、法律等社会形式视为人们行动的非意图后果的基础上，哈耶克进一步
将其抽象为"秩序形式"并将其与人行动、交往中的常规性过程联系在
一起，在门格尔个体行动分析的基础上引入社会博弈，[①] 并避免了新古典
经济学仅把市场参与者化约为追求自我效用最大化之理性计算器的简单
假设。

1. 知识、竞争与文明进步

在对主流经济学关于个体知识假设极端脱离实际[②]的批判中，哈耶克形
成了自己独特的知识观，他指出："我们所必须利用的关于各种具体情况的
知识，从未以集中的或完整的形式存在，而只是以不全面而且时常矛盾的
形式为各自独立的个人所掌握。"[③] 要准确知道一件事怎么办成，某种资源
如何分配，一个事物的性质是什么，人们通常的做法是将不同的人集中在
一起，利用他们的知识进行共商，比如医院专家会诊、法庭陪审团。我们
发现个人拥有的往往是一种片面的、零碎的、偏差的、不完善的知识，所
以才有沟通和相互学习，并在这一过程中发现更好的行事手段。在之后的
研究中，得益于赖尔（Gilbert Ryle）对"知道如何"（knowing how）和"知
道是什么"（knowing that）的区分，[④] 波兰尼对"默会知识"（tacit

[①] 这为 20 世纪末演化博弈论的发展铺垫了进路。参见韦森《奥地利学派的方法论及其在当代
经济科学中的意义及问题》，《学术月刊》2005 第 4 期，第 7 页。

[②] 哈耶克批评主流经济学将自己的讨论建立在完善市场的假设上，以及把经济生活中的人视
为天然知道关于自己决策一切可能后果的人。参见艾佳慧《被规训的自由主义——从〈个
人主义与经济秩序〉说开》，载《光华法学》编委会编《光华法学》（第 2 辑），西南财经
大学出版社，2008，第 177~187 页。

[③] 〔英〕哈耶克：《个人主义与经济秩序》，贾湛等译，北京经济学院出版社，1989，第74页。

[④] Gilbert Ryle, "Knowing How and Knowing That", *Proceedings of the Aristotelian Society*, Vol. 46, No. 1, 1946, p. 1.

knowledge）的思考，哈耶克经历了从"知"到"无知"的转向，[①] 我们所拥有的大多数知识是隐性的，难以用语言文字描述出来。问题在于，他面临着如下问题：社会中知识的存在是分散、不完全、大多还是默会的，那么我们如何才能使人从那种知识中获益？[②]

哈耶克的知识论带来了三个重要的命题：①社会生活的益处在于个人能从他人的知识中获益，可以说越发达的社会个人在追求自己目标时可运用的知识就越多，通过合理的制度设计可以最大限度避免个体局限。②社会越发达，带来的知识分立越严重，由此带来的个人无知状态越大，如果制度设计者不能认识这种状态，而试图在个体完全有知的假设前提下施加规范秩序，那么必然造成致命的自负。③市场的存在为交流提供了一种方式，市场竞争产生的价格信号充当了社会可获得的隐性和客观知识的媒介。分散、矛盾、不完善知识如果能在一起震荡、沉浮，最终最优的知识会脱颖而出。拥有特殊知识的个体自发演化，在交流过程中展开自由竞争，这时市场和竞争便成为一个学习和发现的过程。

基于此，哈耶克完成了自己对唯理主义建构论的批判：唯理主义建构论并未认识到命题②，而相信文明发展中少数的精英通过对社会、人性、规律的洞察，可以以哲人王的姿态引导社会变迁，并且正当地将他们视为把握了历史的规律或"潮流"，代表了进步的决定性力量。而命题①已经证明在社会改良等宏大问题上精英和其他人一样存在局限，立法者和专家们不能自负地认为自己掌握了绝对真理，所以问题其实变成了哪种方式能更好地利用无数有限理性个人拥有的知识，基于③哈耶克给出了自己的答案：我们需要一套"独立试错—竞争胜出—累积性发展"的演化理性来实现建立或改良社会秩序的目的。这种秩序是内含于经济增长、文明发展的真正动因，也是斯密"看不见的手"的最优诠释。

2. 立法对自发秩序的协调与纠偏

和斯密一样，哈耶克也认识到作为人类合作形成的扩展秩序，需要几

---

① 参见邓正来《自由与秩序：哈耶克社会理论的研究》，江西教育出版社，1998，第69~139页。

② 参见〔英〕哈耶克：《自由秩序原理》（上），邓正来译，生活·读书·新知三联书店，1997，第22页。

个重要的社会条件作为前提和保障：充分竞争的市场秩序、调整市场运行的规则系统、对政府任意干预的控制。在这些问题之上，哈耶克更进一步思考了立法对自发秩序的积极协调与纠偏问题。

在《法律、立法与自由》中，哈耶克以判例法这一典型的自发秩序为例：

> 当它在一个方向上得到了相当程度的发展的时候，即使人们明确认识到了此前的一些判决所具有的某些涵义是极不可欲的，它也往往不可能再顺着原来的方向退回去了。因此，以此方式演化生成的法律都具有某些可欲的特性的事实，并不能证明它将永远是善法，甚至也无法证明它的某些规则就可能不是非常恶的规则。进而，这也意味着我们并不能否弃立法。[1]

哈耶克关于立法秩序存在的几点理由可以总结如下。第一，自发秩序发展必然是渐进的，而事实上可能过于缓慢，以至于无法对全新的或变化中的形式作出合理调整。[2] 更糟糕的是，如果生活在某不良制度下的人们想要改变某一从事后看来根本错误的发展趋势，将要付出高昂的代价。虽然制度下的个体可能已经意识到存在更好、更公正的规范模式，可他无力去担任制度设计者，即使是作为规则适用者的法官也只能渐进式推动变革。对于此类秩序（笔者注：如潜规则）的改变，立法者能承担更大的成本，以自上而下的立法秩序来改变不良的自发秩序也更有效率。

第二，比起一项自发秩序事后被认为不公，更普遍的情况是某项秩序的发展完全把握在特定利益群体手中，作为既得利益者他们没有动力将此类自发秩序推向更符合一般大众正义观的方向。例如，作为历史原因形成的各种奴隶制、等级制度、地主与佃农，在现代社会中垄断组织与客户的关系，这些制度大多偏袒上述关系中的一方，长此以往形成了根深蒂固的

---

[1] 〔英〕哈耶克：《法律、立法与自由》（第 1 卷），邓正来等译，中国大百科全书出版社，2000，第 135~136 页。
[2] 参见〔英〕哈耶克《法律、立法与自由》（第 1 卷），邓正来等译，中国大百科全书出版社，2000，第 136 页。

秩序，这时所需的变革不是个体自发能够改变的，而只能通过重塑普遍规则的方式打破。

第三，自发秩序下的个体是有限理性的，为避免其短视，尤其是过分贪图自身利益时，个人将为了眼前的利益而忽视长期的损害，为个体而忽视他人。甚至我们可以设想，在某些负面秩序下部分"特权者"可以获得不公平的偏袒和恣意的"自由"，毕竟正面秩序可能对人的限制较多也更公平。故而要选择正面秩序的理由，不是单纯工具理性的计算能回答的，这时就必须诉诸更高级的价值理性。[1] "我们有关事实的知识（尤其是有关复杂的社会秩序的知识……）虽然有助于我们在希望得到某个特定结果或受到某种诱因驱动时，决定需要做些什么，但是在一个我们所知甚少的世界里，还需要一些原则的帮助，它们禁止我们在内在欲望有可能驱使我们去做与环境不协调的行为。"[2] 我们注意到"原则的帮助"并非一种关于如何实现自身目的的工具理性，而是一种关于何者应为何者不应为的价值理性，法律可以作为公共价值理性的表征，受这种更高位规则约束的人可以坦然面对个人利益损失而不将自己陷入被社群抛弃的境地。而且法律的权威性地位可以使符合其价值筛选的自发秩序更流畅地传播，同时分享其合法性的支持。也就是说，法律可以帮助人理性地在各种自发秩序之间进行选择，而创造这样的法律需要对多元价值有效地把握并筛选出最符合公共利益的部分，由立法者完成最为合适。

从哈耶克的一系列表述中，我们可以推论出：在自发秩序中，立法者并非午夜警察，而是自发秩序的参与者，更为明显的是由于其参与力度和能力比社会普通个体大得多，故在自发秩序的生成中扮演了不可忽视的角色。

作为演化论支持者的哈耶克并非达尔文式的自然演化论者，也非主张无政府的自由放任主义者，相反，他充分认识到有限制度建设的必要。可能由于他大量的笔墨花费在对唯理主义建构论的批判上，读者们包括其后

---

[1] 参见秋风《立宪的动力机制：立宪企业家，元规则，乌托邦》，载姚中秋主编《自发秩序与理性》，浙江大学出版社，2008，第68页以后。

[2] 〔英〕哈耶克：《关于行为规则体系演化过程的若干说明》，载〔英〕哈耶克《哈耶克文选》，冯克利译，江苏人民出版社，2007，第482页。

继者片面地理解了其建立的以维系"自由"为根本出发点的社会秩序体系。人们往往忽视他对立法、改革、积极建设的重视。"在我们力图改善文明这个整体的种种努力中，我们还必须始终在这个给定的整体内进行工作，旨在点滴的建设，而不是全盘的建构，并且在发展的每一个阶段都运用既有的历史材料，一步一步地改进细节。"① 哈耶克向立法者提出了明确的"应为"和"勿为"。

三 立法者如何参与秩序的演化进程？

（一）秩序演化理论中规则的作用

秩序演化理论将规则与关于分散、矛盾、不完善知识的社会现实环境联系起来，并认为秩序是一种潜在的沟通媒介。规则有效限缩了我们为了实现自身目标所需要的知识，我们在不了解他人行为的情况下，就能对他人的行为形成准确的预期。例如，汽车在道路哪一侧行驶，只要存在令大家知悉的秩序，内容就无关紧要。这样在每次驾驶时，就可以省略诸多判断和博弈，从而可以将思考放在那些缺乏秩序性规范之事上，从而提高我们成功完成计划的能力。

规则是如何产生的？从秩序演化理论脉络中三位思想家的讨论中，我们发现有效的（从事后视角看是成功的）规则是个人遵守规则的非意图产物，这意味着，规则不仅是自发生成的，它还有助于更大的自发秩序的形成（秩序的扩展性）。在试图实现个人目的的同时，人们会摸索出自己的行动模式，并在脑海中将其默认为行为规则，如果他们确实取得了成功，那么其他人可以观察到这种能带来成功的行为方式，并加以模仿，群体的扩大也对潜在追随者产生了更强的吸引力。随着按同一行为规则行事的人数增加，人们可以从这个群体中发现更多的可预测性，群体行为达到更高的协调程度，当这种协调已如此普遍时，我们就可将之称为秩序。一旦这些秩序初具规模，它们就会以弥散化的方式影响我们的思维方式，进而改变我们的行为，我们从出生起就生活在一个秩序

---

① 邓正来：《哈耶克的社会理论——〈自由秩序原理〉（代译序）》，载〔英〕哈耶克《自由秩序原理》（上），邓正来译，生活·读书·新知三联书店，1997，第 37 页。

密布的社会世界。但也正是这些秩序——或者如卢梭所言的"无往不在的枷锁"——看似限制，其实也解放了我们，使我们不需要再经历自发秩序产生初期那种"试错—竞争—积累"的过程，也无须去为判断大量琐事耗费信息成本。

（二）建构理性的自知之明

基于演化论的认知立场，我们发现人类更多是生活在秩序下，遵守各种各样既有传统的生物，而这些秩序也是由他们生活于其间的社会过程演化的，故"与其说是心智创造了规则，不如说心智是由行动规则构成的"。① 基于此，我们似乎可以理解为何哈耶克要反对立法对社会全盘改造的计划——我们不可能对默会的、人们生活其间、心智由其构成的知识进行全盘改造，作为心智或认知进化的立法建构，不可能超越演化制度的事实并独立于这一过程之外。

尽管对唯理主义建构论展开激烈的批判，和对立法干预社会演化进行警告，但秩序演化理论还是为"自生自发秩序"和"人为建构秩序"留下了空间。我们可以看到，虽然从斯密开始，秩序演化理论就关注个人理性中的各种局限和社会分工导致的必然无知，但是对于理性本身对个体独立进化和整体秩序改良，三位思想家无疑均持肯定态度。理性本身也是自发演化的产物，在此过程中理性可以反观自发秩序的过程，并从中识别出那些更有利于生成正面秩序的要素，在这之后可将其抽象化为立法。

秩序演化理论对于立法识别、阐述、修正自发秩序的使命是持肯定态度的，也从没否认理性建构合理的功能。只不过理性不能将自己视为先天存在而超越演化过程的存在，立法真正的危机并不是理性有限带来的建构失误，而是忽视理性有限而展开的全面建构。真正的理性拥有合适的自知之明，伴随着主体在社会交往中互动而出现，社会演化的过程就不再等同于达尔文式自然进化的那种无意识状态。我们可以将这一过程称为"主体参与的演化"，那么，关键的问题就是主体在演化中到底是如何参与的。

---

① 〔英〕哈耶克：《法律、立法与自由》（第1卷），邓正来等译，中国大百科全书出版社，2000，第16页。

（三）立法者的使命与边界

在阐明立法主体参与秩序演化的方式前，读者可能会问为什么只讨论立法者，原因有二：第一，主体参与秩序演化的过程最直接反映在国家法律制定上，相比之下社会主体虽然也在各自生成自发秩序但规模并不大，也通常没有其他的"理性参与"到这种私人过程中；第二，理性建构问题主要出现在国家层面的公共计划上，带来的盲目风险也最为严重，立法可能是有能力约束这种国家计划的唯一有效途径。

1. 自发秩序的培育者

立法对自发秩序的参与和补充并不仅仅是消极被动的，从前文我们关于哈耶克的讨论中也可看出：自发秩序的生成远非一帆风顺，社会个体强制推行这些规则的努力，一般而言会与传统对错和公正观念相抵触。"反过来说，新近学会的规则，是经过一番斗争才被人们所接受，贯彻起来有时又会阻碍进一步的进化，或对协调个人努力的力量的进一步扩展形成限制。"① 在自发秩序生成的第一阶段，面临的问题是如何保证足够多的个体愿意试错，很明显，并非所有的自发都能有好的结果，演化能带来经济合理性却不一定拥有价值合理性，② 立法者必须意识到个体创造的规则大部分将被证明无效，有效的那部分中还有很多包含了更多负面价值。为实现良性演化，立法者必须创建一个筛选机制，发现在什么条件下正当秩序出现的概率高，从而有针对性地发现它们。自发秩序的第二阶段，为了避免劣币驱逐良币，立法者必须在不打断竞争的情况下，寻找条件让自发出现的正面秩序得以被更多人选择，什么样的因素可以促使更多人选择正面秩序，而非通过长期观察被证明将为社会带来倒退的秩序。在第三阶段，正面价值的自发秩序已经通过累积式发展形成了扩展秩序，这时，该用什么方法避免这种扩展秩序压抑住其他尚在萌芽状态的秩序形态？这时立法者面临着很微妙的考验，一方面不能过度阻碍自发秩序，否则将传递出否定自发的信号导致社会消极；另一方面也不能完全放任导致这一原本正面的自发

---

① 〔英〕哈耶克：《致命的自负》，冯克利等译，中国社会科学出版社，2000，第 18 页。
② 布伦南和布坎南对哈耶克自信的演化曾有警示，"从历史中产生的表现为'非成文规则'形式的社会习俗，未必产生最令人满意的结果"。〔澳〕布伦南、〔美〕布坎南：《宪政经济学》，冯克利等译，中国社会科学出版社，2004，第 11 页。

秩序垄断其他更优秩序发展的机会。

立法者需要足够的能力去发现自发秩序的一般规律，这不单单是根据有限理性和逻辑就能推断的事实，更多还是要在搜寻演化秩序的过程中显现的，立法者需要抱着阐释者的心态去"发现"规则，① 在这种情况下，立法过程将转化为对人们自动遵守却未明确意识到的一般性规则的阐明或条理化表达，作为社会自发生成秩序的"助产士"。

2. 制定否定性规则的监督者

立法者的工作乃是在社会对自发秩序赖以形成的各种情势不断进行调适的过程中展开的，换而言之，立法者的工作是秩序演化中的一部分，立法者参与这个演化的过程，选择那些更有可能促进人们长远利益而不是与之相冲突的规则。立法者也有可能犯错，正如所有的园丁、医生，他们的工作不是从数量有限的前提作逻辑推演，而是需要在大量不可知中作出预测性假设并选择。立法者的任务不仅是维持现状（人民生活秩序的安定和可预期性），也要有助于对现有规则的批判性审查。这类审查更多针对的是自发秩序与个人（或群体）明确受保护的领域发生冲突时，从规则有效性上进行否定。

这也是哈耶克提出最高权力应当是一种否定性权力②的原因，作为终极性权力，它限制着所有肯定性权力，赋予位阶较低规则合法性，这些低阶规则不仅包括行政规则、行政命令还应包括自发秩序。这时，立法者除了充当自发秩序的培育者外，还扮演自发秩序的监督者这一角色，在立法秩序（外部秩序）的保障下，自发秩序得以生长，在其生长过程中立法秩序又一点点消除其不正义的部分，③ 这样一种动态博弈的过程使得社会内部秩序自我维系，真正有助于产生有利于社会的良性秩序。

3. 懂得自我约束的建构者

在秩序演化理论的脉络中，对立法自我约束的要求被不断强调。一方

---

① 参见顾自安《制度与理性——对哈耶克命题的讨论》，载姚中秋主编《自发秩序与理性》，浙江大学出版社，2008，第132页。
② 参见〔英〕哈耶克《法律、立法与自由》（第1卷），邓正来等译，中国大百科全书出版社，2000，第142页。
③ 参见夏纪森《自由·法治·秩序——哈耶克的"自生自发秩序"思想研究》，上海三联书店，2017，第98页。

面，正如大部分民商事法规昭示的，正当行为规则无须刻意制定，对于立法（建构理性）合适的态度是要求其合理运用，"反对的只是对理性的滥用，亦即反对各种要求政府拥有强制性和排他性的权力的主张"。① 立法必须分清哪些领域是"理性不及"② 的，需要留待"无数独立心智的合作"发挥作用来产生自发秩序。立法者的态度应当如一名医生对待有机生命的态度一样，在理解的前提下去促进和协助它们，欲改善整体，就必须旨在点滴建设而非全盘建构。

另一方面，哈耶克指出："第一，真正宝贵的东西，并非一套轻而易举便能照搬来的特定制度，而是某些隐而不显的传统；第二，不论在什么地方，只要这种权力机构的内在逻辑不为居于支配地位的普遍盛行的正义观念所制约，那么这些制度就注定会发生蜕变。"③ 为获得多数支持，立法机构将通过妥协达成"多数意志"，而这样制定出来的旨在指导和管理公共事务规则的"立法机构"④ 将背离立法真正的使命。哈耶克强调只有把阐述正当规则与承担政府治理任务的机构分离，才能形成真正的法治（the rule of law）——立法才能不沦为实现特殊目的的工具。

四　余论：自发秩序在中国

自发秩序理论的典范是历经数百年发展生成的英国普通法。普通法的历史是英国在现代化过程中通过不断试错、调整和发展产生法律秩序的一个缩影——法律先于立法已可以满足社会需求，并为其现代的高速发展提供了丰富的法治土壤。然而，近代中国的法治发展缺乏这样的条件。一方面，自 1978 年甚至 1840 年以来，中国的现代化是一种压缩的现代化，⑤ 为

---

① 〔英〕哈耶克：《自由秩序原理》（上），邓正来译，生活·读书·新知三联书店，1997，第 82 页。
② 〔英〕亚当·斯密：《道德情操论》，蒋自强等译，商务印书馆，1997，第 303 页。
③ 〔英〕哈耶克：《法律、立法与自由》（第 2、3 卷），邓正来等译，中国大百科全书出版社，2000，第 272 页。
④ 〔英〕哈耶克：《法律、立法与自由》（第 2、3 卷），邓正来等译，中国大百科全书出版社，2000，第 320 页。
⑤ 参见朱苏力、强世功《中国现代化进程中的法制问题》（上），《人民法院报》2001 年 7 月 20 日，第 3 版。

了在这不到一百年的时间里实现"弯道超车",自发秩序问题只能因为耗时太久而被立法忽视。另一方面,不同于乡土社会——分散的村落中同质而简单的人际联系使得自发秩序很易形成——现代社会具有众多异质要素,人与人之间被高铁、互联网、移动电话等媒介高度联系在一起,这样的社会就成了一个高度复杂的社会,而自发秩序在超大规模的复杂社会里并不容易演化。[①]

　　然而,从秩序演化理论中我们发现,自发秩序本身与现代商业社会是一种支持关系,这种支持扶持了资本主义从小城镇的作坊到跨国公司的历史飞跃,在这个现代化的过程中经过市场重复博弈,社群互动交流使得法律成为社会内生的纠纷解决机制与合作团结平台,社会本身对自身问题的调节和治理能力不断增强。

　　反观中国社会现代化的历程,由于社会的急剧变动以至于法律需要不停地修改以回应不同经济条件下政府的治理需求。自清末大臣出洋报告——对以建构理性为标志的德国立法大加推崇,到新中国对民国《六法全书》的废除,我们现代化的立法史就是一部"破旧立新"的历史。从法治建设的角度,这种做法割裂了制度演化的土壤。任何秩序的合法性都需要时间去承载,"变法"式的改革注定引发大量的利益群体的抵触。现代性一直在国家话语和理论建构中慷慨前行,唯"快"和唯"多"的"法治浪漫主义"[②] 造就了海量冗余的法律,却没造就与之匹配的现代性秩序,为此无数学人对全盘建构的立法模式进行反思,探索自发秩序与国家立法协调的出路之所在。

　　幸运的是,当代立法者注意到这种"改造社会"的大规模立法与法律实践间背离、文本立法在执行与应用中不能完全兑现的现实处境,在中国这样一个幅员辽阔的大国中各地方信息高度分散且充满差异导致信息搜集成本很高,全国层面的立法面临着巨大的知识、经验和信息约束。[③] 故而,

---

① 参见泮伟江《当代中国法治的分析与建构》,中国法制出版社,2017,第322页以后。

② 陈金钊:《走出法治万能的误区——中国浪漫主义法治观的评述》,《法学》1995年第10期,第7页。

③ 参见黄文艺《信息不充分条件下的立法策略——从信息约束角度对全国人大常委会立法政策的解读》,《中国法学》2009年第3期,第142页。

在面对立法和改革的矛盾时，立法者开始适度吸纳试点试错、将实践中地方经验抽象提炼并上升为国家法。

这一模式被称为"试验性立法"。① 在面对原先没有法律规制的新领域、新情形时，地方立法机关往往会像科学家一样，通过出台暂行条例来"试验"规范的效果，试图找出最佳解决方案，并向国家立法机关汇报。这是一种与中国国情相符合的"摸着石头过河"式的立法探索，面对不熟悉的活动和难以把握的未来，需要充分收集试验数据来支撑他们所作的立法选择，而不是直接一拍脑袋就制定出一部法典。这种有别于传统——完全基于国家层面建构理性——的立法策略得到了认可，在 2015 年通过《立法法》第 13 条固定下来，并在税收、环保、自贸区等领域的立法中彰显其价值。② 将立法控制在限定时间、地点内实行，检验其实施是否能达成立法目的，在这一过程中地方将起主导作用，尝试去发掘实践中的秩序，为社会规范向法律转变打开了窗口，改变了既往单纯自上而下的法律生长模式。

以"试错—竞争—积累"为模式的自发秩序，通过发掘人们在长期重复博弈后形成的行为模式和制度规范，可以更好地解决规则实施与制度合理性问题。但与此同时，自发秩序本身必然存在局限，需要国家立法的规范和支持。笔者希望通过对自发秩序与立法关系的研究，能为重拾地方经验、关注法规落实问题的中国立法者提供新思路。

The Mission and Boundaries of Legislation in Spontaneous Order
—A Cut from the Intellectual History of the Evolutionary Order Theory

(*Liu Yudian*)

Abstract：Developed by Adam Smith, Mengele and Hayek, the Evolutionary Order Theory, with the theory of spontaneous order at its core, has become a source of thought that cannot be ignored in economics, law and sociology. This tradition holds that, under the premise of a high division of labour

---

① 参见黎娟《"试验性立法"的理论建构与实证分析——以我国〈立法法〉第 13 条为中心》，《政治与法律》2017 年第 7 期，第 84 页。

② 参见张守文《我国税收立法的"试点模式"——以增值税立法"试点"为例》，《法学》2013 年第 4 期。

in society, the knowledge possessed by individuals is dispersed and ambiguous, and that individual reason alone cannot construct a good social order, but will instead lead to the loss of freedom. Good order arises from the non-purposeful consequences of human behaviour, and this organic, progressive formation of order can best achieve the well-being of people. However, in the context of the Evolutionary Order Theory, spontaneous order is not entirely "spontaneous", but still requires the regulation of an appropriate legal system. Spontaneous order is not a "Laissez-faire evolution" without institutions and design backgrounds, it requires the involvement of a macro-rational institutional designer. The theory of the interrelationship between state legislation and social norms in the evolutionary order theory will provide new ideas for thinking about local experiences and experimental legislation in China.

Keywords: Spontaneous Order; Legislation; Constructing Reason; Laissez-faire Evolution; Evolution of Subject Participation

法律人的《大宪章》史[*]
——读《重新发明〈大宪章〉》

王　栋[**]

摘　要:《大宪章》是英国宪法史和法律史的核心文件,不同时期的研究者对其进行了各种阐释。随着宪法史和法律史研究的推进,《大宪章》的整体性解释仍待形成。近来,约翰·贝克写作了《重新发明〈大宪章〉》一书,探究了英格兰的法律人如何、何时以及为何,开始思考个人自由、宪政王权、法治与《大宪章》之间的联系。该书至少有四大突破,即对律师会馆讲稿的搜集,对《大宪章》中世纪理解的梳理,对援引 1225 年《大宪章》第 29 章的案例报告的解读以及重估柯克对《大宪章》的解释。该书是法律史视域下最为权威的《大宪章》研究,不过,书中诸多细节及观点仍有可深入讨论之处。

关键词:《大宪章》;约翰·贝克;普通法;法律人;宪法史

《大宪章》是英国宪法史和法律史的核心文件,不同时期的研究者对其进行了各种阐释。19 世纪末,威廉·斯塔布斯在《英格兰宪政史》一书中评论:"整个英国宪法史不过是《大宪章》的评注而已"(the whole of the constitutional history of England is little more than a commentary on Magna Carta)。[①] 斯塔布斯开创了辉格叙事的宪法史,认为中世纪的人存在清晰的"宪政"理念,中世纪危机往往是为了维护宪政理念。之后的宪法史学者大体继受斯塔布斯的理论,整体叙述《大宪章》在英国乃至世界的发展。如伯迪·威尔金森 20 世纪 60 年代写作的《中世纪英国宪法史》一书就继承

---

　*　本文系国家建设高水平大学公派研究生项目(201706010193)的阶段性成果。
　**　王栋,深圳大学法学院助理教授,北京大学法学博士,研究领域为法律史、普通法以及法理学。
　①　William Stubbs, *The Constitutional History of England: In its Origin and Development*, Vol. 1, Cambridge: Cambridge University Press, 2010, p. 532.

了斯塔布斯的编年和记事相结合的方式。[1]

不过20世纪的史学家对宏大叙事逐渐失去了兴趣，代之而起的是"人物群体"的研究（prosopography）。肯尼迪·布鲁斯·麦克法兰吸收了路易斯·纳米尔爵士（L. B. Namier）的利益与庇护的视角，[2] 提出了变态封建主义理论。麦克法兰关注创造制度并在其中活动的人，[3] 并极为深刻地指出："大部分中世纪晚期宪法史的根源矛盾在于其假设国王和贵族的利益是对立的，而且这种对立是无法避免的。这种假设在我看来是错误的。"[4] 以斯塔布斯为代表的牛津学派及其辉格解释模式受到了理论和史实两方面持续不断的挑战，取代牛津学派的是麦克法兰学派，取代辉格解释模式的是变态封建主义模式。20世纪下半叶，变态封建主义理论基本成为14、15世纪英国史研究的核心理论。[5] 受此影响，《大宪章》限缩于13世纪甚或1215年。如詹姆斯·克拉克·霍尔特1965年的《大宪章》一书就是以1215年前后为主，只简略讨论了《大宪章》在13世纪的重新发布和成为神话。[6]

梅特兰是英国法律史研究的开拓者，在20世纪初的法律史研究中，《大宪章》与法治紧密相连。[7] 尽管梅特兰指出了《大宪章》的内在矛盾以及不足，但仍认为："简而言之，《大宪章》意味着国王居于并且应当居于法下。"[8] 但之后的学科转型深刻影响了学术知识的生产。政治史家和宪法史家对法律理论毫无兴趣，对法律材料的关注只集中于制定法。梅特兰之后的法律史家则完全放弃了对公法的关注，转而聚焦于私法本身的技术性，

[1] B. Wilkinson, *Constitutional History of Medieval England*, London, 1960.
[2] L. B. Namier, *The Structure of Politics at the Accession of George III*, London: Macmillan, 1929.
[3] K. B. McFarlane, *England in the Fifteenth Century*, London: Hambledon Press, 1981; K. B. McFarlane, *The Nobility of Later Medieval England*, Oxford: Clarendon Press, 1973.
[4] K. B. McFarlane, *The Nobility of Later Medieval England*, p. 120.
[5] K. B. McFarlane, *England in the Fifteenth Century*, London: Hambledon Press, 1981; K. B. McFarlane, *The Nobility of Later Medieval England*, Oxford: Clarendon Press, 1973.
[6] J. C. Holt, *Magna Carta*, Cambridge: Cambridge University Press, 2015.
[7] 参见王栋《"王在法下"抑或"王在法上"：中西学术视阈下的王权与法律关系研究》，《史学理论研究》2018年第3期。
[8] Sir Frederick Pollock, Frederic William Maitland, *The History of English Law Before the Time of Edward I*, Vol. I, Cambridge: Cambridge University Press, 1898, pp. 182-184.

并以案例探寻现代法律制度，以追求统一的法律学说。①

菲茨·汤普森虽受此潮流裹挟，但仍致力于在法律史视域下探讨《大宪章》。她 1925 年出版的《〈大宪章〉的第一个世纪：它何以作为文件保存》一书首先阐释了《大宪章》1215 年到 1307 年之间的历史，表明了《大宪章》在 13 世纪的重要意义。② 汤普森继而积 20 年研究之力，于 1948 年出版了《〈大宪章〉：在英国宪政发展史中的角色（1300-1629）》一书，概括了 1225 年《大宪章》在 14 世纪之后的发展历史。③ 汤普森深入制定法、卷档与《年鉴》中，梳理了《大宪章》在 1215 年之后的历史，确认了 1225 年《大宪章》在 13 世纪的使用，以及 1215 年《大宪章》在都铎时期的重新兴起。在 20 世纪，汤普森是《大宪章》中世纪后期历史最为权威的研究者，不过她并没有进行评价并提出理论。20 世纪 70 年代安妮·帕里斯特通过威尔克斯、麦考来和宪章运动者，将《大宪章》的故事从 17 世纪 40 年代延续到 20 世纪。④ 此外，还有苏珊·雷诺兹的《1297 年〈大宪章〉及其遗产的合法使用》，该文章对 1225 年《大宪章》在 1297 年的确认和改易进行了探索。⑤

可以发现，到 20 世纪中叶，斯塔布斯和梅特兰对《大宪章》的共识性理解已经随着学科转型而不复存在。近来研究者诉诸两种研究路径。一方面，研究者试图更为细致地评估《大宪章》。大卫·卡朋特 2015 年的《大宪章》一书将斯塔布斯的命题限缩为"13 世纪英格兰宪法史围绕《大宪章》展开"。⑥ 保罗·布兰德探求了 13 世纪《大宪章》官方文本、非官方文

---

① Richard A. Cosgrove, "The Culture of Academic Legal History: Lawyers' History and Historian's Law 1870-1930", *Cambiran Law Review*, Vol. 33 (2002), pp. 25-26, 31.

② Faith Thompson, *The First Century of Magna Carta: Why It Persisted as a Document*, New York: Russell & Russell, 1976, pp. iii-ix.

③ Faith Thompson, *Magna Carta: Its Role in the Making of the English Constitution*, 1300-1629, New York: A Division of Farrar, Straus & Giroux, 1978, pp. 1-5.

④ Anne Pallister, *Magna Carta: The Heritage of Liberty*, Oxford: Clarendon Press, 1971.

⑤ Susan Reynolds, "Magna Carta 1297 and the Legal Use of Literacy", *Historical Research*, Vol. 62, No. 149 (Oct. 1989), pp. 233-244.

⑥ David A. Carpenter, *Magna Carta*, Penguin Classics, 2015.

本、译本以及文本的编辑，修订并突破了菲茨·汤普森的相关研究。① 苏菲·特雷泽·安布勒讨论了《大宪章》在 1265 年议会中的确认，对其中的《大宪章》文本进行了整理，并讨论了相关语境和意义。② 哈佛大学教授小查尔斯·多纳休对《大宪章》14 世纪的确认进行了细致梳理。③ 大卫·赛普考察了《年鉴》，认为《大宪章》在中世纪后期是不重要的制定法（minor statute），不仅国王在诸多方面应当且事实上高于法律，而且陪审团审判被认为容易遭受恐吓而应尽量避免。④ 安东尼·穆森关注的不是《大宪章》在 14 世纪高层政治斗争中的角色，而是在王国私法问题中的《大宪章》，即个体和群体如何在诉讼策略中诉诸《大宪章》，以及由此产生的《大宪章》法律和司法意义的变迁。⑤ 托马斯·伦德则批评 14 世纪皇家民事法庭的法官忽视了《大宪章》的文意，削减了《大宪章》的作用。⑥ 保罗·卡维尔关注了 15 世纪教士布道中的《大宪章》，认为教士强调《大宪章》第 1 章对教会自由的保护。⑦ 中国国内学者也关注了《大宪章》的文本、制定、渊源以及在中世纪政治中的影响。⑧ 另一方面，则是重回《大宪

① Paul Brand, "The First Century of Magna Carta: the Diffusion of Texts and Knowledge of the Charter", *The William and Mary Bill of Rights Journal*, Vol. 25, Issue 2 (Dec., 2016), pp. 437-453.
② S. T. Ambler, "Magna Carta: Its Confirmation at Simon de Montfort's Parliament of 1265", *The English Historical Review*, Vol. 130, Issue 545, 2015, pp. 801-830.
③ Charles Donahue, Jr., "Magna Carta in the Fourteenth Century: From Law to Symbol?: Reflections on the 'Six Statutes'", *William and Mary Bill of Rights Journal*, Vol. 25, No. 2, 2016, pp. 591-628.
④ David J. Seipp, "Magna Carta in the Late Middle Ages: Over-Mighty Subjects, Under-Mighty Kings, and a Turn Away from Trial by Jury", *William and Mary Bill of Rights Journal*, Vol. 25, No. 2, 2016, pp. 665-688.
⑤ Anthony Musson, "The Legacy of Magna Carta: Law and Justice in the Fourteenth Century", *William and Mary Bill of Rights Journal*, Vol. 25, No. 2, 2016, pp. 629-664.
⑥ Thomas Lund, "Magna Carta: The Rule of Law in Early Common Law Litigation", *International Review of Law and Economics*, Vol. 47 (Aug. 2016), pp. 47-52.
⑦ Paul Cavil, "Preaching on Magna Carta at the End of the Fifteenth Century: John Alcock's Sermon at Paul's Cross", in Linda Clark ed., *The Fifteenth Century XV: Writing, Records and Rhetoric*, Suffolk: Boydell and Brewer, Boydell Press, 2017, pp. 169-189.
⑧ 参见王栋《〈大宪章〉文本考：版本、正本、副本及译本》，《法律科学》2020 年第 3 期；王栋《〈大宪章〉渊源：罗马法还是蛮族习惯法》，《经济社会史评论》2021 年第 2 期；王栋《〈大宪章〉制定考：从男爵方案到国家特许状》，《古代文明》2021 年第 1 期；许明杰《中世纪晚期英格兰议会政治中的大宪章与王权》，《世界历史》2020 年第 5 期。

章》的整体性叙事。20 世纪 80 年代末兴起的新宪法史重申回归思想和原则的必要性，[①] 遗憾的是尚未有代表性的专著问世。[②] 不过近来有一些尝试性的论文，如小查尔斯·多纳休试图均衡斯塔布斯和斯塔布斯修正主义者的观点，整体评论《大宪章》在 13 世纪的意义及之后的发展。[③]

尽管有上述努力，但遗憾的是因为学科和学者的界限以及史料不足，《大宪章》之后的历史——爱德华三世到《权利请愿书》之间《大宪章》300 年的历史——远未清晰。学界对此 300 年历史有两种相反的认识：部分学者推测《大宪章》历经时代的变迁仍塑造国家、保护人民；其他学者如汤普森则认为《大宪章》归于沉寂直至 17 世纪 20 年代为爱德华·柯克重新发明。幸运的是，《大宪章》14 世纪到 17 世纪初的历史空白近来由备受赞誉的法律史家约翰·贝克填补了。

约翰·贝克是剑桥大学英国法律史大家，研究领域囊括整个英国法律史，尤其是近代早期英国法律史。他十分擅长研究律师会馆和法律专业的历史，以及法律报告和讲稿的手稿。贝克被视为 70 年代英国法律史研究的复兴者，[④] 从 1998 年到 2011 年担任唐宁英国法讲席教授，获得了广泛的学术声誉，保罗·布兰德称赞他是"我们最重要的法律史家"，[⑤] 笔者认为可以公允地称他为"我们时代的梅特兰"。贝克以《大宪章》800 周年为契机，在诸多演讲中讨论了《大宪章》的众多问题，他并没有将这些演讲直接编著成论文集，而是以时间为线索，重新编排和修订，于 2017 年出版了

[①] Christine Carpenter, *Locality and Polity*: *A Study of Warwickshire Landed Society*, 1401–1499, Cambridge: Cambridge University Press, 1992; *The Wars of the Roses*: *Politics and the Constitution in England*, *c*. 1437–1509; Edward Powell, *Kingship*, *Law and Society*: *Criminal Justice in the Reign of Henry V*, Oxford: Clarendon Press, 1989. 尽管这些思想和原则是守旧和寻求不变的。

[②] 参见孟广林、〔英〕M. 阿莫诺《中世纪英国宪政史研究的新理路》，《中国人民大学学报》2007 年第 2 期，第 13~15 页；王栋《中世纪英国宪政史研究的新理路：读〈英国"宪政王权"论稿〉》，《古代文明》2019 年第 4 期。

[③] Charles Donahue Jr., "The Whole of the Constitutional History of England is a Commentary on This Charter", *North Carolina Law Review*, Vol. 94, No. 5, pp. 1521–1544.

[④] A. W. B. Simpson, "An Introduction to English Legal History. Second edition By J. H. Baker", *The Cambridge Law Journal*, Vol. 39, 1980, pp. 197–198. 对此，科斯格罗夫认为 60 年代新社会史的兴起是法律史复兴的关键原因，法律成为社会研究的重要途径。

[⑤] Paul Brand, "The Reinvention of Magna Carta, 1216–1616, by John Baker", *The English Historical Review*, Vol. 133, Issue 564, Oct. 2018, p. 1284.

《重新发明〈大宪章〉：1216-1616》（以下简称《重新发明〈大宪章〉》）一书。该书采用编年体叙事，起于1216年，终于1616年柯克去职首席法官。《重新发明〈大宪章〉》一书的主要目的是探究英格兰的法律人如何、何时以及为何，开始思考个人自由、宪政王权、法治与《大宪章》之间的联系。其中分析的关键章节是1225年《大宪章》的29章（1215年《大宪章》的第39章和40章）。[①] 虽然长久以来第29章一直都为律师知晓，但是并没有在法律辩论中使用，第29章在16世纪80年代被复活和使用，迅速成为律师的《圣经》。

《重新发明〈大宪章〉》共11章。第1章"《大宪章》的法律性质"综述了长久以来对《大宪章》性质的不同界定及其在普通法中的独特地位。贝克认为《大宪章》不能描述为"宪法性文件"（constitutional document），因为《大宪章》没有明确规定国王政府能行使何种权威，没有在法律上规定作为救济手段的对国王的诉讼，同时也没有规定制定法律的程序。[②] 贝克此处的写作方式颇类霍尔特《大宪章》一书，即开篇提出对《大宪章》的评价，方便一般读者的理解。对于贝克的观点，保罗·布兰德批评贝克过于狭隘地定义了"宪法性文件"，《大宪章》规定了限制权力。[③] 这里我们又回到了《大宪章》性质之争，毫无疑问，大卫·卡朋特会站在布兰德一边，而尼古拉斯·文森特则会支持贝克。第2~11章则论述了法律人从中世纪后期到17世纪初期对《大宪章》的不同理解，并进一步探寻了诸多宪法性问题是如何与《大宪章》相连的。贝克认为《大宪章》在伊丽莎白一世统治后期成为国家荣耀和稳定的象征，并在詹姆斯一世时期成为抵抗专制权力的堡垒。

在研究方法上，尽管汤普森也关注《大宪章》的法律性质和律师的作用，甚至因认为中世纪的律师是法律而非国王的服务者而受到了E. F. 雅克

---

① 因为许多章节在都铎王朝之前就已失去了实际效力。

② John Baker, *The Reinvention of Magna Carta*, 1216-1616, p. 1.

③ Paul Brand, "The Reinvention of Magna Carta, 1216-1616, by John Baker", *The English Historical Review*, Vol. 133, Issue 564, Oct. 2018, p. 1284.

布的批评,① 但贝克自认在方法上仍与汤普森有根本性的差别。贝克采用了内在主义的视角,关注法律人／律师（lawyer）群体对《大宪章》的理解和使用。贝克认为法律人从三个角度理解和解释《大宪章》,即为法庭中法律辩论的目的（forensic purposes）,为下议院中的政治目的,以及为律师会馆（inns of court）的教育目的。正是这些法律解释使《大宪章》不停地变迁,以至于尽管到 1616 年《大宪章》文字未有变迁,但意义已完全不同。贝克不无自豪甚至略带骄傲地说:"本书必定是内在主义的（internalist）,十分倚重法院之外少有人会认为值得阅读的材料。不过《大宪章》的故事没有它们就无法重写。"② 自梅特兰以后,法律家（lawyer）就因"误解"《大宪章》而被批评,③ 尤其是波考克批评柯克是坏历史学家。④ 贝克重新维护了被梅特兰批评的律师／法律家的声誉,即律师对历史比同时代的人更为感兴趣,同时也审慎严格地评估历史证据。不过律师是为了法律诉讼,为了更为灵活地援引法律,而非沉溺于纯粹的好古之中。贝克更进一步称赞律师发展传统思想以应对紧急时刻。⑤

《重新发明〈大宪章〉》在法律史视域下研究了《大宪章》,填补了 14 世纪到 17 世纪初《大宪章》研究的空白。贝克认为之前的两种观点都不正确,因为这些研究者都没有阅读法律手稿。⑥ 一方面,阅读中世纪法律手稿十分困难。中世纪英国的法律手稿多以拉丁语和法律法语写就,中间夹杂各种缩写符号,虽然也有英语写就的法律报告,但是相较之下往往节略且语义模糊。梅特兰的《英国法律史》搁笔于爱德华一世,就是因为此时《年鉴》尚未被有效整理,难以阅读。另一方面,比语言识读更具挑战性的

---

① E. F. Jacob, "The First Century of Magna Carta by Faith Thompson", *The English Historical Review*, Vol. 40, No. 160 (Oct., 1925), pp. 597-599.

② John Baker, "*The Reinvention of Magna Carta*, 1216-1616", Cambridge: Cambridge University Press, 2017, p. x.

③ F. W. Maitland, "Why the History of English Law is not Written", H. A. L. Fisher ed., *The Collected Papers of Frederic William Maitland*, Cambridge: Cambridge University Press, 1911, pp. 483-492.

④ J. G. A. Pocock, *The Ancient Constitution and the Feudal Law: A Study of English Historical Thought in the Seventeenth Century*, Cambridge: Cambridge University Press, 1987, p. 57.

⑤ John Baker, *The Reinvention of Magna Carta*, 1216-1616, p. xi.

⑥ John Baker, *The Reinvention of Magna Carta*, 1216-1616, p. x.

是专业知识。① 普通法本质上还是人造物，只有理解相关的法律术语、法律程序以及法律人群体，才能理解法律思想和法律实践。贝克穷尽法律手稿，终于在《重新发明〈大宪章〉》一书中对《大宪章》后期历史作出了迄今为止最为清晰的法律分析和历史记叙。此外，贝克还使用了大量的法令、案例报告与讲稿，展现了深厚的学养和高明的判断。

按照贝克自述，《重新发明〈大宪章〉》有四大发现。首先，从中世纪后期到都铎早期的律师会馆中诸多关于《大宪章》的演讲都缺乏连贯条理的宪法性知识。其次，威廉·弗利特伍德 16 世纪 50 年代对《大宪章》的法律和历史分析更接近于中世纪的观点，而非柯克的普通法心智。再次，16世纪 80 年代之前的案例报告中几乎完全不涉及《大宪章》宪法性问题的讨论，1225 年《大宪章》第 29 章是突然之间在法庭辩论中被广泛接受和使用的，其中罗伯特·施耐格 1581 年写作的专门讨论第 29 章的讲稿有重要意义。最后，重新评估了爱德华·柯克爵士对第 29 章的评注。②

毫无疑问，贝克的第一项发现最为重要，也最为权威。讲稿是贝克最为擅长的领域，他既在塞尔登协会出版了相关史料集，也曾写作相关专著。他在《重新发明〈大宪章〉》第 3 章指出了讲稿中关于《大宪章》的体系，15 世纪的讲师主要使用标准性演讲，这些演讲的许多知识已经过时，以及《大宪章》主要影响私法领域，罕有宪法性意义。其中有两个例外，一个是摩根·基德威利 1483 年的讲稿，援引 1225 年《大宪章》第 11 章讨论法庭体系反对法庭随议会移动；另一个是托马斯·哈拉肯顿 1525 年的讲稿，引用第 35 章讨论地方法庭的运行。③

第二项发现和第三项发现紧密相关，都涉及《大宪章》的近代转型。第二项发现立足于弗利特伍德以法律法语写作的对《大宪章》评注的著作。贝克将该评注置于弗利特伍德的生平、写作与解释方法之中，申明此时《大宪章》理解的中世纪特征。第三项发现则指出 16 世纪 80 年代的案例报

---

① 一个案例参见王栋《艰难的翻译：评陈国华译〈大宪章〉》，《世界历史》2018 年第 5 期。
② John Baker, *The Reinvention of Magna Carta*, 1216-1616, p. xi.
③ Paul Brand, "The Reinvention of Magna Carta, 1216 – 1616, by John Baker", *The English Historical Review*, Vol. 133, Issue 564, Oct. 2018, p. 1285.

告广泛引用了第 29 章，并展现了其间的变化。第四项发现也颇具挑战性。无论是批评柯克缺乏历史感的波考克，① 还是赞扬柯克推进法律改革的戴维·陈·史密斯，② 学界一般认同柯克是《大宪章》最重要的现代阐述者。但贝克反对旧有学说，详细讲述了柯克在《大宪章》第 29 章新含义形成中的角色，认为柯克既没有引起《大宪章》的复兴，也不是《大宪章》神话的创造者。③ 对于此颠覆性的发现，布兰德认为其"很可能会成为标准解释"。④

除上述发现外，贝克还有诸多精巧的分析，如指出 1225 年《大宪章》的有效性，解释后世认为 1297 年的确认带来的制定法效力，以及质疑《大宪章》的基本法地位。贝克尤为关注法律人在 14～17 世纪面临的解释《大宪章》第 29 章的难题，即它的适用对象、适用的地理范围、规范的行为种类，以及何者归属于后来所称的正当程序。总体上，这些发现前后相连，描绘了一幅迥异于之前研究的图景，极大地突破了汤普森的研究。在笔者看来，本书的开拓程度和权威程度绝不亚于霍尔特 1965 年的《大宪章》一书，真正展现了《大宪章》的转型魅力。

不过本书也有遗憾之处。贝克认为弗朗西斯·阿什利 1616 年在中殿律师会馆的演讲标志着《大宪章》神化的形成，此时对《大宪章》第 29 章的解释几乎也到达了极限，贝克也因此搁笔于 1616 年。尽管贝克指出以人身保护令状对抗国王囚禁命令的问题到此时尚未解决，该问题涉及柯克的思想转变和大量争论，但贝克并没有继续写作。贝克的理由当然有其合理之处，但一定程度上也反映了学界理解和解释不同时期的柯克的困境，即柯克作为检察官、法官和议员的不同角色以及不同行为之间的张力该如何理解。相同的挑战也出现在戴维·陈·史密斯 2014 年出版的《爱德华·柯克

---

① J. G. A. Pocock, *The Ancient Constitution and the Feudal Law: A Study of English Historical Thought in the Seventeenth Century*, Cambridge: Cambridge University Press, 1987, pp. 44-46.
② David Chan Smith, *Sir Edward Coke and The Reformation of The Laws: Religion, Politics and Jurisprudence*, 1578-1616, Cambridge: Cambridge University Press, 2014.
③ John Baker, *The Reinvention of Magna Carta*, 1216-1616, p. xiii.
④ Paul Brand, "The Reinvention of Magna Carta, 1216-1616, by John Baker", *The English Historical Review*, Vol. 133, Issue 564, Oct. 2018, p. 1285.

爵士与法律改革》一书中，该书同样停止于 1616 年。[①] 此外，贝克的视域局限于英格兰，忽略了 1217 年发往爱尔兰的 1216 年《大宪章》以及 1225 年《大宪章》14 世纪早期在爱尔兰的适用。[②]

尽管贝克是英国法律史的权威，但绝不能认为贝克的观点已经全然为学界接受，柯克的复杂性仍然需要学者的讨论和解释。乔治·加内特对柯克颇有研究，他也发掘了柯克对《大宪章》的重新解释。加内特认为柯克在司法实践、法律理论与政治活动三个方面塑造了《大宪章》。柯克先以人身保护令状保障 1225 年《大宪章》第 29 章的实施，进而以人身保护令状保护人权。柯克在议会活动中致力于重申《大宪章》的宪法地位，并通过 1628 年的《权利请愿书》达成目的。1641 年英国资产阶级革命开始后，议会迅即出版了被查理一世查封的《英国法要义》，以赋予议会合法性。[③] 就柯克的司法活动、法律书写与政治实践而言，说柯克是《大宪章》的现代发明者，也绝非夸张。

另外，《重新发明〈大宪章〉》使用了大量未刊英语、法语和拉丁语史料，部分还以附录的形式附上，涉及部分学界未曾注意的重要评论和案例。如在 1607 年布尔索普诉拉德布鲁克案（Bulthorpe v. Ladbrook）中，柯克作出了判决，《大宪章》的制定法性质通过判例得以确认。贝克 2015 年还编辑出版了《大宪章》的相关法律手稿，即《〈大宪章〉讲稿与评注选：1400-1604》一书。[④] 该选集展示了《大宪章》诸章在之后几个世纪是如何在律师会馆的演讲中为律师所阐释的。律师除了讨论宪法性议题，还讨论了寡妇权利、民事诉讼、罚金、宣誓断讼法（wager of law）、郡法庭以及永久管业等问题。这些讨论表明了后人对《大宪章》不同章节极为不同的关

---

① David Chan Smith, *Sir Edward Coke and The Reformation of The Laws: Religion, Politics and Jurisprudence, 1578-1616*, Cambridge: Cambridge University Press, 2014.

② Paul Brand, "The Reinvention of Magna Carta, 1216-1616, by John Baker", *The English Historical Review*, Vol. 133, Issue 564, Oct. 2018, p. 1284.

③ George Garnett, "Sir Edward Coke's Resurrection of Magna Carta", Lawrence Goldman ed., *Magna Carta: History, Context, and Influence*, London: Institute of Historical Research, 2018, pp. 51-57.

④ Sir John Baker ed., *Selected Readings and Commentaries on Magna Carta 1400-1604*, London: Selden Society, 2015.

注以及相关知识在后世的增长积累。贝克的史料汇编为后续研究奠定了坚实的基础。玛格丽特·麦格林2016 年编辑了《英国教会的权利与自由：宗教改革前律师会馆的讲稿》一书,① 其中也有普通法律师对《大宪章》第 1 章的解读，内容涉及对教会授权、庇护、庇护权答辩（benefit of clergy）以及教会法庭的管辖权。② 该书也值得研究者关注和使用。

The History of Magna Carta Shared by Lawyers

—A Review of the Reinvention of Magna Carta

(*Wang Dong*)

Abstract：Magna Carta is the core document of English constitutional and legal history and researchers of different periods have made various interpretations to it. With the development of constitutional and legal history, the overall interpretation of Magna Carta is still to be formed. Recently, John Baker wrote the Reinvention of Magna Carta, which explores how, when and why the English lawyers began to think about the connection between individual liberty, constitutional monarchy, the rule of law and Magna Carta. There are at least four new discoveries: the collection of lectures, the medieval understanding of Magna Carta, the interpretation of case reports citing chapter 29 of 1225, and the reassessment of Coke's interpretation of Magna Carta. The book is the most authoritative study of Magna Carta from the perspective of legal history, but there are plenty of details and ideas to be discussed.

Keywords：Magna Carta；John Baker；Common Law；Lawyer；Constitutional History

---

① Margaret McGlynn, *The Rights and Liberties of the English Church：Readings from the pre-Reformation Inns of Court*, London：Selden Society, 2016.

② 两份史料汇编分别是塞尔登协会出版的第 132 卷和第 129 卷。

法学教育评论

内外兼修，交通天下
——涉外法治人才培养机制的改革路径

陈　东　韩晓倩*

摘　要：涉外法治人才培养目标是：造就能熟练且精准地运用外语、通晓国际规则、善于处理涉外法律事务、善于在国际事务中发出中国声音的人才。高校法学院的教学内容和培养机制存在明显缺憾，这是涉外法治人才储备与市场需求不匹配的关键诱因。专业英语能力的培养和测评、课堂内容和形式、实习与交流、因材施教、国际视野和人文素养这五个方面是改革的重点。

关键词：涉外法治人才；高校改革；培养机制

中国的和平崛起时常伴随着冲突和摩擦，经贸争端、网络安全、环境卫生、劳工保护等问题日益凸显。全球化背景下，大至贸易争端、国际仲裁、外交谈判，小及涉外民商事纠纷，国际规则的制定抑或涉外争端的解决都少不了涉外法律服务人员的专业输出。2019 年 2 月，党中央、国务院印发《粤港澳大湾区发展规划纲要》称：鼓励粤港澳共建专业服务机构，促进法律及争议解决服务发展；加强大湾区法律事务合作，合理运用经济特区立法权，加快构建适应开放型经济发展的法律体系。[①] 进而，跨境或跨法域的专业立法人才的发掘和培养也是涉外法治人才培养的环节之一。总体而言，涉外法治人才的种类涵盖涉外立法司法或仲裁从业者、为国家利益和国际法治而战的涉外法律谈判者、为国家或私人利益服务的涉外律师，以及培养这些人才的法学教师和实务教练。

不同于处理一般性法律事务的人才，涉外法治人才面对的是相对复杂、对综合素质要求较高的跨国（境）法律事务，需要具备扎实的法学专业功

---

*　陈东，中山大学法学院副教授；韩晓倩，中山大学法学院国际法学硕士研究生。
①　详见 2019 年 2 月 18 日中共中央、国务院《粤港澳大湾区发展规划纲要》第六章、第十章。

底和语言能力、全面的知识结构、广博的视野和相当程度的实务历练。法学院校承担着培养学生、输送人才的重要职责，但目前国内法学院校相关教学内容和培养机制存在明显缺憾。笔者认为，涉外法治人才的培养机制主要有五个亟须解决的问题：一是法律英语能力的培养不够，测评方式和内容有很多弊病；二是课堂内容和形式的国际化程度不足，与实务操作的脱节比较严重；三是缺乏与国际组织、涉外实务机构及外国法学院进行交流与合作的机会；四是"因材施教"不够到位；五是国际视野和人文素质的培养未引起足够重视，"跨文化交流"的巨大鸿沟依然存在。

一 专业语言能力的提升：跨（法域）文化交流的基石

语言能力应当成为法律人的"必杀技"，而非"绊脚石"。涉外法律实务中，一个逗号的位置或是一个单词的翻译都有可能影响基本事实的认定、左右案件的最终结果。在语言背后，法律人还需要了解支配"法律话语体系"背后的传统文化力量和社会实践、审查文本内部及外部信息、衡量文本透露的利益和风险的分配、洞察文本潜伏的人性和人心，这一切高于语言而又必须基于语言。在诸多语种之中，英语目前是、未来很长的时期肯定还将是跨境法律业务的主要工作语言，是决定涉外法律业务成败的基础性条件。

（一）课程设置

高校的课程安排中，英语作为公共必修课独立于各专业，多由英语系教师进行大班授课，集中在本科低年级开设。如此课程设置只能达到通识性的英语教育目的，并不能满足专业性+复合型的法律英语能力培养的需求。本科和硕士阶段均有开设法律英语课程的必要。否则，普通英语水平极高的人在面对法律专业文本的时候依然如同看"天书"。

法律英语课程应采用全英或双语教学。课程应该以专业学术著作、实务文本、境外法院及国际司法或仲裁机构的裁判文书为素材。在当下的互联网时代，各院校都配备了国内外权威电子数据库，无论是学术期刊、著作还是实务文书都极易检索获取。教学的关键在于教师的指引作用，必须解读重点术语及专业语言的各种微观技巧，并定期开展文书写作操练及评判。

　　法律英语课程同时需要注重专业英语的实务运用。法律英语起到的是工具性作用，而非建构宏大的学科理论体系。在课程设置上应注重实用性、针对性，避免传统教学模式纸上谈兵、不甚实用的特征。[①] 这对任课教师的教学水平及实务经验都有很高的要求。可参考美国法学院的兼职教授（Adjunct Professor）模式，聘请从事跨境法律业务的资深律师作为助理教授，开设实务导向的法律英语课程。目前一些高校法学院已采取了"校外导师制"，[②] 聘请法律实务工作者为在校生开展法律文书讲解、模拟法庭演练等。其中专门针对涉外法律实务的课程仍在少数，有待丰富。下文将提及的"涉外律师学位研究生培养计划"，与适格律所的合作培养模式可以加强这个环节。

（二）法律英语能力测评体系

　　相关的资格证书虽不是语言能力的唯一评判标准，但仍是较为直观的参考要素。对个人的法律英语能力评价，需要从语言和法律两方面综合进行考察，具体涉及阅读能力、写作能力、语言交际能力等内容。对于英语能力水平测试，雅思与托福考试虽与法律专业有较大的不匹配性，但由于其考试制度成熟、社会认可度普遍较高，多数国际院校的招生标准以及律所的招聘要求提供雅思或托福成绩证明，在校生的升学或择业都会以此类考试为首选。而对于法律英语能力水平测试，国际上认可度较高的是TOLES（Test of Legal English Skills）与ILEC（International Legal English Certificate）[③]，侧重实务能力的考察。反观国内，由中国政法大学和北京外国语大学主持的法律英语证书（Legal English Certificate，简称LEC）考试，自2008年推出以来，填补了国内法律从业人员英语能力测评体系的空白，然而，LEC在考试内容和方式上仍需加大投入和进一步改进，提高其含金量和社会认可度。

---

① 参见朱文超、张鲁平《涉外法律人才培养视野下的法律英语教学方法探讨》，《中国法学教育研究》2015年第2辑，第109页。

② 以笔者所在中山大学法学院教学实践为例，学院在本科生、研究生阶段分别开设了"示范法院""法律检索""法律文书写作"等实践性课程，多由资深律师参与授课。

③ ILEC自2016年12月起，已在中国地区停考。

1. 考试内容有待调整和改进

LEC 的考试方式为上机笔试（含基础知识点、案例阅读和分析、翻译和写作四项），考察内容基本原样照搬了美国的律师资格考试，包括宪法、合同法、侵权法、财产法、企业组织法、证券法、证据法、知识产权法、刑法和刑事程序法、国际法、法律术语与法律文化等，内容十分庞杂。试卷内容对于有美国法学院学历背景的人而言难度很小，对于没有这种学历的考生则多属"天书"。LEC 考试不能体现我国涉外法律实务的迫切需求。[1]基于司法主权的限制条件，刑法及其程序规则、饱含英国千年封建传统的土地财产法、婚姻家庭财产法等纯内国的传统领域与特定国家及法系传统联系紧密。[2] 涉及此类部门法的息讼路径不会适用跨国（境）仲裁或调解，中国的法律人了解多一些没坏处，了解少一些也无大碍。除非是为了参加美国的律师资格考试以获取在美执业资格而进行提前预演，LEC 相关的内容应适量删减，并适当增加中国国内法、国际组织法、WTO 相关制度、国际商事惯例、国际投资金融及税法、涉外仲裁及调解实务的法律英语考察，以及适量增加大陆法系具有代表性的英文文献及文书的考察（考察内容应对"跨法律文化交流的翻译障碍"有很清醒的认识和很高的敏感度[3]），才能体现中国现实的法律教育特质和市场需求。

2. 考试方式设置有待完善

考试存在的意义，一是对相关知识技能的掌握情况进行量化考评，二则作为短期学习目标对考生的学习有所激励。从考试设置来看，LEC 采取

---

[1] 类似观点可参见张法连《新时代法律英语复合型人才培养机制探究》，《外语教学》2018 年第 3 期，第 47 页。笔者的观点相对更激烈，见下文。

[2] 进而言之，LEC 有些题考察的根本不是专业英语或普通英语，而完全是美国宪政体制，比如地方自治下的地方政府的土地权能（2012 年 5 月试卷—第 40 题），考生对此种问题懂就是懂、不懂就是不懂，跟语言本身无关。

[3] 在根本意义上，"跨文化交流的障碍"是无法完全避免的。大陆法系的法律术语和语言风格与英美普通法系的差异不小，更不必说两大法系在制度内容和历史文化传统上的差异了；一个法系的制度及其相关术语在另一个法系根本不存在，或者即使存在也有含义和适用上的差异的现象比比皆是。大陆法系的文本在译成英文之后再转译为中文，抑或大陆法系的文本初始文献就是英文本、尔后译为中文，总可能存在贴切程度不一的多种翻译方式，有时还不得不用正文加括号列明原文（以示译者对译文某种程度的犹疑或不满意）并在脚注进行详细解释的"笨办法"。

两线三段的划分方式，试卷总分 200 分，总分达 130 分以上为及格，170 分以上为优秀。TOLES 的考试设置较为多元，采取分级考试的制度设置：由初级、中级和高级三类测试组成，分别侧重考察基本法律词汇与语法、实务场景下的读写与法律文书起草，难度逐级递增。暂且不论二者对于法律英语能力的考评效果直观与否，单论激励作用，LEC 一"考"定音的设置效果可能会远低于 TOLES 分级制度之效益。在没有长期阅读积累以及实践历练的情况下，考生的学习目标及学习效果很有可能局限于所参加考试的框架体系内。对于非英语母语的学生来说，法律英语的学习是一个日积月累、循序渐进的过程，清晰的、阶段性的考察目标能帮助考生更好地规划学习、查缺补漏。因此，LEC 不但需要进行"横向"调整，即对考试所涉的法律、制度等内容进行针对性调整，在"纵向"设置上也应针对难度的不同而作出递进式编排，从而更好地发挥考试的效能。

3. 社会认可度有待提高

前述 TOLES 作为法律英语能力水平测试，侧重考察国际商事活动中的法律英语应用，而非单一考察美国法或英国法，因此受到许多大型跨国公司、律所和部分欧洲法院、银行的认可。目前，LEC 已与部分美国法学院达成合作，持有 LEC 证书者可申请直通部分美国法学院的法学硕士（LL. M.）项目。[①] 但是，LEC 证书的功能并非只能局限于申请美国法学院的这种项目，仍需要加大相关投入，完善考试机制（特别是改革考试内容、严控参考答案的审阅[②]），体现涉外法治人才培养所需，进而提高 LEC 在国

---

① 凡通过 LEC 考试的中国籍申请人，通过中国法律英语教学与测试研究会的推荐，无论是否有法学本科学位，都符合美国缅因大学法学院的申请条件。有合格的 LEC 成绩，申请人可豁免托福或雅思成绩。详见法律英语证书全国统一考试官方网站，https：//www. lectest. com/newsinfo/2027961. html，访问日期：2021 年 3 月 16 日。

② LEC 的历年考试参考答案及解析的错误或不妥之处甚多，以下举例只是冰山一角。材料分别摘录自《法律英语证书（LEC）全国统一考试历年真题详解》（2008-2012 年），中国法制出版社，2013；《法律英语证书（LEC）全国统一考试历年真题解析》（2017-2019 年），中国人民大学出版社，2020。2008 年 5 月试卷一第 86 题的答案解释所谓"美国公司法"是常识性的概念错误，美国并无联邦统一的公司法，各州的公司法一直存有差异，而《示范公司法》也仅仅是供各州立法参考而已。2009 年 5 月试卷二合同法的中译英可谓"惨不忍睹"，比如"平等主体的自然人、法人、其他组织之间"居然译成"between subjects on an equal footing, that is between…"；"适用其他法律的规定"居然译成"shall（转下页注）

内外院校及实务部门的认可度。

二　创新课堂的内容和形式

（一）加强课堂内容的实践性

传统的课堂内容大多专注于理论灌输和探讨，与案例的联系程度不足，

（接上页注②）apply within the provisions of other Laws"；"任何单位和个人不得非法干预"居然译成 "No unit or individual shall illegally interfere"（这在普通英语的文法上也显属"该有介词宾语却没有"的病句，更何况译者居然不懂专业的常见术语搭配，应译为 "shall not be subject to interference" 或者 "subject to no interference"，才符合专业用语习惯）。2009 年 12 月试卷二关于合同法的中译英，完全应该参照 CISG 的英文本，编者自创的英译错漏或不妥之处太多。2011 年 5 月试卷二，行政诉讼法的中译英，第 55 条中 judge 作动词是多义词，明显含"判断"之类的歧义；"法院作出判决"的表述一般用 "render/enter/give a judgement"，其中 "give" 一词在书面语中的使用频率较小，但也可使用，或者用 "adjudge" 也能避免 "judge" 的歧义。第 60 条用 "make judgement" 也是错误的译法。该答案采用的是国务院法制局编译、中国法制出版社出版的《中华人民共和国涉外法规汇编》（1991 年 7 月版），该汇编有大量的译文错误、错漏、歧义或不妥，这些问题轻则引发交流障碍，重则可能诱发国际法律争讼（典型的如知识产权领域 "and/or" 的翻译风波）。2011 年 5 月试卷一第 5 题，"standing" 的本意并非等同于"起诉权"，答案解释显属误导（参考第 8 题的解释，所谓"译为'诉讼资格'"，前面应该加上"此处"两字，否则依然会误导考生）。第 12 题关于"司法审查"的答案解释一塌糊涂，还不如不解释（在 2017 年 5 月试卷一的答案解释中已作更正）。第 79 题（题干拼写错误，应为 "heirs" 而非 "hers"）所谓 D 项的正确答案经不起推敲，仅是"相对正确"，A 的继承人并非必然 "take nothing"。2011 年 12 月试卷二"贸易法的范畴"，英译中的答案很多不知所谓。2012 年 5 月试卷一第 6 题，A 项的答案是从布莱克法律词典（Black's Law Dictionary）中对 "plain view doctrine" 概念解释的直译，译文不知所云，无助于考生的理解。该概念并非仅限于"无搜查令"的情形，亦适用于"有搜查令但相关物品没有列明于该令状"的情形，还适用于"程序合法的其他显明易见的"情形。第 42—43 题的设置很有趣，可惜第 43 题题干直接暴露了 42 题的答案，显滑稽。2012 年 11 月试卷二关于证据性质的英译中，"material object" 应译为"实物"或"客观存在的物品"，而非"具体的物质"；"证据被划分为两种"应为"证据分为两类"（专业英语的被动语态使用频率很高，在译成中文时多应转为主动语态，否则不符合中文表达习惯）；"body fluid stains" 直译为"人体液体斑点"，略显生硬；"primary means" 应译为"主要手段"而非"最初方法"。除此之外，该题的参考译文还出现了无法与原文本对应的情况。2017 年 5 月试卷一第 88 题及 92 题，"vicarious liability" 译为"替代责任"不妥，应为"转承责任"。2018 年 5 月试卷一第 84 题，对证人进行 "impeach" 译成"弹劾"显属谬误。2018 年 5 月试卷二中译英之"撤销"裁决，按纽约公约及其他相关文件的英文版，未见用 "cancel"，而都是用 "set aside"。仲裁法第 58 条的译本多处呈现"中式英语"的风格，相同的术语或表述与纽约公约第 5 条的英文本差异很大，殊不可取。2019 年 5 月试卷一第 55 题答案解释对 *res ipsa loquitur* 的定义过度狭隘，这个拉丁文的适用面原本是相当广泛的，绝非局限在"多个被告"的情形，亦非局限于"原告无法知道谁该为过失负责"。另及，2013 年版的历年真题的文字校对问题（包括很多眼见的中英文打字错误）也非常严重，2020 年版的稍好一点。作为考试指导用书，不误人子弟应是底线要求。

应加强对案例教学和研究的重视。如此培养出来的学生才能够拥有一项重要能力——把载于纸面的法律，转化为在实际社会生活中的"恰如其分"的法律逻辑推理和判断（legal reasoning & judgement）。

法学院的不少课程就讲授效果而言没有实践意义，相反，某些极有实践意义的课程却没有开设。例如，所有法学院都会开设合同法这门课程，但是并不会教授学生如何起草、审核及修改合同。大多法学生可以流利地说出"不可抗力"的名词释义，也能背出"要约"的成立要件，但面对一份真实的合同的时候，这些人中的大多数只能做诸如文本校对或格式排版的工作，很难有捕捉文本背后的法律信号的能力，更难以妥善处理相关案件。再如，逻辑学课程讲解演绎、归纳和类比的方法，却很少会引导学生如何分析和论证特定法律案件的逻辑问题。

在这个问题上，欧美法学院的做法值得国内法学院借鉴。以哈佛大学法学院为例。[①] 职业能力训练是哈佛法学教育的一大特色。该法学院开设了旨在提高学生学习自主性、探究性与实践创新能力的系列课程，包括法律研究、谈判、实务课、法律职业课。[②] 法律实务由纠纷、专业技能和专业知识共同构成，而法律课堂则从问题出发，在整合专业知识和专业技能的过程中体现如何理解纠纷、解决纠纷，引导学生养成法律思维的习惯。[③] 反观国内现状，大部分法学院仍以部门法为单位设置课程，实务课程少之又少，涉外实务课程更甚。

（二）创新交叉领域的课堂形式

晚近，法律行业逐渐体现出学科交叉、跨国（境）的复合趋势，传统意义上以部门法为划分标准的模式已难以适应现实，取而代之的是以具体

---

① 哈佛大学法学院在课程设置上，分为基础课程、中级课程与高级课程。基础课程旨在基础知识的入门和学习；中级课程在基础课程的背景下，集中于特定领域和特定政策问题的分析，注重知识与技能的结合；高级课程，包括研讨会、法律诊所以及与其他学校和专业的学习交流。详见哈佛大学法学院官方网站，https://hls.harvard.edu/dept/academics/programs-of-study/，最后访问日期：2021 年 3 月 16 日。

② 另可参见汪习根《美国法学教育的最新改革及其启示——以哈佛大学法学院为样本》，《法学杂志》2010 年第 1 期，第 36 页。

③ Sturm, Susan, and Lani Guinier, "The Law School Matrix: Reforming Legal Education in a Culture of Competition and Conformity", *Vanderbilt Law Review* 60 (2007), pp. 524-528.

业务类别为划分标准。在过去，一名法律从业人士可能会说自己是"刑辩律师"或主攻"民商事业务"，而如今越来越多的称呼是"生物医药领域""生命科学领域""互联网业务"的律师或法律顾问。这是一类现象，也是一种趋势——交叉复合型人才已然成为社会所需。因此，在课程设置上，也要注意培养学生的多线式思维，仅仅了解诉讼或者仅仅了解合规，是远远不够的。此外，谈判技巧、风控意识、应诉能力等，也都是处理涉外法律实务的必备技能。在课堂形式上，除模拟法庭外，可以有各类争端解决程序的模拟，可以开设专门的国际争端解决模拟课程，包括国际商事谈判、国际商事仲裁、ICSID 仲裁、WTO 争端解决机制等模块或独立选修课。同时应打破专业学科的壁垒，加强不同专业领域之间的合作和交流（譬如医学院和法学院开展关于"医事法律纠纷专题"的合作），以适应实际案件的明显的跨部门、跨学科特质。

（三）建立单独培养模式

除了在现有的法学本科、法学硕士、法律硕士、法学博士的培养计划框架下进行课堂内容和形式的创新，亦可开设专门的实验班，采取分类培养模式。以中山大学法学院为例，学院自 2013 年起在本科阶段开设普通法实验班。① 实验班的学生与其他法学本科生执行相同的培养方案，另需额外修读实验班单独开设的 5~8 门英文课程，课程内容以英美普通法为主。实验班的师资一部分是法学院具有海外留学背景的优秀青年教师，另一部分是来自英语国家的教授或执业律师。2021 年 2 月，教育部和司法部联合实施"涉外律师学位研究生培养计划"，中山大学被列为全国首批 15 所培养高校之一。培养计划的目标是：为涉外法律服务机构和大型企事业单位法务部门培养跨文化、跨学科、跨法域、懂政治、懂经济、懂外语的德才兼备的高层次复合型、应用型、国际型法治人才，为建设一支法学功底扎实、具有国际视野、通晓国际法律规则、善于处理涉外法律事务的涉外律师人

---

① 2013 年以降，实验班已累计开设全英课程 15 门次，主要课程包括比较宪法、司法制度、专利法、侵权法、法学理论、国际商务谈判、法律写作与研究、普通法传统，其中前 4 门由本院教师讲授，后 4 门由外教讲授。

才队伍奠定基础。该愿景计划的亮点颇多，值得赞许。[①]

　　国内其他法学院校同样建立了各具特色的涉外法律人才培养模式。例如，清华大学法学院的"国际性法律人才项目"，在本科阶段开设"国际班"，国际班学生除完成规定的公共基础课、文化素质课与法律基础课外，还需要修习国际法律课程[②]和技能训练课程[③]。北京大学法学院进行了课程设置改革，将所有法学专业课程划分为基础类、专题类、实务类、国际类四种类型。国际类课程包括国际法学课程、实务类课程、外文类课程和模拟法庭类课程。北京大学还启动了"全球教席计划"，聘请全球知名的法学教授和法律实务人士开设国际前沿法律课程，并担任优秀学生的国际导师，如耶鲁大学教授 Paul Gewirtz 担任北大法学院全球教席主席。[④] 中国政法大学的"涉外法律人才培养实验班"则采取"3+1"培养模式，学生需在前三年完成法学专业培养方案规定的课程并达到要求学分，并在第四学年自愿申请到国外合作高校（美国杜兰大学）攻读 LL. M. 学位。[⑤] 这些院校的培养模式改革都是晚近发生的事，经验还在积累中，效果尚待观察。

三　引进来与走出去

　　"培养涉外法治人才"之"涉外"，意为立足中国而放眼世界，是在当今时代背景下极具中国特色的战略需求。诚然，不同国家、地区的历史发展脉络迥异，一定程度上导致不同国家及地区的人才需求与培养模式也各具特色。以欧美地区为例，由于地缘政治、历史文化等诸多因素，欧美地区院校生源广泛，在人才培养模式上自始体现着"国际性"的特点。例如，剑桥大学法

---

① 培养方案显示，各培养院校按照专业课程、职业能力、素质提升三个模块开设强化模块课，包括国际知识产权保护、国际冲突与危机管理、境外投资收购案例研究等实践性较强的课程，聘请境外知名学者和专家进行授课，同时鼓励全英或双语教育。针对中山大学法学院的方案实施，司法部指定 6 家涉外业务质量不错的律所为联合培养单位，实行校内+校外"双导师制"。
② 具体课程为：普通法精要、比较法导论、比较宪法、比较公司治理、国际法热点问题研究、世界贸易组织法、国际金融法、国际知识产权法、国际环境资源法。
③ 具体课程为：法律英语写作、文献检索与利用、法律推理、法学论文写作、法律辩论与谈判。详见《清华大学法学院国际型法律人才项目培养方案》（2012 年 9 月）。
④ 参见潘剑锋《法学课程设置改革——北大的认识与实践》，《法制日报》2018 年 10 月 30 日。
⑤ 浙江大学、中南财经政法大学等高校也有此类国内外院校联合培养模式的课程安排。

学院与知名律所、研究所以及英国境外法学院定期开展访学、交换活动,① 并联合欧洲范围内多所高校单独开设"研究生欧洲私法项目"。② 牛津大学法学院则针对疫情防控的需求,试行暑期网络课程并向全球范围的在校大学生开放。③ 哈佛大学法学院则在跨学科研究方面颇有建树,长期开设"法律与商业""法律与历史""法律与政府""法律与科技"等学科计划,鼓励学生"既要足够深入地钻研专业知识,也要有足够的好奇心来拓宽法律思维和方法"。④ 因此,国内高校在采取积极改革尝试的同时,也应该放眼国际,借鉴境外法学院校的宝贵经验和可取做法。

关于"引进来"。高校应积极开展对外交流,邀请境外法学院专家学者、法官或仲裁员,以及其他涉外法律实务专家到高校任教或开展讲座。疫情管控期间的替代方案是利用线上资源,让学生有机会接触涉外法律理论与实务,在开拓其视野的同时也有利于激发学生的参与激情和兴趣。在最近的一学年,中山大学法学院开展与涉外法律相关的系列讲座有 20 多个,涵盖海洋法、国际环境法、国际人权法、国际争端解决等多个切合社会时事热点的专题,学生的反馈是正向的。

关于"走出去"。纸上得来终觉浅。高校可与各类国际组织以及海外知名律所开展持续稳定的合作,选派优秀在校生到国际组织或涉外实务部门实习,还可与境外法学院开展交换项目或是暑期学习项目,并配套奖学

---

① 合作机构有英国史密夫·斐尔律师事务所（Herbert Smith Freehills）、马克思·普朗克研究所（MAX PLANK LAW）、哈佛大学法学院（HLS）等英国境内外顶级实务或学术机构。详见剑桥大学法学院官网"国际交流项目一览",https://www.law.cam.ac.uk/faculty-international-academic-links,最后访问日期:2021 年 6 月 19 日。

② 研究生欧洲私法项目（PEPP）由德国明斯特大学、英国剑桥大学、德国博锐思法学院、波兰西里西亚大学等高校联合承办,旨在让参与者更好地了解欧洲法域差异、锻炼研究能力以及加强对比较法和欧洲法的掌握,从而帮助他们未来更好地参与欧洲地区的法律事务工作。详见 PEPP 项目官方网站,http://www.pepp-home.eu/,最后访问日期:2021 年 6 月 19 日。

③ "牛津法学导论:深入思考法律"暑期网络课程拟于 2021 年 7 月起试行,结合法学理论、法律制度、人权与科技开展为期十天的讲座与研讨会。详见"深入思考法律（Thinking Deeply About Law）",载牛津大学法学院官网,https://www.law.ox.ac.uk/node/26956,最后访问日期:2021 年 6 月 19 日。

④ 哈佛大学法学院并不在课程设置形式上强制学生选择其中的一个或多个教学计划,而旨在指引教师如何探索和培养学生在特定学科（以及跨学科）的知识水平和职业能力。详见哈佛大学法学院官网,https://hls.harvard.edu/dept/academics/programs-of-study/,最后访问日期:2021 年 6 月 21 日。

金进行资助。通过项目和资金的支持，鼓励学生"走出去"，亲身实景地体会外语环境下的学习和工作氛围，积累涉外实务经验。例如，中山大学法学院与英国南安普敦大学建立了联合培养机制，两校签订交换生协议，在四年级本科生中开展为期一年的交换计划。[①] 学院还设有陈致中法学基金、端木正法学基金等近十个基金，专用于国际学术交流及研习项目，力求惠及众多师生。

四 因材施教，及时引导

本科阶段是学生的世界观、人生观和价值观形成和塑造的关键时期，这是一个不断发现自我、认知自我的过程。教师可以引导学生在校期间寻找适合自身特质的职业规划方向。到了本科高年级的学习阶段，学校及教师应鼓励他们思考和探索自己的兴趣、能力和志向，然后根据这个方向，再选择相应的课程和实习。方向大致明确后，剩下的就是技术性的东西，即通过持续的实践去趋近自己的目标。如果意向为涉外实务工作，自然会寻求涉外律所、国际商事仲裁机构或国家商务部、外交部及国际组织的实习机会。倘若志在理论研究，同样也需要尽早准备，鼓励这类学生珍惜在校学习时光，充分利用在校的资源优势，专注于经典著作和益智的外刊论文的学术研究。也有一些学生能够懂得二者相得益彰，做到理论研究和实务两不误。面对某些复杂的实务，如果缺乏深厚的理论功底依旧是寸步难行，尤其是涉外法律实务方面。这类学生比例不高，也需要教师尽早发现、及时引导。

法学院对在校生的培养不是万能的，某些技巧很难通过短短几年的在校时间就能习得。强调学习过程，也应该注重学习动机的转化。学生还是要在学习和实习的过程中形成一套自己的方法论。涉外法治人才的培养机制中，法学院只是其中的一环，当然是非常重要的关键一环。中山大学法学院在过去这些年有过一些积极尝试和成效，后面还将借鉴和学习国内外

---

① 学生可以选读英国南安普顿大学三年本科生课程的所有学科，不限科目，不限数量，学校还提供特别的专业写作辅导课程。迄今已有七名中山大学学生在该校完成一年的交换学习，获益良多。

兄弟院校的有益经验，继续努力为国家输送适格且优质的涉外法治人才。

五　国际视野与人文素养

涉外法治人才在知识结构上至少包括两个层次：第一层为通识基础，包括但不限于哲学、历史学、政治学、经济学、文学、自然科学、国学涵养及外语能力等；第二层为法学专业知识，既包括扎实的国内法和国际法的理论功底，也包括丰富的实践经验。涉外法治人才在很多场合下需要进行跨文化交流，交流的基础是对"他者"文明、文化认同以及身份认同的深度了解和包容。注重法律专业素质培养的同时万不可忽视世界主要文明、主要国家的历史脉络、民族精神与文化传统方面的学习。这主要是靠学生自身的阅读和实践积累，教师进行积极引导的角色也很重要。但目前，国内法学教育在国际化视野和人文智识的培养上仍显步履蹒跚。

以"一带一路"为例，沿线国家各具特色，风格迥异。东正教、天主教、基督教新教、伊斯兰教、佛教、印度教等多种宗教在"一带一路"沿线国家并存，由此形成风格各异的英美法系[①]、伊斯兰法系[②]和大陆法系[③]，以及我国独有的中国特色社会主义法系。"一带一路"沿线 65 个国家的财税金融、劳工保护、海关卫生等国内法规范差异巨大，在适用过程中极易发生法律冲突。此外，英美法系主要关注不成文法，伊斯兰法系主要关注宗教教义，大陆法系主要关注成文法典，各法律传统本身的相互冲突在涉外法律实务中也是事先风险防范的要素。在这一庞杂交错的现实背景下，局限于所学专业的条文框架，"两耳不闻窗外事"在当今时代绝无正面意义。忽略法律以外的经济、政治、历史、文化、宗教等因素，不仅会把专业学习导向机械和死板，更极易导致在实务交涉过程中触碰红线，造成无法挽回的损失。

学生要重点培养一种能力——向中国人解释外国法的能力与向外国人解释中法的能力，以及向所有的利益相关者解释国际法的能力。这是一

---

①　马来西亚、新加坡、缅甸等国家。

②　沙特阿拉伯、阿富汗等国家。印尼的法律传统是杂糅的，也包含伊斯兰教法。

③　土耳其、波兰等国家。

种"内外兼修"的双向能力。往往正是这种解释法律的能力，会帮助学生在毕业后的涉外法律职场上脱颖而出。这种能力囊括了国际视野、人文素养、多学科和跨学科的知识结构、普通英语及专业英语的水平、法学功底等这些缺一不可的因子，挑战不可谓不艰巨。

这种艰巨的挑战正是当下中国越过山丘漂洋过海的征程折射。美国前特朗普政府已经导致中美外交基本中断，两国关系已临近完全丧失政治基础；拜登时代双方逐步恢复正常外交往来，但"该对抗时则对抗"，是拜登政府的已定政策。西方国家整体上对华战略趋同，美国白宫的"小院高墙"科技战略，加上所谓"D10+T10"（民主十国+科技十国），目标是继续与中国在某些方面（而非全面的）"脱钩"并建立广泛的与华对抗的科技及经济联盟。易经有云，"天地交而万物通"。北魏杨炫之《洛阳伽蓝记》则感叹"南中有歌营国，去京师甚远，风土隔绝，世不与中国交通"。涉外法治人才的培养，既是中国和平姿态的"法律战"的重要一环，又是"非传统性质"的国家安全力量的体现。培养机制的改革效果，将是华夏文明与他者文明价值的和平对话，有利于各异质文明的相互理解，有利于持续开放中的大国国际形象，有利于中国的国家利益，有利于中国学生在内外兼修的路上助力中国交通天下。

Savvy Legal Expert In and Out, Unhindered Cultural Bridge Stretching from Now

—The Reform Path of the Training Mechanism of Foreign-related Legal Talents

(*Chen Dong / Han Xiaoqian*)

Abstract: For the training of foreign-related legal talents, the objective is to cultivate talents who can use foreign languages proficiently and precisely, understand international rules thoroughly, handle foreign-related legal affairs properly, and give voice to international affairs on behalf of China. Both the teaching content and training mechanism of domestic law schools have obvious defects, which is the reason why the reserve of foreign-related legal talents fails to match market requirements. The reform should focus on five aspects: training and evaluation of professional English ability, class content and forms, internships and exchanges, individualized teaching, and an international vision and humanistic literacy.

Keywords: Foreign-related Legal Talents; Reform of Colleges and Universities; Training Mechanism

稿　约

　　《中山大学法律评论》为中山大学法学院创办于 1999 年的学术集刊，秉承学术乃天下公器，谨遵孙逸仙先生之激励，倡导学术自觉，追求学术品质，提倡关怀世界、著立经典，立志为学问，力求为法学学术及法治进步贡献点滴。设有主题研讨、论文、评论、阅读经典等栏目，积极引领学术方向、方法和风气。本集刊实行匿名投稿制，对来稿不限体裁和篇幅，不考虑作者身份和背景，一切从学术出发。

　　本集刊为 CSSCI（2021-2022）来源集刊，竭诚欢迎持续赐稿，来稿请隐去作者信息，确保不出现姓名、单位、学历、职称、职务、地址、基金项目等表明作者身份与背景的信息，以文稿标题为电子邮件主题发送至 sysulawreview@ 126. com。编辑部组织匿名评审后，将按照投稿的电子邮箱回复作者审稿意见，并在决定用稿时方请作者补充个人信息。

　　本集刊发表的著述观点均属作者本人，不代表本集刊立场，作者应保证对其来稿享有著作权且尚未发表，译者应保证译本获得授权许可且未侵犯原作者或出版者权利。除非来稿时特别声明保留外，均视为作者同意本集刊拥有以非专有方式向第三人授予已刊作品电子出版权、信息网络传播权和数字化汇编复制权及接受各种文摘刊物转载已刊作品的权利。凡向本集刊投稿者均视为已经同意本声明且不持异议。

附:《中山大学法律评论》 注释体例

一、一般规定

　　1. 全文采用脚注，注释序号以阿拉伯数字上标；标题及作者简介信息注以星号上标。

　　2. 引用文献的必备要素及一般格式为 "责任者与责任方式:《文献标题》（版本与卷册），出版者，出版时间，起止页码"。国外作者标明国籍。

3. 所引文献若为著，不必说明责任方式，否则，应注明"编""主编""编著""整理""编译""译""校注""校订"等责任方式。

4. 非引用原文者，注释前应以"参见"引领；非引自原始资料者，应先注明原始作品相关信息，再以"转引自"引领注明转引文献详细信息；凡有"参见""转引自""摘自"等引领词者，作者与书名之间不用"："隔开。

5. 引证信札、访谈、演讲、电影、电视、广播、录音、馆藏资料、未刊稿等文献资料，应尽可能明确详尽，注明其形成、存在或出品的时间、地点、机构等能显示其独立存在的特征。

6. 外文文献遵循该语种通常注释习惯。

二、注释范例

1. 著　作

王利明：《法治：良法与善治》，北京大学出版社，2015，第 66 页。

2. 论　文

左卫民：《地方法院庭审实质化改革实证研究》，《中国社会科学》2018年第 6 期，第 116 页。

3. 集　刊

季卫东：《审判的推理与裁量权》，载《中山大学法律评论》（第 8 卷第 1 辑），法律出版社，2010，第 125 页。

4. 文　集

陈光中：《中国刑事诉讼法的特点》，载《陈光中法学文集》，中国法制出版社，2000，第 123 页。

5. 教　材

高铭暄、马克昌主编《刑法学》（第 8 版），北京大学出版社、高等教育出版社，2017，第 93 页。

6. 译　作

［美］贝勒斯：《法律的原则——一个规范的分析》，张文显等译，中国大百科全书出版社，2002，第 13 页。

7. 报 纸

徐显明：《增强法治文明》，《人民日报》2017 年 12 月 27 日，第 7 版。

8. 古 籍

姚际恒：《古今伪书考》卷 3，光绪三年苏州文学山房活字本，第 9 页 a。

9. 学位论文

石静霞：《跨国破产的法律问题研究》，武汉大学博士学位论文，1998，第 26 页。

10. 会议论文

龚浩鸣：《乡村振兴战略背景下人民法庭参与社会治理的路径完善——基于法社会学、法律史学双重视角》，全国法院第 30 届学术讨论会，北京，2019 年 6 月 20 日。

11. 学术报告

薛捍勤：《依法治国与全球治理》，中山大学"方圆大视野"法科 110 周年纪念高端论坛，广州，2015 年 11 月 10 日。

12. 研究报告

刘青峰：《司法判决效力研究》，中国社会科学院博士后研究报告，2005，第 16 页。

13. 网络文献

《最高人民法院院长周强作最高法工作报告》，中国法院网，https://www.chinacourt.org/article/detail/2018/03/id/3225365.shtml，最后访问日期：2018 年 12 月 9 日。

14. 外文文献

D. James Greiner, Cassandra Wolos Pattanayak and Jonathan Hennessy, "The Limits of Unbundled Legal Assistance: A Randomized Study in a Massachusetts District Court and Prospects for the Future", 126 *Harvard Law Review* 901 (2013).

Larissa van den Herik and Nico Schrijver (eds.), *Counter-Terrorism Strategies in a Fragmented International Legal Order: Meeting the Challenges*, Cambridge: Cambridge University Press, 2013, pp. 123-125.

图书在版编目（CIP）数据

中山大学法律评论. 第 19 卷. 第 1 辑：社会转型与司
法变革 / 杜金主编. -- 北京：社会科学文献出版社，
2022.6

ISBN 978-7-5228-0265-7

Ⅰ.①中… Ⅱ.①杜… Ⅲ.①法学-文集 Ⅳ.
①D90-53

中国版本图书馆 CIP 数据核字（2022）第 100329 号

中山大学法律评论（第 19 卷·第 1 辑）：社会转型与司法变革

主　　编 / 杜　金

出 版 人 / 王利民
责任编辑 / 芮素平
责任印制 / 王京美

出　　版 / 社会科学文献出版社·联合出版中心（010）59367281
　　　　　　地址：北京市北三环中路甲 29 号院华龙大厦　邮编：100029
　　　　　　网址：www.ssap.com.cn
发　　行 / 社会科学文献出版社（010）59367028
印　　装 / 三河市尚艺印装有限公司

规　　格 / 开　本：787mm×1092mm　1/16
　　　　　　印　张：19.25　字　数：292 千字
版　　次 / 2022 年 6 月第 1 版　2022 年 6 月第 1 次印刷
书　　号 / ISBN 978-7-5228-0265-7
定　　价 / 128.00 元

读者服务电话：4008918866